Ternes. Die Römer an Rhein und Mosel

W0077694

Charles-Marie Ternes

Die Römer
an Rhein und Mosel

Geschichte und Kultur

Mit 49 Zeichnungen und 26 Fotos

Aus dem Französischen übersetzt
von Dorothea Basrai
in Zusammenarbeit mit dem Autor

Philipp Reclam jun. Stuttgart

Originaltitel: La Vie quotidienne en Rhénanie Romaine (Ier – IVe siècle)

Vorwort

Jahrzehntelang wurde diskutiert, ob die von der Archäologie gewonnenen Realien oder die von der Philologie gelieferten gedanklich-historischen Erkenntnisse das Bild des ›täglichen Lebens‹ in antiken Kulturräumen zu bestimmen hätten. Es besteht noch heute manches Vorurteil gegen die eine oder die andere dieser Hauptquellen unseres Wissens, während – spätestens seit Karl Schumacher – der Beweis erbracht sein dürfte, daß aus beiden, vorsichtig gegeneinander abgewogen, jene Wahrheit hervorgeht, die den augenblicklichen geistigen wie faktischen Tatsachen etwa entspricht.

Wer das ›tägliche Leben‹ im römerzeitlichen Rheinland schildern will, muß also Texte und Grabungsergebnisse verarbeiten, ohne allerdings hoffen zu dürfen, daß die einen die andern unmittelbar bestätigen. Für die lateinischen Schriftsteller waren die Rheinprovinzen ein hochaktuelles Politikum, eines jener ›heißen Eisen‹, das ›anzufassen‹ nur in entsprechender Diktion, d. h. propagandistischer Verklausulierung möglich war; selbst anscheinend nüchterne Beobachtungstatsachen wurden bei Tacitus wie bei Ausonius perspektivisch zurechtgebogen mit der Absicht, dem Leser ein bestimmtes Bild zu vermitteln; so werden Germanen und Gallier gegeneinander ausgespielt, Zivilisation (lies: römisch bestimmte Kultur) gegen Barbarei (lies: rechtsrheinische Unkultur!), Rückzugsgebiete gegen Frontabschnitte; so werden historische Ereignisse (vornehmlich militärischer Prägung) aus römischer Sicht geschildert und dort, wo der Alltag Erwähnung findet, nur solche Tatsachen festgehalten, die der ideellen Ausrichtung des gesamten Werkes entsprechen.

Der Ausgräber steht hingegen vor der ständig anwachsenden Menge kleinster Mosaiksteine, die das Bild einer schier unendlichen Vielfalt vortäuschen, welche einen ›Überblick‹ von vornherein zu vereiteln scheint. Das Risiko des Versuchs, auch hier einen roten Faden erkennbar zu machen, Leitmotive herauszuarbeiten, Wesentliches von Zufälligem, ›Römisches‹ von ›Einheimischem‹ zu trennen, ist keineswegs geringer als das Wagnis, zwischen den Zeilen der zeitgenössischen Historiker zu lesen. Diese geben einen weltgeschichtlichen Rahmen ab, jene oft bescheidenen Bodenfunde erlauben es uns, den Rahmen mit Inhalten zu füllen. Dem so entstehenden Bild versuchen wir durch wechselnde Standortbestimmungen jene dritte Dimension zu verleihen, die zu seiner Belebung unerläßlich ist.

Das Rheinland gehörte über Jahrhunderte hinweg zur politischen und wirtschaftlichen Aktualität des Römischen Weltreiches; im Rahmen dieser wesentlichen Tatsache heißt es, aus den Bodenfunden die Fakten zu gewinnen, die sie erklären und verdeutlichen. Es gilt zu zeigen, weshalb am Rhein jene Harmonie zwischen ausländischen Einwirkungen und bodenständigen Traditionen nicht zustande kam, die Ausonius in den Mosellanden als weltweit vorbildlich pries. Schließlich ist jenes Paradox aus der Welt zu räumen, daß das Rheinland in seiner ›äußeren‹, unmittelbar augenfälligen Kultur offenbar einerseits stark romanisiert war, daß man aber andererseits bei genauerem Hinsehen überall Spannungen spürt, die eine wirkliche, in die Tiefe wirkende Befriedung verhinderten, welche Kaiser Augustus angestrebt hatte.

Selbstverständlich verdankt ein 1972 französisch verfaßtes, 1975 für die deutsche Ausgabe nach Möglichkeit revidiertes Buch über die Römer an Rhein und Mosel vielen früheren Publikationen entscheidende Impulse: sie werden in unserem Text sowie in den Anmerkungen gewürdigt; es verdankt sein Entstehen aber auch den zahlreichen Hilfeleistungen jener, die in Museen, Bibliotheken oder Instituten mit Rat und Tat dem Verfasser zur Seite standen: ihnen allen sei hier aufrichtig gedankt, allen voran Herrn Professor Dr. R. Chevallier, auf dessen Anregung hin das Werk entstand, dann Herrn Professor Dr. Joseph Goedert, dem früheren Leiter der Landesbibliothek in Luxemburg, Herrn Diplombibliothekar Carlo Hury sowie meinen Mitarbeitern im »Centre Alexandre-Wiltheim«, schließlich allen, die bereits der französischen, von der Académie Française preisgekrönten Ausgabe dieses Buches freundliches Interesse entgegenbrachten. Möge ihm auch der deutschsprachige Leser dies nicht verweigern!

Luxemburg, am 10. März 1975   *Ch.-M. Ternes*

Einleitung

Durch die Erweiterung des römischen Einflußbereichs im Westen wollte Octavian ein Gegengewicht zu den Zukunftsvorstellungen des Antonius schaffen, die dieser in Alexandria für seinen Herrschaftsbereich im Osten entwickelt hatte. In diesem Zusammenhang hieß es zunächst, die Provence als Ausgangsbasis weiterzuentwikkeln, sie enger an Italien anzuschließen, die Verbindungen mit dem widerstrebenden Spanien zu sichern, ehe überhaupt die Rede davon sein konnte, ein Vordringen nach Gallien und Germanien zu planen.

Dieses umfangreiche Programm hatte den psychologischen Vorteil, daß es wie eine Fortsetzung von Cäsars Werk erschien. Eine oberflächliche Berührung aller dieser Gebiete hatte es zwar schon zu Cäsars Zeit gegeben, Roms Einfluß hatte sich jedoch überall nur auf militärische und repressive Maßnahmen beschränkt. Ausgedehntere Expeditionen nach Großbritannien und auf das andere Rheinufer waren gescheitert. Sagenumwobene, unheimliche Länder hatten ihr Geheimnis wahren können. Sie entsandten Eroberungszüge nach Gallien. So drangen die Sueben 30 v. Chr.* bis zu den Morinern vor – und bei einigen Völkern hätten innere Unruhen leicht zu einer neuen, nur schwer überschaubaren Situation führen können. Die Treverer waren gerade wieder beruhigt worden, als es zu dem Zwischenfall von 27 v. Chr. kam, wo gallische und römische Kaufleute auf dem rechten Rheinufer ermordet wurden und eine römische Legion sogar ihren Adler einbüßte! Die Eroberung konnte schwerlich als abgeschlossen betrachtet werden ...

Im Laufe der Zeit nahm Rom ein umfangreiches militärisches Programm in Angriff, welches auf die immer weiter fortschreitende Befriedung der unterworfenen Gebiete ausgerichtet war. Für Augustus war Spanien das vordringliche Problem; dann widmete er sich der Lage in den Alpen, das *tropaeum Augusti* von La Tur-

---

* Die Jahreszahlen ohne Zusatz bedeuten: ›n. Chr.‹.

bie mit den Namen von 44 unterworfenen Alpenvölkern gibt ein beredtes Zeugnis vom Ergebnis 10 langer, schwerer Kriegsjahre. Das Straßennetz – mit seinem Mittelpunkt Lyon – wurde zu einem wesentlichen Element der Romanisierung Galliens, es erleichterte die Aufgabe der Legionen, die Friedenssicherung oder das, was Rom darunter verstand, und begünstigte die neuen Marktflecken zum Schaden der einstigen *oppida*, die Kaufleute und Bauern zum Schaden der kriegerischen Aristokratie. In Gebieten, in denen man seit der Steinzeit auf Straßen verkehrte, deren Verlauf durch die natürlichen Gegebenheiten bestimmt war, mußte ein festes und dauerhaftes Straßennetz angelegt werden. Dabei war es notwendig, durch (mancherorts vorhandene) Ausweichstraßen eine Bewegungsfreiheit zu schaffen, welche den Truppen und ihren Versorgungseinrichtungen schnelles, spektakuläres Vorrücken erlaubte und auch dem Handel neue Möglichkeiten eröffnete.

Enge Kontakte mit der Mittelmeerwelt hatten es gallischen Städten wie Marseille ermöglicht, ihren Einfluß auch im Hinterland zur Geltung zu bringen, wodurch sie (zweifellos ganz gegen ihren Willen) die Aufnahmebereitschaft für die Romanisierung stark erhöhten. Germanien rechts und links des Rheins hingegen blieb ein Spielball vieler verschiedener oft brutaler und teilweise durchsichtiger Machenschaften.

Bis zu den letzten Tagen des Kaiserreichs veränderte sich die Landkarte Germaniens ständig, besonders im Osten des Rheins; die wechselhafte Geschichte einer Stadt wie Mainz ist hierfür ein beredtes Beispiel. Die ›Germanengefahr‹ war nicht nur ein mit mehr oder weniger Scharfsinn gebrauchtes Schlagwort, um in Rom entsprechende Emotionen wachzurufen. Von Augustus bis zu Valentinian und Gratian war sie tragische Wirklichkeit.

Wer aber waren diese unbezähmbaren Feinde, diese »wilden Barbaren«[1]? Cäsar ließ sich offensichtlich von sehr alten ethnographischen[2] Vorstellungen leiten, als er den Kontinent einfach in die diesen Beschreibungen entsprechenden Teile zerlegte. In Germanien richtete er sich bei der Grenzziehung nach dem Verlauf der Wasserstraßen, wie er es auch schon in Gallien getan hatte.[3] Germanen waren alle die, die jenseits des Rheines wohnten. Ariovist galt als ungerechter Angreifer, weil er ihn überschritten hatte. Cäsar hat aber dann später erfahren, daß diese bequeme, wenn auch grobe Betrachtungsweise durch die Tatsache der Existenz von Germanen diesseits des Rheins ins Wanken gebracht wurde. Zuerst verhielt er sich diesen Informationen gegenüber kritisch und zurückhaltend.[4] Er teilte mit, er habe das von den Remern erfahren, erst viel später[5] gab er zu, das entspreche auch seiner eigenen Ansicht. Zu den diesseitigen Germanen zählten die Belger[6], die Nervier[7] und die Treverer. Hirtius hatte schon beiläufig hervorgehoben, die letzteren unterschieden sich kaum von den Germanen.[8] Im übrigen hat dieser Stamm die Bezeichnung ›Germanen‹ ausdrücklich für sich in Anspruch genommen.

Neuere Forschungen[9] haben nachgewiesen, daß es auf dem linken Rheinufer Germanen gab, die sich von ihren Stammesbrüdern auf dem anderen Ufer durch eine höhere Entwicklungsstufe unterschieden, welche sie ohne Zweifel durch eine enge Berührung mit dem von Gallien und Norditalien ausgehenden keltischen Element erreicht hatten. Als Folge dieses Einflusses wiesen die germanischen Stämme des linken Ufers seit 75 v. Chr. eine verhältnismäßig beständige territoriale Verteilung auf,[10] auch eine ökonomische, soziologische und politische Struktur, die zwar noch recht unvollkommen war, aber dennoch einem Okkupationssystem der Art, wie es die Römer gerade bei ihnen einführen wollten, sehr entgegenkam. Im übrigen gelang es einigen Stämmen, und zwar vor allem den ursprünglich germanischen Treverern,[11] ihre Eigenart selbst bei enger Berührung mit den Römern zu wahren. Das brachte ihnen zur Zeit des Untergangs des Weströmischen Reiches auch die lyrische Huldigung des Ausonius ein, des Lehrers von Valentinian I. und Gratian.

Die in dieser kurzen Übersicht dargestellten Verhältnisse sind als Vorbereitung für dieses Werk sehr wichtig. Man wird sich, dem Faden der Jahrhunderte folgend, die Geschichte der Beziehungen zwischen Germanen und Römern vergegenwärtigen müssen, sollte aber bei der Darstellung des Alltags einen Unterschied machen zwischen dem der Soldaten und dem der Zivilpersonen. Auch stellt sich der Alltag der Fremden, die mehr oder weniger in ihrer neuen

Heimat aufgegangen waren, anders dar als der der Einheimischen, die sich mit einer römischen und mediterranen Zivilisationsform auseinanderzusetzen hatten. Die Aufgabe erweist sich als komplex, weil die am Rhein stationierte römische Armee (allein schon durch ihre Rekrutierungsweise) von der Umgebung, in die sie versetzt war, beeinflußt wurde, auch wenn dies nicht immer erwünscht war. Für die Bevölkerung im besetzten Gebiet entstand das Problem, der eigenen Tradition treu zu bleiben, aber dennoch in der gegenwärtigen Situation zu Kompromissen bereit zu sein und erfolgssichere Entscheidungen für die Zukunft zu treffen. Während in anderen Provinzen und im rheinischen Hinterland der Alltag während der römischen Zeit in erster Linie von der einheimischen, mehr oder weniger romanisierten Bevölkerung bestimmt wurde, hat man es im Rheinland mit mehreren Personengruppen vollkommen unterschiedlicher Herkunft zu tun, die sich auch in ihrem juristischen Status, ihrem Beruf und ihrer wirtschaftlichen Lage unterschieden. Man wird außerdem eine Erklärung dafür finden müssen, warum es kaum eine Synthese oder Symbiose gab, mit anderen Worten, warum sich das ›trevirische Wunder‹ an den Ufern des Rheins nicht wiederholte.

Verschiedene Gründe haben mich veranlaßt, meine Untersuchungen auf das Rheinland zu beschränken, worunter ich die Rheinprovinz von 1818 verstehe, während die römischen Provinzen Germaniens ein viel größeres Territorium umfaßten. Ausschlaggebend war, daß erstens die deutsche Forschung des 19. und des 20. Jahrhunderts ebenso verfahren ist. Die maßgeblichen Veröffentlichungen, auf die sich dieses Buch stützt, behandeln beinahe ausschließlich die aus dem solchermaßen abgegrenzten Gebiet stammenden Funde. Zweitens wäre, wenn ich in meinem Buch mehr als dieses Gebiet behandelt hätte, der Stoff auf mehr als das Doppelte angewachsen und der festgelegte Umfang um die Hälfte überschritten worden, denn der Vollständigkeit halber hätte das zu behandelnde Gebiet bis zur Grenze der Donauprovinzen ausgedehnt werden müssen. Selbstverständlich hat ein großer Teil dessen, was ich im folgenden darlegen werde, für beide Provinzen Gültigkeit. Ich mußte aber darauf verzichten, eine vollständige Übersicht zu bieten.

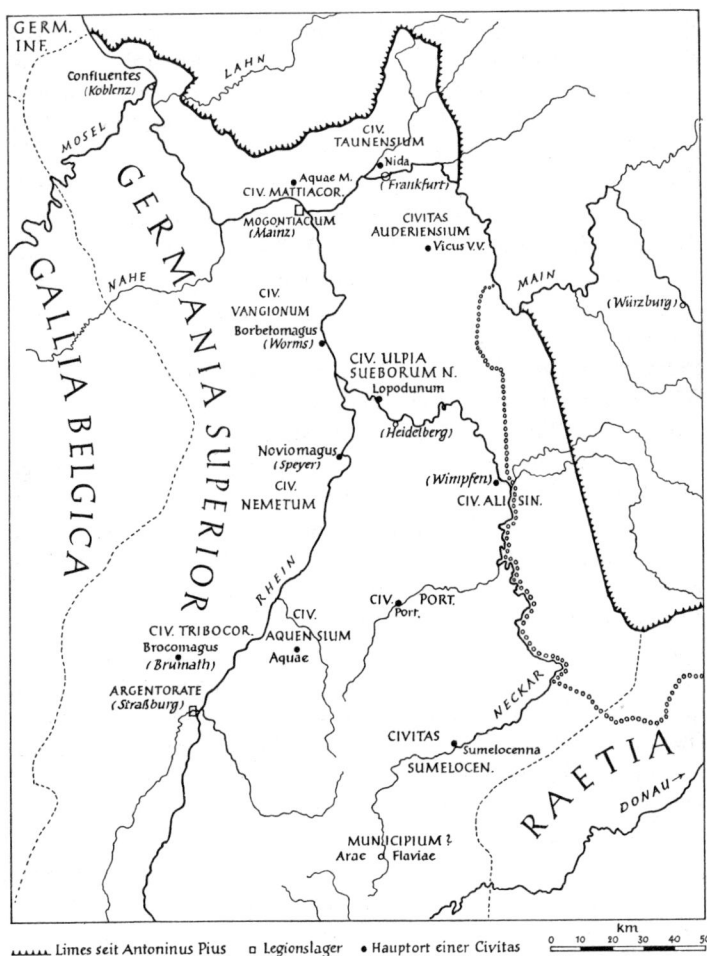

GERM.
INF.

Confluentes
(Koblenz)

LAHN

MOSEL

CIV.
TAUNENSIUM

Nida

G E R M A N I A

Aquae M.
CIV. MATTIACOR.
(Frankfurt)

MOGONTIACUM
(Mainz)

CIVITAS
AUDERIENSIUM

Vicus V.V.

NAHE

CIV.
VANGIONUM

Borbetomagus
(Worms)

MAIN

(Würzburg)

CIV. ULPIA
SUEBORUM N.

Lopodunum

(Heidelberg)

GALLIA BELGICA

S U P E R I O R

Noviomagus
(Speyer)

CIV.
NEMETUM

(Wimpfen)

CIV. ALI?SIN.

RHEIN

CIV.
AQUENSIUM

CIV. TRIBOCOR.

Brocomagus
(Brumath)

Aquae

CIV. PORT.
Port.

ARGENTORATE
(Straßburg)

NECKAR

CIVITAS

Sumelocenna

SUMELOCEN.

R A E T I A

DONAU →

MUNICIPIUM ?
Arae d Flaviae

km
0   10   20   30   40   50

⊥⊥⊥⊥⊥ Limes seit Antoninus Pius   □ Legionslager   ● Hauptort einer Civitas
∘∘∘∘∘ älterer Limes südlich des Mains   ------ Provinzgrenze

Abb. 1. Der Limes in Obergermanien und die einheimischen Civitates. (Nach einer Zeichnung des Saalburgmuseums in: Germania
Romana III. Römisches Leben auf germanischem Boden. Gym-
nasium, Beiheft 7, 1970.)

Zum Gebiet des römischen Rheinlands, in der oben festgelegten räumlichen Begrenzung, gehören in der Hauptsache folgende Ortschaften: entlang des Rheins zwischen Straßburg im Süden und Koblenz im Norden (Abb. 1): *Argentorate* (Straßburg), *Noviomagus* (Speyer), *Borbetomagus* (Worms), *Mogontiacum* (Mainz) und *Confluentes* (Koblenz); am rechten Ufer unter anderen: *Municipium Arae Flaviae* (Rottweil), *Sumelocenna* (Rottenburg), *Aquae* (Baden-Baden), *Port...* (Pforzheim), *Lupodunum* (Ladenburg), *vicus V. V.* (Dieburg), *Nida* (Heddernheim), *Aquae Mattiacorum* (Wiesbaden), Hauptstädte von *civitates*, wie sie auf unserer Karte verzeichnet sind.

Entlang des Limes liegen der Reihe nach von Norden nach Süden: Niederbieber, Bendorf, Ems, Holzhausen, Zugmantel, Saalburg, Langenhain, Butzbach, Arnsburg, Echzell, Marköbel, Groß-Krotzenburg, Seligenstadt, Stockstadt, Obernburg, Wörth, Miltenberg, Osterburken, Jagsthausen, Öhringen, Mainhardt, Lorch; dann von Westen nach Osten: Schierenhof, Unterböbingen, Buch, Dambach, Weißenburg, Pfünz und Eining; an der alten Linie des obergermanischen Limes im Süden von Wörth: Seckmauern, Lützelbach, Vielbrunn, Erlbuch, Würzberg, Hesselbach, Schlossau, Trienz, Neckarburken, Wimpfen, Böckingen, Walheim und Cannstatt.[12]

Niedergermanien (Abb. 2) beginnt im Südosten am Vinxtbach und umfaßt am Limes folgende Stationen: vier Legionslager, *Bonna* (Bonn), *Novaesium* (Neuß), *Vetera* (Xanten) und *Noviomagus* (Nimwegen); 12 sehr wichtige Lager von Auxiliareinheiten: *Rigomagus* (Remagen), Wesseling, Köln-Alteburg, *Durnomagus* (Dormagen), *Gelduba* (Krefeld-Gellep), *Asciburgium* (Moers-Asberg), *Burginatium* (Altkalkar), *Fectio* (Vechten), *Traiectum* (Utrecht), Valkenburg, Arentsburg und Brittenburg; weniger bedeutende oder spätrömische *castra*: *Divitia* (Köln-Deutz), Haus Bürgel[13], Reckberg, Werthausen, *Quadriburgium* (Qualburg), *Harenatium* (Rindern) und De Woerd.

Im Hinterland:[14] *Juliacum* (Jülich), *Tolbiacum* (Zülpich), *Belgica* (Billig), *Tiberiacum* (Thorr), *Marcomagus* (Marmagen), *Icorigium* (Jünkerath), *Ausava* (Oos), *Beda* (Bitburg), *Augusta Treverorum* (Trier), *Ad Quintum* (Quint), *Rigodulum* (Riol), *Ad Decimum*

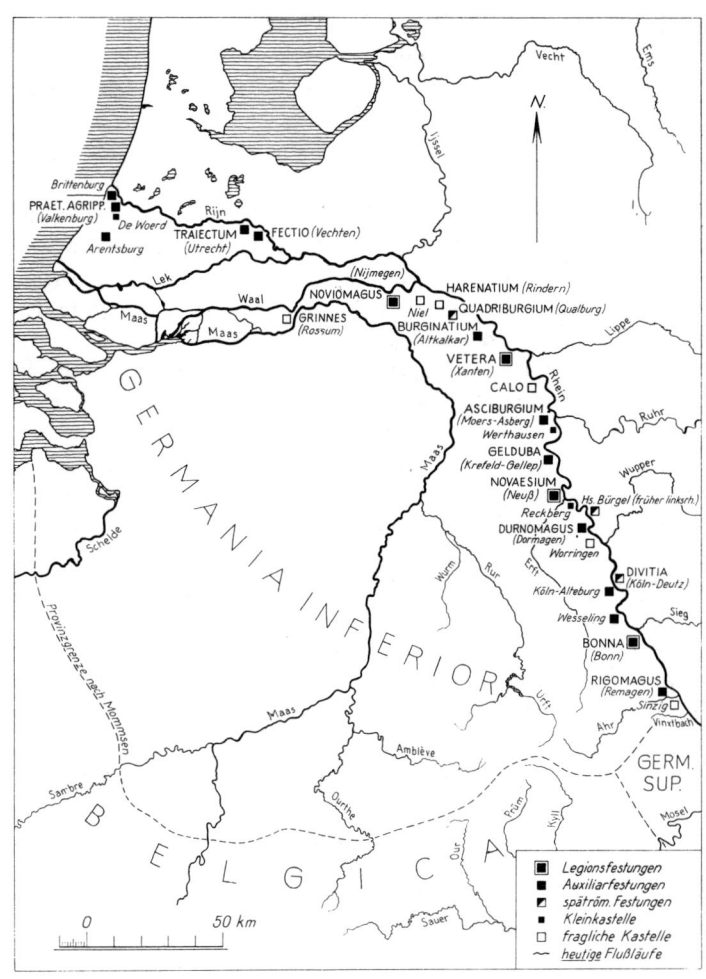

Abb. 2. Der niedergermanische Limes. (Nach H. von Petrikovits.)

(Detzem), *Noviomagus* (Neumagen), *Belginum (Tabernae)* (bei Wederath), *Dumnissus* (Kirchberg) und *Bingium* (Bingen).

Das Rheinland war vom Altpaläolithikum an besiedelt. Einige größere Fundstätten gibt es entlang der Niers[15] und in der Umgebung von Bonn. Im Mittelpaläolithikum sind es teilweise wieder dieselben Orte, aber es gibt auch Fundorte am rechten Rheinufer, von der Lippe im Norden bis in die Umgebung von Siegburg im Süden. Das Jungpaläolithikum hat in der Hauptsache drei Zentren: Ahrweiler, Mayen und den Norden von Koblenz, an beiden Rheinufern. Im Neolithikum liegt das Zentrum der Bandkeramik in der Gegend des Neuwieder Beckens, bei Kreuznach, und in dem zwischen Erft und Rhein gelegenen Raum, dort allerdings nicht so dicht. Die Ausstrahlung der Rössener Kultur behauptet sich nachdrücklich nur im Neuwieder Becken. Das gleiche gilt auch für die Michelsberger Kultur, während sich der rheinische Glockenbecher-Horizont ebenso im Norden ausbreitet, wobei er, typologisch gesehen, gleichzeitig die Nachfolge der Glockenbecher-Kultur und der Bandkeramiker in sich aufnimmt.

Im Zeitalter der Quarzitbeil-Kultur gibt es die ersten Spuren von Ackerbau, die von Westen kommende Volksstämme einführten, wo Luxemburg, das Saargebiet und das Gebiet um Trier erstaunliche reichhaltige Zeugnisse geliefert haben. Es ist interessant, daß diese spitznackigen Beile ganz auf ihr Herstellungsgebiet beschränkt blieben, was auf eine bis ins jüngere Neolithikum zurückgehende Autonomie hindeutet, die sich auch in der Folge bestätigt. Jedenfalls stammen die Quarzitbeile aus landwirtschaftlich hochentwickelten Gebieten. Nicht auszuschließen ist, daß die Menhire aus dem Gebiet um Trier und am Rhein demselben technischen und zeitlichen Niveau zuzuordnen sind, welches sich relativ gleichmäßig während des ganzen Bronze-Zeitalters bis hin zur Hunsrück-Eifel-Kultur entwickeln wird.

In der Bronzezeit (die um 1800 v. Chr. beginnt) zeigt sich, wie wichtig der Rhein als Transportweg war. Der Fluß selbst und seine ihn säumenden Terrassen bieten sehr viele Fundstätten (Bingerbrück, Trechtinghausen, Bacharach, Oberwesel); sie geben zugleich einen wichtigen Hinweis auf die Handelswege, von denen wir im folgenden noch sprechen werden. Zwischen 2000 und 1000 v. Chr. sinkt durch die ständige Verbesserung des Klimas im Rheinland der Wasserspiegel der stehenden Gewässer und Flüsse andauernd, so daß eine Anzahl von Sumpfgebieten austrocknet und für menschliche Ansiedlungen, so auch manchmal für Pfahlbauten, tauglich wird. Die um 1000 v. Chr. beginnende Trockenheitsperiode setzt ›orientalische‹ und aus dem Mittelmeergebiet stammende Volksgruppen in Bewegung, deren Vorgänger die Träger der sogenannten Urnenfelder-Kultur sind. Ihr Siedlungsgebiet ist dasselbe wie das der Bandkeramiker, wobei sich ihre vorwiegend landwirtschaftliche Tätigkeit auf die Lößfelder von Neuwied, von Trier und der Gegend von Aachen beschränkt zu haben scheint.

Die Beziehungen zwischen den Trägern der Urnenfelder-Kultur und den Frühkelten, auch den Kelten, konnten bislang nicht restlos geklärt werden. Immerhin gibt es im Rheingebiet deutliche südländische und orientalische Einflüsse seit der Hallstatt-A-Zeit (vielleicht auch schon früher), besonders am linken Ufer und im trevirischen Hinterland. Die Bestattungsarten des Neolithikums werden bis weit ins Eisen-Zeitalter hinein beibehalten. Einfuhrartikel fehlen zwar nicht ganz in Norddeutschland, sie haben aber dort nicht zu einer ähnlich schöpferischen Nachahmung geführt, wie das in den zwischen Rhein und Maas gelegenen Gebieten der Fall ist. Als die Protogermanen ankamen, gab es im jenseitigen Rheingebiet kaum Reaktionen; man darf sich die Ankunft der Germanen (am Ende der Eisenzeit), als Träger der sogenannten Harpstedt-Vasen-Kultur, auch nicht wie die germanischen Invasionen vorstellen, von denen im folgenden noch die Rede sein wird. Die Neuankömmlinge vielmehr siedeln sich inmitten der Einheimischen an, verschmelzen mit ihnen und werden dann selbst zu Einheimischen. Es fällt auf, daß in den Endepochen der La-Tène-Zeit (jüngere Eisenzeit) die germanischen Funde am Niederrhein seltener werden. Läßt sich daraus schließen, daß diese Germanen abgewandert sind? Oder sind sie auf das andere Ufer übergesiedelt und wurden dort von sicherlich keltisierteren, ihrer Herkunft nach jedoch ihnen näherstehenden Völkergruppen aufgenommen?

Ein Blick auf die Karte der Verteilung der germanischen ›Stämme‹

zu Cäsars Zeit (die im wesentlichen auch 20 bis 30 Jahre vor dem
Erscheinen der Römer gilt) zeigt,[16] wie sehr Orographie und Hy-
drographie die Besiedlung des Rheinlands bedingt haben. Der
breite ›Moselkorridor‹ verläuft in Form eines abgestumpften Drei-
ecks zum Rhein und zu den eigentlich germanischen Gebieten hin.
Eine ähnliche Lage gibt es nur bei den Nerviern, die ebenfalls den
Rhein berühren, in einem langen, von der oberen Schelde ausgehenden und bis zum unteren Lauf der Maas führenden Landstreifen.
Zwischen diesen beiden Enden, die in die Masse der germanischen
Völker jüngeren Ursprungs hineinragten, lebten die Eburonen, die
Aduatuker, die Condruser, die Pämaner und die Caröser, die in
einem Klientelverhältnis zu den Treverern standen. Im Süden des
trevirischen Korridors lebten die Vangionen, die Nemeter und die
Triboker. Am rechten Ufer: die Bataver (im Norden des Mün-
dungsgebiets des Rheins), die Usipeter (zwischen dem Oude Rijn
und der Lippe), die Sugambrer (zwischen Ruhr und Wupper), die
Ubier (gegenüber dem späteren Köln). Die Geschichte des römischen
Zeitalters im Rheinland ist die Geschichte des ständigen Vorrückens
des germanischen Elements. Bis zum Ende der Kaiserzeit bildet dieses ursprünglich trevirische Gebiet, unterstützt von seinem Hinterland und dessen Bewohnern, dem Wohngebiet der Mediomatriker
und der Leuker, eine sichere zweite Barriere, die von Gallien gegen
die Volksstämme aufgerichtet wurde, die die Geschichte Europas
bestimmten, als die römische Macht schon längst zerfallen war.
Es bleibt noch zu erwähnen, daß wir heute an das Studium des
römischen Rheinlandes mit einer Gelassenheit herangehen, welche
noch der jüngsten Vergangenheit unbekannt war. Die Verdienste,
die sich die deutsche Geschichtsschreibung des 19. und 20. Jahrhunderts erworben hat, stehen außer Zweifel. Dennoch wurde dabei
die Antike oft zu einer Dienerin, um nicht zu sagen Sklavin politischer Machenschaften, die viele Völker in grenzenloses Unglück
gestürzt haben. Wirre Zeiten träumten von einem Goldenen Zeitalter, von Rassen, die durch kein Gesetz in Schranken gehalten
werden, deren Überlegenheit niemand in Frage stellt. Dennoch war
es die deutsche Schule, die zuerst vor allem Rom und sein Streben
nach Weltherrschaft so sehr gepriesen hat. Bei Ranke sind die Ger-

manen noch bloße Katalysatoren des römischen ›Machtwillens‹.
Erst als die Vereinigung Deutschlands die Maßstäbe für ein Kaiserreich setzte, das ein Mommsen übrigens verabscheute, wurde man
sich plötzlich der Tatsache bewußt, daß man beim Gegner des
(Römischen) Kaiserreiches die Motivation für einen nationalisti-
schen Kampf finden konnte, dessen Organisation man auch sogleich
in Angriff nahm. Der Germane war von nun an kein unkultivier-
ter Barbar mehr, kein Statist, Mitläufer oder Feind: er galt fortan
als beispielhafter Held einer romantischen Begeisterung, inmitten
einer Zeit, in der derartige Bestrebungen völlig fehl am Platz waren. Aus dieser Gespaltenheit entstanden die verschiedenartigen
Emotionen, die man dem Übermenschen Hermann entgegenbrachte.
Die Schlacht im Teutoburger Wald wurde zur glorreichen Ruhmes-
tat in einem größenwahnsinnigen Heldengedicht, welches dazu herhalten mußte, pseudowissenschaftliche Urteile zu begründen. Je
mehr sich die in das deutsche Kaiserreich gesetzten Hoffnungen als
trügerisch erwiesen, desto verlogener wurden die großartigen Theo-
rien. Hätte man den ganzen Scharfsinn, den man für weltanschau-
liche Verirrungen aufbot, auf eine vernünftige Kritik der Texte
und Fakten verwandt, so hätte die Wissenschaft wohl 50 Jahre
gewonnen – was nicht viel bedeutet; aber sie hätte doch zumindest
von vornherein den Anschein vermieden, sie rechtfertige die gefährlichen Mißdeutungen, die man aus ihr zu gewinnen sich an-
schickte.
Beim Tode von Karl Müllenhoff (1884) glaubten viele, die die Germanen betreffenden Texte seien endgültig ausgewertet.[17] Die über-
mäßig kritische Haltung dieses großen Gelehrten hatte dazu geführt, daß nun, wo die Texte ausgeschöpft schienen und sich als
ungenügend erwiesen hatten, andere Zeugnisse zur Ergänzung dieses Wissens befragt werden mußten. Die deutsche Archäologie hatte
bereits eindrucksvolle Ergebnisse aufzuweisen, und der Gedanke
schien naheliegend, daß man nun auch den deutschen Boden um die
Beantwortung vieler Fragen angehen müsse.
Es war ein Schüler von Karl Müllenhoff, Gustav Kossinna, von
Haus aus Philologe, der es sich zur Aufgabe machte, die ›Boden-
kunde‹ in den Dienst der deutschen Geschichte zu stellen. Dabei

sind ihm einige Irrtümer unterlaufen, die hier hervorgehoben werden müssen, zumal sie das Rheinland betreffen. Zunächst einmal
wurden alle antiken Zeugnisse als unantastbar angesehen. Es kam
Kossinna und seinen Nacheiferern nicht einmal der Gedanke, daß
Cäsar oder Tacitus irgendwelche politischen oder moralischen
Überlegungen angestellt haben könnten. Sie erklärten für nichtig,
was die deutsche Geschichtsschreibung und Philologie im 19. Jahrhundert erarbeitet hatte. In ihrer Verblendung gingen sie sogar so
weit, selbst den Arbeiten von Karl Müllenhoff und Eduard Norden keine Beachtung zu schenken, obwohl gerade diese doch besonders aufschlußreich waren. Den antiken Texten gaben sie selbstverständlich die absolute Priorität vor den archäologischen Funden.
Sie grenzten im voraus den durch Funde zu verifizierenden Bereich
des Möglichen ab. Man erwartete also z. B. von der Archäologie,
sie würde Beweise dafür erbringen, daß am linken Rheinufer Kelten wohnten, am rechten aber Germanen. Schließlich hatte auch
die gleichgeschaltete Sprachwissenschaft deutlich gemacht, daß es
am östlichen Ufer germanische, am westlichen aber keltische Elemente gab. So entstand auch die gefährliche Vorstellung, daß eine
Sprache immer das Vorhandensein eines ›Volkes‹ voraussetzt und
daß dieses im Herderschen Sinn als ein lebendiges Wesen zu verstehen sei, einzig und unteilbar trotz der Vielfalt seiner Elemente.
Die Zivilisation war nur die Summe von Elementen, die man in
Texten und Funden enthüllte. Diese waren zwar nicht sehr zahlreich, erlaubten aber in jedem Fall Schlußfolgerungen auf die gesamte Zivilisation, deren sichtbares Zeichen sie waren.
Kossinnas Schüler waren sehr zahlreich. Unter ihnen gab es einige,
die vor allem die Bedeutung des ›urdeutschen‹ oder ›urgermani-
schen‹ Elements betonten. Andere waren wohl etwas einfallsreicher:
sie wandten sehr viel Fleiß auf, um jene typisch deutsche Form der
Archäologie zu entwickeln, für die es auch nur im Deutschen ein
Wort gibt, die ›Siedlungsgeschichte‹ oder ›Siedlungskunde‹. Ihre
berühmtesten Vertreter waren Karl Schumacher[18] und Josef Steinhausen[19]. Joseph Meyers[20] Schule, hervorgegangen aus der Schuma-
chers, versuchte die Methode dieser Wissenschaft auf den westlichen
Teil des Trevererstammes anzuwenden, das heutige Großherzogtum

Luxemburg. Von der Vorgeschichte bis zum Ende der Antike sollte
die ganze Geschichte eines bestimmten Gebietes umfassend rekonstruiert werden. Alle in dieser Hinsicht unternommenen Versuche
blieben aber unvollständig. Der recht umfangreiche »Steinhausen«,
viermal so dick wie das »Rheinland« von Schumacher, zeigt, daß
man ungefähr um 1936 anfing zu begreifen, daß die Archäologie
den Vorrang gewann über das Studium der Textstellen und daß es
praktisch unmöglich war, ein so großes Gebiet wie das Rheinland
in seiner Gesamtheit darzustellen. Ein weiterer Grund also auch
für mich, hier nicht alles, was irgendwie zum Problemkreis gehört,
behandeln zu wollen. Ich werde aus der stets zunehmenden Menge
von verfügbaren Dokumenten nur das auswählen, was ganz bestimmte Themen betrifft, so z. B. Armee, Wohnungsbau, Städtebau,
Religion, Wirtschaft; diese gedenke ich hier zusammenfassend zu
erwähnen, gestützt auf die (in den Anmerkungen zitierten) hervorragenden Werke, welche die deutsche Forschung seit dem Zweiten
Weltkrieg in so großer Zahl geliefert hat.

Man sollte sich auch nicht darüber wundern, daß in einigen Kapi-
teln vielleicht einige Dinge nicht gebührend erwähnt werden; der
Alltag im Rheinland unterscheidet sich keineswegs immer von dem
in Gallien und in Großbritannien in der römischen Zeit. Einige
hervorragende Werke, die sich mit diesen Ländern[21] beschäftigen,
haben die ihnen zustehende weite Verbreitung erfahren. Es möge
genügen, den Leser auf sie zu verweisen, wenn ihm daran gelegen
ist, sich darüber zu informieren, wie diese drei Länder während der
römischen Zeit ausgesehen haben. Ich wollte meine Arbeit auch
nicht mit Betrachtungen allgemeiner Art anreichern, die von anderen bereits meisterhaft vorgetragen worden sind.[22] Ich habe darauf
verzichtet, sie hier zu wiederholen, und sie nur dort zugelassen, wo
sie mir zum besseren Verständnis meines Textes erforderlich schienen. Es ist mein Wunsch, einem gebildeten Leserkreis eine lehrreiche
Lektüre an die Hand zu geben, den Forschern eine Orientierungs-
hilfe und der Allgemeinheit eine auf das Wesentliche konzentrierte
Dokumentation.

Erstes Kapitel

Die Römer am Rhein

Das Erbe Cäsars

Im Laufe des Winters 54/53 v. Chr. leisteten Nervier, Menapier, Aduatuker und Eburonen den Truppen Cäsars hartnäckigen Widerstand.[1] Als die ungünstige Jahreszeit zu Ende ging, zeigte sich, daß die Stämme eine schwere Niederlage erlitten hatten, vor allem die Eburonen; sie waren fast ausgerottet. Das früher von ihnen besiedelte, jetzt aber nahezu menschenleere Gebiet am linken Rheinufer, in Höhe des späteren Köln, war nunmehr ein ständiger Gefahrenherd, denn die Sueben übten auf die rechtsrheinischen Germanen immer stärkeren Druck aus. Cäsar war 55 v. Chr. zum ersten Mal über den Rhein gegangen, war aber ziemlich schnell wieder zurückgekehrt und schrieb in seinen »Kommentarien«[2], diese Expedition sei vor allem von den Ubiern gefordert worden – »der einzige rechtsrheinische Stamm, der Gesandte zu Cäsar geschickt, Freundschaft mit ihm geschlossen, ihm Geiseln gestellt und ihn dringend um Hilfe gebeten hat, weil die Sueben seine Existenz bedrohten«. Die Ubier hatten hinzugefügt, eine Demonstration der römischen Stärke am rechten Ufer würde genügen, damit die Sueben, die noch unter dem Eindruck der Niederlage Ariovists stünden, sie, die »Freunde Roms« ... »respektierten«. Wir haben berechtigte Zweifel an der Echtheit dieses Hilferufs. Er kam zu sehr gelegen, als daß Cäsar nicht in den Verdacht geriete, ihn angeregt zu haben. Das Gebiet, welches diesseits des Rheins von den Helvetern zurückgelassen worden war, hielt Cäsar für so gefahrenträchtig, daß er ihnen, nachdem er sie in Bibracte vernichtend geschlagen hatte, befahl, in ihre Heimat zurückzukehren. Im Jahre 53 v. Chr. mußte wiederum eine Lücke geschlossen werden, diejenige nämlich, die durch die Ausrottung der Eburonen am Mittelrhein entstanden war. Es ist durchaus denkbar, daß Cäsar sich damals an ebendiese Ubier erinnerte, aus denen er zwei Jahre vorher *amici populi Ro-*

mani (Freunde des römischen Volkes) gemacht hatte. Der zweite Rheinübergang (53 v. Chr.) hätte somit das Ziel gehabt, aus den Ubiern *dediticii* zu machen und ihren Übergang auf das linke Ufer schon vorzubereiten.[3] Die Ubier hatten sich dort mit vielen andern Völkern vermischt, was besonders deutlich in den von der Epigraphik bezeugten Personennamen zum Ausdruck kommt.[4] Unterschieden wird eine römische, das heißt, eine vorwiegend von römischen Einflüssen gekennzeichnete Bevölkerungsschicht, eine germanische und eine keltische Schicht, schließlich auch bodenständige Bevölkerungsreste, die sich nicht in eine der vorher genannten Gruppen einordnen lassen. Dieses symbiotische Völkergemisch sollte sich als ein sehr dauerhafter und hervorragender Träger der unter dem Einfluß Roms entstandenen städtischen Zivilisation erweisen. Zu diesem Zeitpunkt aber waren die Germanen noch sich selbst überlassen. Die Angelegenheiten Italiens erforderten Cäsars Gegenwart in Rom, und seine Verpflichtungen im Mittelmeergebiet sollten ihn von den Problemen Nordosteuropas wegführen.

Das Erbe Cäsars beschränkt sich dennoch nicht nur auf die einstweilige Ordnung der Verhältnisse an Ober- und Mittelrhein. Allein die Tatsache, daß eine ›Föderation‹ der Germanen diesseits des Rheins hatte entstehen können und die Anwesenheit römischer Legionen im riesigen Ardennerwald[5] erforderlich machte, hatte Cäsar an die ernste Gefahr eines geheimen Einverständnisses der Germanen des rheinischen Hinterlandes denken lassen. Es hätte genügt, wenn die Eburonen, die Menapier, die Aduatuker und die Nervier mit den Treverern einig geworden wären (vielleicht dazu noch unterstützt von den rechtsrheinischen Germanen), um alle römischen Pläne im Gebiet der Rheinlande illusorisch zu machen. Im Jahr 54 v. Chr. bereitete Cäsar im ›Lager von Boulogne‹ seine Überfahrt nach Britannien vor, als beunruhigende Nachrichten aus dem Landesinnern zu ihm gelangten. Die Treverer, hieß es, anerkannten seine Autorität nicht und versuchten, die rechtsrheinischen Germanen heranzulocken.[6] Mit 4 gefechtsbereiten Legionen und 800 Reitern begab sich Cäsar *in fines Treverorum* (ins Land der Treverer), das heißt, in ein Gebiet, welches sich damals von der Maas bis an den Rhein erstreckte.[7]

»Dort stritten zwei Männer um die Macht, Indutiomarus und Cingetorix. Auf die Nachricht vom Herannahen Cäsars und seiner
Legionen kam Cingetorix zu ihm und versicherte ihm, er und alle
seine Leute würden sich ihm verpflichtet fühlen und dem römischen
Volk auch weiterhin die Freundschaft halten. Zugleich unterrichtete
er ihn über die Vorgänge bei den Treverern. Indutiomarus dagegen
schickte sich an, Reiterei zusammenzuziehen und zum Kriege zu
rüsten...«[8] Indutiomarus versuchte also zur Macht zu gelangen,
indem er sich sowohl gegen Cingetorix (der vorschnell als ›Landes-
verräter‹ bezeichnet werden konnte) als auch gegen Rom erhob; er
rechnete vielleicht damit, daß ihm dieses hochmütige Vorgehen die
Sympathien des Volkes einbringen würde. Das Volk entschied sich
dennoch gegen ihn, und Indutiomarus sah sich gezwungen zu ›verhandeln‹. Er ließ Cäsar sagen,[9] »er habe seine Landsleute nur deshalb nicht verlassen und zu ihm kommen wollen, um in seinem
Stamm die Ordnung um so leichter aufrechtzuerhalten, denn man
hätte befürchten müssen, daß das Volk sich in seiner Unbesonnenheit zu unüberlegtem Handeln hinreißen ließe, wenn der gesamte
Adel weggegangen sei. So aber gehorche ihm der Stamm, und wenn
Cäsar einverstanden sei, werde er in sein Lager kommen und sich
und seinen Stamm unter Cäsars Schutz stellen«.
Dieser Stelle wird im allgemeinen viel weniger Bedeutung beige-
messen als den andern, in deren Zusammenhang sie steht. In der
Tat würde man wohl fehlgehen, wollte man in ihr nur die Auf-
zeichnung der in ihrem Wortlaut unveränderten Botschaft des
›aufrührerischen‹ Stammesführers sehen. Bei dem in der Botschaft
des Indutiomarus vorkommenden lateinischen Ausdruck für ›die
Ordnung aufrechterhalten‹ handelt es sich aber tatsächlich um eine
römische Begriffsbildung; wozu hätte sich das Volk hinreißen lassen sollen? Ist es nicht allzu offensichtlich, daß Cäsar schon hier die
Unaufrichtigkeit seines zukünftigen Gegners betont? Aber darauf
kommt es nicht einmal so sehr an. Vielmehr taucht in diesem Text
ein sozialer Kontrast auf, den die Archäologie sehr klar erwiesen
hat. Durch die Rede des Indutiomarus unterstreicht Cäsar die Op-
position zwischen der *nobilitas* und der *plebs*; die erstere ist die
kriegerische Aristokratie, wie sie sich in den reichen Gräbern mit

Totenwagen, den Fürstengräbern,[10] zeigt, die zweite ist die namenlose Gefolgschaft Tausender von einfachen Leuten, deren Gräber die der Fürsten umgeben.[11] Die Adligen, die Herren der berühmten trevirischen Kavallerie, sind dazu berufen, die politischen Entscheidungen zu treffen. Das Volk ist, wenn es sich selbst überlassen ist, nur der *imprudentia*, der Unbesonnenheit fähig. Diese ist auch der Grund für den Aufstand gegen Rom, denn die politische Klugheit würde es erfordern, daß man zu einer Verständigung mit Rom gelangt. Wir haben gesagt, daß Cäsar den Indutiomarus der Unaufrichtigkeit beschuldigt, der Inhalt seiner Rede ist nach Cäsars Meinung eine einzige Lüge. Man muß also nur die Vorzeichen der Rede des Indutiomarus umkehren, um zu erkennen, wie Cäsar den ganzen Sachverhalt beurteilt. In seinen Augen ist es die Aristokratie, die unklug handelt (sie schließt sich dem rebellischen Anführer an), das Volk (es wäre lieber dem Cingetorix gefolgt) hat ein klares Verständnis für die politischen Gegebenheiten! Demnach hätte Cäsar den eigentlichen Konflikt begriffen, der im Land der Treverer bestand: das Volk hätte also im Einverständnis mit gewissen der Aristokratie entstammenden Anführern die Unterstützung Roms gegen die Abkömmlinge einer ›keltischen‹ Aristokratie gefordert, die sich inmitten dieser ›Germanen‹ an der Macht behauptet hatte. Es war sicher, daß dieser Konflikt bald offen ausbrechen würde. Weder Indutiomarus noch Cingetorix hatten sehr großen Einfluß auf das Volk. Cäsar schlug hart zu, ebenso Labienus, der selbst noch nach dem Tod des Indutiomarus einen grausamen Kampf gegen die Überreste von dessen Armee führte. Die rechtsrheinischen Germanen kehrten nach Hause zurück; die Ausrottung der Eburonen sollte ein blutiger Beweis für den römischen Willen sein, dem ›ancien régime‹ der Adelclans ein Ende zu setzen, die gegen Rom kämpften, um einen Aufstand des Volkes zu vermeiden. Cäsar wurde durch sein Schicksal daran gehindert, in Gallien und mehr noch in Germanien seine Pläne zu verwirklichen. Die römischen Statthalter kamen nur selten in diese entfernten und dazu noch so unwirtlichen und schwer zugänglichen Gegenden. Im Jahr 44/43 v. Chr. berief L. Munatius Plancus die Adligen ein, die Mitglieder des Rates der gallischen *civitates*. Ob die trevirischen

und rheinischen Gebiete dort ebenfalls vertreten waren, wissen wir
nicht. Erst 37 v. Chr. kam – wenn wir Dio Cassius[12] glauben wollen – ein römischer Geschäftsträger, in diesem Fall M. Agrippa, an
die Ufer des Rheins und ging aufs rechte Ufer hinüber. Im Jahr
29 v. Chr. mußte Nonius mit den Treverern und deren rechtsrheinischen Verbündeten kämpfen,[13] Carrinas mit den Sueben, die wieder einmal versuchten, am linken Ufer Fuß zu fassen. Im Jahr
25 v. Chr. erhielt M. Vinicius den Titel eines *imperator* für einen
über die Germanen errungenen Sieg.[14] Im Jahr 19 v. Chr. endlich
wurde Agrippa mit der Verteidigung der ›römischen‹ Territorien
im rheinischen Nordosten beauftragt. Durch die nun beginnenden
Ansiedlungen wurde die Landkarte der rheinischen Völker verändert: die Ubier, zweifellos schon von Cäsar dafür ausersehen
(weil sie *humaniores*, ausgeglichener, zivilisierter waren und mehr
Wert legten auf gute Verbindungen zu römischen Kaufleuten!),
übersiedelten auf das linke Rheinufer. Später wird die Stadt den
Namen *Ara Ubiorum* erhalten. Die Canninefaten, die Bataver, die
Sugambrer und die Cugerner ließen sich in der unmittelbaren Nachbarschaft des Rheins nieder.[15] Es handelte sich offensichtlich um die
systematische Verwirklichung der cäsarischen Idee einer ›Wieder-
bevölkerung‹ der Flußufer mit Hilfe von verschiedenen Elementen,
die die Reste der rebellischen Völker ersetzen oder kontrollieren
sollten.
Cäsars Werk ist zwar nicht vollendet worden, hat darum aber
nicht weniger noch nachträglich auf die für diese Gebiete getroffe-
nen Entscheidungen eingewirkt.

Das Werk des Augustus

Als Erbe Cäsars trat Octavian auf; sein Hauptanliegen war es, das
Gleichgewicht in der Welt wiederherzustellen und den Bestrebungen des Antonius im Osten durch eine erhebliche Stärkung der westlichen Position zu begegnen. Zur Zeit von *Actium* 31 v. Chr. zeigte
sich das schließlich in aller Deutlichkeit. Damals hatte Octavian
wahrscheinlich noch keine klare Vorstellung, wie sich seine Pläne

verwirklichen lassen würden. Im Westen hatte Cäsar überall nur bruchstückhafte und eben erst in der Ausführung begriffene Pläne hinterlassen. Der römische Einflußbereich wurde auf Großbritannien, auf Spanien, auf Gallien, die Rheinlande und die Alpen ausgedehnt, aber keines dieser Länder gehörte wirklich zu Rom. Wenn man neben der historischen, kulturellen und wirtschaftlichen Bedeutung des Ostens bestehen wollte, mußte man seine Zustimmung zu einem Eroberungsprogramm geben, welches nach Cäsars Erfahrungen mühselig und recht langwierig sein würde. Es war also eine bewunderungswürdige Leistung des neuen Herrschers in Rom, wenn er von 16 v. Chr. an seine ganze Aufmerksamkeit auf die Konsolidierung der rheinischen Grenze richten konnte, der logischerweise letzten Stufe seines ›europäischen‹ Programms.

Als die obere Donau zur Grenze geworden und der Oberrhein unter römische Herrschaft gekommen war, zeigte sich, daß das zwischen dem divergierenden Verlauf der beiden Flüsse liegende Gebiet in das römische Organisationssystem des Nordostens miteinbezogen werden mußte. Man hatte endlich auch begriffen, daß trotz eines zivilisatorischen Unterschiedes der Stämme rechts und links des Rheins ein und dasselbe Volk lebte. Der römische Einfluß mußte also auf beide Ufer immer weiter nach Norden und nach Osten vorgetragen werden. Augustus schien verstanden zu haben, daß der Rhein so kein ›Bollwerk des Kaiserreichs‹ war.

Augustus wollte die Einflußzone Roms bis zur Elbe ausdehnen. Von diesem Fluß bis zum Rhein war eine Art Pufferzone vorgesehen, die aufgrund ihrer militärischen Organisation und ihrer Wirtschafts- und Sozialstruktur ein unerwünschtes Vorrücken noch nicht seßhaft gewordener Germanen durch einen Absorptions- oder Assimilierungsprozeß auffangen konnte. Die *Provincia Germania*, die 16 v. Chr. eingerichtet wurde, sollte eine organische und autonome Einheit sein, in der alle Voraussetzungen für einen dauerhaften Frieden gegeben waren.

In den Jahren 12 bis 9 v. Chr. gab es vier Feldzüge unter Drusus, deren Aufgabe darin bestand, Lollius zu rächen, den die Sugambrer umgebracht hatten; im Grunde wurden sie aber unternommen, um weiter ins rechtsrheinische Germanien vorzustoßen. Am Rhein

waren *castella*[16], Erdkastelle, errichtet worden; Schutztruppen sicherten das Hinterland und die Verbindungen mit Gallien. Vielleicht hat auch Tongern zu diesem Überwachungssystem gehört. Auf der Lippe und dem Main erfolgte der Vorstoß der beiden Hauptheere. Gegenüber diesen Flußmündungen in den Rhein lagen *Vetera* und *Mogontiacum*, die beiden Legionslager, die als Ausgangsbasis für alle Operationen dienten. Im Westen bot die Nordsee, im Osten der Main Flankenschutz. Unter Drusus wurden erstmals die Operationen des Heeres mit Aktionen zur See und auf den Flüssen abgestimmt. Im Jahre 12 v. Chr. galten die hauptsächlichen Bemühungen dem Bataverland und den Küstengebieten, welche von den Brukterern (an der Ems) und den Chauken an den Ufern der Weser besetzt waren. Unter diesen Stämmen gewann Rom zuverlässige Verbündete. Im Jahre 11 v. Chr. gab es zwei Operationen zu Land, von denen die eine durch das Lippetal nach Westfalen, dem Cheruskerland, hin erfolgte, die andere den von den Chatten besetzten Gebieten galt. Während des ganzen Jahres 10 v. Chr. wurden die Befestigungsanlagen entlang dieser für den Vormarsch so wichtigen Straßen ausgebaut. Ein ausgedehnter Feldzug im Jahre 9 v. Chr., der von einer entsprechenden Aktion pannonischer Legionen[17] unterstützt wurde, ging von Mainz aus, führte durch das Land der Chatten und richtete sich schließlich gegen die Gebiete der Cherusker und Sueben. Drusus erreichte die Elbe, von allen Römern drang er am weitesten nach Osten vor. Ein Grenzstein sollte an dieses denkwürdige Ereignis erinnern. Auf dem Rückmarsch, am 14. September 9 v. Chr., starb er an den Folgen eines Sturzes vom Pferd. Er war 30 Jahre alt, sein unglücklicher Tod sollte das Schicksal des Kaiserreiches in andere Bahnen lenken ...
Augustus befürchtete das Schlimmste. Er kam im Jahr 8 v. Chr. nach Gallien zurück und übertrug Tiberius den Oberbefehl über das Rheingebiet. Durch Verhandlungen erreichte Tiberius, daß die Sugambrer und die Sueben die Gebiete räumten, die dann von den Marsern besetzt werden konnten. Im Jahre 6 v. Chr. wurde Tiberius zurückberufen und ging wegen seines Zerwürfnisses mit Augustus in ein halbfreiwilliges Exil. Die Entwicklung in Germanien stagnierte ...

Dem Markomannenkönig Marbod kam diese Entwicklung sehr gelegen; er konnte sein Reich nach Böhmen ausdehnen und die umliegenden Stämme zu einer relativ soliden Föderation zusammenschließen. L. Domitius siedelte die Hermonduren in dem Gebiet an, aus welchem die Markomannen ausgewandert waren. Dann zog er weiter in Richtung Elbe, seine Marschroute war leicht verschieden von der des Drusus. Er drang noch weiter nach Osten vor, über den von seinem Vorgänger geweihten Grenzstein hinaus. Ein Gedenkaltar erinnerte an diese Tat. Seine Truppen mußten das Straßennetz verbessern, überall gab es noch die sogenannten *pontes longi*, Wege, die mit Balken ausgelegt waren, welche aus den riesigen Eichenwäldern dieses Landes im Überfluß bezogen werden konnten. Vinicius mußte im Jahr 1 v. Chr. noch einmal einschreiten, bevor er sich vor allem der Organisation der Verwaltung dieses Landes zuwenden konnte. Eine *Ara Romae et Augusti*, ein Altar der Roma und des Augustus, in der Ubierstadt Köln unterstrich die Parallele mit Lyon und Gallien.

Im Jahre 4 kam Tiberius zurück und wurde ›Mitregent‹ des Augustus. Er erhielt das Oberkommando in Germanien und unternahm einen Feldzug gegen die Cherusker. Ein weiterer Feldzug führte ihn im Jahre 5 bis nach Jütland. Er wurde dann nach Pannonien versetzt und traf dort unverzüglich die Vorbereitungen für eine gemeinsame Kampagne mit C. Saturninus, seinem Nachfolger am Rhein. Saturninus brach von Mainz aus auf, Tiberius von *Carnuntum* (Petronell in Österreich, bei Wien). Ihr gemeinsames Ziel war es, die unter der Führung Marbods stehende germanische Koalition zu zerschlagen. Das Unternehmen mußte abgebrochen werden, als im Gebiet von Siscia der pannonische Aufstand ausbrach (6 n. Chr.), für dessen Niederschlagung Tiberius 3 Jahre brauchte. Marbod, der einer Zusammenarbeit mit Rom nicht feindlich gegenüberstand, fand sich bereit, den *status quo* zu bestätigen; so gewährte er den Römern an der Donau freie Hand und verzichtete darauf, ihnen in den Rücken zu fallen. Hätte er es getan, wäre das ganze Werk des Augustus vielleicht in kurzer Zeit gescheitert.

Kaum war die Gefahr an der Donau in etwa gebannt, als Germanien wieder die volle Aufmerksamkeit der Römer verlangte.

P. Quinctilius Varus, der in Syrien erfolgreich gewesen war, wollte in Germanien in ähnlicher Weise vorgehen. Er betrachtete das Land als eine Provinz (was es auch *de iure* war) und versuchte es wie eine Provinz zu verwalten; dabei beharrte er in allen Einzelheiten auf den juristischen und finanziellen Auswirkungen der römischen Einflußnahme. Das sollte ihn teuer zu stehen kommen. Der Orient mit seiner althergebrachten städtischen Tradition hatte sich schon zu tausend Kompromissen bereit gefunden; er war auch weiterhin geneigt, sie als unvermeidbares Übel anzusehen, und hatte im voraus resigniert. Germanien hingegen war zu keinen Kompromissen bereit. Es nahm sich die Worte des Cheruskerfürsten Arminius zu Herzen, der zu energischem Handeln aufrief. Er ging entschlossen vor: Varus, der sich auf dem Rückweg zu seinen Winterquartieren befand, fiel in einen Hinterhalt, in dem 3 Legionen vernichtet wurden. In Rom löste die Nachricht Panik aus: Augustus verhängte eine Art Ausnahmezustand. Lange noch galt der Teutoburger Wald als abscheuerregender Ort einer katastrophalen Demütigung – was ja auch den Tatsachen entsprach.[18] Wir wissen nicht, in welchem Umfang Augustus die Pläne und das Vorgehen des Varus gebilligt hat. Hatte er sich vielleicht selbst über die Verhältnisse in diesen Gebieten getäuscht, die man nicht romanisieren konnte, indem man einfach einige Truppen dorthin führte? Tiberius kam ein drittes Mal zurück und ging 11 n. Chr. über den Rhein, aber diese Aktion hatte keine allzu große militärische Bedeutung. 13 n. Chr. erhielt Germanicus, der Sohn des Drusus, das Oberkommando über die Rheinlegionen ... mit dem ausdrücklichen Befehl, nichts zu unternehmen! »Nirgends gab es damals noch Krieg außer dem gegen die Germanen, den man mehr deswegen führte, um die Schande der schweren Niederlage des Quinctilius Varus wiedergutzumachen, als um die Grenzen des Reiches noch weiter vorzuschieben ...«[19]

Zweifellos waren die Pläne des Augustus hinsichtlich des Rheins gescheitert. Die Gründe für dieses Scheitern sind zahlreich und verwickelt. Wie Cäsar wollte auch Augustus seine Ziele viel zu schnell erreichen. Wenn ein so zivilisiertes Land wie die Provence 100 Jahre brauchte, um sich der römischen Besetzung ganz anzupassen, mußte man dann nicht mit einer noch viel größeren Frist rechnen, wenn es sich um Gebiete handelte, die zwar nicht fern aller Kultur waren, in denen man aber – wie bereits ausgeführt – gleichzeitig eine Sozialreform ins Leben rufen, eine Wirtschaftsstruktur aufbauen und eine Beteiligung der einheimischen Bevölkerung an für sie wichtigen Zielen erreichen mußte, ein *contrat de progrès* also statt eines ständigen gegenseitigen Blutvergießens?

Die Folgen des Scheiterns des Augustus waren äußerst schwerwiegend. Tiberius hatte einsehen müssen, daß weder die Streitkräfte noch diplomatische Bemühungen bei den Germanen zum Ziel führten. Der ganze Plan des Augustus wurde also verworfen. Statt ihn wieder aufzunehmen, langsam einzuwirken auf die germanischen Gemüter, sie am Schicksal des Reiches zu interessieren und am rechten Rheinufer dieselbe Entwicklung ins Auge zu fassen, die sich im Hinterland des linken Ufers bereits anbahnte, wurde der Rhein zu einer Grenzlinie, über deren angemessene Verteidigung man sich vier Jahrhunderte lang den Kopf zerbrechen mußte. Es gab in der Tat einige ernsthafte Ansätze, einige Versuche, die römische Einflußzone im rechtsrheinischen Gebiet auszudehnen. Im großen ganzen aber beschränkte man sich darauf, einige *castella* zu erbauen und einen Limes, der, so beeindruckend er auch war, nicht zur Lösung eines Problems ausreichen konnte, welches eigentlich nichtmilitärischer Natur war.

Die julisch-claudische Zeit

Tiberius sandte seinen Sohn Drusus nach Pannonien und bestätigte Germanicus als Oberbefehlshaber der am Rhein stehenden Legionen, ungeachtet der Tatsache, daß diese den Germanicus zum Kaiser ausgerufen und eine Meuterei begonnen hatten, als die Kunde vom Tod des Augustus zu ihnen gelangt war. Obwohl Germanicus eine Zeitlang als Nachfolger des Augustus in Aussicht genommen war, tat er nichts, um die meuternden Soldaten zu ermutigen – im Gegenteil. Er verhängte eine Ausgangssperre in ihren Lagern von *Vetera* (Xanten) und Köln und stellte durch sein resolutes Auftreten, seine Gewandtheit und seine zweifellos geringen Konzessionen

Zucht und Ordnung wieder her. Unternahm er, um sie von ihren inneren Problemen und politischen Anwandlungen abzulenken, im Jahr 14 einen Krieg gegen die Marser? Die Operation sah wie eine Strafexpedition aus, wurde mit übertriebener Brutalität durchgeführt, und die Zerstörung des Bundesheiligtums der Göttin Tanfana war auch nicht gerade ein politisches Meisterstück. Im Jahre 15 ging man in gleicher Weise gegen die Chatten vor, deren ›Hauptstadt‹ *Mattium* (Altenburg) in Flammen aufging. In demselben Jahr, während eines gleichartigen Feldzuges gegen die Brukterer, besuchte Germanicus das Schlachtfeld des Varus. Diese Geste zeigt deutlich den Charakter des ganzen Unternehmens; es hätte übrigens leicht einen bösen Ausgang nehmen können, denn dem Caecina, dem Unterfeldherrn des Germanicus, wäre beinahe das Schicksal des Varus bereitet worden. Arminius, im höchsten Grade darüber erbittert, daß sein Schwiegervater Segestus den Römern seine eigene Tochter Thusnelda, die Gattin des Cheruskerfürsten, ausgeliefert hatte, wartete nur auf die Chance, andere römische Heere zu vernichten. Die Eskalation ging weiter... Die heimtückische Ermordung des Arminius durch einen seiner Verwandten, die Internierung des Marbod, der Triumph über die Germanen, den Germanicus im Jahr 17 hielt, ließen die Meinung aufkommen, die Lage am Rhein würde sich schon irgendwie zufriedenstellend entwickeln. Dem Germanicus wurde das Kommando über den Orient übertragen...

Im Jahr 21 zeigt sich aber die wirkliche Größe der Gefahr, die durch den von Florus und Sacrovir geführten Aufstand der Treverer und Häduer heraufbeschworen worden war; die Nähe der rheinischen Armee machte es aber möglich, ihn in verhältnismäßig kurzer Zeit niederzuschlagen. Caligula (der sich ›Vater der Heere‹ und ›Sohn der Militärlager‹ nannte und den Spitznamen, den ihm die Soldaten gegeben hatten, sehr gern hörte) verbrachte den Winter 39/40 in Lyon; von dort aus gliederte er dem Reich einige vor Mainz gelegene Gebiete ein. Eine Expedition gegen die Chauken brachte den letzten der verlorenen Legionsadler des Varus wieder zurück. Im Jahre 47 griff Corbulo die Friesen an und ordnete die Verhältnisse in den rheinischen Niederlanden. Die Gründung der

Veteranenkolonie *Colonia Claudia Ara Agrippinensium* in Köln
war eine der zahlreichen wohlüberlegten Handlungen, die dem
Claudius zugeschrieben werden müssen.

Die Frage Germaniens ist also auch für die Politik der julisch-claudischen Kaiser von Bedeutung. Aber familiäre und ›römische‹ Angelegenheiten stehen bei ihnen so sehr im Vordergrund, daß sie daran gehindert werden, sich in dem Umfang damit zu beschäftigen,
wie es die Bedeutung des Landes eigentlich erfordert hätte. Es
würde hier zu weit führen, jeden Abschnitt der römischen Geschichte
der Rheinlande zu behandeln; nur auf die Anfangszeit bin ich
etwas ausführlicher eingegangen, um aufzuzeigen, warum das
Schicksal Germaniens in der Zeit nach Augustus weitgehend allein
vom Schicksal der römischen Streitkräfte abhing. Jedesmal, wenn
diese den Gegner vernichtend schlagen konnten, erreichten sie einen
Aufschub der Einflußnahme Roms – mehr nicht.

Von den Ereignissen des Jahres 68 bis zu Valentinian I.

Die Vorgänge des Jahres 68 in Rom hatten auch ihre Auswirkungen auf die Rheinlande. Zwei Anführer der Bataver, Julius und
Paulus Civilis, wurden von den Römern eingesperrt, weil sie – wie
es schien – dem Vitellius, der von den Legionen Untergermaniens
zum Kaiser proklamiert worden war, nicht wohlgesonnen waren.
Paulus wurde hingerichtet – er war römischer Offizier; Civilis
wurde wieder auf freien Fuß gesetzt – und leitete unverzüglich
eine massive Vergeltungsaktion in die Wege. Er forderte, daß
Vespasian Neros Nachfolger würde. Bataver, Canninefaten, Friesen, Brukterer, Cugerner, dann auch die Treverer, Chatten, Usipeter, Tenkterer und Mattiaker verbündeten sich gegen Rom. Mainz
wurde angegriffen und zerstört; die am Mittelrhein stehenden Legionen konnten sich kaum in *Vetera* halten. Lingonen, Ubier und
Tungrer vereinigten sich mit den Aufrührern. Civilis hörte nun
auf, so zu tun, als kämpfe er für Vespasian. Ein Antrag, über den
in Köln abgestimmt wurde, forderte die ›Befreiung‹ ganz Galliens,
da Germanien bereits als befreit betrachtet wurde. Die Gallier

machten dennoch keine gemeinsame Sache mit den aufrührerischen Nachbarn. Die Sequaner griffen die Lingonen an, offensichtlich aus Gründen, die mit dem gesamten Konflikt nichts zu tun hatten. Der neue von Vespasian ernannte Befehlshaber, Petillius Cerialis, marschierte von *Vindonissa* (Windisch) her an und schlug den Aufstand bei Trier nieder. Von da an häuften sich die Unterwerfungen; die Ubier lieferten dem Cerialis die Frau und die Schwester des Civilis aus, auch die Bataver wurden schwankend. Schließlich handelte man einen Frieden aus, Civilis kam glimpflich davon, ebenso die Römer!

Groß war die Aufregung gewesen, und einige Feststellungen drängten sich geradezu auf. Die Rheinarmeen hatten sich schlecht bewährt: sie waren allzusehr politisiert und zudem von den an Ort und Stelle rekrutierten und eingesetzten Auxiliareinheiten nur ungenügend unterstützt. Es war dringend notwendig, sie zu reorganisieren. Interventionen auf dem rechten niederrheinischen Ufer wurden nicht mehr geplant; dagegen wollte man versuchen, von Rätien und von der Donau aus in kleinen Etappen immer weiter und fester im berühmten ›Knie‹ zwischen Donau und Rhein Fuß zu fassen. Das war Vespasians Plan; Domitian ließ ihn Wirklichkeit werden, indem er gegen die Chatten kämpfte und von der Wetterau bis nach Gießen den rechtsufrigen Limes errichtete, eine durch Auxiliarkastelle geschützte Grenzstraße.

Die Nützlichkeit dieses vorgeschobenen Verteidigungssystems schien 88/89 in Frage gestellt, als unter L. Antonius Saturninus, dem Befehlshaber des Zweilegionenlagers von Mainz, eine Meuterei ausbrach. Domitian griff hart durch; er beschloß sogleich die Auflösung aller dieser Mehrlegionenlager, wo die Revolten einen allzu guten Nährboden fanden. Sicherlich schwächte eine solche Maßnahme die Verteidigung am Rhein. Domitian teilte die *Provincia Germania* des Jahres 16 v. Chr. in 2 Provinzen, *Germania superior* im Süden und *Germania inferior* im Norden; der Vinxtbach bei Andernach bildete die Grenze, wodurch die Verteidigungsmöglichkeiten noch zusätzlich eingeschränkt wurden. Dafür waren die römischen Stellungen, obwohl sie geschwächt waren, klar eingeteilt in Wach- und Verteidigungsaufgaben und gefährlichen politischen

Einwirkungen weniger ausgesetzt. Praktische Überlegungen waren
also ausschlaggebend für die römische Politik am Rhein. Der große
Plan des Augustus, welcher den ganzen Kontinent umfaßte, zerfiel
in einzelne, der Erfahrung entsprechende Anordnungen, die von
einer Situation, derer man nicht Herr war, von Fall zu Fall bestimmt wurden.

M. Ulpius Traianus war Befehlshaber der obergermanischen Truppen, als ihn Nerva im Jahre 97 adoptierte, um ihn zu seinem Nachfolger zu erheben. Als Nerva am 27. Januar 98 starb, blieb Trajan
in Germanien. Er schien für dieses Land ein ganz besonderes Interesse zu haben, und man hoffte schon, der neue Herrscher würde aus
diesem Grenzgebiet einen integrierenden Bestandteil des Kaiserreiches machen. Um ihn dazu zu ermutigen, schrieb Tacitus seine
»Germania«. Trajan wußte jedoch, daß eine Verstärkung der Garnisonen am Rhein das Germanenproblem nicht lösen würde. 101
begab er sich, nach einem Aufenthalt von 18 Monaten in Rom, an
die Donau. Um dort die uneingeschränkte Kontrolle zu erhalten,
unternahm er die Dakerkriege; denn er glaubte, wenn die ganze
Donau zu Rom gehöre, würde auch eine bessere Verteidigung des
Rheins möglich sein. Trajans Nachfolger aber konnten seine wichtigsten Eroberungen nicht schnell genug wieder aufgeben, um sie
nicht verwalten zu müssen!

Diese Regierungsunfähigkeit sollte künftig den größten Teil der
Herrscher charakterisieren, die nur aufeinander eifersüchtig waren,
sich gegenseitig bekämpften, einander umbrachten, das Kaiserreich
aufteilten, verschleuderten, wiederherstellten, es bis aufs Mark aus-
beuteten, ohne auch nur einen Gedanken an seine Zukunft zu ver-
schwenden. Die Germanen schienen abzuwarten. Gegen Ende des
3. Jahrhunderts gingen sie wieder zum Angriff über. Sie überschritten den Rhein und drangen bis nach Südfrankreich vor. Die
offenen Städte umgaben sich mit hastig aufgebauten Mauern, in
die man bunt durcheinander Steinblöcke einfügte, die aus ehemals
kunstvollen Bauwerken, Mausoleen und Gräbern herausgerissen
wurden. Die Ausgrabungen am Rhein zeigen beinahe alle eine
schwarze Schicht verkohlter Überreste, die ein schreckliches Zeugnis
für den furchtbaren Zusammenbruch von 275 und 276 sind. Einige,

so Diokletian und Konstantin, versuchten wohl, die Verwundbarkeit der Organisation der Provinzen wieder zu mildern, aber auch sie erlagen der Versuchung des Orients. Köln fällt 355 in die Hände der Alemannen. Julian nimmt die Stadt wieder ein, aber die Alemannen greifen sein Lager in Sens an. Die Schlacht bei Straßburg (357) gewährt ihm einen Aufschub. 358 macht der Kaiser den Franken die Nordgrenze streitig. Paris, das *Lutetia* der *Parisii*, wird zur Hauptstadt. Es war Julians Verdienst, den unvermeidlichen Zusammenbruch der Nordostgrenzen um 80 Jahre hinausgezögert zu haben.

Valentinian I. (364–375) sollte der letzte Kaiser sein, der noch zu einigen Hoffnungen berechtigte. Obwohl er aus Pannonien stammte, wollte er am Rhein ein Programm verwirklichen, das weithin dem des Augustus entsprach. Auch er wollte die Bedeutung Roms bis zu den Grenzen des bekannten Universums bestätigt wissen, auch er hatte die Überzeugung, daß der Limes nur eine Ersatzlösung war und der Rhein eine ganz und gar ungenügende Grenze. Auch er hatte den Plan, auf die Bewohner des rechten Ufers dahingehend einzuwirken, daß sie, als Freunde Roms, an dessen Verteidigung teilnahmen, statt von einem gelobten Land zu träumen, das man nur zu besetzen hätte. Die »Mosella« des Ausonius wurde geschrieben, damit dieses ›augusteische Programm‹ wieder die Zustimmung der römischen Intelligenzschicht erlangte, die aufgerufen wurde, es jetzt endlich zu verwirklichen. Aber Ausonius war nicht Vergil und Valentinian nicht Octavian Augustus! Die Sache blieb ohne nachhaltige Wirkung, und der Verfall der römischen Macht setzte seine tückischen Verwüstungen fort.

Von Tacitus zu Ausonius

Im großen und ganzen hat die »Germania« des Tacitus zwei verschiedene Auslegungen erfahren. Die einen sehen in Eduard Norden ihren unangefochtenen Wortführer.[20] Für sie ist die »Germania« eine Fundgrube von ganz genauen Auskünften, die ein gültiges Bild der Germanen am Ende des 1. Jahrhunderts unserer Zeitrechnung zu geben vermögen, wenn man diese Information nur richtig zu interpretieren versteht. Für andere, so besonders für J. Perret[21] und R. Chevallier[22], ist sie nur ein moralisierendes Propagandawerk, welches Galliern und Römern beispielhafte Tugenden vor Augen führen sollte, die man bei ihnen selbst vermißte. Diese beiden Gesichtspunkte sind nicht nur offensichtlich miteinander vereinbar, sie ergänzen sich sogar. Die in besonderem Maß angesprochenen deutschen Forscher haben dazu beigetragen, die Verhaltensweisen, die Traditionen, die äußeren Erscheinungsformen, die Religionen herauszuarbeiten. Die französische Wissenschaft hat gezeigt, wie ein Römer diese zu benutzen verstand. Man mußte sich dennoch fragen, ob Tacitus, als er die »Germania« schrieb, darüber hinaus nicht auch die Absicht hatte, Trajan eine Art von germanischem Handbuch vorzulegen, welches ihn anleiten sollte bei seinen Entschlüssen hinsichtlich dieser Gegenden, die er gerade erst kennengelernt hatte. Man hat bis zum Überdruß[23] die Übertreibungen, die Entstellungen und die Widersprüche im taciteischen Text hervorgehoben; sie werden durch eine Fülle von Mitteilungen, deren Genauigkeit die Archäologie bewiesen hat, restlos aufgewogen. Es war möglicherweise die Absicht des Verfassers, jene durch diese letzteren zu überspielen! Aber was wollte Tacitus wirklich?

Man hat oft gesagt,[24] daß Tacitus durch seine Heroisierung der Germanen Trajan von einer rechtsrheinischen Eroberung abhalten wollte. Nichts erscheint mir weniger wahrscheinlich. Kann man sich vorstellen, daß ein zum Kaiser ernannter römischer General sich etwa dadurch hätte entmutigen lassen, daß man ihm die Tugenden seiner Gegner vor Augen hielt? War es nicht viel eher so, daß man geradezu einen psychologischen Druck auf ihn ausübte, sich gerade diese Kraftprotze, diese Tugendmonster vorzunehmen? J. Perret hat sehr zu Recht hervorgehoben,[25] daß Tacitus im »Agricola« die Eroberung über alle Maßen rühmt (24; 34,5; 39; 41); daß er in den »Annalen« (II, 26; IV, 32, 3) Kritik an Tiberius übt, weil dieser Germanicus zurückberufen hatte, und den geringen Eroberungsdrang der Herrscher brandmarkt. Sollte die »Germania« nicht viel eher einer jener ›offenen Briefe‹ sein, mit denen auf irgend jemanden Druck ausgeübt werden soll (in diesem Fall auf Trajan), und zwar durch etwas, das zusätzlich als Ausdruck des Volkswillens dargestellt werden konnte? Die Römer hatten die Gewohnheit, ihre Feinde zu verherrlichen . . ., damit ihr Sieg über diese nur noch ruhmvoller erscheine. Hätte Trajan – herausgefordert, diese stolzen Barbaren zu schlagen – etwa nach Rom zurückkehren können, ohne die Pläne des Augustus wieder aufgenommen zu haben? War es nicht Zeit, daß man endlich damit aufhörte, ständig zu neuen Ausflüchten zu greifen, um das Unternehmen hinauszuschieben, und Zeit, daß Rom, entwürdigt durch 80 Jahre Kleinlichkeit, Eifersucht, falschen Luxus und Verbrechen, sich endlich der 4. Ekloge erinnerte? Offener Brief, Pamphlet, ›Weißbuch‹, öffentliche Herausforderung – was auch immer –, die »Germania« konnte als Werk eines außergewöhnlichen Schriftstellers zugleich Beschreibung, Propaganda, Mahnung und politisches Druckmittel sein.

Im Jahre 371 verfaßte Decimus Magnus Ausonius,[26] Professor an den Universitäten Toulouse und Bordeaux, Freund und Berater Valentinians I., Erzieher und Berater Gratians, mitten in einer glanzvollen Laufbahn ein Gedicht von 483 Versen, das in lyrischer Form die trevirische Landschaft zwischen Neumagen und *Augusta Treverorum* (Trier) beschreibt. Weil gelegentlich einige Straßenstationen mit Namen erwähnt werden, *vici* und Landschaften, die seitdem unverändert geblieben sind, haben manche Archäologen darin einfach die älteste ›Beschreibung‹ des Mosellandes sehen wollen. Dabei haben sie 400 von 483 Versen überhaupt nicht beachtet! Sie haben die idyllische Beschwörung dieser Gegend als poetisches Beiwerk beiseite gelassen, die Ausonius seinen Lesern als einen wundervollen Garten Eden zu preisen guten Grund hatte, ein Tempetal, wo liebenswürdige Götter mit glücklichen Sterblichen in trauter Nachbarschaft lebten, wo Nymphen und Satyrn, Weinbauern und Wandersleute sich zu fröhlichem Spiel zusammenfanden. Die friedliche Mosel mit ihrem süßen, beruhigenden Geplätscher spiegelte diese Spiele wider. Im trevirischen Land war die Welt in Ordnung! Die Stadt, für würdig befunden, mehrere Kaiser in ihren Mauern zu beherbergen, tat alles, um das Echo der Triumphe, welche die Kaiser in ihren Mauern gefeiert hatten, bis nach Koblenz dringen zu lassen. Nun erst wurde der Rhein ein *verus limes*, eine ernst

zu nehmende Grenze, nun erst brachte ihm das Echo des ›trevirischen Wunders‹ seine vorbildlichen Tugenden ein. Erst wenn man
am Rhein das trevirische Land nachahmen würde, könnte man
auch dort Frieden und Erfolg gleichzeitig genießen.[27]
Bei Ausonius gerade wie bei Tacitus ist das mit allen künstlerischen
Mitteln ausgestattete Bild weit entfernt von jeder Wirklichkeit.
Die Verheerungen von 276 hatten die Hälfte der Villen als Ruinen
zurückgelassen. Die Leute auf dem Land lebten in Unsicherheit, und
manche *oppida* von ehedem erlangten ihre ehemalige Bedeutung
wieder. Die Städte versteckten sich hinter ihren Mauern, die Amphitheater wurden Zufluchtsstätten. Ausonius geht über alle diese
Tatsachen hinweg. Um sie nicht erwähnen zu müssen, läßt er sich
auf die Behandlung von Themen allgemeiner Art ein, die mit dem
Gegenstand an sich nichts zu tun haben: der Ozean, die Größe
Roms, die Schönheit von Bordeaux, die architektonischen Wunder-
werke des Orients ... Alle diese Themen haben mit dem Moselge-
biet nur insofern etwas zu tun, als sie sich (durch das Mittel der
übertreibenden Analogie) zum Lob seiner paradiesischen Verfüh-
rungen eignen. Sie bestätigen darum nicht weniger den offensichtlichen Wunsch des Ausonius, jeden Schattenfleck auf seinem schönen Bild zu vermeiden. Warum diese Inszenierung? Ich habe es
bereits gesagt: Valentinian I. wollte seine Umgebung überzeugen,
daß das, was Rom im trevirischen Land gelungen war, auch am
rechten Ufer des Rheins möglich sein müsse. Die trevirische Symbiose blieb in den Augen des kaiserlichen Hofes ein unvergleich-
licher Erfolg, das Muster einer Gegend, die ihre persönliche Note
beibehalten hatte und trotzdem mit den Römern zusammenarbei-
tete, zum größten beiderseitigen Nutzen.
Von Tacitus bis Ausonius zeigt es sich also: die informierten Leute
wußten sehr wohl, wie es zu vermeiden war, daß das Rheinland
dauernd einer der Gefahrenherde des Kaiserreiches blieb. Auf kurze
Sicht wäre es wohl das einfachste gewesen, man hätte die Germanen ausgerottet. Auf lange Sicht aber erwies es sich als sehr viel
klüger, sie sich in ehrenwerter Weise wenigstens dann zu Verbündeten zu machen, wenn es um die Verteidigung ihrer eigenen Territorien ging. Durch die römische Geschichte an den Ufern des großen

Flusses zieht sich der rote Faden blutiger Unterdrückungen. Der Graben zwischen den Römern, die sich an den Ufern des Rheins niedergelassen hatten, und den an ihrer Seite wohnenden Germanen konnte niemals zugeschüttet werden. Man braucht sich also auch nicht darüber zu wundern, daß sich im Alltagsleben des Rheinlands diese Verschiedenheit klar ausdrückt und daß selbst dort, wo es eine Annäherung gab, diese oft nur sehr oberflächlich blieb.

Zweites Kapitel

Das Straßennetz im römischen Rheinland

Die Bernsteinstraßen

Im 2. Buch der »Metamorphosen« erzählt Ovid,[1] wie sich Phaëthon, als er Phoebus endlich überredet hat, ihm den Sonnenwagen zu überlassen, in die Lüfte erhebt; aber das Himmelsgespann, das er nicht zu lenken vermag, verläßt die gewohnte Bahn und stürzt sich in die andere Richtung, dem hohen Norden entgegen. Zum ersten Mal seit Bestehen der Welt »lernen die nördlichen Regionen die Hitze der Sonnenstrahlen kennen«. Die Ungeheuer des Nordens erwachen aus ihrer Erstarrung. Fassungslos, geblendet vom unerträglichen Glanz der Sonne auf dem Eis, bereut Phaëthon seinen Hochmut bitter. Es faßt ihn das Grauen, er läßt die Zügel los, die Pferde gehen durch und bringen die nordischen Sternbilder durcheinander. Glühende Hitze läßt das Meer verdunsten, es schmilzt das Eis, es lodern die Flammen. Damit die Welt nicht darin zugrunde gehen muß, schleudert Juppiter einen Blitzstrahl auf Phaëthon. Er wird zerschmettert, fern der Heimat, am anderen Ende des Erdrunds. Der Eridanus nimmt ihn auf, er spült sein glühendes Antlitz ab; die Hesperischen Nymphen beweinen ihn, und seine Mutter versucht vergeblich, seinen Körper zu wärmen, als sie ihn wiedergefunden hat. Die Heliaden, Töchter des Sonnengottes, die Schwestern des Phaëthon, trauern nicht minder. Vier Monate lang klagen sie und stoßen Schreie der Verzweiflung aus. Aber dann verwandeln sie sich in Bäume ... Vom Grauen überwältigt, weinen sie ... »Tränen rinnen aus ihnen, sie tropfen herab von den jungen Zweigen, diese Tropfen werden zu Bernstein, gehärtet von der Sonne; der klare Strom nimmt sie auf und schickt sie den jungen Frauen Latiums, die ihr Geschmeide daraus formen ...«[2]
Der Mythos greift also hier (wie auch sonst bei Ovid) einige Tatsachen auf, die er im Rahmen einer allgemeinen Kosmogonie, auf seine Art und Weise zu erklären sucht. Man kennt die Fabeln, mit

denen die Alten den hohen Norden umgaben. Eine Weltkatastrophe war notwendig, damit die Sonne dorthin drang, und die tragische Züchtigung des Phaëthon, damit die Tränen der Töchter des Sonnengottes eine Erklärung fanden, diese Bernsteinperlen, die man bis nach Latium brachte.

Seit der Steinzeit hatte es vom Norden Europas bis zum Süden Verkehrswege gegeben; auf ihnen erfolgte der Austausch gewisser Fertigprodukte und bestimmter Rohstoffe. Diese Wege werden ›Bernsteinstraßen‹ genannt, weil die Funde entlang ihrem gesamten Verlauf[3] die Ausfuhr von Bernstein aus Norddeutschland und von der Ostsee an die Ufer des Mittelmeers bezeugen. Offensichtlich wurden auf diesen ›Wegen‹ auch andere Produkte transportiert; vor allem haben diese Straßen in der Bronzezeit das Vordringen des griechischen und etruskischen Einflusses nördlich der Alpen ermöglicht.

Die älteste der ›Bernsteinstraßen‹ nahm ihren Anfang an der Elbmündung und verlief diesen Fluß entlang bis oberhalb von Magdeburg. Dort teilte sie sich in zwei Wege; eine westliche Strecke verlief an Halle und Hof vorbei in Richtung Regensburg; die östliche Strecke folgte dem Lauf der Elbe noch weiter, bevor auch sie sich zur Donau hinwandte. Beide Straßen treffen im Süden von Passau aufeinander, ehe sie dann die Alpen ersteigen, die man am Brennerpaß überquerte. Die Gegend von *Aquileia* und das Po-Delta waren die südlichen Endziele.

Erst nach der Gründung von Marseille (600 v. Chr.) werden die Wege auf den Hochebenen entlang der Rhône integrierender Bestandteil im System des transeuropäischen Verkehrs. Von Lyon, Châlon, Langres, Metz und Trier führte diese ›Straße‹ in Richtung Koblenz, Köln und *Asciburgium* (Asberg), bevor sie seitlich nach Nordosten in Richtung Elbe abbog. Über Besançon und Basel erreichte ein Teil der ›Rhonestrecke‹ den Oberrhein, führte im Osten von Frankfurt über den Main, von da nach Kassel und Göttingen und traf dann ebenfalls auf die Elbe.

Die zeitlich späteste Strecke lag auch am weitesten östlich. Von der Mündung der Weichsel führte sie zur Oder, dann zur Donau bei

Carnuntum (Petronell), weiter über die Alpen und endete in *Aquileia*.

Italische Situlen in Schweden, eine kleine Bronzestatue der Isis in Nordostdeutschland, Gegenstände ägyptischer Herkunft in Franken, eine Hethiter-Bronze an der Memel, skandinavische Behälter in der Schweiz, ›norwegische‹ Waffen in Ägypten, Muscheln, die nur im Roten Meer und im Pazifischen Ozean vorkommen, wurden in Skandinavien und in Großbritannien gefunden: sie alle geben eine Vorstellung von der weltweiten Ausdehnung des vorrömischen Handels.

Die kurze Beschreibung der ›Bernsteinstraßen‹ hat, wie ich meine, schon gezeigt, daß ihr Verlauf sich größtenteils nach dem Flußnetz und den von der Natur vorgegebenen gangbaren Strecken richtete. Sicherlich wird man sich diese prähistorischen Wege nicht als richtige Straßen vorstellen können, nicht einmal als genau festgelegte Wegstrecken; in einer nicht zu waldreichen Gegend, auf trockenem und flachem Gelände, bewegte man sich frei; an einigen Stellen – z. B. an den Furten – war ein Zusammentreffen der verschiedenen Wegebündel unumgänglich. Archäologisch entziehen sich diese ›Straßen‹ jeder Grabung, da sie ja keinerlei materielle Spuren ihres vielgestaltigen und häufig wechselnden Verlaufs hinterlassen konnten. Natürlich ist es auf Grund der unerläßlichen Verbindung zwischen den großen bekannten Fundstellen (die ebenfalls von der Natur vorgegeben waren), der Verteilung gewisser Funde und dem vertieften Studium der natürlichen Gegebenheiten[4] (leicht zu überquerende Stellen und durch Wasserscheiden bestimmtes Hochland usw.) möglich, den wahrscheinlichen Verlauf dieser Verkehrszonen festzulegen, die seit den frühesten Epochen bis zum Beginn des geschichtlichen Zeitalters die innereuropäischen Verbindungen gesichert haben.

Die römischen Straßen

Gerade wegen der unbezweifelbaren Existenz eines vorrömischen Straßennetzes ist die Definition des Begriffs ›römische Straße‹ alles andere als einfach. Seit Cäsars »Kommentarien« wissen wir (die Archäologie konnte sehr viele Beweise hierfür erbringen), daß Kelten, Germanen und Gallier verschiedene Wagentypen besaßen, die bequem befahrbare Straßen voraussetzten. Es scheint sicher zu sein, daß sie die großen, oben beschriebenen Wege ergänzt, genauer festgelegt und auf mittlere und kurze Distanz die Verbindungen zwischen den einzelnen Siedlungen, den *oppida*, den Schwerpunkten der sozialen und ökonomischen Infrastruktur der vorrömischen Welt, hergestellt haben. Dieses sehr vielgestaltige Straßennetz wurde vom römischen überlagert.[5] Entgegen einer noch sehr weit verbreiteten Vorstellung haben die Römer das vorgegebene Straßennetz nicht noch weiter kompliziert, sondern eher vereinfacht, sie haben unter den schon bestehenden Straßen ihre Wahl getroffen. Straßen, die am besten den taktischen, strategischen und ökonomischen Zielsetzungen der Römer entsprachen, wurden zweckmäßig hergerichtet, unterhalten, geschützt, untereinander durch Querverbindungen verbunden und durch ein zweit- und drittrangiges System von Ersatzstraßen ergänzt, welche man unrichtig als *diverticula* bezeichnet hat. Sicherlich wurden in vielen Fällen gewisse Straßenführungen ›zurechtgebogen‹, Kurven begradigt; die römische Baukunst ermöglichte kühne Neuerungen; Pflasterstraßen ersetzten manchmal die alten, den wechselnden Witterungseinflüssen ausgesetzten Wege. Waren diese Straßen übrigens nicht an sich schon ein wirksames Propagandamittel, das allen die Fähigkeiten römischer Ingenieure demonstrierte?

Im Rheinland wie anderswo ist die Art der Anlage antiker Straßenzüge von Grabung zu Grabung ganz verschieden.[6] Die Wege ohne Schotterschicht werden seit Schumacher[7] als vorrömisch angesehen, die so, wie sie waren, von den Römern übernommen wurden. Diese Wege, die *viae terrenae* des Ulpian[8] folgen im allgemeinen den Wasserscheiden, d. h., sie verlaufen ausschließlich in trockenem Gelände. Andere Wege haben nur eine Schotterschicht. Einige hatten als Unterbau grob behauene Steinblöcke, hochkant aufgestellt, mit mehreren Schichten Kies und Sand überdeckt. Ein Querschnitt durch die Straße Tongern–Köln[9] zeigt, daß die Breite der Gesamtanlage von Grabenmitte zu Grabenmitte 24,80 m betrug.

Auf einem tonig-sandigen Untergrund lag eine erste Kieslage, 0,20 m stark und 4,90 m breit. Diese Schicht wurde rechts und links von einer graubraunen, keilförmig auslaufenden Sandschicht begrenzt und erweiterte die Gesamtmasse der Schichten um jeweils 1 m. Wenn die Gräben schon bei der ursprünglichen Anlage ausgehoben waren, dann hat es rechts und links der Fahrbahn zwei ›Fußgängerwege‹ von je 8 m Breite gegeben. 10 andere Schichten von Schotter, Kies und Sand lagen über dieser Grundschicht. Sie geben Zeugnis von Instandsetzungen und ständigen diesbezüglichen Maßnahmen.

Viele Straßen wurden von vertikal verlegten Steinplatten gesäumt, einige sahen Ausweichstellen für große, aufeinandertreffende Wagen vor, damit diese nicht den Verkehr blockierten.

Kein Dokument dieser Zeit sagt uns etwas über die Namen dieser Straßen: erst in karolingischer Zeit finden sich Namen wie *via publica, platea publica, strata imperialis, strata publica, hochstrazza, landesstrazza, steinstrazza, stenwege.* Von diesen Bezeichnungen[10] stammen die späteren Ortsnamen, die über die alten Wege der vorrömischen Zeit Aufschluß zu geben vermögen: Hohestraße, Hochstraße, hoher Weg; Sträßchen; breite Straße, Heerstraße, Heerweg, Heerbahn; Steinstraße, Steinweg; alte Bahn, alte Gasse, alte Straße; Rainstraße, Rainweg; Rennweg; grüner Weg, Grünweg, Grünstraße, Grün; Heidenweg, Heidenstraße; auf dem Damm; Weglängt usw. Es ist ganz klar, daß diese Bezeichnungen von äußeren Merkmalen der Wege herrühren, die noch weiter bestanden und über die sich spätere Zeiten ›wunderten‹. Hohe Straße, Steinweg, langer, geradliniger Weg, Straße der Abgrenzung für eine Parzelle oder Ortschaft, von Bäumen und Hecken gesäumt, waren diese Wege auch bevorzugte Orte für mittelalterliche Sagen, in denen Gespenster und Geister sich nach Herzenslust tummelten. Im Gebiet von Metz, im Saargebiet, im Trierer Land und im Großherzogtum Luxemburg werden diese alten Wege ›Kiem‹ genannt, was sich möglicherweise von einem *caminus* der frühmittelalterlichen Zeit herleitet.[11]

Dort, wo die Ortsnamen nicht die Erinnerung an die alten Straßen der Römerzeit bewahrt haben, können andere Zeugnisse dazu die-

nen, sie wieder aufzufinden. So hilft das Studium moderner und
alter Karten im großen Maßstab bei der Vorbereitung derartiger
Nachforschungen. Ausgehend von einer Karte 1 : 100 000, die die
Erarbeitung allgemeiner Hauptrichtungen von einem Gebiet zum
andern erlauben, geht man über zum 1 : 50 000, dann auf die un-
ersetzliche 1 : 20 000 und schließlich 1 : 10 000 und Grundbuchaus-
züge, indem man sorgfältig die landschaftlichen Gegebenheiten der
zu durchquerenden Gebiete untersucht und die in der Gegend schon
gemachten Funde berücksichtigt. Jede Untersuchung gibt Hinweise
auf eine beschränkte Zahl möglicher Wege, die durch die hyper-
stereoskopische Prüfung der Luftbilder und die Untersuchung des
Geländes weitestgehend reduziert werden.

In technischer Hinsicht wird das Rheinland wohl die einzigartigen
›Bohlenwege‹, aber keine anderen ›Kunstwerke‹ gekannt haben –
außer den Brücken, von denen im nachfolgenden Kapitel die Rede
sein wird.

Die römischen Brücken

»Das also waren die Gründe, die Cäsar zu dem Entschluß, über
den Rhein zu gehen, bestimmt hatten. Auf Schiffen aber überzu-
setzen hielt er einerseits nicht für sicher genug, andererseits entsprach es nicht, wie er meinte, seiner und des römischen Volkes
Würde. Wenn sich nun auch der Bau einer Brücke wegen der
Breite, der reißenden Strömung und der Tiefe des Flusses als
äußerst schwierig herausstellte, so glaubte Cäsar doch, darauf
bestehen zu müssen oder aber den Übergang mit seinem Heere
überhaupt unterlassen zu müssen. Beim Bau der Brücke verfuhr
er folgendermaßen: Je zwei 1,5 Fuß dicke, unten ein wenig zu-
gespitzte und nach der Tiefe des Flusses bemessene Pfähle verband er in einem Abstand von 2 Fuß miteinander. Das Pfahlpaar wurde dann in das Flußbett hineingelassen, in dem Grunde
festgesetzt und durch Rammen eingetrieben, aber nicht – wie
gewöhnliche Pfähle – senkrecht, sondern schräg und dachsparren-
artig, und zwar in der Richtung der Strömung. Diesen Pfählen

gegenüber wurde dann weiter stromabwärts in einer Entfernung von 40 Fuß ein zweites Paar in gleicher Weise miteinander verbundener Pfähle, aber gegen die starke Strömung gerichtet, in den Fluß gesenkt. Diese beiden Pfahlpaare wurden durch Balken von 2 Fuß Breite – so weit standen die Pfähle voneinander ab –, die von oben zwischen sie eingelassen und mittels zweier an jedem Ende angebrachten Eisenklammern befestigt wurden, auseinandergehalten. Da sie sich so einander nicht nähern konnten, mit dem gegenüberstehenden Paar jedoch fest verbunden waren, erhielt das Ganze eine solche Festigkeit und eine derartige Beschaffenheit, daß die Joche sich nur um so fester ineinanderfügten, je stärker die Strömung war. Darauf wurden sie durch Balken, die man der Länge nach auflegte, miteinander verbunden und diese wieder mit Stangen und Flechtwerk belegt. Wenn auch so schon zur Genüge für die Festigkeit der Brücke gesorgt war, so wurden gleichwohl noch Pfähle an dem flußabwärts stehenden Pfahlpaar schräg eingerammt, die, als Strebepfeiler untergesetzt und mit dem ganzen Bau verbunden, einen Gegendruck gegen die Strömung ausüben sollten. Ebenso wurden andere Pfähle oberhalb der Brücke und in mäßiger Entfernung von ihr eingerammt. Falls der Feind Baumstämme oder Balken stromabwärts treiben lassen sollte, um den Bau zu zertrümmern, sollten sie als Schutzböcke den Stoß dieser Gegenstände mildern, damit sie der Brücke nicht schadeten. Innerhalb von 10 Tagen, seitdem man begonnen hatte, das Bauholz herbeizuschaffen, war das ganze Werk fertig, und das Heer ging über den Strom...«[12]

Es kam kurz darauf zurück und zerstörte die in der Gegend von Weißenturm beim Neuwieder Becken errichtete Brücke. Im Jahr 53 v. Chr. erfolgte in der Gegend von Urmitz eine ähnlich verlaufende Operation.[13]

Dank H. Cüppers haben wir seit einiger Zeit eine hervorragende Gesamtdarstellung der römischen Brücken in germanischen Ländern:[14] bei Sankt Margarethen in der Schweiz,[15] bei Stein am Rhein, bei Augst, wo man einen aus dauerhaftem Material errichteten Brückenkopf dem *castellum*[16] gegenüber gefunden hat, in Basel

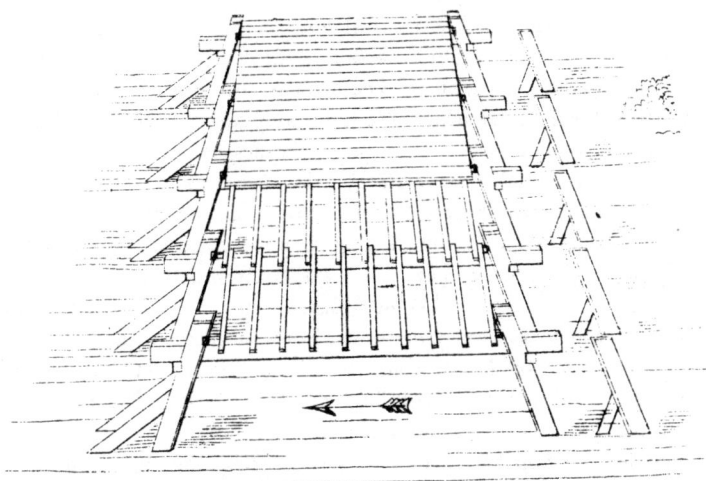

Abb. 3. Die von Cäsar erbaute Rheinbrücke. (Nach H. Reinhardt.)[5]

und Altrip *(Alta Ripa)*, eine von Valentinian I. im Jahre 369 nach der Verlegung der Mündung des Neckars – der sie stark zu beschädigen drohte – errichtete Brücke; in Mainz (Mainz-Kastel) eine Brücke von 420 m Länge, mit 18 Flußpfeilern auf Pfahlrosten, deren Spundkästen mit Kies und Ton angefüllt waren. Die Entdeckung eines Pfeilers mit der Inschrift L. VALE LEG XIV (im Jahre 1881) bietet einen chronologischen Anhaltspunkt: zusammen mit der *legio XVI* war die *XIV Gemina* bis 43 in Mainz stationiert; sie kam erst 71 dorthin zurück und blieb dort wieder bis 86, zuerst zusammen mit der *I Adiutrix*, dann mit der *XXI Rapax*. In einer Stützmauer der Zugangsauffahrt erwähnt eine Inschrift die Teilnahme der LEG XIV GEMINA MARTIA an der Errichtung der Brücke und erlaubt so die Datierung zwischen 71 und 92. Es scheint sicher, daß diese Bauwerke im Rahmen der Vorbereitungen Domitians für seinen Feldzug von 83 (gegen die Chatten) entstanden.

In Bingen gab es eine nach Drusus benannte Brücke, die für das Jahr 70 sicher belegt ist; in Koblenz haben in der Sandanschwemmung gefundene Balken (30 Fuß lang) die Entdeckung von Pfei-

lerfundamenten erlaubt, die Teil einer nach Ehrenbreitstein führenden Brücke waren. Die Anordnung dieser Pfeiler bietet folgende
technische Eigentümlichkeit: Die Pfeiler sind schräg gestellt und
werden durch ausgebuchtete Verbindungsplanken geschützt, die sie
zugleich zusammenhalten und im Innern des sie umgebenden Senkkastens von 8 mal 8 m verstärken. In Remagen hat man Pfeilergrundierungen aus Basaltblöcken geortet, die untereinander einen
Abstand von 45 m aufwiesen. Eine Gruppe von Pfeilern in Bonn-
Pfaffenmühle scheint eher Teil eines Konsolidierungssystems der
Ufer gewesen zu sein und keine Brückenrampe. In Köln hat man bis
jetzt 15 von 19 Pfeilern einer in der konstantinischen Zeit (um 310)
entstandenen Brücke ausgemacht. Diese Pfeiler, stromaufwärts
dreieckig, haben eine Höchstlänge von 16 m (die Spitze ragt 4 m
hervor) und eine Breite von 6 m. Die Eichenholzpfeiler haben einen
Durchmesser von 50 cm und weisen untereinander einen Abstand
von 60 bis 90 cm auf. Das Innere des Senkkastens war mit grobem
Kies ohne Mörtel angefüllt, auf welchem Blöcke im Mauerverband
lagen, die von Eisenklammern zusammengehalten wurden. Die gesamte Spannweite der Brücke muß nahezu 420 m betragen haben.[17]
In Wörringen hat man gegen Ende des 19. Jahrhunderts die Basalt-
steingrundierungen einer römischen Brücke gefunden; in *Vetera*
(Xanten) konnte die genaue Stelle der von Tacitus[18] erwähnten
Brücke nicht ermittelt werden; im Jahre 1828 wurden Pfeiler entdeckt, aber sie können auch von einer Holzbrücke aus dem
Jahre 14[19] stammen. Bei Zuilichem an dem Waal hat man kleinere
Pfeiler freigelegt, ebenso Reste einer Brücke bei Maastricht.
Römische Brücken hat es an allen Nebenflüssen des Rheines gegeben. Eine der bemerkenswertesten Entdeckungen wurde in Stadtbredimus (Großherzogtum Luxemburg) gemacht, während der Kanalisationsarbeiten des Moselbettes. Da das Niveau des Bettes um
6 m gesenkt werden mußte (für die Einrichtung einer Schleuse),
stieß man 1962 auf zwei Arten alter Pfeiler: Die einen hatten
einen Durchmesser von 0,50 m und eine Länge von etwa 2,50 m,
die anderen einen Durchmesser von 0,20 m und waren 1,50 m lang.
Man fand davon nahezu 60 und konnte die ehemalige Lage anderer Brückenpfeiler ermitteln. Aus Berechnungen ergab sich, daß

diese Brücke eine Fahrbahn von ungefähr 6 bis 6,50 m Breite getragen haben muß. Die beiden Holztypen wurden in Trier einer dendrochronologischen Untersuchung unterworfen, deren Resultate in zweifacher Hinsicht eine Sensation darstellten:[20] die dicken Pfeiler wurden um das Jahr 30 unserer Zeitrechnung gefällt (14 Jahre vor denen der ältesten Brücke von Trier), die Pfeiler mit dem geringeren Umfang stammten von 168 und 149 v. Chr.! Es hat also in Stadtbredimus eine Brücke gegeben, die den Moselübergang seit der ersten Hälfte des 2. Jahrhunderts v. Chr. erleichterte. Diese Funde bestätigten endgültig den absoluten Vorrang des Straßenabschnittes Dalheim–Stadtbredimus–Palzem–Helenenkreuz, eines Teiles der großen Straße des Agrippa, welche das Rhône- und Saônetal mit dem der Mosel und des Rheins verband.

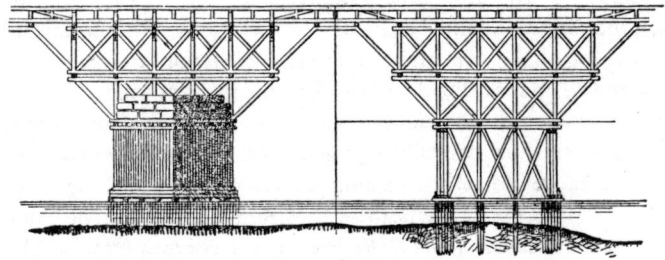

Abb. 4. Die römische Moselbrücke bei Koblenz. (Nach Hoyer.)

Neben der großen Brücke, die sich noch heute die ›Römerbrücke‹ nennt und die in unserem Kapitel über die Stadt Trier ausführlich beschrieben wird, hatte Trier noch verschiedene andere Brücken: eine über den Altbach, eine andere über den Aalbach, eine dritte über den Aveler Bach. Andere Moselbrücken der römischen Zeit gab es in Magny in Lothringen, in Metz (Tor Sainte-Barbe)[21], Bernkastel (?), Traben-Trarbach, Koblenz, wo in den Jahren 1860 bis 1867 durchgeführte Arbeiten mehrere Pfeilerschichten einer Brücke zutage förderten, die ursprünglich 9 Pfeiler hatte. Diese

Schichten hatten einen Umfang von 20 mal 10 m, die Pfeiler waren zwischen 0,90 und 4,30 m lang, ihr Durchmesser betrug zwischen 31 und 62 cm.

An den Zuflüssen zur Mosel kennen wir Brücken in Wasserbillig (Großherzogtum Luxemburg), wo Pfeilerreste im Jahre 1959 infolge eines außergewöhnlich niedrigen Wasserstandes sichtbar wurden. Der große Mauerverband von Kalksteinen, der durch Eisenklammern zusammengehalten wurde, erlaubte es, den Abstand zwischen den einzelnen Pfeilern der römischen Brücke auf 12,50 m zu schätzen, wobei ihre Breite ungefähr 6,50 m betragen haben muß. In der unmittelbaren Umgebung der Brücke fand man eine beachtliche Anzahl von Gegenständen der gallo-römischen Epoche, darunter eine schöne Inschrift für Merkur und Rosmerta,[22] die von einem *tabularius* der *res privata*, einem Verwalter des kaiserlichen Privatvermögens geweiht worden war. In Bollendorf (ebenfalls an der Sauer) deutet eine zähe Tradition, die die Archäologie noch nicht bestätigen konnte, auf das Vorhandensein einer römischen Brücke ›oberhalb der Mühle‹; dieselbe Situation treffen wir in Echternach und Wallendorf; in Sarrebourg (Lothringen) wurde 1952 eine römische Brücke nachgewiesen. In Saarbrücken, gegenüber dem am Fuß des Halbergs gelegenen *castellum*, wurde 1936 eine ehemalige Römerbrücke ausgemacht. Während in Pachten die römische Brücke eine Hypothese geblieben ist, bezeugt sie Ausonius[23] für Conz im Jahre 369; Pfeiler mit eisernen Pfahlschuhen wurden 1934 zutage gefördert; in Ittel an der Kyll *(Celbis)* bei Speicher, in Ehrang, finden sich mutmaßliche Spuren anderer römischer Brücken. Zu erwähnen bleiben noch am Neckar *(Nicer)* die Brücken von Cannstatt, Eriskirch, Benningen, Heidelberg und Ladenburg, am Main in Kesselstadt, Kostheim, Höchst, Schwanheim, Frankfurt, Bürgel, Hanau, Groß-Krotzenburg und Seligenstadt; an der Jagst, beim *castellum* von Jagsthausen. Außerhalb dieser Brücken benutzte das Wegenetz seit Urzeiten eine große Anzahl von Furten, besonders an den Stellen, wo durch hoch anstehende Felsplatten der unbeschwerliche und sichere Übergang von einem Ufer zum andern gewährleistet war.

Antike Zeugnisse über das Straßennetz im Rheinland

Von den »Epitomen« des Livius bis zu Gregor von Tours, gelegentlich bei Velleius Paterculus, Annius Florus, Plinius, Tacitus, Strabon, Dio Cassius, Sueton, Ammianus Marcellinus, Ausonius, Fortunatus, Ptolemäus und Marcian haben die antiken Autoren, wenigstens nebenbei, die römischen Straßen des Rheinlands erwähnt. Strabon hatte deren fundamentale Struktur skizziert: »Lugdunum ist das Zentrum der Celtica (diese Stadt ist in gewisser Weise deren Feste, da sie am Zusammenfluß der Flüsse liegt und nahe bei den verschiedenen Teilen des Landes); Agrippa hat sie zum Ausgangspunkt der großen Straßen gemacht: die eine führt durch das Massiv der Cevennen und endet bei den Santonen und in Aquitanien, die andere ist die Rheinroute, die dritte ist die zum Ozean führende Straße; sie geht zu den Bellovakern und Ambianern; schließlich die vierte, die in die Gegend von Narbonne und zur massaliotischen Küste führt.«[24] Das Wesen des Systems ist es also nicht nur, die äußersten Punkte dieses Netzes mit Lyon und dem Mittelmeer zu verbinden, sondern unter ihnen in zweiter Linie auch Querverbindungen zu planen. Es scheint sicher, daß in den ersten Zeiten der Regierung des Augustus der Zugangsweg zum Rhein über Lyon, Chalon-sur-Saône, Dijon, Langres und Metz nach Trier führte, von wo man direkt nach Köln, Koblenz und schließlich nach Mainz zum Oberrhein gelangen konnte.

Als Augustus selbst und Drusus den Rhein zur Ausgangslinie für ihre Eroberungsfeldzüge gemacht hatten, wurde die Straßenorganisation des linken Ufers eine unabdingbare Notwendigkeit. Durch Florus[25] kennen wir die allgemeinen Schutzvorrichtungen für das Hinterland: »Um die Provinz zu schützen, richtete er (d. h. Drusus) überall Garnisonen und Wachposten ein, entlang der Maas, der Elbe und der Weser. Am Ufer des Rheins selbst richtete er mehr als 50 kleinere Forts ein.« Das System läßt sich nur dann verstehen, wenn eine große Straße vorhanden war, die Rheintalstraße, die diese *castella* untereinander verband. Als man alle Operationen auf dem rechten Ufer aufgab, wurde diese Straße in Mittel- und Ober-

germanien die Grundlage des Limes, in Niedergermanien war sie es
während der ganzen römischen Besatzungszeit.

Tacitus hat uns zwei ›Straßenangaben‹ hinterlassen, mit denen die
Archäologie sich beschäftigen mußte. In den »Annalen«[26] schreibt
er: »Es blieb (Germanicus) eine nicht minder schwierige Aufgabe,
die V. und XXI. Legion zur Ruhe zu bringen, die 60 Meilen entfernt *(sexagesimum ad lapidem)* – der Ort heißt *Vetera* – im
Winterquartier lagen.« 88,80 km von Köln entfernt befindet sich in
der Tat das Doppellager von Fürstenberg zwischen Birten und
Xanten. In den »Historien«[27], anläßlich des Bataver-Aufstandes,
erwähnt er einen Hinterhalt *ad quintum fere lapidem* (bei der
5. Meile ungefähr) von *Vetera*, also 7,4 km entfernt, den die Archäologie in diesem Fall nicht genau lokalisieren konnte.

Man wird übrigens einige andere taciteische Bemerkungen hinzufügen müssen, die J. Hagen hervorgehoben hat:[28] so wird in den
»Historien«[29] gesagt, daß Cerialis, als er sich zum Rhein begeben
will, um die von Civilis geschürte Erhebung niederzuschlagen,
»tertiis castris Rigodulum venit« (zwischen Bingen und Riol also
dreimal über Nacht lagerte); nach Ansicht von Hagen[30] wäre das
nicht möglich gewesen, wenn es nicht eine Straße gegeben hätte,
die spätere ›Ausoniusstraße‹, so genannt nach dem Dichter des
4. Jahrhunderts, der sie in den ersten Versen des oben erwähnten
Gedichts beschrieben hat. In einem andern Kapitel der »Historien«[31] berichtet Tacitus von einem Adlerträger der IV. Legion,
der am frühen Morgen in Mainz aufgebrochen war und nach einer
180 km langen Reise noch am Abend in Köln ankam, um dort über
die schwerwiegenden Ereignisse der vorangegangenen Nacht Meldung zu erstatten. Auch in diesem Fall muß die Straße hervorra-
gend gewesen sein und über ein ausgezeichnetes System von ›Re-
lais-Stationen‹ verfügt haben.

Es ist klar, daß in dem Augenblick, wo das rechte Ufer in das
Strategie- und Wirtschaftssystem der Römer einbezogen wurde,
die Strecke Mainz – Groß-Gerau – Gernsheim – Ladenburg – Heidelberg – Stettfeld – Ettlingen (Straßburg) – Offenburg – Riegel
die gleiche Wichtigkeit erlangte wie die des linken Ufers. Im Norden des Mains wurden zwei chronologisch zu unterscheidende Stra-

ßensysteme ausgemacht:[32] eines stammt aus der Zeit des Domitian, das andere aus der Zeit des Trajan und des Hadrian. Um 200 wurde das gesamte von Gallien nach Germanien führende Straßensystem reorganisiert. Bei der Vermessung verwandte man beinahe ausschließlich gallische *leugae* von 2220 m, das entspricht 1,5mal den 1480 m der römischen Meile. Es ist anzunehmen, daß der Unterhalt der Straßen mehr und mehr den Einheimischen anvertraut wurde, den Besitzern des Geländes, auf welchem die Straßen verliefen. Nach 260 konzentrierten sich alle Anstrengungen auf das Wegenetz des linken Ufers und besonders auf die Einrichtung von Zubringerstraßen, die die Versorgung der Truppen mit Material und allem anderen Bedarf von Gallien her erlaubten.

Unter den schriftlichen Quellen muß man, außer der »Mosella« des Ausonius, die alten Itinerarien erwähnen. Die berühmteste ist die sogenannte ›Peutingertafel‹[33]. Im Jahre 1508 wurde Conrad Peutinger aus Augsburg Besitzer einer Pergamentrolle, die er zu veröffentlichen beabsichtigte. Es kam niemals dazu, und nach wechselvollem Geschick wurde die Rolle schließlich 1715 von Prinz Eugen von Savoyen erworben; 1737, nach seinem Tod, wurde die *tabula* Eigentum der Wiener Hofbibliothek; dort wird sie auch noch heute aufbewahrt. 1863 (!) stellte man endlich fest, daß die Rolle wegen ihrer schwierigen Handhabung schwer beschädigt worden war. Man zerschnitt sie also in 11 Segmente; seit dem Mittelalter fehlte das linke Anfangsstück der Rolle (Großbritannien, Irland, Spanien, Marokko, Algerien). Leider trug dieses erste Segment wahrscheinlich auch die Aufschrift der Karte und den Namen ihres Verfassers. Vermutlich war es jener Castorius, den der Geographus Ravennas erwähnt. Alle bisher vorgeschlagenen Datierungen sind mit Vorsicht zu betrachten. Es ist nicht ausgeschlossen,[34] daß die Abfassung des Castorius aus dem 4. Jahrhundert stammt. Möglicherweise handelte es sich um die Wiedergabe einer früheren römischen Weltkarte, die in einem römischen Säulengang ausgestellt werden sollte. Für das Rheinland nennt die ›Peutingertafel‹ folgende Orte:

Am linken Rheinufer: *Noviomagi* (Nimwegen) – *Harenatio* (Rindern) – *Burginatio* (Altkalkar) – *Colo(nia) Trajana* (Xanten) – *Ve-*

teribus (Birten) – *Asciburgia* (Asberg) – *Novesio* (Neuß) – *Agripina* (Köln) – *Bonnae* (Bonn) – *Rigomagus* (Remagen) – *Antunnaco* (Andernach) – *Confluentes* (Koblenz) – *Bontobrice* (Boppard) – *Vosavia* (Oberwesel) – *Bingium* (Bingen). Von der Maas bis zum Rhein: *Atuaca* (Tongern) – *Cortovallio* – *Juliaco* (Jülich) – *Agripina* (Köln). Von Reims nach Köln: *Durocortoro* (Reims) – *Noviomagus* – *Mose* – *Meduanto* – *Lindesina* – *Munerica* – *Agripina* (Köln). Von Trier nach Bingen: *Aug(usta) Tresvirorum* (Trier) – *Noviomago* (Neumagen) – [Lücke] – *Belginum* (bei Wederath) – *Dumno* (Kirchberg) – *Bingium* (Bingen). Von Metz nach Trier: *Divoduro Mediomatricorum* (Metz) – *Caranusca* (?) – *Ricciaco* (?) – *Aug(usta) Tresvirorum* (Trier).

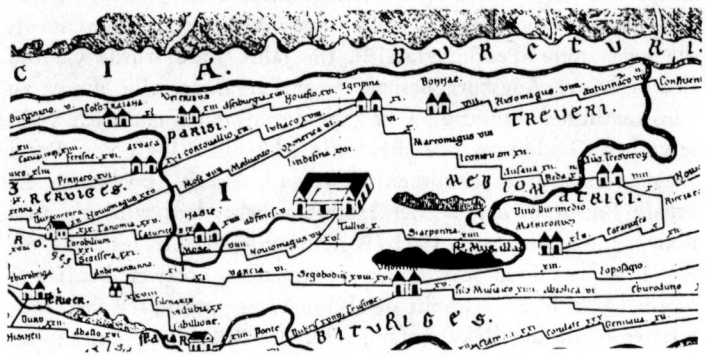

Abb. 5. Das Rheinland auf der Peutingertafel.

Diese – wenn auch bruchstückhafte – Übersicht macht deutlich, wie wertvoll die Peutingertafel für uns ist. Sie enthält freilich auch Lücken, die Schreibweise der Namen ist manchmal unrichtig, die Entfernungsangaben sind oft unbrauchbar; über den wirklichen Verlauf der Wege kann ein solches Dokument kaum etwas aussagen. Die Tafel sollte in extremer Verdichtung den wesentlichen Verlauf des damaligen römischen Straßennetzes aufzeigen, proportional zur Größe der damals bekannten Welt.

Die Geographie des Ptolemäus[35] erwähnt: *Veterra* (Birten) – *Co-*

lonia Agrippina (Köln) – Bonn – *Asciburgios* (Asberg) – *Novaisios* (Neuß) – *Teuderios* (Tüddern) – *Augusta Triberos* (Trier).

Im »*Itinerarium provinciarum Antonini Augusti*«, welches, wie es scheint, zur Zeit Caracallas (198–217) abgefaßt und um 300 auf Anordnung von Diokletian[36] überarbeitet wurde, werden folgende Orte erwähnt:

Rheintalstraße:

Vingio (Bingen) – *Antunnaco* (Andernach) – *Baudobriga* (Boppard) – *Bonna* (Bonn) – *Colonia Agrippina* (Köln) – *Durnomago* (Dormagen) – *Burungo* (Wörringen) – *Novesio* (Neuß) – *Gelduba* (Gellep) – *Veteris* (Birten) – *Burginatio* (Altkalkar) – *Harenatio* (Rindern).[37] – Von Rindern nach Trier: *Harenatio* – *Burginatio* (Altkalkar) – *Colonia Trajana* (Xanten) – *Veteribus* (Birten) – *Calone* – *Novesio* (Neuß) – *Colonia Agrippina* (Köln) – *Bonna* (Bonn) – *Antunnaco* – *Confluentibus* (Koblenz) – *Vinco* (Bingen) – *Noviomagus* (Neumagen) – *Treveros* (Trier).

Endstrecke von Reims nach Trier:

Vungo vicus (Vouzy) – *Epoissus vicus* (Ivoix) – *Orolauno Vicus* (Arlon) – *Andethannale Vicus* (Hostert) – *Treveros Civitas* (Trier).

Straße von Trier nach Köln:

Beda Vicus (Bitburg) – *Ausava Vicus* (Oos) – *Egorigio Vicus* (Jünkerath) – *Marcomago Vicus* (Marmagen) – *Belgica Vicus* (Billig) – *Tolbiaco Vicus* (Zülpich, Tolbiac) – *Agrippina Civitas* (Köln).

Straße von Bingen nach Straßburg durch das Rheintal:

Baudobriga (Boppard) – *Salissone* – *Vingio* (Bingen) – *Mogontiaco* (Mainz) – *Borbitomago* (Worms) – *Noviomago* (Speyer) – *Argentorate* (Straßburg).

Straße von Tongern nach Köln, in zwei Versionen:

Zuerst: *Mediolano* – *Mederiacum* – *Theudurum* (Tüddern) – *Coriovallum* – *Juliacum* (Jülich) – *Tiberiacum* (Thorr) – *Colonia Agrippina* (Köln); dann: *Aduaca Tungrorum* (Tongern) – *Coriovallum* – *Juliacum* – *Colonia*.

Zahlreiche epigraphische Funde haben ihren Anteil zu unserer Kenntnis des Straßensystems der römischen Zeit im Rheinland beigetragen.[38] Unter diesen sind zwei von besonderer Bedeutung: erstens die ›Itinerartafel von Tongern‹[39], die 1817 an den Pforten von *Aduatuca Tungrorum* entdeckt wurde. Es handelt sich um einen achteckigen Stein, der schwer beschädigt ist; drei der acht Seiten sind brauchbar, und eine jede stellt einen Teil einer Reisebeschreibung dar: Tongern – Straßburg, Tongern – Boulogne und Tongern – Vermond. Von der ersten Route konnte man folgende Stationen rekonstruieren: [Rigo]*magus* (Remagen) – [Antu]*nnacum* (Andernach) – [Conf]*luentes* (Koblenz) – [Ba]*udobriga* (Boppard) – [Vo]*solvia* (Oberwesel) – [B]*ingium* (Bingen) – [Mo]*gontiac(um)* (Mainz) – [Bu]*conica* (Nierstein) – [Borb]*itomac(um)* (Worms). Die zweite ist die ›Itinerartafel von Junglinster‹, die 1872 im Großherzogtum Luxemburg[40] entdeckt wurde. Die Platte mißt nur 27 mal 36 cm, und man liest lediglich einige Bruchstücke von Ortsnamen in einer sehr komplizierten Anordnung, die zu mehreren, voneinander abweichenden Interpretationen geführt hat. In der linken Spalte entziffert man *Belginum* (bei Wederath) und *Noviomagum* (Neumagen); in der mittleren Spalte hat man *Buconica* (Nierstein) wiederherstellen können, *Magio Vetus* (?) und *Mogontiacum* (Mainz); in der rechten Spalte ist kein Wort lesbar geblieben.[41]

›Meilensteine‹ steckten die großen Straßen ab; Säulen von einer beachtlichen Höhe (ungefähr 2 m!) zeigten die Entfernungen an, von der Stelle, an der sie sich befanden, bis zu den Toren der nächstgrößeren Stadt (Tongern, Trier, Köln, Mainz). Die Entfernungen waren entweder in Meilen *(milia passuum)* von ungefähr 1480 m angegeben oder seit Hadrian in gallischen Meilen *(leugae).* Die Meilen waren wieder eingeteilt in acht Abschnitte zu 185 m, markiert von *lapides tabellarii,* kleinen viereckigen Grenzsteinen, die vielleicht mit Buchstaben des Alphabets beschrieben waren.[42]

Die rheinischen Verkehrswege[43]

Die Grundausrichtung der vorgeschichtlichen Wege hatte offensichtlich die Aufmerksamkeit der Römer auf die Nord–Süd- und

Süd-Nord-Achsen gelenkt, die für die ursprüngliche Anlage des antiken Wegenetzes im Rheinland ausschlaggebend waren. Diese hängt unmittelbar mit dem Rheingraben zusammen, der in seinem orographischen Aussehen stark variiert. So wird man sich z. B. nicht über die Vielgestaltigkeit des Straßennetzes wundern, wo breite Terrassen das Flußbett säumen. Dies steht ganz im Gegensatz zu der Einfachheit des Straßennetzes in Mittelgermanien, wo das in einer engen Vertiefung liegende Tal kaum für mehr als eine Straße Platz bot.

Man erreichte den Rhein von der Schweiz, vom Elsaß, von Metz und von Trier her (Abb. 6).

Von Basel aus gelangte man in die Gegend um Mainz und Frankfurt über Riegel, Offenburg, Ettlingen, Stettfeld, Wiesloch, Neuenheim, Ladenburg, Lorch, Gernsheim und Groß-Gerau; nach Frankfurt direkt von Neuenheim. Von Straßburg aus gelangte man nach Kehl und wandte sich dann nach Ettlingen, um weiter der Straße zu folgen, die wir soeben beschrieben haben, oder, von Seltz aus nach Germersheim und Speyer, bevor man nach Worms und Mainz kam.

Von Metz aus bot die Kaiserslauterner Senke Zugang zum Rhein. Von Trier aus führte die ›Straße des Agrippa‹ geradewegs nach Norden über Jünkerath und Zülpich in Richtung Köln. Die ›Ausonius-Straße‹ erreichte Bingen und Mainz über den Hunsrück; durch die Eifel und Mayen erreichte man direkt Andernach.[44]

Von diesen Straßen sind einige offenbar Schnellstraßen, die nach Möglichkeit alle wichtigen Ortschaften umgingen. Das ist besonders der Fall bei der Straße, die von Colmar aus über Brumath und Landau den Süden des Elsaß mit Mainz verbindet; auch bei der Straße, die von Metz über Ritzig nach Saarburg, Trier, Bitburg und Köln geht.

Ein zweitrangiges Straßennetz sicherte die Querverbindung: von Windisch zum Limes über Zurzach, Hüfingen, Rottweil, Rottenburg und Köngen. Von Metz nach Straßburg über Saverne; von Sankt Ingbert nach Landau und Speyer; von Sankt Ingbert nach Worms, nach Mainz über Alzey und Mornheim, von Worms nach Bingen.

Es gab schließlich noch das direkt mit dem obergermanischen Limes

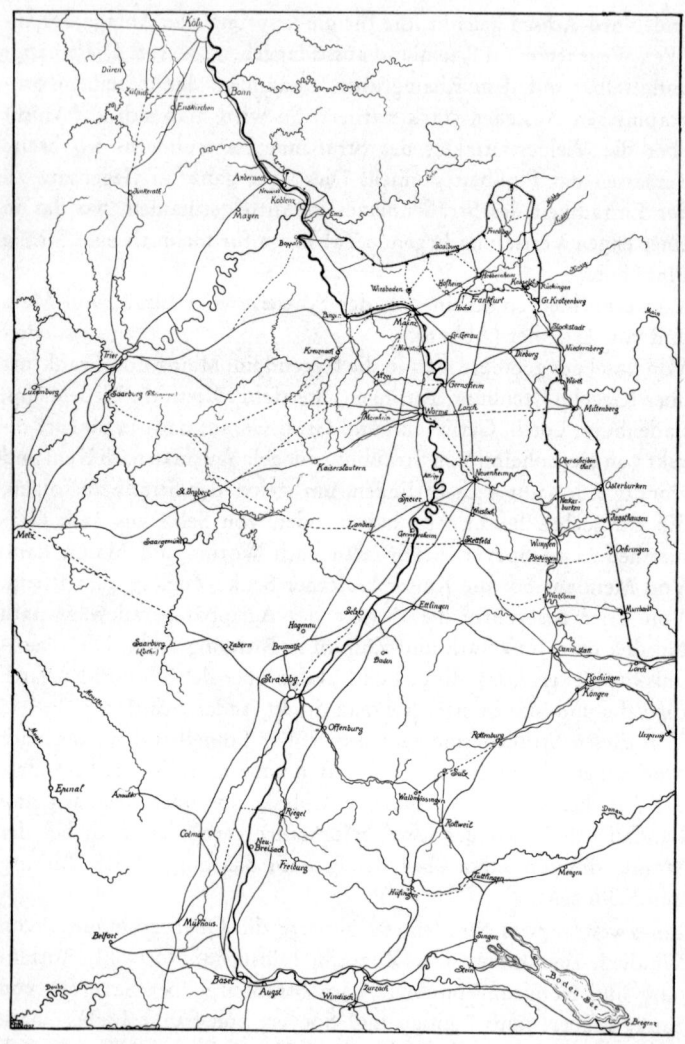

Abb. 6. Die Hauptverkehrsstraßen des römischen Rheinlandes.
(Nach K. Schumacher.)

verbundene Straßennetz, auf der Grundlage von Hauptstrecken, von denen aus die viertrangigen Straßen ausliefen, die den Kontakt mit den Vorposten aufrechterhielten: von Mainz in Richtung Nidda; von Worms in Richtung Main, von Ettlingen nach Lorch. In den letzten Tagen des Römischen Reiches zeigte sich die Gefährlichkeit aller dieser Straßen: sie ermöglichten den Eindringlingen ein ungehindertes und schnelles Vorrücken in diese oft ungenügend verteidigten Gegenden. Man versuchte dieser Situation Herr zu werden durch die Einrichtung von Benefiziarier-Posten, Sonderkommandos, die vorwiegend mit dem Unterhalt und der Verteidigung der strategisch wichtigen Straßen beauftragt waren. Allein für Niedergermanien sind Benefiziarier-Posten bezeugt in Viller Mühle an der Niers, in Aldekerk, Wachtendonk, Wankum und Heringen auf der an die Maas führenden Straße; in Jülich auf der Straße von Tongern, in Lechenich und Zülpich, in Rheder, Doltendorf und Nettersheim.[45] Die kleinen Forts des belgischen Pseudo-Limes gehörten zur selben Verteidigungsorganisation, die soweit wie möglich das weitere Vorrücken der Germanen bremsen sollte.[46]

Drittes Kapitel

Das römische Heer am Rhein

Die Legionen

Bis zum Ende der sogenannten Republik bestand das römische Heer aus Bürgern, die im Kriegsfall zum Schauplatz der Kampfhandlungen auszogen. Nach und nach, vor allem unter dem Einfluß der Heeresreform des Marius, wurden diese Truppen durch Berufssoldaten ersetzt, die ständig an allen vier Enden des Kaiserreichs stationiert waren. Grundsätzlich nahm die römische Legion nur römische Bürger auf; dagegen blieben die *auxilia*, die Hilfstruppen, und die Kavallerie den Bundesgenossen und den Soldaten, die aus unterworfenen Völkern rekrutiert wurden, vorbehalten. Noch in der gesamten Kaiserzeit (allerdings vor der Regierungszeit Diokletians) legte man Wert auf den Rangunterschied zwischen einem Legionskavalleristen und einem Angehörigen eines Flügels der Auxiliarkavallerie.[1]

Die durchschnittliche Stärke einer Legion betrug 6100 Mann, 2 Legionen bildeten im allgemeinen ein Heer (*exercitus*). Die Legion bestand aus 10 Kohorten, jede Kohorte umfaßte 6 Zenturien. 2 Zenturien bildeten einen Manipel, die taktische Grundeinheit. Eine Kohorte hatte also 3 Manipel, die seit jeher als diejenigen der *triarii* (T), *principes* (P) und *hastati* (H) bezeichnet wurden. Die *hastati* beanspruchten die Ehre, in erster Linie zu kämpfen, in zweiter Linie standen die *principes*, in der dritten standen die Veteranen (daher auch ihr Name *triarii*). In einer ersten Entwicklungsphase erfolgte die Umwandlung dieser antiken Phalanx in eine Linie von 10 Manipeln, später in Kohorten von je 6 Zenturien, jede Kohorte hatte je einen Manipel (2 Zenturien) *hastati*, *principes* und *triarii*.

Der Befehlshaber der I. Kohorte war der *primipilus*, der ›beste Soldat der Legion‹, der einzige Zenturio, der zu den Beratungen des Legionsstabes zugelassen wurde. Die anderen höheren Offiziere waren Männer senatorischen Ranges (der *legatus legionis* war Befehlshaber der Legion, der *tribunus laticlavius*, der erste Tribun, fungierte als zweiter Offizier) oder kamen aus dem Ritterstand *(tribuni angusticlavii)*. Zur Legion gehörten außerdem 4 *turmae* Kavallerie (4 Schwadronen von 30 Reitern) und später *calones* (Troßknechte), ebenso *fabri* (Pioniertruppen). Wir wissen immer noch nicht, ob der Legionsstab überwiegend der I. Kohorte angehörte, oder ob eine ›Stabskompanie‹ außerhalb der Kohorten existierte, wie wir sie in ihrem Aufbau in Abb. 7 dargestellt haben.

Außerhalb der für die großen offensiven und defensiven Operationen bestimmten taktischen Einheiten gab es bewegliche, Interventionstruppen, die dem Armeekorps entnommen werden konnten, der Legion (oder sogar einer Auxiliarkohorte), ganz wie es den augenblicklichen Bedürfnissen entsprach. Diese beweglichen Einheiten sind die *vexilla* oder *vexillationes*,[2] so genannt, weil sie ein besonderes Kennzeichen *(vexillum)* besaßen. Man unterscheidet: Vexillationen mit militärischem Auftrag, im allgemeinen aus dem ›Einsatzbereich‹ anderer Legionen entnommen; sie waren zahlenmäßig bedeutend und wurden oft von Offizieren aus dem Senatorenstand befehligt; Vexillationen mit ›zivilem‹ Auftrag wurden für dringende Instandsetzungsarbeiten von militärisch wichtigen Anlagen (Straßen, Brücken, Befestigungen usw.) eingesetzt oder auch für den Garnisonsdienst benötigt, wenn die Legionen im Feld standen.

Nach den Unruhen, die in Niedergermanien nach dem Tod des Augustus ausgebrochen waren, werden von Tacitus[3] Vexillationen bei den Chauken erwähnt. Zwei von diesen Sonderkommandos stellten die Legionen von *Vetera*; offenbar hatten sie den Auftrag, »die Chauken wieder unter Kontrolle zu bekommen«. Im Jahr 28

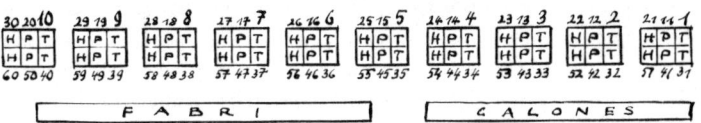

Abb. 7. Aufstellung und Grundlogistik der römischen Legion in der Kaiserzeit. (Nach O. Doppelfeld.)

läßt der Legat von Niedergermanien[4], L. Apronius, Vexillationen
aus Obergermanien kommen, die sich zweifellos aus den dort stationierten 4 Legionen rekrutierten. Es gibt Inschriften, die unsere
Kenntnisse hinsichtlich dieser beweglichen Sonderkommandos vervollständigen. So erinnert eine Inschrift von Baalbek[5] an einen
Legionssoldaten, der zur Zeit der Flavier *primipilus* der XII. Legion gewesen war, bevor er neunmal Vexillationen befehligte. Um
einen Aufstand in Großbritannien zu unterdrücken, erhielt der
primipilus T. Pontius Sabinus[6] im Jahr 119 den Oberbefehl über
eine Vexillation, die von zwei Legionen Obergermaniens und einer
Legion Spaniens gestellt worden war. Vexillationen aus Truppen
beider germanischer Provinzen kämpften 160 in Großbritannien.[7]
Vexillationen der VIII. Legion haben unter Philipp II. (zwischen
244 und 248)[8] gegen die Perser gekämpft. Die nicht im Kampfein-
satz befindlichen Vexillationen haben in großem Umfang an anderen von römischen Legionen im Rheinland errichteten Anlagen
mitgewirkt. So haben sie zum Beispiel eine Stele für Herkules
Saxsanus in den Steinbrüchen des Brohltals[9] aufgestellt, dessen
Tuffstein seit der Zeit der Flavier systematisch ausgebeutet worden
zu sein scheint.

Das Oberkommando über die Legionen hatten zwei *legati Augusti
pro praetore Germaniae Superioris* oder *Inferioris*, die Legaten
des Kaisers für die germanischen Provinzen. Ihre Namen und ihre
Laufbahn wurden in wichtigen Studien[10] behandelt, in denen die
Namen sehr bekannter Persönlichkeiten erscheinen: M. Vipsanius
Agrippa, M. Nonius Gallus, M. Valerius Messala Corvinus, M.
Vinicius, M. Lollius, Calpurnius Piso, Tiberius, Drusus, P. Quinctilius Varus, Germanicus, C. Silius Caecina Largus, Hordeonius
Flaccus, L. Antonius Saturninus, Trajan, L. Apronius, Cn. Domitius Corbulo, Fonteius Capito, Q. Petillius Cerialis, S. Julius Frontinus, L. Licinius Sura, daneben noch andere, weniger bekannte
Würdenträger. Neueste Forschungen haben sich mit den Legaten
des Kaisers für die Rheinlegionen[11] beschäftigt. Außer für ihre Namen interessiert sich die moderne Forschung für ihre Laufbahn und
ihre Beförderung. Die Offiziere patrizischer Herkunft waren selten:
3 von 80 sind uns namentlich bekannt, so Ti. Plautius Silvanus,

Q. Hedius Rufus und vielleicht L. Catilius Severus. Den zu Präto-
ren aufgestiegenen Patriziern stand in der Tat die Konsul-Lauf-
bahn offen, auch wenn sie zuvor noch keinen Oberbefehl über eine
Legion innegehabt hatten. Es sind also die *homines novi*, die in die
Nobilität aufgenommenen ›neuen Leute‹, die hauptsächlich den
Oberbefehl der Provinzarmeen zugeteilt bekamen. In der julisch-
claudischen Zeit scheinen sie vor allem aus Italien gekommen zu
sein, später aus Spanien, Dalmatien und Afrika. Bevor sie das
Legionskommando antraten, hatten die in Frage kommenden
Offiziere verschiedene Vorstufen zu durchlaufen: das Vigintivirat,
den Dienst als Militärtribun, die Quästur (oder sie wurden Volkstribun, Ädil, Prätor), die prokonsularische Legation, prätorische
Ämter und in vielen Fällen ein vorheriges Legionskommando. Man
muß festhalten, daß die Karriere nicht nach einem automatischen
Schema verlief: die Herkunft des Senators, seine Fähigkeiten, aber
auch die kaiserliche Gunst konnten sie beschleunigen oder ver-
zögern.

Offensichtlich wurden die Befehlshaber der Rheinlegionen besonders sorgfältig ausgewählt (vom Kaiser, vielleicht nach vorheriger
Beratung mit den Kommandeuren der Heeresgruppen). Die Rheinarmee war – wenigstens im 1. Jahrhundert – der stärkste Heeres-
verband der Römer. Ihr war die Ausführung eines Planes anvertraut, dessen Tragweite aufzuzeigen ich zuvor versucht habe. Die
Legionslegaten waren relativ junge Leute, die unter der Kontrolle
der Provinzlegaten über eine ziemlich große Autonomie verfügten und natürlich eine große Verantwortung trugen. Eine ent-
gegenkommende Haltung der Legionskommandanten gegenüber
der Zivilbevölkerung war unbedingt notwendig; deshalb wurden
diese Männer sicher auch im Hinblick auf ihre diplomatischen
Fähigkeiten, ihre Toleranz, ihre geistige Beweglichkeit und ihr ge-
schicktes Auftreten ausgewählt. Die Niederlage des Varus hat
gezeigt, zu welchem Verhängnis die Mißachtung der im unterworfenen Gebiet herrschenden Stimmung werden konnte! Das Kommando über die Rheinlegionen bot den ›neuen Leuten‹ die Möglichkeit, sich hervorzutun und war bei Offizieren, die ihre
Leistungsfähigkeit unter Beweis stellen wollten, sicherlich begehrt.

Derartige Umstände haben natürlich nicht immer zum Frieden an den Grenzen beigetragen; zudem wurden einige zum Legionskommando zugelassen, ohne zuvor Militärtribun oder Prätor gewesen zu sein; ihre ›Geländekenntnisse‹ waren dementsprechend beschränkt, ihre politischen Ambitionen dagegen um so größer. Die Nachteile dieses allzu ›permissiven‹ Systems prägten besonders die Legionen Niedergermaniens und hier vor allem die *I Minervia* und die *XXX Ulpia Victrix*. Dazu kommt, daß das Kommando einer Legion immer nur eine Zwischenstation in der Laufbahn eines Offiziers, der das Konsulat anstrebte, darstellte. Die meisten rheinischen Legaten, die wir kennen, haben ihr Amt nur 2 $^1/_2$ Jahre lang ausgeübt.

Die Hilfstruppen[12]

Während die Legionen den römischen Bürgern vorbehalten waren, wurden die Nichtbürger prinzipiell in die Hilfstruppen aufgenommen. Diese setzten sich zusammen aus *alae*, aus Hilfskohorten, aus *tumultuariae catervae*, aus *numeri*, je nachdem, wie groß das Ansehen war, dessen sie sich erfreuten. Beinahe alle fügten ihrer Bezeichnung noch ihre ›Nationalität‹ hinzu; allein die Hilfskohorten waren numeriert.

Die Flügel *(alae)* bestanden aus 480 oder 960 Reitern, je nachdem, ob es *alae quingenariae* oder *alae miliariae* waren. Im Rheinland sind belegt: eine *ala Afrorum veterana*, eine *ala Batavorum, Canninefatium, Flavia Fida vindex, Gallorum Picentiana, Gallorum et Thracum Classiana, Indiana Gallorum, Longiniana, Moesica, Noricorum, Parthorum, Pomponiani, praetoria singularium, Siliana Flavia singularium, Sulpicia, Thracum, Treverorum, Tungrorum Frontiniana, Augusta Vocontiorum*. Einige dieser Einheiten erhielten schließlich noch den Zusatz ›*civium Romanorum*‹, so die *ala Sulpiciana*, deren Mitglieder das Bürgerrecht als Dank für ihren Einsatz während des Bataver-Aufstandes verliehen wurde. Zu erwähnen ist auch eine Reiterabteilung der trevirischen Kavallerie *(ala Treverorum equitata)*: Cäsar hatte schon die Qualität der trevirischen Kavallerie gelobt;[13] diese Reiterabteilung muß es schon seit den Anfängen des Kaiserreichs gegeben haben. Tacitus erwähnt sie[14] in folgenden Sätzen: »Eine Reiterabteilung, die, bei den Treverern ausgehoben, in unserem Dienst und unserer Disziplin geschult wurde.« Nach Alfoeldy[15] wurde dieses Kavallerie-Sonderkommando am Rhein zur Zeit des Caligula oder Claudius aufgestellt. Eine Inschrift von Mainz[16] scheint sich auf einen trevirischen Präfekten zu beziehen, der ihr Kommandant war. Im Jahre 69 war die *ala Treverorum* Teil des Heeres von Niedergermanien, unter dem Befehl eines anderen Treverers, Julius Tutor, der im selben Jahr durch Julius Classicus ersetzt wurde. Die Treverer wurden in Gallien von den Truppen Othos geschlagen und dann wieder zum Rhein zurückgeführt. Man weiß, daß Classicus schließlich die trevirische Reiterabteilung in den Bataver-Aufstand mit hineingezogen hat, was ihre sofortige Auflösung nach Beendigung dieses Krieges zur Folge hatte; ihre Soldaten wurden anderen Einheiten zugeteilt. Die *ala Augusta Vocontiorum Romanorum* war im Süden Frankreichs ausgehoben worden.[17] In der julisch-claudischen Zeit lag sie in Soissons[18] und wurde nach dem Jahr 70 nach Germanien verlegt.[19] Untergebracht wurde sie in den Kasernen von *Burginatium* (Altkalkar). Kurz nach 122 wurde sie nach Großbritannien abberufen, zur Verstärkung der Legionen, die verschiedene Aufstandsbewegungen niederzuschlagen hatten. Wir kennen einen einzigen Befehlshaber dieser Truppe,[20] einen *flamen* des Lenus Mars und ehemaligen Präfekten einer in Großbritannien stationierten Kohorte, Tribun der IX. Legion *Hispana* und schließlich Präfekt der Vokontier-Abteilung in Untergermanien. Eine prachtvolle Grabinschrift berichtet von seiner Laufbahn; sie wurde in Mersch (Großherzogtum Luxemburg) in der Mitte des 19. Jahrhunderts in den Fundamenten der ehemaligen Kirche dieses wichtigen gallo-römischen *vicus* gefunden.[21] Nicht weit weg davon lag ein prächtiges Herrenhaus. Möglicherweise gehörte es diesem Offizier a. D., der in den Ruhestand versetzt worden war, nach Beendigung einer Laufbahn, die er größtenteils jenseits des Ärmelkanals verbracht, aber in seinem Heimatlande begonnen und beendet hatte.

Es gab vier Arten von Hilfskohorten:[22] die ›normale‹ Kohorte hatte zwischen 480 und 500 Leute *(cohors quingenaria peditata)*; die *cohors miliaria* umfaßte ungefähr 1000 Mann, die gemischten Kohorten hatten 380 oder 760 Infanteristen und 120 oder 240 Reiter. 34 Kohorten sind allein für Untergermanien belegt:[23] asturische, batavische, bretonische, italische, dalmatische, germanische, pannonische, usw. Die Kohorten der Germanen sind verhältnismäßig zahlreich. Eine *cohors I Germanica* gehörte am Ende des 1. Jahrhunderts zur Armee Obergermaniens und ist vielleicht mit der in Jagsthausen stationierten *cohors I Germanorum* identisch. Ein gewisser M. Vergilius Gallus Lusius hat gegen Ende der Regierungszeit des Augustus eine *cohors Ubiorum equitata* befehligt, nachdem er seinen Dienst in Dalmatien beendet hatte. Die Bataver stellten ebenfalls mehrere Kohorten, die vorwiegend im Gebiet der Lingonen eingesetzt waren. Die 9 batavischen Kohorten wurden von Vespasian aufgelöst, aber ihre Angehörigen wurden sicherlich von neuen, z. T. in Großbritannien eingesetzten Truppeneinheiten wieder erfaßt. Die Tungrer bildeten mehrere Infanteriekohorten, die zusammen mit trevirischen *alae* operierten. Nach dem Bataver-Aufstand wurden auch 2 Kohorten von Tongern nach Großbritannien geschickt, eine dritte stellte eine Vexillation, die nach Rätien und *Noricum* entsandt wurde.

Die sogenannten *catervae tumultuariae* – eine Art Miliz –, die bei Gelegenheit der großen Eroberungsfeldzüge ausgehoben wurden, hatten wahrscheinlich kein genau festgelegtes Statut. Man kann vermuten, daß alle *civitates* zu irgendeinem Zeitpunkt ihrer Geschichte solche Milizen aufstellten. Besonders in Belgien gab es derartige Milizen, ohne daß wir über ihren Bestand und ihr Wirken genauer unterrichtet wären.

Erst im 2. Jahrhundert stellte man die *numeri* auf, kleine Manipeleinheiten, oft an *alae* oder Auxiliarkohorten angegliedert. Gewisse *numeri* scheinen Spezialaufträge gehabt zu haben, so der *numerus exploratorum Batavorum* von Roomburg,[24] ein Spähertrupp aus der Zeit des Septimius Severus.

Im Gegensatz zu den *catervae*, von denen die Rede gewesen ist, sind die *numeri* reguläre Einheiten, die (seit der Zeit Hadrians) in der hierarchischen Aufstellung der Truppenteile ihren festen Platz hatten.[25] Man bewertete sie aber dennoch als zusätzliche Aufgebote, bei deren Mitgliedern es sich oft um nicht einmal lateinisch sprechende Analphabeten handelte.[26] Offensichtlich begegnete man ihnen auch mit Mißtrauen, denn im Lager waren sie eingepfercht inmitten der zuverlässigen Truppen, die den Auftrag hatten, sie zu überwachen. Ein ernsthafter Versuch der Romanisierung gewisser *numeri* scheint Erfolg gehabt zu haben, denn später wurden sie in Kohorten oder *alae* umgewandelt, so wahrscheinlich die 2 Kohorten von Treverern, die in der oberen Provinz[27] stationiert waren.

Jedenfalls steht fest, daß die einheimische Bevölkerung weitgehend an der Verteidigung des Rheins mitgewirkt hat. Das war, wie ich anfangs schon ausgeführt habe, in ihrem eigenen Interesse. Die *civitates* des linken Ufers hatten von einem falsch verstandenen ›germanischen‹ Patriotismus nicht allzuviel zu erwarten. Den Begriff des Patriotismus (bzw. das, was wir darunter verstehen) hat es damals noch gar nicht gegeben. Andererseits bot aber die Truppe die Möglichkeit einer Laufbahn, in der gewisse ›kriegerische‹ Traditionen weiter gepflegt werden konnten. Der Soldat verdiente dort seinen Lebensunterhalt, und seine Ersparnisse ermöglichten es ihm, nach langen Dienstjahren durch die Landzuteilungen der Armee Eigentümer von einem der sehr zahlreichen Landhäuser in Köln oder Umgebung zu werden.

Dank der Grabstelen können wir uns vom Aussehen der Soldaten aus diesen Hilfstruppen eine Vorstellung machen; in Mainz-Zahlbach[28] stellt eine Grabstele den C. Romanius Capito dar, einen Reiter einer *ala Noricorum*, wie er im Galopp einen ›besiegten Barbaren‹ niederreitet. Er trägt einen runden Helm mit Backenlaschen und dekorativen Motiven, der Panzer sitzt eng am Körper, ein mantelartiger Überwurf bedeckt die Schultern; auf der rechten Seite trägt er ein langes Schwert, im linken Arm einen runden Schild. Verzierungsscheiben *(phalerae)* bilden den Brust- und Geschirrschmuck des Pferdes, der Sattel liegt über einem auf dem Rücken des Pferdes ausgebreiteten Teppich. An derselben Stelle gibt es eine Stele des Monimus, eines Bogenschützen der I. Kohorte der Ituräer[29] und des Andes, eines Reiters, der *ala*

Claudiana[30]; in Worms die des Q. Carminius Ingenuus, eines Reiters der ersten spanischen *ala,* mit dem Schwert quer über Schulter und Brust. Er schleudert einen Wurfspieß und tritt einen Barbaren mit Füßen.[31] In Bonn[32] wurde die Stele des Vonatrix von der *ala Longiniana* aufgefunden, der in derselben Haltung verewigt ist. In Neuß[33] gibt es die Grabstele eines Oclatius, Fähnrich der *ala Afrorum Veterana,* der aus Tongern stammte. Oclatius ließ sich ›in Zivil‹ darstellen, dennoch hält er in der Hand die Fahnenstange. In Bingen wurde die Grabstele des Annaius Daverzus[34] gefunden, eines Soldaten der IV. Kohorte der Dalmater. Er trägt die vorne gefaltete kurze Tunika, der Mantel wird auf der rechten Schulter zusammengehalten, an zwei Koppeln hängt ein kurzes Schwert mit einem von drei Medaillons verzierten Knauf sowie ein Dolch. In der rechten Hand hält Daverzus zwei Wurfspieße, in der linken einen länglichen Schild. Ähnliche Darstellungen gibt es von Hyperanor, einem Mitglied der I. Kohorte der Bogenschützen[35] und von Ti. Julius Abdes von derselben Einheit.[36]

Die Flotte

». . . Als Schutzvorkehrungen für die Provinz richtete er (d. h. Drusus) überall Garnisonen und Wachposten entlang der Maas, der Elbe und der Weser ein. Entlang des Rheinufers errichtete er mehr als 50 kleinere Kastelle. Durch eine Brücke zum anderen Ufer stellte er eine Verbindung zwischen Bonn und *Gesoriacum* her und sicherte diese durch den Einsatz der Flotte.«[37]

In den allgemeinen Rahmen römischer Operationen in Germanien wird also die Flotte bereits von Florus mit einbezogen; eine *classis Germanica* ist seit 12 v. Chr. belegt, und vielleicht ist Bonn ihr erster Heimathafen gewesen.[38] Die ›Matrosen‹ scheinen vor allem aus der *pars Orientis*[39] gekommen zu sein. In der Zeit Domitians nannte sich die rheinische Flotte offiziell *classis Augusta Germanica;*[40] zur Zeit des Tacitus[41] ist Köln vermutlich Standort der römischen

Rheinflotte gewesen, Speyer und Mainz waren kleinere Häfen mit Werften für den Bau und die Reparaturen an den Schiffen und deren Ausstattung. In Neuß, Xanten, Vechten, Katwijk und Rumpst gab es möglicherweise Anlegeplätze. Von 96 an trägt die Flotte Germaniens den Titel *Pia Fidelis*, die rechtschaffene und treue, der Beiname *Domitiana* wurde nach der *damnatio memoriae* des Domitian wieder aufgehoben.

Im Jahre 12 v. Chr. lag die Rheinflotte in der Nordsee;[42] sie besiegte die Brukterer an der Ems; auf der Rückfahrt erging es ihr schlecht, denn die Schiffe liefen bei Ebbe auf dem Strand auf. Im Jahre 5 erreichte die Flotte unter dem Befehl des Tiberius die Elbe-Mündung und den äußersten Zipfel von Jütland.[43] Ihr Einsatz in den Feldzügen der Jahre 15 und 16 unter dem Befehl des Germanicus führte – auf dem Rückweg – zu ihrem Untergang. Hier der Bericht des Tacitus:[44]

»Anfangs war die See noch ruhig; sie rauschte unter dem Ruderschlag von tausend Schiffen oder wogte auf, wenn die Segel aufgezogen wurden. Bald aber ging ein Hagelschauer aus einer schwarzen Wolkenwand nieder, und zugleich brausten von allen Seiten heftige Böen heran, unberechenbare Flutwellen nahmen die Sicht und hinderten die Steuerung der Schiffe. Von den verzagten Mannschaften, die mit der Seefahrt nicht vertraut waren, wurden die Seeleute, denen sie unsachgemäß helfen wollten, gestört. Und sie machten so den sachkundigen Matrosen ihre Verrichtungen unmöglich. Dann wurde über den ganzen Himmel und das ganze Meer der Südwind Herr. Er führte von den feuchtdunstigen Ländern Germaniens und den tiefen Flüssen gewaltige Wolkenmassen mit Macht heran, und die Kälte des nahen Nordens machte ihn noch schrecklicher. Und so riß er die Schiffe fort und verschlug sie auf den offenen Ozean oder ließ sie an Inseln, die mit ihren schroffen Klippen oder verborgenen Untiefen gefährlich waren, stranden. War man diesen mit knapper Not und Mühe ausgewichen, so konnte man nachher, als die Flut wechselte und sich in der Windrichtung bewegte, die Schiffe nicht mehr fest verankern und auch nicht die hereinbrechenden Wassermassen ausschöpfen. Pferde, Zugtiere, Gepäck, sogar Waffen wurden über Bord geworfen, um den Schiffsraum zu entlasten, in den das Wasser durch die Bordwände eindrang und die Fluten von oben her hereinstürzten ... Ein Teil der Schiffe ging unter, die Mehrzahl strandete an weiter entfernt gelegenen Inseln, wo die Leute, da dort keine Menschen wohnten, verhungerten ... Nur der Dreiruderer des Germanicus blieb unversehrt; die geretteten Schiffe wurden wieder instand gesetzt und liefen zu den Inseln aus, um die vermißten Seeleute wieder ausfindig zu machen. Die Germanen erhoben sich sogleich wieder ...«

Im Jahre 28 führt die Flotte Vexillationen der zwei Armeen Germaniens an die Rheinmündung: sie entsetzen das von den Friesen gehaltene *Flevum*.[45] Im Jahre 69 fällt ein Teil der Flotte in die Hände der batavischen Aufrührer, auch im Jahre 70 hat sie sich nicht bewährt.

Nach Bonnard[46] besaß die Flotte ›Kreuzer‹ *(lusoriae)*, leichte Schiffe, die in erster Linie als Patrouillenboote verwendet wurden, Dreiruderer (Civilis konnte sich des Admiralschiffes des Cerialis bemächtigen, einer großen Trireme, die die Lippe hinaufgezogen wurde!)[47] und *cursoriae*, Schnellboote für die Kommando- und Verbindungsoffiziere, sowie *pleroma*, Schleppkähne für den Transport des Trosses.

Die Armee des Spätrömischen Reiches

In der Zeit des Augustus war die Armee überall in der damals bekannten Welt eingesetzt, um die Grenzen nach den oben dargelegten Richtlinien zu bewachen. Trotz zahlreicher Verlegungen von Einheiten waren diese in ihren Feldlagern zur Untätigkeit verurteilt und die Aufstellung von Vexillationen mußte dazu herhalten, den Unannehmlichkeiten dieses Zustands entgegenzuwirken. Dieser war entstanden, als sich die Vorstellung breitmachte, daß Rom niemals mehr im Innern des Kaiserreiches würde zu kämpfen haben. Die bitteren Erfahrungen des 3. Jahrhunderts (die Perser fielen in

Syrien ein, die Goten auf dem Balkan und in Kleinasien, die Alemannen und Franken drangen bis Norditalien vor) zwangen die Kaiser zu einer grundlegenden Reform der römischen Armee. Es ging im wesentlichen darum, aus ihr eine bewegliche und schnelle Interventionstruppe mit höchster Schlagkraft zu machen. Diokletian hatte das Modell für eine solche Armee aufgestellt. Er verfügte über Truppen, die an die Person des Kaisers gebunden waren, eine Art Erweiterung des von Septimius Severus eingerichteten *sacer comitatus* (›heilige Garde‹). Dank neuester Studien zur »Notitia Dignitatum«[48] verfügen wir über genauere Kenntnisse der römischen Armee der letzten Epochen des Weströmischen Reiches. Auch die Armee ist von nun an eingeteilt in ein Ost- und Westheer. In dem letzteren hatte der *magister peditum praesentalis* den Oberbefehl über die Infanterie, während die Kavallerie unter dem Oberbefehl des *magister equitum praesentalis* stand. In der Infanterie gab es die *legiones palatinae*, die *auxilia palatina*, die *legiones comitatenses* und *pseudocomitatenses*. In der Kavallerie unterschied man zwischen *vexillationes palatinae* und *comitatenses*.[49] In dieser Armee scheint die Dauer der abgeleisteten Dienstzeit ausschlaggebend für die Beförderung gewesen zu sein. Die Einheiten waren systematisch unterteilt in *seniores* und *iuniores*. Das Hauptgewicht lag nunmehr auf der rein militärischen Funktion der kommandierenden Offiziere der Einheiten. Diese wurden für ihre Aufgabe von einer Spezialabteilung von Unteroffizieren, den Ausbildern *(domestici)*, vorbereitet. Die Truppe rekrutierte sich vorwiegend an Ort und Stelle; wir kennen Einheiten von Brukterern, Mattiakern, nervischen Bogenschützen und Iberern. Diese gelten als die besten Truppen des Kaiserreiches, und ihre Kürassiere *(catafractarii)* standen in einem hervorragenden Ruf, den sie durch ihren Einsatz in einigen Schlachten noch vergrößerten. Wenn eine solche Schlacht begann, stimmten die germanischen Soldaten ihren Kriegsgesang an, den *barritus*, zuerst nur ein Gemurmel, dann immer lauter werdendes Brummen, welches durch die in Höhe des Mundes gehaltenen Schilde zusätzlich verstärkt wurde. Ausdruck rauher Sitten, zeigte dieser Kriegsgesang deutlich, daß das germanische Element in den Truppen Roms immer mehr Bedeutung erlangte, vor allem durch die regelmäßige

Übersiedlung transrhenanischer Kriegsgefangener in das Hinterland des linken Ufers. Diese Germanen mußten die seit der großen Einwanderungswelle des 3. Jahrhunderts brachliegenden Felder bebauen und waren so auch gezwungen, sie wiederum gegen andere Germanen zu verteidigen, die sich diese Ländereien aneignen wollten. Die Gefährlichkeit dieser Situation zeigt sich ganz deutlich: Solange diese *laeti* und *gentiles*, diese Bauernsoldaten, glaubten, es läge in ihrem eigenen Interesse, zum Schutz des Kaiserreiches beizutragen, sah es so aus, als wäre Roms Einfluß nach wie vor ungebrochen. Im übrigen wurden diese gut ausgestatteten *laeti* wahrscheinlich in dem ihnen zugewiesenen und von ihnen zu verteidigenden Gebiet so bodenständig, daß sie zur Zeit des Untergangs des Weströmischen Reiches die historische Kontinuität der beiden Epochen, des Spätrömischen Reiches und des Hochmittelalters, sichern konnten. Beide Epochen folgten unmittelbar aufeinander und wiesen zumindest in der Anfangszeit ähnliche weiterführende Merkmale auf.

Die Geschichte der rheinischen Legionen

Zur Zeit des Augustus, vor der Katastrophe des Varus, gab es 5, möglicherweise 6 Legionen in Germanien.[50] Die Legionen *XIV Gemina und XVI Gallica*[51] in Mainz; *XVII* in Neuß oder Köln; *XVIII* und *XIX* in Xanten. Es ist möglich, daß eine der Legionen, *V Alauda, XIII Gemina* oder *XXI Rapax*, in Straßburg stationiert war. Im Teutoburger Wald wurden die Legionen XVII, XVIII und XIX, 3 *alae* der Kavallerie und 6 Kohorten vernichtet: wir kennen Marcus Coelius, den Sohn des Titus, der aus Bologna stammte, einen Zenturio der XVII. Legion, der in dem durch Arminius vorbereiteten Hinterhalt den Tod fand. Er war 53½ Jahre alt; sein Bruder, Publius Coelius, ließ das Monument errichten.[52]

»Als Augustus von der Niederlage des Varus erfahren hatte, zerriß er seine Kleider, wie es von mehreren Autoren überliefert ist, und trauerte sehr über den Verlust seiner Armee. Er fürchtete aber auch das Schlimmste für das Schicksal Germaniens und Galliens, und am meisten litt er unter der Vorstellung, diese Nationen könnten jederzeit einen Angriff auf Italien und Rom wagen... Er ergriff alle erforderlichen Maßnahmen; und als sich keiner der Waffenfähigen zur freiwilligen Meldung bereit fand, ließ er sie auslosen... Als sich trotzdem noch viele weigerten, bestrafte er mehrere mit dem Tod. Durch das Los zog er auch so viele Veteranen und Freigelassene ein, wie er konnte, und sandte sie unverzüglich nach Germanien zur Unterstützung des Tiberius...«[53]

Von nun an gab es zwei Kommandanten in Germanien: in Obergermanien standen die Legionen *XIV Gemina* und *XVI Gallica* in Mainz; die *II Augusta* wurde aus Spanien, die *XIII Gemina* aus Vindelicien herbeigeführt. In der unteren Provinz standen die neue *I Germanica* und die *XX Valeria Victrix* aus Pannonien, die in Köln stationiert war, die *V Alaudae* und *XXI Rapax* in Xanten. Im Jahre 14 beteiligen sich 12 000 Soldaten von 4 Legionen Niedergermaniens an einem Feldzug des Germanicus. Im Jahre 15 werden sie von Aulus Caecina Secundus befehligt, Germanicus hatte das Kommando über die Legionen Obergermaniens. Die *II Augusta* und die *XIV Gemina* wären beinahe auf dem Rückmarsch vernichtet worden.[54] Im Jahre 17 hält Germanicus seinen Triumph ab; die Legion *II Augusta* liegt in Straßburg, die *XIII Gemina* in Vindonissa (Windisch). Am Ende der Regierungszeit des Tiberius (oder am Anfang der Regierungszeit des Caligula) wird die I. Legion nach Bonn geschickt, die XX. nach Neuß. Im Jahre 21 schlagen Vexillationen aus Untergermanien die aufständischen Turones in Gallien nieder; Legionen beider Germanien werden gegen Florus und Sacrovir[55] eingesetzt. Im Jahre 39 zieht Caligula 10 oder 12 Legionen in Germanien zusammen (ungefähr 200 000 Soldaten), aber er gibt den Gedanken an große transrhenanische Feldzüge auf und überläßt Galba und Gabinius die Expeditionen gegen die Chatten und die Chauken. Erst im Jahre 43 gibt es wieder 8 rheinische Legionen. Die *II Augusta* und die *XIV Gemina* sowie die *XX Valeria Victrix* werden nach Großbritannien verlegt. Die

IV Macedonica und *XXII Primigenia* bleiben fortan in Mainz stationiert, die *XI Primigenia* in Xanten.

Im Frühjahr 68 erhebt sich C. Julius Vindex, der Legat von Gallia Lugdunensis, gegen Nero; die Legionen Obergermaniens schlagen ihn in Besançon und proklamieren ihren Legaten L. Verginius Rufus zum Kaiser. Dieser nimmt die gefährliche Wahl nicht an. Als Galba zum Kaiser ausgerufen ist, machen wiederum die Legionen von Mainz nicht mit. Am 2. Januar 69 wird Vitellius schließlich zum Kaiser ausgerufen, zuerst in Bonn, am folgenden Tag auch in Mainz.[56] 40 000 Soldaten marschieren in Richtung Italien, beinahe die ganze *V Alaudae* und wichtige Vexillationen anderer Legionen Niedergermaniens, die ganze *XXI Rapax* und Sonderkommandos aus Mainz unter dem Befehl von Aulus Caecina Alienus, dem Legaten der *IV Macedonica*. Nach dem Sieg Vespasians Ende 69 bleibt die *V Alaudae* Germanien fern, die *XXII Primigenia* kehrt erst 71 dorthin zurück; nur die *XXI Rapax* findet sich unverzüglich wieder in ihrem Lager ein und unternimmt dann einen Feldzug gegen die Bataver.

Um den ausgedehnten Aufstand niederzuschlagen, verfügte Cerialis über Teile der *legio I*, der *IV Macedonica*, der *XVI* und *XXII Primigenia*, der *II Adiutrix*, der *VI Victrix*, der *X Gemina*, der *XIII Gemina* und der *XXI Rapax*; Annius Gallus befehligte die *I Adiutrix*, die *VIII Augusta*, *XI Claudia* und *XIV Gemina*. Im Winter 70 werden die *I*, *IV Macedonica* und *XVI Primigenia* aufgelöst; die *XIII Gemina* kehrt nach Pannonien zurück. 71 nimmt Cerialis die *II Adiutrix* nach Großbritannien mit, wichtige Teile der *XXII Primigenia* bleiben in Germanien. Vespasian behält 8 Legionen am Rhein zurück: die *XI Claudia* in Windisch, die *VIII Augusta* in Straßburg, die *I Adiutrix* und die *XIV Gemina* in Mainz. In Untergermanien: die *XXI Rapax* in Bonn, die *VI Victrix* in Neuß und die *XXII Primigenia* in Xanten, die *X Gemina* in Nimwegen. Die Hauptaufgabe dieser Legionen war es, die während der Ereignisse von 68, 69 und 70 schwerbeschädigten Lager wieder aufzubauen. Im Jahr 73 operiert die Legion *VII Gemina* am rechten Rheinufer. Im Jahre 83 machen die Operationen des Domitian gegen die Chatten die Verlegung der *XXI Rapax* nach

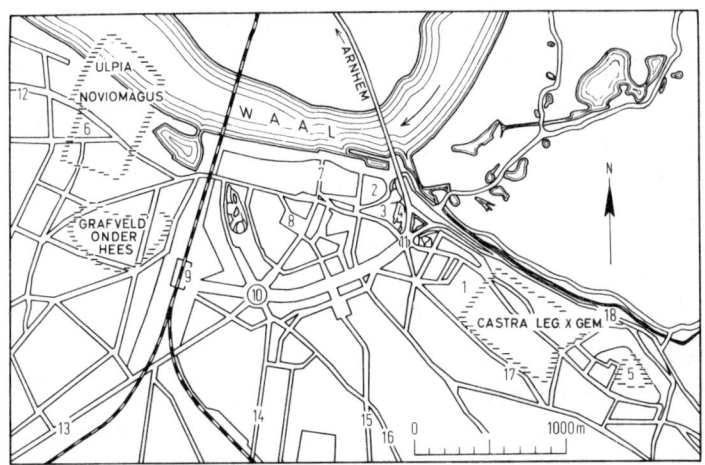

Abb. 8. Nimwegen Ulpia Noviomagus. (Nach B7 172, 1972, S. 313.)

Mainz erforderlich, die *I Flavia Minervia* bezieht in Bonn Quartier. An den Feldzügen von 84 (gegen die Chatten) beteiligen sich die Legionen *I Adiutrix* und *XI Claudia*, dazu noch die VII. Kohorte der Räter und Vexillationen der Legionen *II Adiutrix*, *II Augusta*, *IX Hispana* und *XX Valeria Victrix*. Im Jahre 88 und 89 gelingt es Saturninus, die 2 Legionen von Mainz in die Aufstandsbewegung mit einzubeziehen. Norbanus stellt mit den 4 Legionen Untergermaniens die Ordnung wieder her, jede erhält dafür als Belohnung den Namen *Pia Fidelis Domitiana*, den sie bis 96, dem Jahr der *damnatio memoriae* des Domitian, trugen. Die *XXI Rapax* wurde nach Pannonien entsandt, wo sie 92 vernichtend geschlagen wurde. Mainz hatte von nun an nur noch eine einzige Legion, die *XXII Primigenia* (von 92 an). Zu Nervas Zeit wird das Legionslager von Neuß aufgelöst: die *VI Victrix* wird nach Xanten verlegt als Ersatz für die *XXII Primigenia*. Es bleiben also 6 Legionen am Rhein. Während der Regierungszeit des Trajan (vielleicht 101) wird die *XI Claudia* nach Pannonien versetzt, die *I Minervia* kommt auf ihrem Rückmarsch von Pannonien nach Bonn zurück, die *VI Victrix* nach Xanten. 104 verläßt die *X Ge-*

mina Nimwegen und geht nach Pannonien. Am Rhein stehen somit schließlich nur noch 4 Legionen: die *VIII Augusta* in Straßburg, die *XXII Primigenia* in Mainz, die *I Minervia* in Bonn, die *VI Victrix* in Xanten; diese letztere wird 121/122 durch die *XXX Ulpia Traiana* ersetzt, die ebenfalls aus Pannonien kommt. Dann gibt es keine Veränderungen mehr hinsichtlich der am Rhein stehenden Legionen.

Die römischen Legionslager

Auf den jeweiligen Marschetappen steckten die Soldaten einen geeigneten Lagerplatz ab, hoben einen Graben aus und schütteten die ausgehobene Erde zu einem *vallum* auf; im Innern wurden die Zelte immer nach demselben Schema aufgeteilt. Diese Lager waren natürlich weniger sorgfältig angelegt als die ständigen Operationsbasen oder die *hiberna*, die ›Winterlager‹, in die sich die Armee während der schlechten Jahreszeit zurückzog. Das Zweilegionenlager von Mainz maß 600 mal 900 m, also 54 ha. *Vetera* hatte ungefähr 60 ha. Die nur für eine einzige Legion bestimmten Lager (Nimwegen, Neuß, Straßburg, Windisch) waren nur 25 ha groß. Nach O. Doppelfeld[57] maß ein *contubernium*, die Unterkunft für eine 8 Mann starke Zeltgenossenschaft, knapp 20 qm.

Im Mittelpunkt eines Lagers liegen die *principia*, die Gebäude des Legionsstabes, die Büros der Kommandantur, sie bilden den Mittelpunkt des Achsenkreuzes, der Vermessungsgrundlage des Legionslagers. Der *cardo* einer städtischen Siedlung nennt sich hier *via principalis* und verläuft von Osten nach Westen quer durch das Lager, von der *porta principalis sinistra* bis zur *porta principalis dextra*. Wo in einer antiken Stadtsiedlung der *decumanus* verlaufen würde, befindet sich im Lager die *via praetoria*, die von der *porta praetoria* im Norden zu den *principia* führt, die sie unterbrechen. An die schon erwähnten Büros schließen sich von der einen Seite das Tribunal an, ein für feierliche Ansprachen und Gerichtssitzungen bestimmtes Podium, von der anderen Seite das *auguratorium*; hinter den *principia* liegt das Privatquartier des Komman-

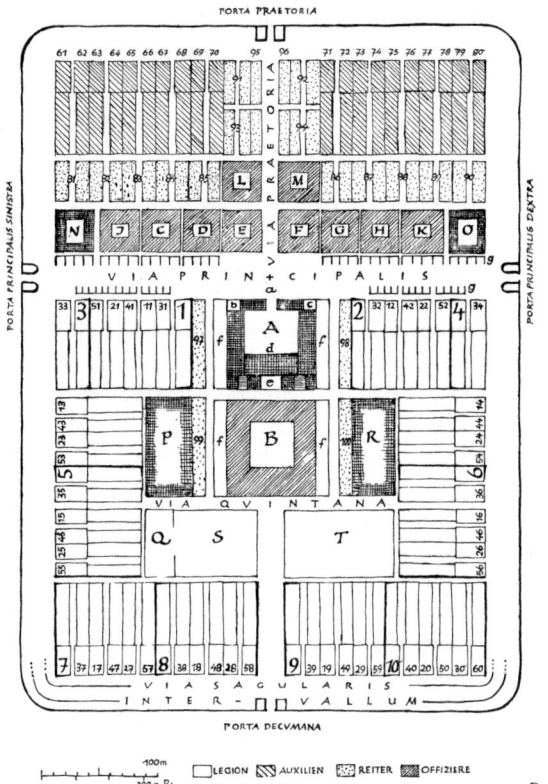

Abb. 9. Theoretische Anlage eines römischen Legionslagers. (Nach O. Doppelfeld.)

Es sind 100 Einheiten untergebracht: 1–60 die 60 Zenturien der Legion in 10 Kohorten (1–10); 61–80 die 20 Zenturien von zwei *cohortes militariae*; 81–96 die 16 *turmae* einer *ala quingenaria*; 97–100 die 4 *turmae* der Legionsreiterei. – A Principia; B Legatenpalast; C–H Tribunenpaläste; J, K Kohortenführer; L Alenführer; M Lagerpräfekt; N Karzer; O Schola; P Lazarett; Q Pferdelazarett; R Waffenkammer; S Fuhrpark; T Forum. – a Groma; b Tribunal; c Auguratorium; d Exerzierhalle; e Fahnenheiligtum; f Leibwache (Veteranen); g Schreibstuben, Läden.

danten, der Versammlungsraum der Offiziere, das *sacellum*, das Fahnenheiligtum mit den Feldzeichen der Legion, und das *aerarium*, ein Tresorraum, der die Truppenkasse barg. Die Fortsetzung der decumanischen Straße bis zur *porta decumana* hatte keinen Namen; die direkt hinter den *principia* von Osten nach Westen verlaufende Straße war die *via quintana*. Der ganze vor der von Osten nach Westen verlaufenden Mittellinie liegende Teil des Lagers nannte sich *praetentura*, der dahinter liegende Teil *retentura*. Die Offiziere, die Legionstribunen, hatten ihre Unterkünfte auf der *via principalis*; an deren Ende lagen das Gefängnis und die *schola*, der Versammlungsraum für die Unteroffiziere. Im Lager gab es außerdem ein *valetudinarium*, ein Lazarett, ein *armamentarium*, Waffenlager und Waffenwerkstatt, eine *fabrica*, ein Lager für die Geschütze und für die Ausrüstungen der Pioniertruppen; die Lage dieser drei Einrichtungen ist bei jedem Lager ganz verschieden. Durch die Ausgrabungen von Neuß wissen wir, daß die 30 Manipel der Legionssoldaten in der *retentura* untergebracht waren; eine Gasse führte zur Unterkunft eines jeden Manipel, welche über 12 Baracken mit je 8 Betten verfügte, dazu noch über eine Waffenkammer. Die Zenturionen, die Adjutanten, Feldwebel (*optiones*), die Unteroffiziere (*tesserarii*) und der Fähnrich (*signifer*) verfügten über mehr Raum als die gewöhnlichen Soldaten. Die Hilfstruppen waren ähnlichen Regeln entsprechend in der *praetentura* untergebracht. In Friedenszeiten verließ die Truppe das Lager nur durch die *porta decumana*, nachdem sie sich auf der *via sagularis*, der ›Ausgehuniformstraße‹, einer strengen Kontrolle unterworfen hatte.

Waffen und Rangabzeichen

Die Legionäre des ersten Manipel der Kohorte waren mit dem *pilum* (Wurfspieß) ausgestattet, die Soldaten der Hilfskohorten trugen die *hasta*, eine Lanze, zuweilen die *hasta amentata*, eine mit einem Schwungriemen versehene Lanze, die 80 m weit geschleudert werden konnte; die Hilftruppen stellten die Abteilungen der *sagit-*

tarii (Bogenschützen) und *funditores* (Schleuderer), die die *glandes*, Geschosse in zylindrisch-konischer Form aus Ton oder Blei, auf die Feinde schleuderten. Bis ins 2. Jahrhundert hinein war das Schwert des Legionärs der *gladius*, ein zum Stoß hergerichtetes kurzes Schwert mit einer 50 bis 55 cm langen Schwertklinge. Dann kam immer mehr die *spatha* der Hilfskohorten in Gebrauch: ein breites, zweischneidiges Schwert, 75 bis 80 cm lang, für den Nahkampf. Diese Schwerter hingen an einem Degengehenk *(cingulum)* oder wurden quer über Schulter und Brust getragen *(balteus)*, so besonders von den Reitern; die Dolche *(pugiones)* hatten keine einheitliche Form.

Die Infanteristen der Legion trugen am linken Arm das *scutum*, einen großen, rechteckigen Schild von 1,25 mal 0,75 m, der im wesentlichen mit mehreren übereinandergelegten Lederschichten bedeckt war, in der Mitte des Schildes befand sich der *umbo* (ein – oft verzierter – Eisenknauf). Die Reiter waren mit der *parma* ausgerüstet, einem kleinen runden oder ovalen Schild. Die Legionäre trugen runde Lederhelme mit Nackenbedeckung *(galea)*. Der Helm der unteren Dienstgrade war mit einem Federbusch aus verschiedenfarbigen Gänsefedern verziert *(crista)*. Der einfache Panzer *(lorica)* bestand aus dichten und harten Lederriemen; manchmal war er mit Eisenringen *(lorica hamata)*, mit Haken *(lorica squamata)* oder mit Metallschildchen *(lorica plumata)* versehen. Die *catafractarii* (Kürassiere) trugen eiserne Panzerhemden *(loricae segmentatae)*. Der *thorax*, ein Brustharnisch aus kostbarem Metall, oft sehr kunstvoll verziert, ist nur ein Paradekleidungsstück wie auch die prächtigen Helme mit maskenförmigen Visieren und die Beinschienen *(ocreae)*, die in normalen Zeiten den Zenturionen vorbehalten waren.

Die Artillerie *(tormenta)* hatte den Onager, die Katapulte und die *ballista* in Gebrauch. Der Onager schoß in elliptischer Flugbahn Geschosse ab; er verdankt, wie es scheint, seinen Namen seiner außerordentlich gefährlichen Rückstoßwirkung. Die Wurfgeschosse der Katapulte hatten eine gerade Flugbahn. Es gab auch eine Art Schnellfeuergeschütz, das *polytonon*, welches zugleich mehrere Wurfgeschosse auswerfen und im voraus aufgeladen werden konnte. Die *ballista* warf (in gerader oder steiler Flugbahn) Steine und

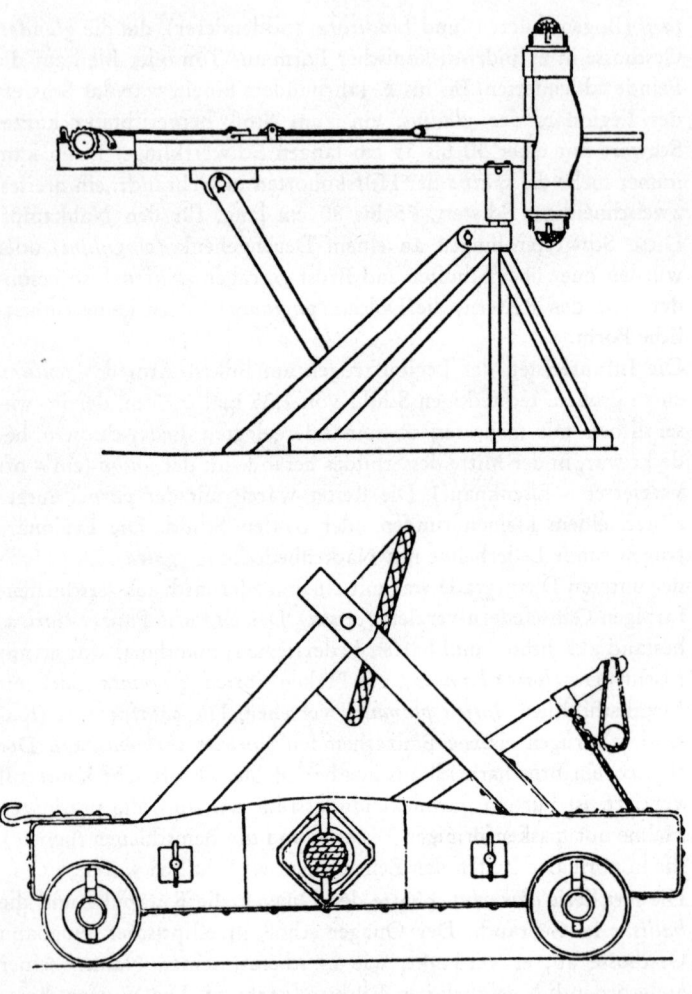

Abb. 10. Römische Katapulte (Flachbahngeschütz) und Onager (Steinschleuder). (Nach Kromayer-Veith.)

Abb. 11. Soldat einer römischen Auxiliareinheit. (Nach Linden-schmitt.)

runde Geschosse aus. Die Artilleristen waren Teil einer Kohorte der *fabri*, die zusammen mit den Pioniertruppen die Verantwortung für das Arsenal der Kriegsmaschinen trugen.

Es gab zwei Arten von *signa* (Zeichen):[58] Die akustischen dienten zur Befehlsübermittlung, die optischen waren im Kampfverlauf vor allem von taktischer Nützlichkeit. Im Gegensatz zu der allgemein vorherrschenden Ansicht befanden sich diese *signa* in der ersten Linie. Hier gab es zunächst den Legionsadler *(aquila)*, der vom Adlerträger *(aquilifer)* getragen wurde, einem der geachtetsten Unteroffiziere und Anwärter zum Grad des Zenturio; jeder Manipel hatte sein Zeichen, welches vom *signifer* getragen wurde, einem mit einem Bärenfell bekleideten Unteroffizier, der vor seiner weiteren Beförderung stand. Bei den Auxiliareinheiten haben die Kohorten der Infanteristen ebenso ihre *signa* wie die Legion; bei den Reitern waren vor allem die *vexilla* in Gebrauch, kleine Standarten, die von den *vexillarii* gehalten wurden. Alle römischen Einheiten tragen die Statue oder die Büste *(imago)* des Kaisers auf einer Fahnenstange mit sich. Bei den Auxiliareinheiten spielt diese Statue beinahe dieselbe Rolle wie der Adler bei den Legionen. Die Kaisergarde trägt das Bildnis des Kaisers auf den *signa* aller Kategorien.[59]

Die akustischen Zeichen wurden von Messinginstrumenten gegeben; die *tuba* und der *lituus* hatten 6 Intervalle und gaben einen durchdringenden, also deutlich hörbaren Ton; *cornu* und *bucina* umfaßten ein Volumen von drei Oktaven; *tuba* und *cornu* gehörten zur Legion, die davon mindestens 30 besaß; jeder Manipel hatte also wenigstens ein Paar. Das *cornu* gab seine Zeichen für die einzelnen Manipel, die *tuba* galt der gesamten Legion. Das uns gegenwärtig zur Verfügung stehende Material sagt wenig über die beiden anderen Instrumente aus. Doppelfeld[60] nimmt an, daß der *lituus* vor allem bei den Reitern im Gebrauch war, während die *bucina* mehr im Innern der Kaserne verwendet wurde.

Chargen, Sold, Rangunterschiede

Ganz unten in der militärischen Hierarchie standen die *gregales*, die einfachen Soldaten. Sie sind *munifices*, d. h. fronpflichtig; wenn der einfache Soldat Korporal geworden war, wurde er *immunis*, er wurde frei vom gewöhnlichen Arbeitsdienst. Um Zugang zur Unteroffizierskarriere zu erhalten, mußte er weiterhin in der Kampftruppe dienen, der Verwaltungsdienst verlieh kein Recht auf Beförderung. Wenn er Unteroffizier *(tesserarius)*, Feldwebel *(optio)* oder Fähnrich geworden war, hatte er Zugang zum Rang des *beneficiarius*, eines an die Person eines Offiziers gebundenen Unteroffiziers. Der Grad des *beneficiarius consularis* ist eine der ›Endstufen‹ der römischen Unteroffizierslaufbahn. Wer *optio spei* geworden war, Hauptfeldwebel oder Oberfeldwebel, konnte Adlerträger oder *cornicularius* werden, das heißt, er wurde Offiziersanwärter in der Kaisergarde. Wenn man es bis zu diesem Rang geschafft hatte, konnte man zur Legion zurückkommen als Zenturio. Unter diesen gibt es einen Unterschied hinsichtlich des Kommandos: der ›einfache‹ Zenturio kommandierte eine der hinteren Zenturien, die *posteriores*, der Zenturio der *priores*, der Zenturien der ersten Linie, befehligte den Manipel. Die 10 Zenturionen der 10 ersten Zenturien befehligten die Kohorten; der Zenturio, der die I. Kohorte kommandierte, war der *primipilus*, der als ›bester Soldat der Truppe‹ galt; er ist sicherlich der Offizier mit der größten Erfahrung in der taktischen Nutzung der Kohorten, und in der Lagebesprechung galt seine Meinung mehr als die mancher ranghöheren Offiziere, für die der Dienst in der Armee nur eine Stufe in ihrer bürgerlichen Karriere war. In der Tat[61] haben gewisse Ritter lieber auf den Rang verzichtet, der ihnen nach ihrem *census* zustand: sie taten ihren Dienst als Zenturionen und versuchten, selbst *primipilus* zu werden, übten daraufhin noch drei andere militärische Funktionen aus, um *a quattuor militiis* zu werden, was ihnen Zugang verschaffte zum Posten des Lagerkommandanten *(praefectus castrorum)*, oder sie wurden in der bürgerlichen Verwaltung Prokuratoren oder sogar *praesides* einer Provinz. Sie wurden *egregii viri* genannt; die Ritter konnten *perfectissimi* werden, nur der Präfekt des Prätoriums war *eminentissimus vir.* Eine solche Persönlichkeit mit Namen Titus Flavius hat ein Votivmonument errichten lassen, welches in Köln gefunden wurde.[62] Alle Senatoren waren *viri clarissimi;* ihre Laufbahn war weniger streng festgelegt als die der Ritter; einer der 6 Legionstribunen war *laticlavius;* er konnte den Posten des Lagerkommandanten *praefectus castrorum* beanspruchen, wenn dieser nicht schon von einem Ritter besetzt war. Den *clarissimi* stand der Posten eines Provinzlegaten zu; in den Rheinlanden, wo dieses Amt das Kommando von mehr als einer Legion umfaßte, mußte der Legat ein *consularis* sein.[63]

Es ist offensichtlich schwierig, wenn man die organische Vielfalt der römischen Armee sieht, hinsichtlich des Soldes absolute Zahlen zu nennen, die während der vier Jahrhunderte, die dieses Buch behandelt, galten. Ich werde mich also darauf beschränken, einer zusammenfassenden Übersicht, die von O. Doppelfeld[64] erarbeitet wurde, die Zahlen zu entnehmen, die das ungefähre Soldverhältnis anzeigen. Wenn der Sold des gemeinen Soldaten (Peregrine oder Bürger) zu dem eines *decurio* einer *ala* der Kavallerie, eines Zenturio einer Auxiliarkohorte oder eines Adlerträgers einer Legion in einem Verhältnis 1 : 3 steht, so ist das Soldverhältnis zum Zenturio der Legion 1 : 30, zum *primipilus* 1 : 60! Mehr konnte ein Unteroffizier nach einer langen, mit Ehrgeiz geführten Karriere nicht erreichen. Ein *primipilus* ritterlicher Herkunft erreicht schon das Soldverhältnis 1 : 80, der Präfekt des Lagers 1 : 100 (gleich wie ein Ädil oder Volkstribun), der Provinzlegat kam dann auf ein Soldverhältnis 1 : 300 in einer Provinz mit einer einzigen Legion, 1 : 500 im Rheinland, wo er einem Konsul gleichgestellt war. Beim Präfekten des Prätoriums und den Prokonsuln im konsularischen Rang beträgt das Soldverhältnis 1 : 1000.

Die Ehrenabzeichen waren entsprechend dem Rang ihrer Träger ganz verschieden. Die Leute der unteren Laufbahn erhielten *torques* oder *armillae,* Halsbänder und Armbänder in Bronze, offen, mit verdickten Enden gemäß der alten keltischen Mode, *phalerae,* verschiedenartig geschmückte Metallplättchen,[65] die entweder auf dem Panzer befestigt oder als Stirn- und Brustschmuck des Pferdes verwendet wurden. Die Offiziere konnten außerdem verschiedene Arten von Kränzen bekommen: die *corona obsidionalis* oder *graminea*, aus Gräsern geflochten, die höheren Offizieren zugestanden wurde, denen es gelungen war, sich aus einer Belagerung zu befreien; die *corona muralis* (in Gold) stellte die Zinnen einer Mauer dar; sie wurde demjenigen zuerkannt, der als erster die Mauer einer belagerten Stadt erreicht hatte. Die *corona castrensis* oder *vallaris* bildete die Absteckpfähle feindlicher Mauern ab, die der Träger der Auszeichnung als erster überstiegen hatte; die *corona civica* wurde dem verliehen, der das Leben eines in Todesgefahr schwebenden römischen Bürgers gerettet hatte. Außerdem gab es Ehrenlanzen, unter anderem die sehr begehrte *hasta pura* (eine kleine Lanze in kostbarem Metall ohne Spitze) und schließlich das *vexillum*, eine kleine Standarte, die man für ein den Kampfausgang entscheidendes Manöver erhielt. Ehrenabzeichen konnten kumuliert werden. H. Reinhardt[66] nennt einen gewissen L. Siccius Dentatus, der sich im Lauf von 120 Schlachten 22 *hastae*, 83 *torques*, 26 Kränze, davon 11 *civicae*, 10 *murales* und eine *obsidionalis*[67] ergattert hatte!

Die kaiserliche Verwaltung[68]

An der Spitze der Verwaltung der beiden Germanien stand der Kaiser. Die beiden Provinzen waren in der Tat ›kaiserliche‹ Provinzen, die der *princeps* auf Grund seines *imperium proconsulare* verwaltete. Aus verständlichen Gründen übertrug er natürlich seine Amtsgewalt an Gouverneure, die in ihren Aufgaben von einem Verwaltungsapparat unterstützt wurden, den wir an dieser Stelle kurz darstellen wollen.

Wegen der Bedeutung, die dem Rheinland im Rahmen der römischen Politik in Nordosteuropa zukam, und wegen der Zahl der Legionen, die dort eingesetzt waren, wurden die *legati Augusti pro praetore* zunächst unter den ehemaligen Konsuln gewählt, Mitgliedern der höchsten senatorischen Ränge; als die augusteische Idee einer römischen Niederlassung auf dem rechten Rheinufer immer mehr aufgegeben wurde, verlor das Rheinland von dem Interesse, welches es zuerst für diese hohen Würdenträger gehabt hatte. Man legte wenigstens keinen so hohen Wert mehr darauf, daß die Legionskommandanten eine große Erfahrung im Truppenkommando hatten, und Männer wie Antistius Vetus, Curtilius Mancia, Dabius Avitus und Fonteius Capito gelangten beinahe unmittelbar vom Konsulat zum Kommando der Truppen im Rheinland. Diese Praxis wurde auch im Lauf des 2. und 3. Jahrhunderts beibehalten.

Der Legat erhielt seine Instruktionen vom Kaiser selbst, in der Praxis im allgemeinen durch das Büro der *magistri scriniorum*, der Chefs der ›Ministerialdepartements‹, oder durch die Präfektur des Prätoriums. Neben dem höchsten Militärkommando besaß der Legat das Recht der hohen und niederen Gerichtsbarkeit über die Bürger, die in ›seiner‹ Provinz wohnten.[69] Während die niedere Gerichtsbarkeit *de facto* in den Händen städtischer Amtsträger lag, urteilte der Legat als Berufungsinstanz. In Kriminalfällen waren der Kaiser und der Prätorianerpräfekt die letzte Berufungsinstanz. Der Legat übte Polizeirechte aus, kontrollierte die städtische Verwaltung und überwachte die öffentlichen Arbeiten; die kaiserliche Post, die Domänen- und Akzisenverwaltung gehörten nicht zu seinem Ressort.[70] Die *concilia*, die Versammlungen der *civitates*, waren in erster Linie für die Organisation des Kaiserkultes zuständig, sie konnten aber auch den kaiserlichen Legaten gegenüber Beschwerden (oder Lob) vorbringen. Ein großer Teil der *civitates* Obergermaniens stimmte auf den Konzilien von Lyon ab, die Konzilien von Niedergermanien tagten möglicherweise in Köln. Die Beschlußgewalt dieser ›parallelen‹ Organe scheint relativ beschränkt gewesen zu sein. In der Ausübung ihrer richterlichen Befugnisse wurden die Legaten von den *comites* unterstützt, an deren Spitze der *adsessor* oder *consiliarius* stand, wobei diese beiden Bezeichnungen viel über die hervorragende Bedeutung dieser Persönlichkeit aussagen. Jeder kaiserliche Legat konnte 5 *fasces*[71] tragende Liktoren beanspruchen.

Neben dem Legaten stand der *procurator Augusti provinciae*, der ihm aber nicht unterstellt war und auch nicht am Sitz des kaiserlichen Legaten residierte. Bis zum Jahre 15 v. Chr. war das Rheinland Teil der Finanzverwaltung, die ihren Sitz in Lyon hatte.

Aquitanien wurde damals davon abgetrennt; am Anfang der Regierungszeit Neros wurde *Gallia Lugdunensis* mit der *Provincia Aquitania* zusammengefaßt, und Belgien (mit den beiden Germanien) lag mit im Tätigkeitsbereich des Prokurators mit Sitz in Trier. Die Provinzprokuratoren gehörten zur Klasse der Ritter[72] im zweiten Rang, den sogenannten *ducenarii*; sie verdienten 200 000 Sesterzen im Jahr. Die Prokuratel von Belgien und Germanien war allerdings dem Posten eines Legaten gleichgestellt, sie ermöglichte oft den unmittelbaren Zugang zur Klasse der *trecenarii* (mit einem Sold von 300 000 Sesterzen im Jahr), dem höchsten Rang der prokuratorischen Ritterlaufbahn.

Der Prokurator in Trier war von dem *a rationibus* (später *rationalis*), dem Chef des Staatsschatzes *(fiscus)*, abhängig. Er mußte die Erhebung der direkten Steuern *(tributa)* durch die Stadtverwaltung überwachen, Rückstände eintreiben und den Staatsschatz in dem Gebiet verwalten, das ihm unterstellt war. Vielleicht war er auch mit der Erhebung der indirekten Steuern beauftragt. Anfangs waren diese sicherlich verpachtet, später wurden sie direkt vom Staat verwaltet. Insbesonders handelte es sich hier um die Erhebung der allgemeinen Steuer von 1 % auf allen Verkäufen *(centesima rerum venalium)*, 4 % auf allen Verkäufen von Sklaven *(vicesima quinta venalium mancipiorum)*, von 5 %, die alle römischen Bürger entrichten mußten, die die Freilassung eines oder mehrerer Sklaven erwirkten *(vicesima libertatis)*. Drei *subprocuratores* (einer für Belgien, einer für jedes der beiden Germanien) unterstützten den *procurator* in seiner Aufgabe. Gewisse Steuererhebungen wurden übrigens direkt von Rom getätigt. Die 5prozentige Erbschaftssteuer wurde von einem *procurator XX hereditatium per Gallias Lugdunensem et Belgicam et utramque Germaniam* erhoben; die *quadragesima Galliarum*, eine 2,5prozentige Steuer, wurde vom 2. Jahrhundert an durch einen speziellen *procurator*, der seinen Sitz möglicherweise in Lyon hatte, an den Grenzen eines Gebietes erhoben, welches ganz Gallien, Rätien und die beiden Germanien umfaßte. Bis zur Regierungszeit des Commodus an *conductores*, Generalpächter,[73] verpachtet, war sie in der Folgezeit den *procuratores centenarii*[74] anvertraut, von denen die Nachfolger der *tabularii*, die ehemals mit der Steuererhebung beauftragt waren, abhingen.[75] Der *prae-fectus ripae Rheni* (oder: *ad ripam Rheni*) dagegen scheint nur militärische Befugnisse gehabt zu haben. Eine in Mainz[76] gefundene Inschrift erwähnt eine Claudia (welcher der Kaiser Claudius das Bürgerrecht verliehen zu haben scheint), Tochter eines hochangesehenen trevirischen Bürgers, der Quästor in Trier und Präfekt einer *ala* (der Treverer?) gewesen und mit der Überwachung des Rheins beauftragt war, bevor er Priester des Augustus und der Roma in Köln, Koblenz oder Trier wurde.

Die Prokuratoren der Finanzverwaltung in Trier und Köln, die *procuratores patrimonii* (die Verwalter der kaiserlichen Domänen) hingen ebenfalls direkt von Rom ab. Ein *procurator ferrarium* (der Gruben und Steinbrüche) hatte seinen Sitz in Lyon und verwaltete die dem Kaiser gehörenden Unternehmen. Die kaiserliche Post wurde von einem *praefectus vehiculorum* geleitet, der seinen Sitz in Rom hatte und in der Provinz von einzelnen Bezirksverwaltungen repräsentiert wurde, deren Zuständigkeitsbereich eine ganz unterschiedliche Ausdehnung aufwies. Die kaiserlichen Boten nannten sich *tabellarii* oder *cursores*. Die Versorgung des Heeres *(annona militaris)* wurde ebenfalls von Rom aus geleitet und bediente sich häufig des Fuhrparks der kaiserlichen Post. Schließlich kontrollierte und leitete ein *procurator a muneribus* von der Hauptstadt aus die Anwerbung und die Ausbildung der Gladiatoren. Ein *tabularius ludi Gallici et Hispanici*, der für Barcelona bezeugt ist,[77] scheint in dieser Funktion für ganz Westeuropa zuständig gewesen zu sein.

Während die Volkszählung *(census)* in den Städten alle fünf Jahre stattfand, wurde sie in den Provinzen nur ab und zu durchgeführt. Es ging – wie wir bereits erwähnt haben – darum, mittels Standesregistern und Katastern die Zahl und Eigenart der Einwohner, die Beschaffenheit und den Umfang ihrer beweglichen und unbeweglichen Güter festzustellen. Die Einbeziehung eines Gebietes in den römischen Provinzialbereich brachte alle zur Volkszählung erforderlichen Maßnahmen mit sich. Die erste, von der die drei Gallien betroffen waren (zu denen auch Germanien diesseits des Rheins gehörte), wurde 27 v. Chr. unter der Kontrolle des Augustus durchgeführt, der sich zu diesem Zweck in Narbonne aufhielt. Eine zweite Volkszählung wurde von Drusus im Jahre 12 v. Chr. vorgenommen, von Germanicus eine dritte im Jahre 14.[78] Die vierte fand auf Anordnung Neros im Jahr 61 durch Q. Volusius Saturninus, M. Trebellius Maximus und T. Sextius Africanus statt. Im Jahre 83 nahm Domitian eine Volkszählung zum Vorwand seiner Anwesenheit in Germanien; eine sechste Volkszählung wurde im Jahre 110 von Trajan angeordnet;[79] es gab noch andere in der Zeit von Antoninus Pius, Mark Aurel und vielleicht Septimius Severus, sicherlich auch kurz vor der Regierungszeit Diokletians. Im 1. Jahrhundert wurden die Zensuserhebungen von Offizieren oder Unteroffizieren der Rheinarmee überwacht, von Hadrian an von *procuratores ad census accipiendos*, den für die Volkszählung zuständigen Prokuratoren.

Die Schuldenlast italischer und auch anderer Städte wurde immer größer. Dies war eine Folgeerscheinung höchst gewagter Spekulationen, z. T. auch das Resultat von Unkenntnis, ja sogar Amtsmißbrauch. Die Kaiser (von Nerva an) sahen sich oft gezwungen, die mit allen Vollmachten ausgestatteten zuständigen Beamten in die Provinzen zu beordern, um im Interesse des Fiskus eine vorteilige Entwicklung der städtischen Finanzen zu erwirken. Diese *curatores rei publicae* oder *civitatis* wurden schließlich eine beinahe ständige Einrichtung, in Germanien zweifellos in geringerer Zahl, denn sie sind hier weniger oft belegt als in anderen Provinzen, wo sie in epigraphischen Dokumenten häufig erwähnt werden.

Die kaiserlichen Legaten verfügten über eine gewisse Zahl von ›Büros‹ *(officia)*, denen die Bearbeitung der laufenden Angelegenheiten anvertraut waren. Das erste dieser Büros bestand aus *equites singulares*, einer Leibgarde, die dem Legaten beigegeben war.[80] In Germanien umfaßte diese Leibgarde, die über die persönliche Sicherheit des Legaten wachte, 480 Leute. Die *pedites singulares*, die Infanteristen, denen die weniger bedeutenden Aufgaben im Rahmen der Legation anvertraut waren,[81] hatten ungefähr dieselbe Anzahl von Leuten. Das ›dritte Büro‹ verfügte über 200 mit reinen Verwaltungsaufgaben betraute Personen. An der Spitze dieses dritten Büros stand der *princeps praetorii*, ein Zenturio, dem ein als

adiutor principis betitelter Unteroffizier beigegeben war, ein Amts-
gehilfe des Leiters des Prätoriums, drei Ressortchefs, die *cornicu-
larii*,[82] drei Leiter der Justizverwaltung *(commentarienses)*, die
speculatores, die mit Ermittlungsaufgaben beauftragt waren, und
die *beneficiarii*, deren Aufgabe es war, die strategisch wichtigen
Straßen zu überwachen.[83] Zu den Legationsbüros gehörten schließlich auch die Dolmetscher, die Stenographen, die Helfer für den
religiösen Aufgabenbereich *(haruspices* und *victimarii)*, die Schreiber *(librarii, exacti, exceptores)* und verschiedene Geheimagenten,
welche dem *princeps peregrinorum*, dem Chef der ›Fremdenpolizei‹,
unterstanden.

Die zivile Verwaltung

Im Rahmen der verhältnismäßig ausgedehnten Autonomie der
civitates wirkte der kaiserliche Legat (in administrativer Weise)
neben den ›Bürgermeistern‹ *(duoviri)* der Städte, die er besonders
mit der Erhebung der Kommunalsteuern unter der Überwachung
eines Kurators seiner Wahl beauftragte. Diese Steuern wurden alle
fünf Jahre erhoben: die diensttuenden *duoviri* trugen den Titel
quinquennales. Ihnen standen die städtischen Ädilen zur Seite (die
insbesondere mit Polizeiaufgaben beauftragt waren) und die Quä-
storen für die Finanzverwaltung. Die Mitglieder des ›Stadtrats‹
nannten sich *decuriones*.
Neben dieser tatsächlichen Munizipalverwaltung gab es das *collegium* der *seviri Augustales*,[84] im Blickpunkt der Öffentlichkeit stehende Personen, die sich vor allem durch die Finanzierung bestimmter Kulte hervorgetan hatten (darunter die Finanzierung des
Kultes des Kaiserhauses der *domus divina*), der Wiederherstellung
von kultischen Gebäuden, von Theatern und anderen öffentlichen
Gebäuden. Diese ›parallele Regierung‹ war aus der immer weiter
fortschreitenden Ausdehnung ziviler Ansiedlungen in unmittelbarer
Nähe von militärischen Lagern hervorgegangen; diese bilden eine
Ergänzung zu den eigentlichen von Rom gegründeten Kolonien.
Eine zivile Verwaltung neben der munizipalen wirft natürlich ge-

wisse juristische Kompetenzstreitigkeiten zwischen den Militär- und den Gemeindebehörden auf. Obwohl letztere immer nur von Rom zugestandene Rechte besaßen, wurde eine die juristischen Probleme des Rheinlands regelnde Gesetzgebung erforderlich. Bis dahin unterstand das gesamte eroberte Terrain dem *dominium populi Romani vel Caesaris*, dem domanialen Recht Roms und des Kaisers, nach welchem allein Rom alle Eigentumsrechte besaß. Privatleute, Einheimische oder Fremde waren zwar *de facto* die Besitzer oder Nutznießer, was aber hinsichtlich der Besitzverhältnisse *de iure* nichts zu bedeuten hatte.[85] Mit der Einrichtung der *Colonia Claudia Ara Agrippinensium* im Jahre 50 änderte sich dieser Zustand. Bis dahin gehörte das Land um Köln zu Rom oder durch Besitzübertragung den Ubiern, die Rom dort angesiedelt hatte. Damit eine juristisch eindeutige Situation der neuen Kolonie herbeigeführt wurde, mußte das früher geltende Recht aufgehoben und die Kolonisten, die Ubier und die Fremden dazu gebracht werden, sich für das besondere Statut der neuen Gründung zu interessieren. Es ist möglich, daß die *Colonia* von ihrer Gründung an in den Vorteil des italischen Rechts gelangte, welches vor allem die Befreiung von der Grundsteuer mit sich brachte; in den Inschriften verschwand die völkische Bezeichnung *Ubius/Ubia* gegen Ende des 1. Jahrhunderts,[86] was darauf schließen läßt, daß zu diesem Zeitpunkt die große Mehrheit der Ubier das Bürgerrecht schon erworben hatte. Auf Grund des Bodenrechts *ex iure Quiritium* wurden die Bürger der *CCAA* tatsächlich Besitzer des Bodens, der ihnen zugeteilt worden war und rechtlich nicht mehr zu dem den römischen Legionen unterstehenden Territorialbereich gehörte.

An der Stelle eines großen *vicus*, der seit den achtziger Jahren das periodische Marktrecht besaß *(ius nundinarum)*[87], richtete Trajan die *Colonia Ulpia Traiana* beim heutigen Xanten ein. Diese Gründung fand nach 98 (und zweifellos vor 103) statt und fällt mit dem ethnischen Verschwinden der Cugerner zusammen, die in diesem *vicus* angesiedelt waren. Hier wie in Köln war eine sehr klare Trennungslinie gegenüber dem Bereich der Armee vollzogen worden, besonders bei dem Lager *Vetera* (Birten); und hier wie in Köln scheint es sehr wahrscheinlich, daß der ›zivile‹ Bereich nur an sehr wenigen Stellen den Rhein berührte und sich tief ins Hinterland des *ager Cugernorum* erstreckte.

Im Laufe des 2. Jahrhunderts erreichte der Urbanisierungsprozeß immer mehr den Norden, wo – ohne daß es eine offizielle Einrichtung von Kolonien gegeben hätte – große Orte wie *Noviomagus* (Nimwegen) *de facto* Munizipien wurden. Zur Zeit Hadrians besaß Nimwegen ein Forum, die Stadt wurde spätestens 162 *municipium*.

Hinsichtlich des militärischen Gebietes bleibt zu erwähnen, daß es im großen ganzen zwei Bedürfnissen der Armee entgegenkam: strategisch wichtige Gebiete konnten unter Kontrolle gebracht werden, und die Lebensmittelversorgung der Legionen und ihrer Auxiliareinheiten war gewährleistet.[88] Der sogenannte ›Truppenbedarf‹ zog nach und nach immer mehr Fremde an und ließ die *canabae* entstehen, eine Art von ›Vorstädten‹, die in mehr als einem Fall zur Grundlage der oben besprochenen städtischen Siedlungen geworden sind. Auf militärischem Gebiet[89] traf man vier Arten von Leuten: Soldaten, römische Bürger (Kaufleute, Händler, Industrielle, Veteranen), die Familien der Soldaten (Bürger oder Fremde), schließlich die Fremden, die, als die juristische Abgrenzung vollzogen wurde, dem *praefectus castrorum* unterstellt blieben. Alle hatten das Recht, *collegia* zu gründen, Vereinigungen zur Verteidigung gemeinsamer Interessen, aber sie hatten niemals das Recht, eine Stadtverwaltung zu schaffen, so daß sie immer ganz dem Befehlsbereich der Truppen, die den Kaiser vertraten, unterstanden. Diese Tatsachen sind nicht ohne Einfluß auf die Formen der Wirtschafts- und Sozialorganisation in den Rheinlanden gewesen, wie sich in einem späteren Kapitel zeigen wird. Es ist sicher, daß die Einwohner der *canabae*, die vor den Legionslagern entstanden waren, keine eigenständige Stadtverwaltung besaßen; sie hatten – wie die Einwohner eines im militärischen Bereich befindlichen *vicus* – überhaupt keinen besonderen Rechtsstatus. Da sie keinerlei Privateigentum hatten, waren diese *vicani*, die Nutznießer der zu Rom gehörigen Gebiete, befreit von direkten Steuern, aber sie versahen die Legion mit Naturalien und führten für sie gewisse Frondienste[90] aus.

Der ›Limes‹

Das Wort *limes* zeichnete ursprünglich einen als ›Grenze‹ zwischen
zwei Feldern gedachten Weg, in der Praxis also einen Pfad, der sie
voneinander trennte.[91] Der *agrimensor* oder *gromaticus*, der Ver-
messungstechniker, benutzte, um die Grundlinien der sich rechtwinklig schneidenden *decumanus* und *cardo* zu erhalten, die *groma*,
ein Kreuzvisierinstrument, das mittels einer senkrechten Stange, die
an ihrem unteren Ende mit einer Metallspitze versehen war, im
Boden verankert werden konnte. An diesem vertikalen Anzeiger
war auf einer mobilen Achse ein horizontaler Anzeiger angebracht,
der auf seinem vorspringenden Ende ein Metallkreuz trug, das die
Grundorientierungen vorwegnahm, die auf das Gelände übertragen
werden konnten. An den Enden der vier Äste dieses Kreuzes hingen beinahe bis zum Boden Lote herab, die die direkte Übertragung
der Hauptpunkte auf das Terrain erlaubten.

Nach und nach wurde jeder Weg *limes* genannt, der mit Hilfe dieses Instruments angelegt worden war, und vor allem (da ja zumindest in der Provinz die Grenzlinien durch Spezialisten der
Truppe festgelegt wurden) jeder Weg von strategischer Wichtigkeit,
der zur Front führte oder ihrem Verlauf in direkter oder zweiter
Linie folgte. Velleius Paterculus spricht von der Aktion des Tiberius im transrhenanischen Germanien[92] und schreibt:

> »Er festigt unsere Macht über Gallien, bestimmt die Einsatzbe-
> reiche der Truppen und setzt die befestigten Lager wieder in-
> stand. Dann prüft er die Kampfkraft seiner Truppen und richtet
> sich dabei nicht nach der Vertrauenswürdigkeit der Feinde, die
> Italien mit einem neuen Krieg von Cimbern und Teutonen be-
> drohten; er kommt wider Erwarten schnell über den Rhein mit
> seinen Truppen ... er dringt noch weiter ins Inland vor, eröffnet
> Wege *(aperit limites)*, verheert die Felder, verbrennt die Häuser,
> zerstreut die, die sich widersetzen, und kommt zu seinen Winter-
> quartieren zurück ...«

Straße und *limes* sind also Synonyme. Bei Tacitus[93] bezeichnet *limes*
die durch eine Straße und ihre Verteidigungsanlagen festgelegte

Grenze, während *ripa* die durch einen Wasserlauf bestimmte Grenzlinie bedeutet. Im Lauf der folgenden Jahrhunderte verwischt sich der Unterschied zwischen den beiden, und *limes* bezeichnet jede beliebige Grenze, aber auch im weitesten Sinn die durch den *limes* begrenzten und diesseits von ihm gelegenen Gebiete.

Die Alte Geschichte und die Archäologie Germaniens verwenden das Wort *limes* zur Bezeichnung einer Reihe von strategischen und taktischen Einrichtungen, die als Schutz gegen barbarische Einfälle von Rom angelegt worden waren. Sie umfassen drei Gruppen von Befestigungen, von denen wir im folgenden zu sprechen haben werden: die Verteidigungsanlagen des augusteischen Zeitalters, den niedergermanischen Limes und den Limes Obergermaniens und Rätiens, der eigentlich außerhalb unseres Untersuchungsbereichs liegt.[94]

Für seine Feldzüge in Germanien jenseits des Rheins richtete Drusus am linken Flußufer 4 Ausgangsbasen ein: *Vetera* gegenüber der Lippe, *Asciburgium* gegenüber der Ruhr, *Novaesium* an der Erftmündung (Abb. 2 und 3) und *Bonna* gegenüber der Siegmündung.

In *Novaesium* (Neuß)[95] hat man bis zum Jahr 1960 8 römische Lager lokalisiert, von denen 6 aus der Zeit des Augustus und des Tiberius stammen; die beiden ältesten (Lager A und B) konnten nur dank der Entdeckung von Wallanlagen identifiziert werden; das Lager A scheint nur 250 mal 250 m groß gewesen zu sein und konnte infolgedessen nur eine kleine Einheit aufnehmen. Das Lager C stammt aus einer früheren Zeit, wahrscheinlich hatte es einen fünfeckigen Grundriß mit offenen Winkeln von 160°; sein Umfang betrug 700 mal 680 m. Der äußere Graben war 8 m breit und nahezu 3 m tief. Im Querschnitt war er trapezförmig, was für Germanien ungewöhnlich ist, aber durch die Ausgrabungen Napoleons III. für Alise-Sainte-Reine[96] belegt wurde. Dieses Lager C konnte gut 2 Legionen Unterkunft bieten, während die Lager E und D wohl nur für die Aufnahme einer einzigen Legion geeignet waren. Das Lager E war von einem Erdwall umgeben und besaß auf eine Länge von 520 m Stützbalken, vor welchen ein Graben mit dreieckigem Querschnitt lag. Der in Frage stehende Wall wies zwei solide Palisadenzäune auf, die untereinander einen Abstand von 2,50 m hatten und im Innern durch viereckige Stützpfeiler verstärkt wurden, deren Schnitt 20 mal 20 cm betrug. Sie standen jeweils 1,80 m auseinander. Damit der Druck der Erde, die den Zwischenraum zwischen den beiden Palisadenzäunen ausfüllte, nicht zu einem Bruch derselben führte, verbanden sie senkrecht aufgestellte Balkenreihen untereinander mit regelmäßigen Zwischenräumen.[97] 10 m vor dem das Lager umgebenden Graben war ein Holzhindernis aufgestellt, welches den Angriff der Feinde abfangen sollte.

Lager F hatte einen 700 m langen Graben, der 4,80 m breit und 1,80 m tief war, im übrigen wurde ein großer Teil des soeben besprochenen Lagers E wieder verwendet. Die Unregelmäßigkeit der Lagerpläne entspricht kaum dem stereotypen Bild, welches wir uns von einem römischen Lager machen – und das hat die Forscher vor mancherlei Probleme gestellt. Die Lager A und C von *Vetera*, eines der Lager von Haltern, die Flußbefestigungen von Holsterhausen, Haltern und Oberaden, Bonn, Windisch und *Carnuntum* weisen dieselben Eigentümlichkeiten auf und haben vor allem an der Stelle der *porta principalis* des Lagers denselben einspringenden Winkel. H. von Petrikovits erklärt dies durch den Wunsch der Konstrukteure, im Bereich des Tores eine gegen einen feindlichen Angriff leicht zu verteidigende Zone zu schaffen, wenn das Lager gestürmt werden sollte.

Für das Innere der Lager von Neuß muß jeder Versuch einer (relativen oder absoluten) Chronologie mit Vorsicht unternommen werden: römische und nachrömische Veränderungen haben eine große Zahl von Sektoren verwandelt. Die Identifizierung von Gebäuden, die im Zentrum der Ausgrabungen freigelegt wurden, hatte zunächst ebenfalls zu Kontroversen geführt. Handelte es sich um Kasernen, Residenz- oder Verwaltungsgebäude? Nach heutiger Ansicht handelte es sich wohl um *principia*, von denen drei Gebäude sehr sorgfältig ausgegraben worden sind. Das erste war 68 mal 54 m groß, hatte einen Hof von 31 mal 22 m und eine daran anschließende Holztribüne von 14 mal 7 m, auf deren beiden Seiten zahlreiche Gebäude von unterschiedlicher Ausdehnung lagen. Es ist nicht auszuschließen, daß es sich bei diesem Gebäude um das Lagerprätorium handelte. Ein weiterer Gebäudekomplex umgab einen viereckigen Hof von 50 m Seitenlänge, es könnte sich hier um die *principia* des Lagers C handeln; ein dritter Gebäudebereich, dessen Umfang noch nicht genau bestimmt wurde, scheint ebenfalls zu einem Lager der spätrömischen Zeit gehört zu haben. Die im Innern liegenden Straßen hatten als einzigen Belag eine Sand- und Kiesschicht. Manchmal verläuft in ihrer Mitte eine Abwasserrinne mit Holzröhren. Die *via principalis* in einem der Lager war etwa 5 m breit. Es bleibt noch hervorzuheben, daß die inneren Anlagen der spätrömischen Zeit in Holz- oder Ton-Fachwerk[98] ausgeführt und sehr solide gebaut waren: sie verleihen den Lagern den Charakter von dauerhaften Einrichtungen.

In Fürstenberg (bei Birten), in der Nachbarschaft der späteren Lager von *Vetera*, wurden Wallanlagen der augusteischen Zeit im Zuge der von 1905 bis 1914 und von 1925 bis 1934 dauernden Ausgrabungen gefunden. Das Hauptinteresse der Archäologen galt den Resten des Lagers aus der neronischen Zeit, alle früheren Spuren wurden nur beiläufig registriert. Diese bruchstückhaften Aufzeichnungen haben aber ausgereicht, um die große Ähnlichkeit zwischen dem Lager von Fürstenberg und dem von Neuß zu belegen, was sowohl für die Gräben wie für die Wallanlagen und für die Konstruktionen im Innern des Lagers gilt.

Ein für zwei Legionen bestimmtes Lager muß es in der unmittelbaren Umgebung von Köln gegeben haben, aber seine historische Lage konnte noch nicht ausgemacht werden.[99] In Bonn hat man unter dem Rathaus Grundmauern entdeckt, die zu einem Lager aus der Zeit um 20 v. Chr. gehören. 150 m von Gräben, die 5 m breit waren, im Querschnitt dreieckig und 2,50 m tief, konnten ausgegraben werden. Der Wall scheint nur auf der äußeren Seite eine Holzpalisade gehabt zu haben.

In *Asciburgium* (Moers-Asberg)[100] hat F. Tischler an zwei Orten Spuren von Anlagen ausgegraben, die sich im Zentrum des Lagers befanden und aus spätaugusteischer Zeit stammen. Die Datierung aller dieser militärischen Einrichtungen wurde durch die Funde von italischer Terra Sigillata ermöglicht. Diese findet man aber nicht nur in militärischen Anlagen. Viele ausgesprochen ›bürgerlichen‹

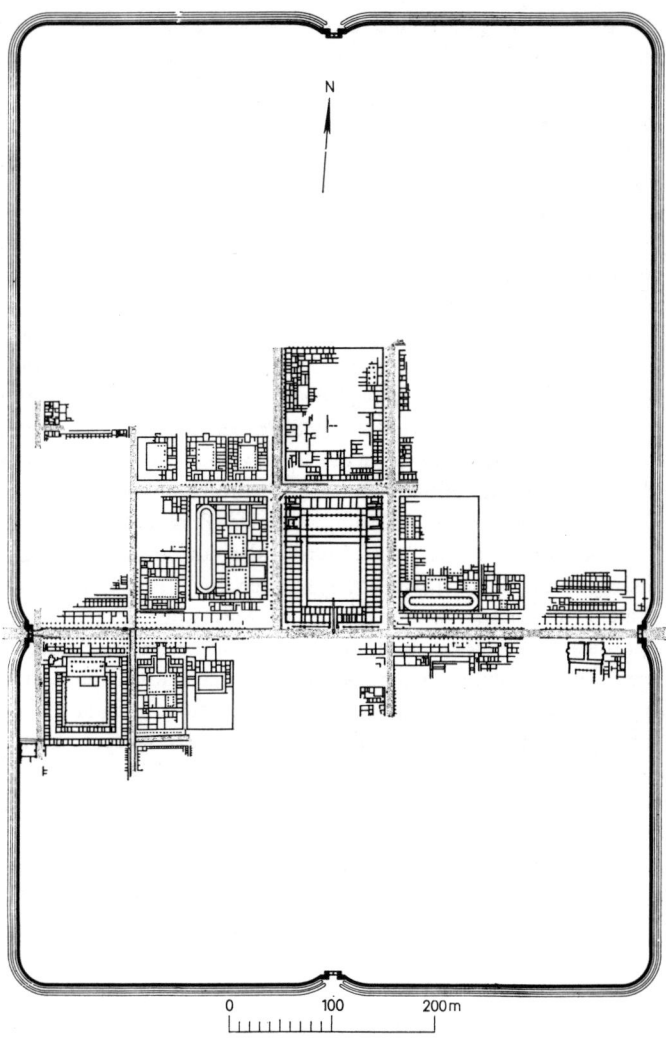

Abb. 12. Das römische Lager Vetera I (bei Xanten). (Nach H. von Petrikovits, Das römische Rheinland, Köln u. Opladen 1960, S. 37.)

Ansiedlungen im Hinterland haben hiervon eine so große Menge geliefert, daß ein ›offener‹ Handel dieser Töpferwaren genügend belegt ist.[101]

Als Rom die Vorstellung einer (allein wirksamen) bis jenseits des Rheins vorgeschobenen Zone aufgab, gelangten die Posten des linken Ufers in die vorderste Frontlinie, nachdem sie zuvor vorwiegend Ausbildungs- und Versorgungslager sowie Troßunterkünfte gewesen waren. In *Vetera* stammt das erste aus Stein erbaute Lager (unser *Vetera I*) aus der Zeit des Claudius oder aus dem Anfang der Regierungszeit des Nero. Es war wenigstens teilweise von Mauern aus Ziegelsteinen umgeben; zur Zeit des Bataver-Aufstandes wurde das Lager verbrannt. Nach den Wirren der Jahre 69 und 70 wurde ein neues Lager *(Vetera II)* in einer Entfernung von 1500 m von *Vetera I* errichtet, im Schwemmland, welches sich im Mittelalter auf die rechte Seite des Rheins ›verlagerte‹, dessen Lauf sich erheblich geändert hatte. Seither hat sich der Fluß nach Norden verschoben und in dieser Richtung sogar das Flußbett der römischen Zeit überschritten: *Vetera II* wurde also auf dem linken Ufer wiedergefunden! Im Jahre 1954 wurden im Laufe von Baggerarbeiten die ersten Spuren dieses gespenstischen Lagers freigelegt, dessen Überreste noch unter einer 10 m hohen Kiesschicht liegen. Tauchermannschaften machten die Lagerfläche in einem Umfang von 600 mal 200 m aus. Verschiedene Münzfunde lassen vermuten, daß das Lager in der Zeit von 70 bis 276 belegt war. Eine auf Grund eines Testamentes von Publius Aelius Severinus angebrachte Inschrift ehrt den Genius, den Schutzgott der Fähnriche der *XXX legio Ulpia Victrix*.[102]

In Neuß fanden die ersten Ausgrabungen des Legionslagers (Lager H) zwischen 1888 und 1900 unter der Leitung von C. Koenen statt.[103] Ihm zufolge wurde das Lager gegen Ende der dreißiger Jahre des 1. Jahrhunderts unserer Zeitrechnung errichtet und (in dieser Form) gegen Ende dieses Jahrhunderts aufgegeben.

In Bonn wurden die ersten Ausgrabungen im Jahre 1818 unter der Leitung von W. Dorow unternommen und von 1876 bis 1888 fortgesetzt. Nach dem Zweiten Weltkrieg interessierten sich E. Neuffer und P. Wieland besonders für die *principia* des Lagers, die eine

Seitenlänge von 528 und 524 m aufwiesen. Die *via principalis* verläuft parallel zum Rhein, die *praetentura* war also zum Feind hin gewandt. Die Kasernen umgaben die anderen Gebäude, die sie so von jedem direkten Kontakt mit der befestigten Wallanlage absonderten. Eine dieser Kasernen, die im nordöstlichen Bereich des Lagers gelegen war, hatte 13 *contubernia* (Zeltgenossenschaften), andere, in der Nähe der *porta praetoria* gelegene, hatten hiervon nur 11 oder 12. H. von Petrikovits[104] weist darauf hin, daß zwei dieser Kasernen Quartiere besaßen, die den diensttuenden Rängen vorbehalten waren, während es normalerweise deren nur eines gab, wie wir oben gesagt haben. Die *principia*, die Verwaltungsgebäude des Lagers, wurden dreimal im Bereich des *sacellum* (Fahnenheiligtum) umgebaut; dessen Ausmaße haben sich entsprechend verändert. Die Bonner Ausgrabungen haben das *valetudinarium* freigelegt, das Lazarett, das im 1. Jahrhundert seine größte Ausdehnung erhielt.

Angeschlossen an dieses Gebäude war das Pferdelazarett. Stratigraphische Ausgrabungen, die im Norden der *via praetoria* durchgeführt wurden, lösten zwei Lagen von Resten von Holzkonstruktionen aus und vier darüberliegende Lagen mit Spuren von Steinkonstruktionen. In den ältesten der letzteren erkannte man den Grundriß der großen Hallen der *fabricae* wieder, der Werkstätten und Lagerhallen der Legion. Sie hatten verschiedene Herde und Öfen, die mit Holz- und Steinkohle geheizt wurden. Eine von diesen Hallen wurde im Jahre 84 zerstört und durch 28 mal 12 m große Kornspeicher *(horrea)* ersetzt, die nahe an dem zum Rhein führenden Tor lagen.[105]

Unter den Lagern der Auxiliareinheiten erwähnen wir zuerst das von *Gelduba* (Krefeld-Gellep)[106]. Seit 1914 und 1930 hatte das Landesmuseum von Bonn mehrere Gräben ausgemacht, die zu römischen Lagern der Flavischen Zeit gehörten und ohne Zweifel nur kurze Zeit bestanden hatten. Die moderne Ausbeutung eines Steinbruchs drohte einen Ort für immer vollständig zu verändern, der ›Römerschanze‹ genannt wurde. Die Archäologen überwachten die Arbeiten von 1954 an, und, als sich die Wichtigkeit des Ortes be-

stätigte, wurden dort unter der Leitung von H. von Petrikovits
Ausgrabungen durchgeführt. Zu den ältesten Einrichtungen der römischen Zeit gehörten vier Öfen und Spuren von mehreren Holzbauten auf streng rechtwinkligem Grundriß, der durch einen Erdwall
und Holzpalisaden geschützt war. Zur zweiten Periode zählte zunächst der ›Komplex I‹, der ungefähr 20 m Seitenlänge aufwies
und mit nicht ganz regelmäßigen Unterabteilungen ein Viereck inmitten von Anlagen bildete, die allgemein gleichartige Merkmale
aufwiesen. 10 m von dieser Gebäudegruppe entfernt befanden sich
5 große Kasernen (Gebäude XII, XIII, XIV, XV und XVIII), von
denen das eine (Gebäude XII) 49,3 mal 8,5 m maß. Dieser Raum
war in 2 mal 11 genau viereckige Räume unterteilt, die für die einfachen Soldaten bestimmt waren. Unter dem Gebäude I hat man
einen Brunnen gefunden, dessen Sohle 11 m unter der Oberfläche
lag und eine Holzverschalung besaß, die bis auf 9,95 m Tiefe viereckig, in ihrem unteren Teil kreisförmig war. Die Bretter der Ver-
schalung waren untereinander mit Holzdübeln verbunden, die sich
gegeneinander abstützten, um den Druck der umgebenden Erde
auszugleichen.

»Weil die Germanen, treu ihrer Gewohnheit *(more suo),* aus
ihren Wäldern und dunklen Verstecken heraus *(e saltibus et ob-
scuris latebris)* die Unsrigen überraschend anzugreifen pflegten
und nach jedem Angriff eine sichere Rückzugsmöglichkeit in der
Tiefe der Wälder besaßen, ließ Domitian einen Limes über
120 Meilen anlegen. Dadurch änderte er nicht nur die gesamte
strategische Lage (in dieser Gegend), sondern unterwarf auch
seiner Macht die Feinde, deren Schlupfwinkel er zugänglich gemacht hatte.«

Diese Stelle bei Frontinus[107] faßt eindrücklich die ganze Lage zusammen: durch das untere Tal des Mains und die Wetterau stießen
die Germanen immer wieder in Richtung Rhein vor, ohne daß
irgend etwas noch irgend jemand sie daran hätte hindern können
oder ihnen den Rückzug in die Wälder, die nur sie allein kannten,
verbaut hätte. Vespasian hatte wohl am Neckar im Jahre 74 Krieg

geführt; einige Einfälle in Rätien hatten stattgefunden; aber es blieb Domitian vorbehalten, während seines Chattenkrieges jene vorgerückten Befestigungen einzurichten, die die Germanen einschüchtern und im Taunus und in Mainz den Frieden sichern sollten.

Aus den Jahren 83 und den folgenden stammen jene Befestigungen, die in der Hauptsache aus Holztürmen bestanden, der ersten Version des obergermanischen Limes. Es handelte sich vor allem um Wachtürme, die an den Ecken 4 dicke Balken aufwiesen, unter welchen eine tiefer liegende Höhlung im Boden Grund- und Regenwasser auffing und versickern ließ. Die Truppen selbst waren im Rückzugsgebiet stationiert, in Stellungen, die schwer lokalisierbar sind. Nach Schleiermacher könnten Höchst und Frankfurt, Hanau und vielleicht alle Odenwald- und Neckarkastelle dazugehört haben. Die Besetzung von Stockstadt und von Cannstatt ist für die Jahre 90 bis 95 belegt.

Am Ende der Regierungszeit Trajans (der in Obergermanien das Kommando hatte, als er zum Kaiser proklamiert wurde) waren 2 Legionen in der oberen Provinz stationiert: die VIII. in Straßburg und die XXII. in Mainz. Die römischen Truppenbestände wurden durch 2 *alae* vervollständigt: die *I Flavia, Gemina* und *I Scubulorum*, die in Heddernheim bzw. in Cannstatt stationiert waren, sowie 21 Auxiliarkohorten, von denen wir 19 kennen: *I Germanorum Civium Romanorum, Flavia Damascenorum, Ligurum et Hispanorum Civium Romanorum, Civium Romanorum Pia Fidelis, Asturum Aquitanorum Veterana, Biturigum, Thracum Civium Romanorum, II Augusta Cyrenaica, Hispanorum Pia Fidelis, Raetorum Civium Romanorum, III Dalmatarum Pia Fidelis, IV Aquitanorum, Vindelicorum, V Dalmatarum, VII Raetorum* sowie die Kohorten *XXIV, XXV, XXX* und *XXXII voluntariorum civium Romanorum*. Es ist kaum wahrscheinlich, daß alle diese Einheiten am Limes selbst lagen. Die Funde von Groß-Gerau und Heidelberg-Neuenheim scheinen zu bestätigen, daß viele Einheiten in der Reserve im Hinterland blieben.

F. Drexel und E. Fabricius haben den Versuch unternommen, den verschiedenen von uns soeben aufgezählten Einheiten die ihnen zugehörigen Lager zuzuteilen. Im Neuwieder Becken, in Heddesdorf und Niederberg lag die XXVI. Kohorte von Freiwilligen und die VII. der Räter zur Kontrolle des Lahntales; die III. Kohorte der Dalmater war in Wiesbaden stationiert, die *I Flavia Damascenorum* in Friedberg; in dieser Zeit befand sich die II. Kohorte der Räter wahrscheinlich in Butzbach, die I. der Aquitaner in Arnsburg, ihre II. wahrscheinlich in Stockstadt. Die XXIV. Kohorte der freiwilligen Bürger war in Benningen stationiert, die I. der Asturer in Walheim, die V. der Dalmater in Böckingen und die II. der Spanier in Wimpfen. Die restlichen Einheiten verteilten sich auf ebenso viele Lager, ohne daß wir ihnen das eine oder andere Lager mit Sicherheit zuweisen könnten.

Bis zu diesem Zeitpunkt war der Limes noch immer nur eine Wachpostenstraße, die mit ihren Türmen den Patrouillen ein Obdach und eine gute Übersicht bot. Hadrian machte daraus einen Wall, der durch die Einrichtung gewisser militärischer Kontrollposten den Durchgangsverkehr filtrierte. Die schon vorhandenen Einheiten ergänzte er durch *numeri*, von denen wir schon oben gesprochen haben. Alle Einheiten wurden an der Limes-Linie selbst eingesetzt. An sich handelte es sich hier um eine strategisch nicht sehr kluge Einrichtung, da so die römischen Truppen auf Hunderte von Kilometern verteilt wurden, was die Truppenkonzentration (bei einem massiven Angriff) schwierig und langsam gestaltete. Es sieht so aus, als habe der Kaiser nur Razzien geplant, die schnell und äußerst wirksam sein sollten und bei denen höchstens zwei oder drei taktische Untereinheiten eingesetzt werden mußten. Durch ein Militärdiplom[108] von 134 wissen wir, daß die Standorte neu aufgeteilt wurden. Von nun an finden wir in Heddesdorf die XXVI. Kohorte der freiwilligen Bürger, in Niederberg die VII. der Räter, in der Saalburg die II. rätische, in Langenhain die I. der Bituriger, in Friedberg die *I Flavia Damascenorum*, in Butzbach die *II Cyrenaica*, in Arnsburg die Veteranen der I. Kohorte der Aquitaner, in Echzell die *I ala Flavia Gemina*, in Oberflorstadt die XXXII. Kohorte der freiwilligen Bürger, in Rückingen die III. der

Dalmater, in Groß-Krotzenburg die IV. der Vindelicier, in Seligenstadt die I. der freiwilligen Bürger, in Stockstadt die II. spanische, in Obernburg die IV. aquitanische, in Oberscheidenthal die I. der Sequaner und Rauriker, die III. aus Aquitanien in Neckarburken, die *I Germanorum* in Wimpfen, die I. der Helveter in Böckingen, die I. aus Asturien in Walheim, die XXIV. der Freiwilligen in Benningen, schließlich die I. *ala* der Scubuli in Cannstatt. Wir wissen nicht, wo die *ala Indiana Gallorum* (sie hatte ihren Namen von Julius Indus, der ihr erster Kommandant war), die *cohors I Ligurum et Hispanorum*, die *V Dalmatarum* und die *XXX voluntariorum* im Quartier lagen. Drei Lager, Marköbel, Niedernberg und Köngen haben möglicherweise Kohorten aufgenommen; das Quartier der *ala Indiana* bleibt unbekannt.

Im Zeitalter des Antoninus Pius wurde eine wichtige Begradigung der Limes-Linie vorgenommen, der von der Achse, die ursprünglich vom Neckar gebildet wurde (zwischen der Einmündung von Murr und Jagst), nach Osten hin verschoben wurde. Die Lager der ehemaligen Linie werden aufgelassen; die I. Kohorte der Sequaner und Rauriker kommt nach Miltenberg, die II. der Aquitaner richtet sich in Osterburken ein, die I. der Germanen in Jagsthausen, die Helveter in Öhringen, die Asturer in Mainhardt, die XXIV. der Freiwilligen in Murrhardt, die Scubuli in Welzheim und eine anonyme Kohorte in Lorch, wo die Provinz Rätien begann.

Von diesem Zeitpunkt an gab es nur wenig Veränderungen an diesem Teil des Limes. Zwischen 180 und 192 kommen ein *numerus exploratorum* (ein Spähtrupp) und ein anderer der Brittonen ins neue Lager von Niederbieber; im Jahr 231 ist eine *cohors I Septimia Belgarum* für Öhringen belegt, eine *II Antoniniana Treverorum* in Holzhausen, eine *I Treverorum* in Zugmantel.

Die deutsche Archäologie hat der Freilegung und Beschreibung vor allem des obergermanischen Limes ungeheure Energie gewidmet.[109] Da diese Bemühungen sich bei den Politikern wie beim Volk eines regen Interesses erfreuten, kam man auf die Idee, eines der Auxiliarlager des oberen Limes so getreu wie möglich zu rekonstruieren: das der *cohors II Raetorum* in der Saalburg.

Im Jahre 83 entschließt sich Domitian, wie wir bereits erwähnt

haben, die Chatten anzugreifen, und rückt durch die nördlich von
Frankfurt gelegene, fruchtbare Wetterau vor. Zwei Jahre danach
kann die ganze Gegend als ›römisch‹ betrachtet werden, und ein
Limes mit Holzbefestigungen riegelt den Taunus ab. An der Stelle
der Saalburg wurde ein kleines Holzkastell von ungefähr 80 mal
24 m für eine Garnison von 120 bis 150 Leuten errichtet, von der
wir nichts wissen. Um 135 liegt die II. Kohorte der Räter an derselben Stelle; sie umfaßt ungefähr 500 Mann und ist infolgedessen
gezwungen, ihre Quartiere zu erweitern. Wir verdanken dieser
cohors II Raetorum civium Romanorum[110] das Lager von 147 mal
221 m, welches zuerst eine Mauer vom Typ *murus Gallicus* umgab
(Balkengerüst mit rauh zugehauener Steinblockfüllung vor einem
Erdaufwurf). Im 2. Jahrhundert wurde diese Mauer ersetzt durch
eine im Mauerverband (mit kleiner Steinpackung) errichtete Umwallung, die mit Mörtel zusammengehalten wurde; vor ihr lag
(mit kleiner Steinpackung) ein im Schnitt kegelförmiger Graben,
der ein einfaches taktisches Hindernis darstellte und niemals mit
Wasser gefüllt war. Im Innern des Lagers gab es dieselbe Weiterentwicklung der Architektur; zuerst wurden alle Gebäude im Fach-
werkstil errichtet, dann wurden sie durch massiven Steinbau ersetzt. Im 2. Jahrhundert entsteht ein kleiner ziviler *vicus* vor dem
Lager; durch einen Angriff der Germanen im Jahre 233 wurde er
dem Erdboden gleichgemacht und niemals wieder aufgebaut. Das
Lager wurde um 260 aufgegeben, als man alle römischen Festungs-
anlagen des rechten Ufers wegen des ständigen Vorrückens des
Feindes aufgab.

Im Mittelalter dienten die Ruinen des Lagers (welches seit 1604
›Saalburg‹ genannt wurde) als Steinbruch. 1723 gab die Entdeckung
einer schönen, Caracalla gewidmeten Inschrift[111] einen Hinweis auf
die mögliche Wichtigkeit des Ortes. 1747 erklärte Elias Neuhof,

Abb. 13. Die Saalburg und ihre direkte Umgebung.
Erläuterung der Ziffern: 1 Rampen und Mauerreste des Holz-Stein-Kastells;
2 Backöfen unter dem Wall; 3 Eckturm des kleinen Holzkastells, durch Pfähle
gekennzeichnet; 4 Nicht über alten Standspuren errichtete Modelle zweier Mannschaftsbaracken. (Nach D. Baatz. Zeichnung des Saalburgmuseums.)

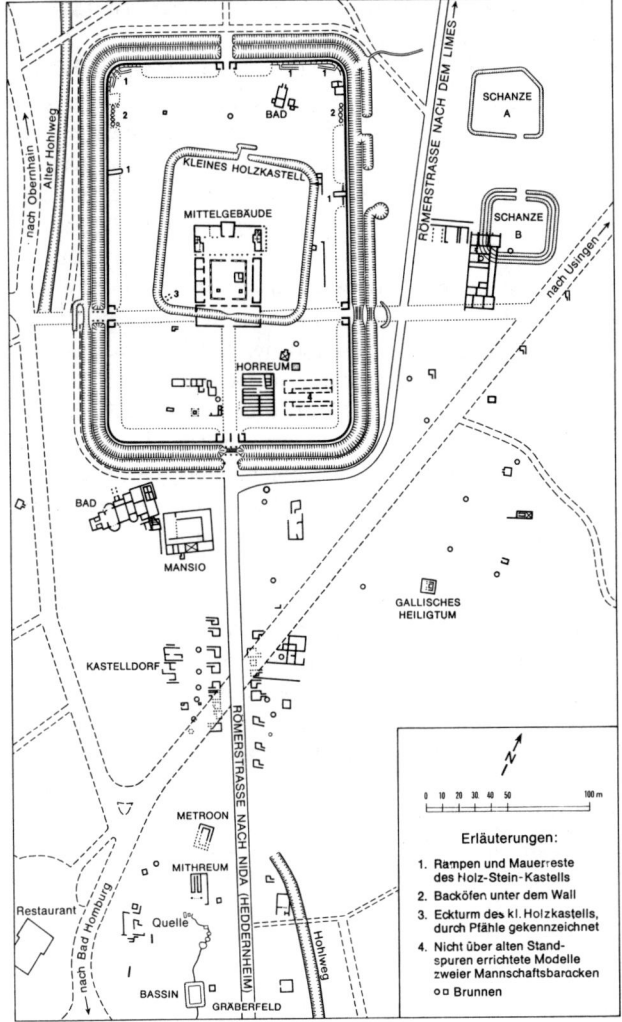

SCHANZE A

SCHANZE B

RÖMERSTRASSE NACH DEM LIMES →

nach Usingen →

nach Oberhain →

Alter Hohlweg

BAD

KLEINES HOLZKASTELL

MITTELGEBÄUDE

HORREUM

BAD

MANSIO

GALLISCHES HEILIGTUM

KASTELLDORF

RÖMERSTRASSE NACH NIDA (HEDDERNHEIM)

METROON

MITHREUM

nach Bad Homburg

Restaurant

Quelle

Hohlweg

BASSIN

GRÄBERFELD

0 10 20 30 40 50   100 m

Erläuterungen:

1. Rampen und Mauerreste des Holz-Stein-Kastells
2. Backöfen unter dem Wall
3. Eckturm des kl. Holzkastells, durch Pfähle gekennzeichnet
4. Nicht über alten Stand-spuren errichtete Modelle zweier Mannschaftsbaracken

o □ Brunnen

daß es sich um ein römisches Lager handele; aber erst 1818 wurde untersagt, die Lageranlagen weiter auszubeuten. Von 1853 bis 1862 finanzierte F. G. Habel Ausgrabungen mit Hilfe der Einkünfte des Bad Homburger Spielkasinos.[112] Von 1870 an förderten systematische Ausgrabungen unter der Leitung von Cohausens[113] wesentliche Teile des Lagers zutage. Nach seinem Tod (im Jahre 1894) nahm Ludwig Jacobi die Arbeiten wieder auf und befürwortete die Rekonstruktion des Lagers, so wie es vermutlich im 2. Jahrhundert ausgesehen hatte. Derselbe Jacobi richtete dort ein Museum ein, in dem er die während der Ausgrabungen getätigten Funde ausstellte. Bei seinem Tode (1910) wurde sein Sohn Heinrich sein Nachfolger und war bis 1946 für das Schicksal der Saalburg verantwortlich, die unbestritten eine der Hochburgen der rheinischen Archäologie bleibt. Die Arbeiten wurden außerordentlich minuziös durchgeführt, tausend Vergleiche mit anderen Lagern im Rheinland und anderswo angestellt; unter diesen allen kommt aber der Saalburg eine generelle Bedeutung zu, die mich bewogen hat, sie länger als andere Legionslager, die zum größten Teil unter den heutigen Stadtanlagen liegen, zu behandeln.

Die Rekonstruktion der Saalburg dauerte 9 Jahre, von 1898 bis 1907, und verschlang beträchtliche Summen; diese hätte Jacobi niemals selbst zusammenbringen können, wenn es sich Kaiser Wilhelm II. nicht zur Verpflichtung gemacht hätte, ihm zu helfen. Seine Majestät fühlte sich wahrscheinlich dem kaiserlichen Prestige Roms mehr verbunden als der Leistung der Germanen, die das Lager und seine Umgebung verwüsteten! Selbstverständlich wurden Rekonstruktionen nur dort unternommen, wo man genügend eindeutige Grundrisse festgestellt hatte. Alles, was ehemals in Holz ausgeführt war, wurde also nicht wieder errichtet. Da alle Mannschaftsunterkünfte aus diesem vergänglichen Material bestanden haben, zeigt sich das Innere des Lagers heute viel geräumiger als im 2. Jahrhundert.

Die Archäologie hat seit dem Anfang des Jahrhunderts große Fortschritte gemacht, gewisse Irrtümer wurden in der Folgezeit erkannt. Alle Mauern, auch die Tore, waren verputzt; der zweite Hof war in Wirklichkeit ein überdachter Wandelgang; die Schießscharten der

Wallanlage sind viel zu zahlreich: die Hälfte von ihnen müßte man sich wieder wegdenken, damit der obere Teil der Mauer sein ursprüngliches Aussehen wieder erlangte. Aber diese Kritik bedeutet wenig gegenüber der historischen, archäologischen und pädagogischen Bedeutung der wieder errichteten Saalburg.

Dank der Inschriften kennen wir den Namen der Einheit, die dort stationiert war.[114] Die Truppe wurde von einem Präfekten kommandiert. Die Namen von zwei dieser Kommandanten sind uns bekannt: C. Mogillonius Priscianus und L. Sextius Victor.[115] Jede Zenturie hatte ein Mannschaftsquartier für sich; zwei von ihnen wurden rekonstruiert. Der Tag der Soldaten war sehr genau eingeteilt: bei Sonnenaufgang wird zum Wecken geblasen, Unteroffiziere vom Dienst treten zum Morgenappell an, dann erstatten sie beim Kommandanten Meldung. Dieser (oder der Offizier vom Dienst) läßt einen Bericht niederschreiben, gibt den Tagesbefehl aus, in dem sowohl die Tagesaufgaben als auch die Wacheinteilung festgelegt werden. Am Vormittag wurden Waffenübungen abgehalten; der Nachmittag stand zur freien Verfügung, die Truppe war mit kleineren Aufgaben der Instandhaltung der individuellen und gemeinsamen Ausrüstung beschäftigt. Zapfenstreich war bei Einbruch der Nacht. Das Ende der Wachzeit wurde ebenfalls jeweils durch Hornsignale mitgeteilt. Die Soldaten hatten an Feiertagen Ausgangserlaubnis, auch eine gewisse Zahl von Jahresurlaubstagen stand ihnen zu. Der Sold wurde in drei Abschnitten innerhalb des Jahres ausbezahlt.

Viertes Kapitel
Der zivile Wohnungsbau

Versuch einer Typologie der Römervillen

Was hat man sich unter einer ›römischen Villa‹ vorzustellen? Was bedeutet diese Bezeichnung in Germanien und im trevirischen Land? Zunächst müssen mehrere Quellen des Mißverständnisses beseitigt werden. Wenn man von römischem Wohnungswesen spricht, denkt man meistens, sozusagen automatisch, an die römischen Häuser von Pompeji. Photographien, Pläne und axonometrische Darstellungen dieser Häuser sind Bestandteil aller Handbücher und werden das auch wohl weiterhin bleiben.[1] Es ist aber deutlich, daß es sich hier um ein Stadthaus handelt, welches hinsichtlich seines Grundrisses durch die Einteilung in enge und lange Parzellen genau festgelegt und aus verschiedenen italischen und griechischen Bestandteilen zusammengesetzt ist. Die Villa ist ein ›Landhaus‹, wobei in der lateinischen Bezeichnung dieselbe Zweideutigkeit wie in der deutschen Übersetzung enthalten ist. Ein ›Landhaus‹ kann ebensogut eine stattliche, ja sogar prächtige ›Nebenresidenz‹ sein wie ein einfaches Bauernhaus. Der letztere Begriff ist ebenfalls nicht ganz eindeutig. Er kann einen Pachtvertrag voraussetzen, das heißt also einen juristischen Akt der Vermietung. In diesem Fall würde man ihn wohl besser durch ›Meierei‹ ersetzen. Oft bedeutet diese Bezeichnung nur, daß es sich um Häuser von Leuten handelt, die hauptsächlich in der Landwirtschaft tätig sind, und daß das Haus entsprechend eingerichtet ist. Die Bewohner können sogar im Rahmen der gesetzlichen Vorschriften, das Pachtwesen betreffend, *de facto* die Besitzer des Hauses sein. Beide Typen der römischen Villa gab es sicher auf dem in diesem Buch behandelten Territorium des Rheinlandes. Wie lassen sie sich unterscheiden? Es wird sich im folgenden herausstellen, daß, typologisch gesehen, die Unterschiede sehr gering sind. Die großen Prachtvillen unterscheiden sich von den Bauernhäusern und Meiereien durch ihre Dimensionen, ihren

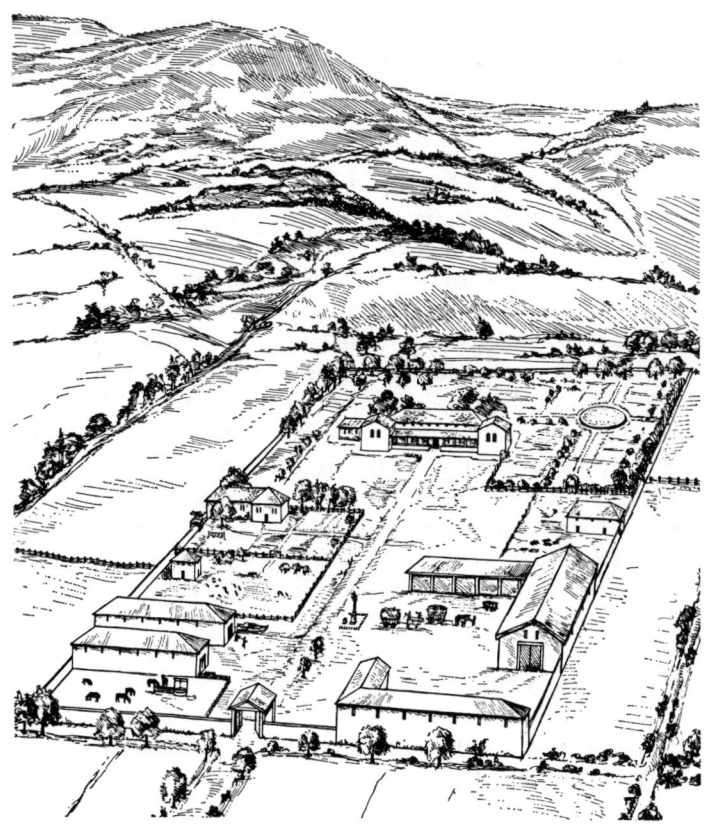

Abb. 14. Römischer Gutshof mittleren Umfangs inmitten der zuge-
hörigen Wirtschaftsgebäude und direkten wirtschaftlichen Anlagen.
(Nach einer Zeichnung des Saalburgmuseums in Germania Romana
III, S. 101.)

Luxus und ihre Ausstattung. Sie sind aber nicht sehr zahlreich und erscheinen uns jedenfalls viel weniger charakteristisch als die ländlichen und städtischen Wohnungsbauten, mit denen wir uns insbesondere in diesem Kapitel beschäftigen wollen.

Im Rheinland stellt sich wie auch anderswo das Problem, in welchem Maß das Wohnwesen der römischen Zeit frühere Merkmale bewahrt und in welchem Maß es von ›römischem‹ Einfluß geprägt ist. Es handelt sich hier um ein Problem der typologischen Entwicklung. Einige Forscher haben sich in jüngerer Zeit mit dieser Frage beschäftigt, insbesondere Sir Jan Richmond, der den Versuch unternommen hat, für Großbritannien[2] mehrere Typen der römischen Villa zu unterscheiden: das *cottage house*, ein Haus mit rechteckigem Grundriß und zwei großen Zimmern auf beiden Seiten einer ›Eingangshalle‹; das *winged corridor house*, ein Haus, welches dem vorher genannten ursprünglich sehr ähnlich war, aber zusätzlich eine Portikus hatte, die von außen die Zimmer der Wohnung miteinander verband; in vielen Fällen gab es noch zwei Ecktürme mit mehreren Stockwerken; das *courtyard house*, wo die Zimmer um einen zentral gelegenen Hof herum angeordnet waren, und das *aisled house*, auf dem Kontinent ›basilikales‹ Haus genannt: es war rechteckig und durch 2 oder mehrere Reihen von Säulenpfeilern und verschiedene Formen von Scheidewänden unterteilt. Richmond scheint anzudeuten, daß eine Weiterentwicklung stattgefunden hat, also eine chronologische Abfolge von einem Haustyp zum anderen. Es ist nicht unsere Aufgabe, hier zu prüfen, ob es diese typologische und chronologische Weiterentwicklung in Großbritannien gegeben hat; aber gab es sie im Rheinland?
Es ist offensichtlich, daß das *winged corridor house* des englischen Gelehrten ganz genau dem entspricht, was rheinische Forscher ›Portikusvilla‹ zu nennen pflegen. Dieser sehr verbreitete Villentyp hat ein Hauptgebäude auf rechtwinkligem Grundriß und wird von zwei Türmen eingerahmt. Vor der Villa liegt eine Veranda, die ›Portikus‹, zu welcher man ebenerdig oder über einige Stufen gelangte, wie es das Gelände, auf welchem das Haus lag, erforderte. Es zeigt sich, daß Türme und Veranden dem ursprünglich recht-

eckigen Gebäude mit hochgelegenen Fenstern und wenigstens einem
Stockwerk über dem Erdgeschoß nachträglich hinzugefügt wurden.
Der rechteckige Grundriß dieser Hauptgebäude erinnert stark an
die vorrömischen Behausungen, soweit sie neuerdings durch die um-
fangreichen Forschungsergebnisse der deutschen Archäologie zu unserer Kenntnis gelangt sind. Es stellte sich heraus, daß es vor dem
Erscheinen der Römer einen rechteckigen, sehr in die Länge gezoge-
nen Haustyp gegeben hat,[3] der den protohistorischen Häusern in
Norddeutschland und den alten Bauernhäusern Italiens sehr ähnlich
ist. Die Ausgrabungen von Mayen[4] haben unter dem ansehnlichen
Bauernhaus aus römischer Zeit deutliche Spuren eines rechteckigen
Gebäudes mit Fachwerkwänden zutage gefördert; diese trugen ein
riesiges Strohdach, das beinahe bis zum Boden hinabreichte. In
Köln-Müngersdorf[5] ist die Lage ähnlich: die Pfostenlöcher haben es
ermöglicht, die Ausmaße dieser ersten Behausung festzustellen.
Parallelen finden sich auch in den Niederlanden,[6] zum Beispiel in
Kaalheide-Krichelberg. Das berühmte Haus H des *vicus Cuger-*

Abb. 15. Haus H aus Xanten. (Nach Zippelius und H. von Petrikovits.)

norum in Xanten[7] stellt eine (späte) Variante desselben Gebäude-
typs dar. Es stammt aus der augusteischen Zeit und bildet ein
wichtiges Glied der Entwicklungskette, mit der wir uns beschäftigen.

Das Haus H von Xanten stellt meiner Meinung nach den einheimischen Haustyp dar, so, wie er bei der Ankunft der Römer ausgesehen hat. Er ist uns nur in wenigen Exemplaren bekannt; dies hat
seine Erklärung in der Beschaffenheit des für seine Konstruktion
verwendeten Materials, aber auch in der extremen Sorgfalt, mit
der die entsprechenden Ausgrabungen durchgeführt werden müssen. Wenn nicht sehr genau gearbeitet wird, besteht die Gefahr,
daß sich diese Häuser den archäologischen Nachforschungen vollkommen entziehen. Da zudem die seit alters bekannten Fundstätten
heimlichen ›Ausgrabungen‹ durch Schatzsucher zum Opfer fielen,
wurden die meisten so gründlich durcheinandergeworfen, daß weder Stratigraphien hergestellt noch Kleinstfunde gesichert werden
können. Andererseits aber wagten es bis in die neuere Zeit hinein
die mit der Ausgrabung beauftragten Forscher kaum, die Reste
eines Anwesens aus der frühen Römerzeit zu zerstören, um festzustellen, ›was darunter war‹. Es bleibt zu hoffen, daß die kühnere
und für die Kleinarbeit besser vorbereitete zukünftige Archäologie
uns nach und nach Forschungsergebnisse liefern wird, die sich mehr
mit den Einzelheiten des vor- und frührömischen Wohnungswesens
befassen. Sie könnten geeignet sein, wichtige und genaue Informationen über die sozial und wirtschaftlich niedrigeren Klassen beizu-
bringen, welche sich der bisherigen archäologischen Forschung weitgehend entzogen haben. Wie dem auch sei, die ursprünglichen Bewohner des Rheinlands haben offensichtlich einen Haustyp gekannt,[8] der während der ganzen römischen Zeit weiterbestand
mit einigen Abwandlungen, welche den ursprünglich rechteckigen
Grundriß überlagerten. Welches sind in diesem Fall die römischen
Zutaten? Sie betreffen weniger das allgemeine Aussehen und die
äußere Erscheinungsform der Behausung als vielmehr deren Ausführung: eine Steinkonstruktion mit einem äußeren und inneren
Verputz, die Lage des Haupteingangs und vor allem seine Inneneinrichtung. Noch vor kurzem wollte man bei den einzelnen Villen

im Vorhandensein eines Atriums das Zeichen der ›Romanisierung‹ einer Provinzvilla sehen. Heute wissen wir, daß keine Villa des Rheinlands ein Atrium besaß. Die klimatischen Verhältnisse ließen es nicht zu; sie waren es überhaupt, die von alters her das Aussehen der Häuser unserer Gebiete bedingt haben. Das kleine Landhaus von Bilsdorf (Großherzogtum Luxemburg)[9] wurde zum Gegenstand eines Gelehrtenstreits, wobei der im Laufe der Ausgrabungen zutage geförderte zentral gelegene Raum bald als Atrium, bald als Innenhof gedeutet wurde. Tatsächlich handelt es sich fast mit Sicherheit um den ursprünglich vom Hauptgebäude eingenommenen Raum; die Pfostenlöcher deuten auf gewaltige Balken hin, die das obere Stockwerk und das Dach abstützten. Die ›basilikalen‹ Landhäuser weisen viele unterschiedliche Merkmale auf, die wohl zu der Annahme berechtigen, daß es sich vor allem und in erster Linie um Nebengebäude der Bauernhäuser (Scheunen, Wagenschuppen usw.) handelte, die in einer vermutlich sehr späten Zeit zu Wohnungen umgewandelt wurden. Sie haben einen vollkommen rechteckigen Grundriß ohne irgendwelche architektonischen Anhängsel, so daß auch sie das ursprüngliche Aussehen der rheinischen Behausung zur römischen Zeit belegen.

Im 1. Jahrhundert sind Steinkonstruktionen sehr selten; von Beginn des 2. Jahrhunderts an treten sie sehr häufig auf; die Steinbrüche bestätigen diese für die Hebung des Lebensstandards und des Wohlstands symbolische Entwicklung,[10] die der Einfluß Roms und seiner Organisation des eroberten Territoriums mit sich bringt.

Selbstverständlich machte man in der Regel einen klaren Unterschied zwischen den eben besprochenen Bauernhäusern und den Residenzvillen wie Nennig, Fließem und Conz.[11] Schaut man aber genauer hin, so stellt man fest, daß sie – im Gegensatz zu den Palästen der *opulentissimi viri* von *Baiae* und andernorts –, was ihren Grundriß angeht, im wesentlichen von den Bauernhäusern und Meiereien nicht grundlegend verschieden sind. Überall taucht das rechteckige Grundschema wieder auf, wenn auch in verschiedenen und unterschiedlich angeordneten Kombinationen; letztlich handelt es sich aber bei genauerem Hinsehen nur um Abwandlungen eines vorgegebenen Themas. Die Ausdehnung dieser Residenzvillen hat ihre Erklärung in ihrer Funktion: sie dienen als Rahmen zum *otium* der reichen Bürger oder hohen Funktionäre, für die Empfänge, die derartige Gegebenheiten mit sich bringen, für die gesellschaftlichen Anlässe des Provinzadels – welcher, eben weil er z. T. aus Emporkömmlingen oder Fremden bestand, um so mehr auf äußeren Glanz und Prunk bedacht war. Trotz allem bleibt festzustellen, daß es im Rheinland nur einen Haustyp gegeben hat!

Die Regeln des Vitruv

Noch immer besteht Unklarheit über die Person des Schriftstellers, dem wir die *»Vitruvii de architectura libri decem«* verdanken, die 10 Bücher über die Architektur, die dem Vitruv zugeschrieben werden. Plinius, Frontinus und Sidonius Apollinaris nennen ihn einfach Vitruvius. Er selbst sagt,[12] daß er zum Heer Cäsars gehört und einen Posten in der Artillerie innegehabt habe; deshalb brachte man ihn[13] mit einem gewissen Mamurra in Zusammenhang, den Plinius der Ältere erwähnt[14] und von dem er gesagt hat, daß er in Cäsars Heer *praefectus fabrum* gewesen sei. Vitruvius würde sich demnach L. Vitruvius Mamurra[15] genannt haben. Es ist möglich, daß Vitruvius, nachdem er Cäsar gedient hatte, Architekt im Stab des Agrippa war, als dieser (33 v. Chr.) die Wasserversorgung römischer Privathäuser organisierte. Er verfaßte eine Abhandlung über Architektur – die einzige, die uns die Antike hinterlassen hat –, welche um 20 v. Chr. veröffentlicht worden sein mag. Im 6. Buch behandelt er die Regeln, nach denen ein Privathaus errichtet werden muß. Das 6. Kapitel beschäftigt sich mit den *villae rusticae*:

»Wie ich schon im 1. Buch – welches sich mit der Errichtung der Wallanlagen der Städte beschäftigt – gesagt habe, soll man zunächst die Lage von gesundheitlichen Gesichtspunkten her prüfen. Danach sollen die Landhäuser gebaut werden. Ihre Größe soll sich nach dem Umfang des zu bearbeitenden Ackerlandes und der einzubringenden Getreideernte richten. Zahl und Ausdehnung der Höfe[16] wird sich nach der Gesamtzahl des Viehs und der Zahl der Rinder bemessen, die dort untergebracht werden müssen. In diesem Hof wird man an einem sehr warmen Platz die Feuerstelle errichten, etwa bei den Rinderställen, deren Krippen zum Feuer und nach Osten hin angelegt sein sollen. Wenn die Rinder nämlich das Licht und das Feuer sehen, wird ihr Fell nicht so rauh. Im übrigen sind die Bauern, die sich mit den Himmelsregionen etwas auskennen, der Meinung, daß man die Rinder überhaupt nur nach Osten hin wenden sollte. Die Rinderställe sollen nicht weniger als 10 Fuß breit und nicht höher als 15 Fuß sein. Sie müssen so lang sein, daß jedes der verschiedenen Gespanne mindestens 6 Fuß zur Verfügung hat. Die Bäder sollen mit der Küche eine Einheit bilden; die Bedienung eines solchen Bades in einer *villa rustica* wird dadurch vereinfacht werden. Auch die Ölpresse soll in der Nähe der Küche liegen. Die Bearbeitung der ölhaltigen Früchte wird dadurch um so leichter sein. Ganz in der Nähe wird man den Weinkeller anlegen, seine Fenster sollen dabei nach Norden zeigen. Lägen sie nämlich auf der Seite, wo durch den Sonneneinfall der Wein erwärmt werden könnte, würde dieser getrübt werden und seinen Geschmack verlieren ... Die Getreidespeicher werden mehrere Stockwerke hoch sein und nach Norden oder Nordosten liegen. So kann sich in der Tat das Korn nicht so schnell erwärmen, es wird im Gegenteil durch den Luftstrom erfrischt und wird sich so lange halten ... Die Pferdeställe müssen an den wärmsten Plätzen angelegt werden, ohne zum Feuer hin ausgerichtet zu sein ... Die Speicher, die Getreide-, Futter- und Mehlvorräte und die Bäckerei müssen – so scheint es – in der Villa nach außen hin angeordnet sein, damit sie weniger leicht ein Raub der Flammen werden können. Wenn man die Villen etwas luxuriöser ausstatten will, wird man das berücksichtigen, was ich weiter oben über die Stadthäuser gesagt habe; man soll auf die gleichen Ebenmaße achten, aber dafür Sorge tragen, daß der Bau so angelegt ist, daß sich nicht irgendein Hindernis für den bäuerlichen Betrieb ergibt. Wichtig ist auch, darauf zu achten, daß alle Gebäude hell sind. Das ist bei einem ländlichen Bauwerk sicher leichter möglich, weil hier keine

Mauern eines Nachbargrundstücks den Lichteinfall hindern können ... Viel Licht muß auch in den Speisesälen und in allen Zimmern der Wohnung sein, vor allem aber auch in den Fluren ...«

Aus dem Text geht hervor, daß die vielfältigen Hinweise, die sich
hier mit alten Vorschriften – zum Teil abergläubischen Ursprungs –,
mit theoretischen Erwägungen, allgemeinen Empfehlungen und
ganz speziellen Geboten mischen, in ihrem Zusammenhang verstanden werden müssen, d. h. also innerhalb der anderen Kapitel
des 6. Buches über die Privathäuser. Vitruv fordert dort die Ausrichtung nach den vier Himmelsrichtungen (Speisesäle sowie Bäder
im Süden, Schlafzimmer und Bibliotheken im Osten, Ateliers im
Norden); die Berücksichtigung der klimatischen Verhältnisse (man
wird nicht in der gleichen Art und Weise in Ägypten, Rom oder im
Norden bauen), die Beachtung gewisser Proportionen (5 : 3 für das
Atrium, 1 : 3 für die *alae* usw.) und die Übereinstimmung der Gebäude mit dem sozialen Rang des Besitzers sowie die Anpassung
der Konstruktion an die hauptsächliche Zweckbestimmung des
Hauses. Ist es möglich, auf Grund dieser Angaben das Aussehen
der idealen *villa rustica* nach Vitruv zu erarbeiten? Albert Grenier
hat es versucht,[17] indem er außerdem die Angaben von Cato[18],
Columella[19], Varro[20] und Palladius[21] benutzte. Die auf diese
Weise rekonstruierte Villa hat einen viereckigen Grundriß;[22] der
Eingang befindet sich in der Mitte der Ostfassade. Er führte zu
einem Hof, umgeben von einem Laubengang, der ›den Platz des
Atrium einnahm‹. In der Mitte dieses Hofes war ein viereckiges
Becken, dem Eingang gegenüber, zur Westmauer des Hofes hin, lag
die sehr kleine Küche, in der Nähe der dreimal größeren Bäder,
und eine ›Anrichte‹, etwas kleiner als die Bäder. Links vom Eingang befand sich die Wohnung des *vilicus*, des Gutsverwalters. Sie
stand in Verbindung mit den *cellae*, kleinen, für die Sklaven gedachten Zimmern; von ihnen aus gelangte man zu den im Süden
gelegenen Ställen. Rechts vom Eingang waren die Pferdeställe vorgesehen, im Norden die Scheune und die Kelter. Vom Hof gelangte
man direkt zum Keller.

Diese Beschreibung der *villa rustica* nach Vitruv hat zu teilweise sehr heftigen Stellungnahmen Anlaß gegeben, die aber ebenso an der Wirklichkeit vorbeigingen. Zunächst und in erster Linie muß man sich fragen, ob die Angaben Vitruvs überhaupt den Versuch rechtfertigen, die *villa rustica* zu rekonstruieren.[23] Der antike Architekt wollte ja kein Handbuch der Architektur schreiben, sondern er hat uns nur eine Sammlung von Überlegungen hinterlassen, die seinen eigenen Erfahrungen entsprachen und mit Empfehlungen vermischt waren; von ihnen hat er niemals gesagt, daß sie alle gleichzeitig beachtet werden müßten. Im Gegenteil, durch die Tatsache, daß er vorschreibt, von Fall zu Fall die Beziehung zwischen der Gesamtfläche des Anwesens und dem von der eigentlichen Villa eingenommenen Raum, zwischen der orographischen Gestaltung des Geländes und der Anordnung der Gebäude, der Ausrichtung nach den Himmelsrichtungen, den Zufahrtswegen und den Wasserquellen usw. genau zu analysieren, hat Vitruv deutlich gemacht, daß jede Villa eine ganz eigenständige Schöpfung sein muß. Daß trotz der besonderen Umstände und der Eigenständigkeit jeder Villa einige allgemeine Regeln beachtet werden mußten, wird wohl keiner ernsthaft bezweifeln; aber eine ›perfekte Villa‹ nach Vitruv wird es wohl nicht gegeben haben. Im übrigen scheint Grenier etwas voreilig zu verallgemeinern, wenn er sagt, die Villen Germaniens entsprächen in besonderem Maße dem ›vitruvischen‹ Typ. Er stützt sich dabei[24] auf drei Beispiele: Stockbronner Hof, Tiefenbach und Neckarzimmern.[25] Zwar hat man nur wenige Villen des Rheinlands in allen Einzelheiten ausgegraben und die Ausgrabungsergebnisse veröffentlicht. Auch kennen wir in 90 % aller Fälle nicht die genaue Bestimmung der Zimmer im Innern dieser Villen. Viele der seit 1906 registrierten Häuser lassen sich von ihrer Anordnung her kaum dem von Albert Grenier entworfenen Modell einordnen. Die überwiegende Zahl dieser Villen sind sogenannte ›Portikusvillen‹, und die vorhandenen Wohntürme passen überhaupt nicht in den pseudovitruvischen Grundriß. Moderne Ausgrabungen haben gezeigt, daß bei Germanen und Galliern von einer funktionellen Konzentration im Innern der Villa nicht gesprochen werden kann; im Gegenteil: in Wirklichkeit legte man Werkstätten, Töpferei- und Backöfen in einiger Ent-

fernung an, wobei man allerdings wiederum zu den Anweisungen
Vitruvs zurückfand.

Der Begriff *villa* bezeichnete schließlich einen landwirtschaftlichen
Betrieb, der innerhalb eines ausgedehnten Grundstücks eine große
Zahl von Gebäuden mit unterschiedlichem Verwendungszweck umfaßte. Müngersdorf ist in dieser Hinsicht ein typischer Fall: Innerhalb der Einfriedungsmauer konnte man das Haus des Besitzers
ausmachen (mit 10 verschiedenen Bauperioden), das Haus der Be-

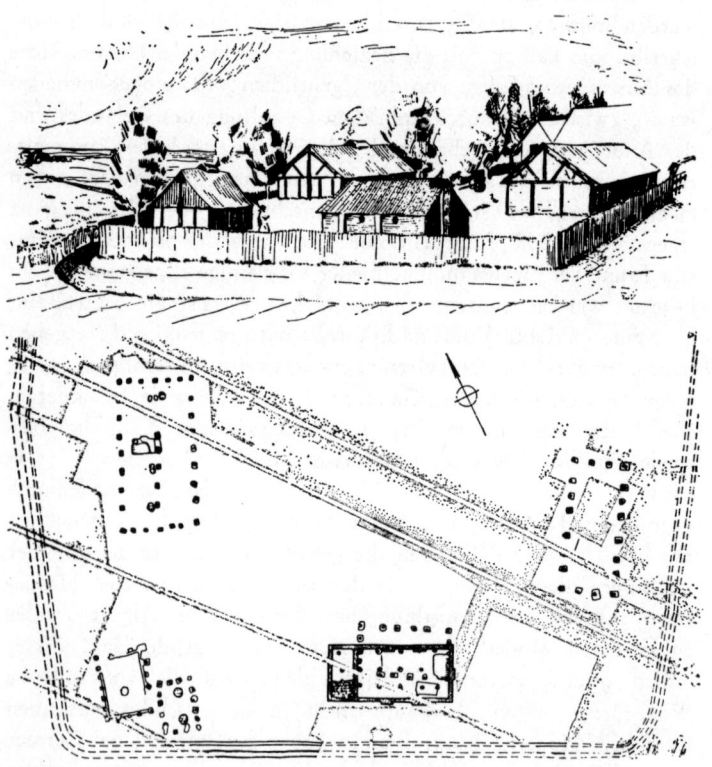

Abb. 16. Grundriß und Rekonstruktion der Villa bei Garsdorf.
(Nach H. Hinz und W. Piepers in: Germania Romana III, S. 63.)

diensteten, die Scheunen, den Wagenschuppen, den Kornspeicher, die Pferde-, Kuh- und Schweineställe und den Keller. Für jeden Zweck war ein besonderes Gebäude vorgesehen. In Voerendael[26] gab man sich nur in der ersten Periode (gegen Ende des 1. Jahrhunderts) mit einem einzigen Gebäude zufrieden, bestehend aus 2 großen Zimmern, umgeben von 12 kleineren *cellae*; in der zweiten Periode wurden der neuen Villa 2 Türme im Norden und 3 weitere Betriebsgebäude hinzugefügt, darunter eine große Turmscheune, ebenso ein Badehaus, welches 80 m von der Villa entfernt lag. Im Lauf der dritten Periode verband man Villa, Turm und Scheune: man erhielt so einen Gebäudekomplex, dessen vordere Länge 100 m ausmachte! Eine vierte Periode umfaßte innerhalb der Villa auch die Bäder; eine gewaltige Umfassungsmauer wurde errichtet, so daß der ganze Gebäudekomplex von nun an in Ost–West-Richtung mehr als 160 m Ausdehnung aufwies.

In Garsdorf[27] gibt es neben der Villa (rechteckig, mit einem inneren, ›basilikalen‹[28] Grundriß) 4 Gebäude in leichter Fachwerkkonstruktion mit Strohdach: es handelt sich offenbar um Scheunen und Wagenschuppen.

Summa summarum: die rheinländischen ›Römervillen‹ sind komplex durch die von ihrer wirtschaftlichen Funktion bestimmten Anlagen.

Die Architektur der rheinischen Villen

Die Villa von Stahl (Eifel)[29] war nach Süden ausgerichtet; sie hatte 2 Ecktürme mit dreieckigem Ziergiebel, deren Fenster auf der gleichen Höhe angebracht waren wie die des Erdgeschosses.

An der Vorderseite gab es keine Türe. Die beiden Ecktürme verband eine 20 m lange Veranda; die Außenmaße der Villa betragen 34 mal 23 m, diejenigen der Eckrisaliten 7 mal 9 m. Von der Veranda aus erreichte man die Zimmer im Innern des Hauptgebäudes. Das mit Dachziegel gedeckte Schrägdach der Veranda stützte sich auf ein Randgebälk, das 4 stämmige, zylindrische Säulen trugen. Von der Veranda aus gelangte man ebenfalls zu den Ecktürmen.

Der im Westen gelegene Turm wurde von der im Keller gelegenen Heizung erwärmt. Der Eingang befand sich an der Rückfront; durch die gewölbte Türe gelangte man zu der Vorhalle und von da zum großen Gemeinschaftssaal, der 9,5 mal 12 m groß war. Von diesem Saal führte eine Treppe mit 15 Stufen zu den Kellern, die sich im Südteil der Villa unter der Portikus befanden.

Die Villa von Dautenheim war nach einem ganz ähnlichen Grundriß angelegt; während einer späten Rekonstruktion wurde einer der Ecktürme durch eine Bädereinrichtung ersetzt, welche durch eine Hypokaustheizung erwärmt wurde. Vom Garten aus betrat man die Veranda über einige Treppenstufen; dann kam man zum großen Gemeinschaftssaal und zu den verschiedenen Zimmern der Wohnung, die von zwei getrennten Heizungen bedient wurden.

Die Villa von Weitersbach[30] verdient unsere spezielle Aufmerksamkeit, weil hier bei den Ausgrabungen besonders sorgfältig vorgegangen wurde. Während Abholzungsarbeiten wurden 1953 Reste von römischen Mauern entdeckt. Die Ausgrabungen legten die Ruinen einer Villa und ihrer Nebengebäude frei; die Gesamtanlage war eingefriedet und schloß einen Raum von 9843 qm ein. Das Herrenhaus war nach Osten ausgerichtet und hatte drei, wenn nicht vier Architekturperioden erlebt. Die ältesten Einrichtungen aus römischer Zeit gehörten zu einer Portikusvilla mit Eckrisaliten, die eine Fläche von 31,40 mal 22,50 m einnahm. Ein 2,60 m breiter Weg aus Quarzit-Kieselsteinen führte zu ihr hin. Hinter der Portikus befand sich der Gemeinschaftssaal, 10,10 mal 19,15 m groß. Die Mauern, aus Schiefersteinen auf gestampfter Kiespackung, waren zwischen 92 und 95 cm breit, und der Haupteingang hatte eine Breite von 3 m. Die Feuerstelle war nahezu viereckig (0,90 mal 1 m) und befand sich in der südlichen Hälfte des Gemeinschaftssaales. Als man das Erdreich abtrug, welches den Boden dieses Saales bildete, fand man (im gewachsenen Erdboden) deutliche Spuren von 16 Pfahleintiefungen mit kreisförmigem Schnitt; sie erlaubten es – wenigstens als Arbeitshypothese –, das Vorhandensein eines vorrömischen (oder frührömischen) Gebäudes zu postulieren, welches wahrscheinlich mit dem großen Saal der späteren Villa im Umfang mehr oder weniger übereinstimmte.

Von diesem gemeinsamen Saal führte eine 1,80 m breite Türe zu den Zimmern 8a, ungefähr 3,5 mal 10 m groß; die Ecktürme hatten die Ausmaße 4,20 mal 5,10 m; die zwischen den beiden Türmen gelegene Veranda war 19 mal 3,50 m (5,20 m) groß, die Breite war verschieden, weil die Anschlußmauern an die Eckrisaliten nach außen abgeschrägt waren. Im hinteren Teil der Villa waren die Zimmer 13 und 26 3,50 m breit, mit einer Gesamtlänge von 23,50 m. Vom Keller aus regelte ein im Schnitt 22 mal 15 cm messender Kanal den Abfluß des Grundwassers.

In der zweiten Bauphase erreichte das Gebäude eine Länge von 43 m bei einer Breite von 34 m. Die Ecktürme wurden beträchtlich vergrößert; der Gemeinschaftssaal blieb unverändert – der linke und rechte Gebäudeflügel wurde erweitert, der hintere Gebäudeteil in 3 getrennte Zimmer aufgeteilt. In diese zweite Phase fällt auch die Einrichtung einer Hypokaustheizung und eines Bades. Die ursprüngliche Veranda wurde zu einem Säulengang entlang der verlängerten Flügel der Ostseite der Villa.

Während der dritten Phase wurde dieser Säulengang nach außen geschlossen, die Innenausstattung der Villa noch einmal verbessert. Zimmer 8 erhielt eine Kanalheizung, die von derjenigen des noch unveränderten Gemeinschaftssaales gespeist wurde.

Mindestens drei weitere Gebäude gehörten zur Villa von Weitersbach: das eine 19,30 mal 10 m, das zweite 7,40 mal 12 m groß, das dritte Gebäude wurde durch Baggerarbeiten so zugerichtet, daß seine genauen Maße nicht mehr ermittelt werden konnten. Mehrere römische Gebäude lagen in unmittelbarer Nähe außerhalb der Einfriedung. Nach den Keramikfunden muß die Villa am Ende des 1. Jahrhunderts erbaut, 277 verwüstet und gegen Ende des 4. Jahrhunderts aufgegeben worden sein.

Die Ruinen der Villa von Müngersdorf[31] werden schon 1330 erwähnt; seit 1569 trägt der Ort den Namen ›uff der heydenbergh‹ und von 1777 an ›auf der steinrutsch‹; diesen Namen trug der Ort auch noch zu Beginn der Ausgrabungen. Sie begannen am 8. März

1926, als die Verantwortlichen des Wallraf-Richartz-Museums erfuhren, daß die Stadt Köln das Gelände zu einer Sportanlage ausbauen wolle. Beendet wurden die Ausgrabungen kurz vor Weihnachten. In der Zwischenzeit war ein großer Gutshof, mit Nebengebäuden um das Haus des Besitzers herum, freigelegt worden.

Sechs größere Architekturperioden hatte diese Villa erlebt; zuvor muß es eine vorrömische Siedlung gegeben haben. Unter der Lage I wurden deren Spuren gefunden. Alle Einzelheiten der verschiedenen Architekturphasen brauchen hier nicht erwähnt zu werden. Wir können uns auf die Feststellung beschränken, daß die Villa einen rechteckigen Grundriß hatte, 4 Ecktürme, ein großes zentrales Gebäude und einen Gemeinschaftssaal (10/11 unserer Abbildung 17), der erst sehr spät umgestaltet wurde: man zog im Saal 11 eine Trennwand und erhielt so das Zimmer 10.

Die 4 Türme haben alle unterschiedliche Maße, so der Turm 8: 4,77 mal 6,70 m; der Turm 29: 5 mal 6,40 m; der Turm 4: 4,95 mal 4,05 m; und der Turm 24: 4,60 mal 3,65 m. Die Veranda war 36,35 mal 4,13 m groß (Nr. 9 auf dem Plan), der Saal 12 38,80 mal 3,70 m. Der große Saal 10/11 war 15,12 mal 12,25 m groß, der Speisesaal (*oecus* – Nr. 16) 6,55 mal 7,97 m, die angrenzende Küche (Nr. 17) 4,58 mal 5,82 m mit einer Feuerstelle von 0,89 mal 0,36 m. Bei den Nrn. 1, 2, 3, 5 und 6 handelt es sich der Reihe nach um: Heizung (3,6 mal 4 m), Latrinen mit fließendem Wasser (3,42 mal 2,70 m), *caldarium* (5 mal 4 m) mit Sauna, *frigidarium* (3,72 mal 2,65 m) und ein zweites Warmwasserbecken (3,72 mal 2,65 m). Dem Thermalbereich kann Nr. 7 (3,72 mal 4,60 m) hinzugerechnet werden, vielleicht ein Ankleideraum. Nr. 18, 21, 23 und 25 waren wahrscheinlich Schlafräume.

Während der Ausgrabungen wurden nur wenige Mosaikreste gefunden, obwohl man sehr sorgfältig vorging. Allerdings war die Villa nur von einer 30 cm hohen Erdschicht bedeckt, alles übrige ist vom Rieselwasser weggeschwemmt worden. Die Mosaiken (die man besonders im Raum 16 zu finden hoffte) konnten also leicht Plünderungen zum Opfer fallen, von welchen die altbekannten Plätze heimgesucht wurden. Bis zum 3. Jahrhundert waren die Mauern der Villa bemalt, später mit Platten aus imitiertem Mar-

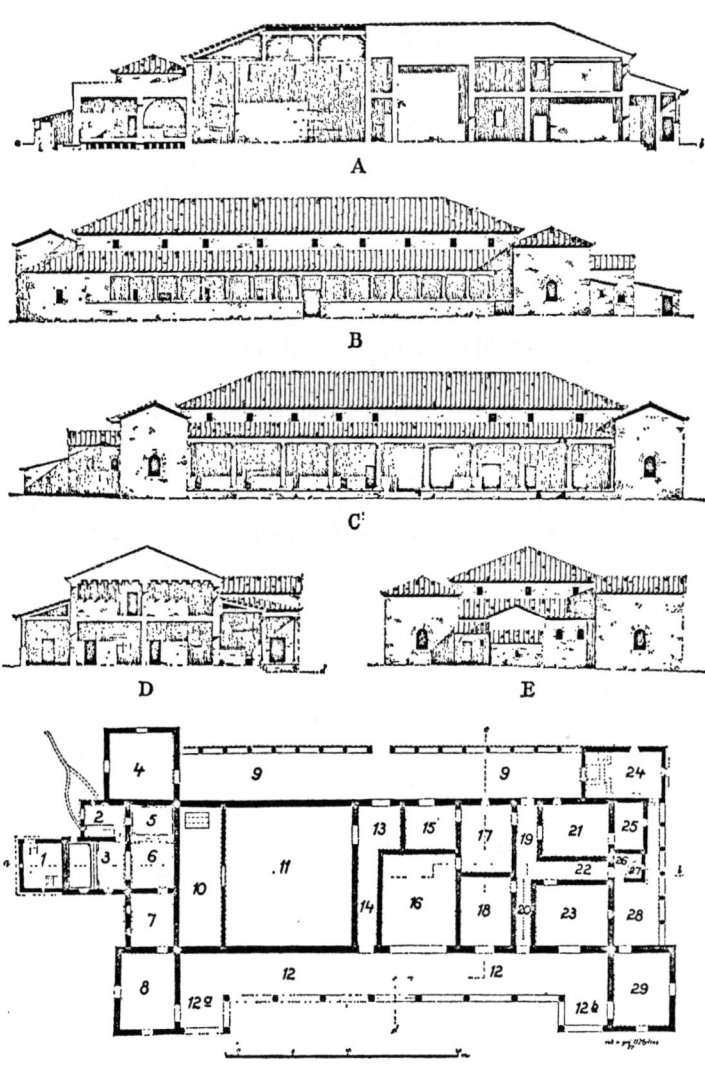

Abb. 17. Die Villa in Müngersdorf. (Nach F. Fremersdorf.)

mor abgedeckt. Der Speisesaal scheint mit großen rechteckigen Flächen in leuchtendroter glänzender und schillernder Farbe bemalt gewesen zu sein; jedes Feld war durch einen hellen, grünen Randstreifen eingefaßt und durch einen tiefschwarzen Zwischenraum vom Randstreifen des angrenzenden Feldes abgehoben. Auf diese schwarzen Zwischenräume waren Ornamente gemalt, stilisierte Pflanzendarstellungen in leichtem Rosa. Sie trugen runde Scheiben, deren letzte von einer ungefähr 30 cm hohen menschlichen Figur gekrönt war. Der untere Teil der Mauer bestand aus einer als Marmorimitation gemalten Felderabfolge. Dieser untere Fries war etwa 75 cm, die gesamte Mauerdekoration 3,30 m hoch. Die roten Felder mit dem grünen Randstreifen maßen 2,20 mal 1,24 m.

Die Villa lag auf einem Hügel, Grundwasser gab es erst in 20 m Tiefe. Die Wasserversorgung stellte infolgedessen ein ernstes technisches Problem dar. Während der Ausgrabungen wurden 6 Brunnen aus verschiedenen Epochen freigelegt. Wenn sie versiegt waren, dienten sie als Abfallgruben oder Sammelbecken für die Abwässer aus dem Herrenhaus. Auf Grund sehr gründlicher Ausgrabungen konnte erwiesen werden, daß die Römer bei ihren Brunnenanlagen zunächst ein sechseckiges Loch aushoben, das etwas weiter als der vorgesehene Brunnenschacht war. Die Innenwände wurden nach und nach durch eine sehr genau zusammengefügte Holzverschalung, durch Querverstrebungen aufrecht erhalten, abgestützt. In der Höhe des Grundwasserspiegels begannen die Brunnenbauer von Müngersdorf Schicht für Schicht mit der Errichtung der hexagonalen Brunnenfassung; der Raum zwischen der Holzverschalung und der Erdwand wurde fortlaufend aufgefüllt.

Mit ihren Nebengebäuden und ihrem Privatbesitz umfaßte die Meierei von Müngersdorf ein 300 mal 400 m großes Gelände. Auf diesem hat man zunächst ein Gesindehaus (16,20 mal 13,43 m) ausgemacht, dann einen Kornspeicher (27,40 mal 11,75 m), eine Scheune (23,85 mal 11,70 m), einen Wagenschuppen (10,30 mal 3,60 m), einen später in einen Getreidesilo umgewandelten Stall (30,45 mal 10,22 m), einen Pferdestall (28,25 mal 9,50 m), einen Schafstall (29,93 mal 6,91 m), einen Schweinestall (27,45 mal 4,57 m), Weinkeller und weitere Wagenschuppen.

Unsere Abbildung 17 zeigt außer der Anlage des Haupthauses die graphische Rekonstruktion der Meierei von Müngersdorf durch Hermann Mylius. Abb. B zeigt, wie in der sechsten Bauphase die Ostseite ausgesehen hat. Der Eckturm Nr. 24 ist in sie mit einbezogen, während Nr. 4 deutlich davon abgehoben ist. E zeigt die Seitenansicht, der Turm links ist Nr. 4 des Planes, rechts Nr. 8 der Westseite. Diese (C) hat mit B offensichtlich das Hauptgebäude gemeinsam, aber die Portikus hat keine Brüstung, und der Zwischenraum zwischen den tragenden Säulen ist breiter. A ist ein Längsschnitt von C und zeigt, wie das große Zimmer 10/11, der Saal 16 und die Zimmer 18 und 23 angelegt waren. D ist ein Querschnitt des rechten Flügels von C, etwas vor dem Eckturm.

Die Ausgrabungen der Meierei und ihrer Nebengebäude haben einen interessanten Überblick über das direkt oder indirekt in der Landwirtschaft gebräuchliche Werkzeug geliefert: Ketten mit einfachen und doppelten Gliedern, Nägel, Klammern, Stifte, Riegel, Gehänge, Eisenbeschläge, Befestigungsvorrichtungen, Ringe, Äxte, große Küchenmesser, Rebmesser, Gewichte, Pfahlbeschläge, Gabeln, Hämmer, Spitzhacken, Schaufeln, Spaten, Hacken, Steckhölzer, Schlüssel, Schrauben und Striegel, außer den üblichen Töpferscherben, welche in Müngersdorf unter anderem folgende Stempel tragen: Albinus (Lezoux?), Amabilis, Atticus (Lezoux), Bassus (La Graufesenque), Cicelavius, Lipuca (Ostgallien), Martialis, Modestus, Nasso, Regulus, Roppus (Lezoux).

Die Einheimischen wußten seit jeher, daß es in Mayen[32], im Osten des Gemeindewaldes, römische Ruinen im sogenannten ›Brasil‹ gab. In den Jahren 1922 und 1923 bestand die Gefahr, daß für Straßenarbeiten in der unmittelbaren Umgebung die Steine als Grundlage für die Planierungsarbeiten aus dem bequemen ›Steinbruch‹ wiederverwendet würden. Die Ausgrabungen förderten zunächst die Überreste eines großen Bauernhofes der Eisenzeit zutage, aus dem die Meierei der römischen Zeit hervorgegangen war. Das vorrömische Gebäude hatte Wände aus Eichenbalken, ein riesiges, tief heruntergezogenes Strohdach und besaß schon einen zentralen Raum auf rechtwinkligem Grundriß mit einer großen Feuer-

stelle in der Mitte. Aus diesem Gebäude wurde in der Folgezeit
eine Villa mit Ecktürmen und Portikus, das Hauptgebäude war
seit der dritten Architekturphase ein Steinbau. Es trug noch immer
ein Strohdach mit einem Dachfirst auf einem längsverlaufenden
Balkenwerk als Firstträger. Die Säulen und das Hauptgesims der
Veranda bestanden auch weiterhin aus Holz. Während der fünften
Bauperiode erhielt die Villa einen viereckigen Turm, außerhalb der
ursprünglichen Anlage. Er stand auf einem überhöhten Teil des
Geländes, auf dem die Villa errichtet worden war. Bis zu zwei
Dritteln seiner Höhe war dieser Turm aus Stein errichtet; sein
Oberbau war aus Holz und hatte ein Ziegeldach. Im Innern führte
eine Holzleiter mit breiten Treppenstufen zum oberen Raum. Die
Villa selbst war von nun an ein Steinbau. Ihre Außen- und Innen-
ausstattung erinnert sehr an die Villa von Stahl.

Im Innern der Villen ...

Man betrat das Haus durch eine oder mehrere Türen; sie waren im
allgemeinen aus Holz, seltener aus Bronze,[33] hatten Türrahmen
und beinahe immer eine steinerne Türschwelle, zwei Türflügel,
vier *cardines* (Türangeln), welche in der Steinschwelle und in dem
oberen Teil des Türrahmens drehten. Diese Türen hatten Riegel
und Schlösser. Schlösser und Schlüssel sind außerordentlich vielgestaltig. Die meisten sind aus Metall, im Prinzip entsprechen sie
etwa unseren heutigen. In der Saalburg[34] hat man allerdings ganz
aus Holz gefertigte Schlösser wiederherstellen können, die außen
an den Türen angebracht und aus 3 Teilen zusammengesetzt waren:
einem an der Türe befestigten Holzteil mit einer viereckigen Aussparung in der Mitte; darüber ein Metallstück mit 5 Stiften, von
unten nach oben verschiebbar (in unserer Abbildung sind sie her-
untergelassen); ferner eine Art Holzschieber mit viereckigem Querschnitt, der genau in die Aussparung des Holzschlosses paßte und
5 Löcher besaß, die sich – nach Einschieben des Riegels – dem oben
beschriebenen Metallbogen genau gegenüber befanden. Wenn man
diesen Schieber in die Aussparung des an der Türe angebrachten

Schlosses gleiten ließ, fielen die Metallstifte in die Löcher des Schiebers, wodurch die Türe verschlossen wurde. Um den Schieber wieder lösen zu können, benötigte man einen ›Schlüssel‹, ein dünnes Holz- (oder Metall-)Brettchen, das in das Schloß eingeführt wurde: dieses Brettchen hatte 5 Gegenstifte (auch sie waren den Löchern des Schiebers genau angepaßt). Sie stießen, wenn sie richtig angesetzt wurden, die Bolzen des Schlosses nach oben, gaben den Schieber frei, und die Türe ließ sich öffnen.

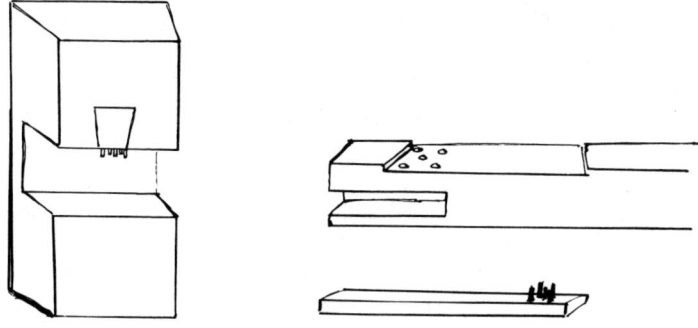

Abb. 18. Hölzernes Riegelsystem. (Nach J. Marquardt.)

Vermutlich dienten einige der zahlreichen Glöckchen, die bei den Ausgrabungen im Rheinland gefunden wurden, als Türklingeln. Alle Villen hatten eine Vorhalle; Aussehen und Umfang waren zwar recht unterschiedlich, aber sicherlich hat es überall eine Art Empfangshalle gegeben. Der große Gemeinschaftssaal diente der Aufnahme der Gäste ebenso wie der Familie als Sammelpunkt zu den Mahlzeiten und den Kulthandlungen im Familienkreis. Aus vielen Grabreliefs wissen wir, daß die Leute während der Mahlzeiten auf Holz- oder Metallbetten ruhten, auf denen Kissen und Decken ausgebreitet waren. Die Frauen, die am Mahl teilnahmen, saßen auf Stühlen mit runder, hoher Rückenlehne, die manchmal aus Korbgeflecht (Neumagen) waren; dazu gehörten kleine runde (oft zusammenklappbare) Tische. Möglicherweise gab es diese für alle Tischgenossen: der außergewöhnliche Charakter dieser ›Toten-

mahl-Darstellungen‹ hat vielleicht einige Veränderungen gegenüber
der täglichen Praxis mit sich gebracht.

Die Bett-, Tisch- und Stuhlbeine waren oft kunstvoll ausgeführt,
Kunsttischler und Kunstschmiede stellten mit Vorliebe Tierköpfe
und besonders Löwen dar.

Die Innenwände trugen einen Kalk- oder Stuckverputz mit geometrischen Motiven; bevorzugt waren eingerahmte Felder und Flächen, die eine perspektivische Wirkung erzeugen sollten. Die Aus-
schmückung beschränkte sich oft auf rote Bänder auf weißem
Grund, Ocker auf grünem Grund, Braun auf Ocker-Grund und
Grün auf rotem Grund. Die stilisierten oder realistischen Blumen-
motive, die der (gewöhnlich fremden, exotischen) Fauna entliehe-
nen Motive und die religiösen oder mythologischen Themen waren
der Inhalt kleinerer Bilder, die aufgehängten Gemälden ähnel-
ten.

Zu seinen Füßen konnte der Besucher in den großen Mosaiken auch
Geschmack und Reichtum des Hausbesitzers kennenlernen. Das
älteste Mosaik des Rheinlands wurde 1954[35] in Trier entdeckt.
Auf einer Länge von 3,30 m fand man den Rand eines Mosaiks (mit
sich gegenüberstehenden Dreiecken), welches auf Grund analoger
italischer Darstellungen in die augusteische Zeit datiert werden
konnte. Das Studium der umgebenden Schichten bestätigte diese
Datierung: Das Mosaik muß noch vor 25 n. Chr. entstanden sein.
Aus dem sogenannten ›Prokuratorenpalast‹ in Trier stammt eine
Gruppe von Mosaiken, die zur Periode I dieses Gebäudekomplexes
gehört; sie geht also noch auf die Zeit vor 70 n. Chr. zurück. Andere Mosaiken, die in der Nachbarschaft gefunden wurden, stammen teilweise aus dem 1. Viertel des 2. Jahrhunderts; während die
älteren nur geometrische, in Schwarz und Weiß gehaltene Motive
verwandten, finden sich bei diesen letzteren stilisierte Pflanzenabbildungen. Inmitten des schönsten Mosaiks ist ein Medusenhaupt zu
sehen, wie es immer wieder in der von Griechenland inspirierten
Kunst auftaucht. Dieses Mosaik mißt 5,40 mal 4,05 m. Mosaiken
mit geometrischen Mustern, aber aus dem 2. Jahrhundert, wurden
in Itzig 1853 und in Medernach 1842 entdeckt (beide Ortschaften
liegen im Großherzogtum Luxemburg); auf beiden sind komplexe

Motive und farbige Steinstreifen zu sehen. Das ›Mosaik von Medernach‹ hat 5 mal 4 Peltenmuster, die untereinander durch kleine Bänder verbunden sind. In ihrer Mitte befindet sich ein sogenanntes Kettenkreuz. Die Farben sind Rot und Rosa, Gelb, Ocker, Schwarz und Weiß.

Die Mosaiken der großen Villa von Odrang-Fließem wurden (von 1825 an) in den Wohngebäuden entdeckt. Kassettenmotive mit schwarzen Bändern, die dekoriert sind mit Kreuzen und ›Haken-

Abb. 19. Das Literatenmosaik im sogenannten ›Prokuratorenpalast‹ von Trier. (Nach K. Parlasca, Die römischen Mosaiken in Deutschland, Berlin 1970, Tafel IV.)

kreuzen‹, legen eine relativ frühe Datierung nahe. Die Mosaiken von Diekirch (Großherzogtum Luxemburg), die 1926 und 1950/51 in den Ruinen einer sehr großen, aus dem 2. Jahrhundert stammenden Villa entdeckt wurden, zeigen, wie die Mosaikbildner im provinziellen Bereich auch weiterhin – in bunten Farben – alte geometrische Motive verwandten, die sie sinnvoll mit Pflanzenstilisierungen und Bildermedaillons kombinierten. In Diekirch sind harmonisch Serpentinen, Zinnen, Rhomben, Trapeze, Kreisausschnitte, Quadrate, Rauten, Blumen und Tiere vereint. Das 1950 gefundene Mosaik hat in seiner Mitte ein Medaillon mit einer sogenannten Vexiermaske, deren Gesicht man erkennt – gleichgültig, ob man das Mosaik von ›Norden‹ oder ›Süden‹ betrachtet.

Zu den berühmtesten Mosaiken Triers gehört das ›Mosaik der Musen‹, 3,90 mal 3,40 m, 1952 in der Neustraße entdeckt. Eine Borte mit Blumenkreuzen umgibt das Ganze; eine andere, helle, schmale Borte liegt vor einer Graeca und einem weiteren hellen Streifen. Im Norden und Süden schließt ein Feld mit doppelten, gegeneinander stehenden Voluten das Mittelquadrat ab, in dem – zwischen farbenreichen Serpentinen – die Medaillons mit der Darstellung der Gefährtinnen des Apollon Kithareos zu erkennen sind.

Das ›Mosaik von Nennig‹ ist wohl das berühmteste des ganzen Rheinlands. Es wurde 1852 entdeckt und stieß bei der rührigen ›Gesellschaft für nützliche Forschungen in Trier‹ auf das lebhafteste Interesse. Sie erwarb das Gelände und sorgte für Freilegung, Erforschung und Unterhalt des 15,65 mal 10,30 m großen Mosaiks. Die abgebildeten Medaillons stellen Szenen aus dem Amphitheater dar: einen Gladiatorenkampf, wobei ein Retiarius mit einem *secutor* unter den Augen des Schiedsrichters kämpft; eine hydraulische Orgel und eine Posaune sorgen für die musikalische Untermalung der Kämpfe; eine Tigerin und ein Löwe fallen einen wilden Esel an; ein Gladiator hat einen Panther erledigt, er hebt die Arme zum Zeichen des Sieges; drei Ringer mit Peitschen nehmen es mit einem Bären auf. Das durch unterirdisches Wasser stark beschädigte Mosaik (die Villa lag auf den letzten Ausläufern eines Moselhügels) wurde in jüngster Zeit vollkommen restauriert und zur besseren Belüftung des unteren Teils auf Spezialzement aufgezogen. Feuchtigkeitsspender sorgen dafür, daß dieses außergewöhnliche Meisterwerk fortan unter idealen Bedingungen konserviert wird.

Das ›Bacchusmosaik‹ mit seinem barocken Reichtum in Komposition und Aufgliederung der dekorativen Elemente wurde 1902 entdeckt. Delphine mit geringelten Schwänzen stehen einander gegenüber, Eierstabmotive, ineinander geschlungene Serpentinen umrahmen 4 ovale Medaillons und 4 andere – in Form von Bogensegmenten im oberen Teil, in gerader Linie im unteren –, welche um das sehr schöne Mittelmedaillon angeordnet sind. Es stellt Bacchus dar, der den *thyrsos* und einen *kantharos* hält; sein Wagen wird von Panthern gezogen. Die 4 Frauenfiguren der ovalen Medaillons stellen die Jahreszeiten dar; die trapezförmigen Medaillons zeigen Gespanne, die von Ebern oder Löwen, Panthern oder Hirschen gezogen werden; alle führen Masken oder Zweige bei sich.

Das sogenannte ›Monnusmosaik‹ (es trägt die Subskription: MONNVS FECIT) umfaßt 6 Medaillons, die die Künste darstellen oder die Jahreszeiten symbolisieren – neben 8 kleineren Quadraten, welche die Büsten von Vertretern der griechischen und lateinischen Literatur enthalten. 8 andere, viereckige Medaillons zeigen Schauspieler, fünfeckige die Genien der 4 Jahreszeiten, trapezförmige die Zeichen des Tierkreises.

Das ›Ledamosaik‹, entdeckt im August 1950,[36] gehört ans Ende des 4. Jahrhunderts, in die Zeit Valentinians I. und Gratians. Das zentrale thematische Motiv stellt die dreifache Geburt der Dioskuren (der *Castores*) und der Helena dar. Seine Entstehung hat dieses Mosaik wohl einem *collegium Castorum*, einer religiösen Bruderschaft, die sich dem Kult der Dioskuren hingab, zu verdanken. Es verrät möglicherweise sogar christliche Einflüsse, was besonders in einigen Namen der dargestellten Personen zum Ausdruck kommt, deren Deutung bisher noch aussteht.

Zu den Prachtstücken der Mosaikkunst in Germanien gehört auch das ›Dionysosmosaik‹ in Köln: inmitten einer dekorativen Komposition geometrischer Elemente, in ihrer Ausführung ebenso komplex wie harmonisch, erscheinen die viereckigen, rechtwinkligen, achteckigen und trapezförmigen Medaillons mit der Darstellung des betrunkenen Dionysos, wie er sich schwerfällig auf einen Satyr lehnt (Hauptmedaillon), tanzender Mänaden, ›Satyrfamilien‹ mit verschiedenen Musikinstrumenten und Trauben, dazu Löwen, Pflanzen, Enten, Körbe, voll von saftigen Kirschen, *kantharoi*, usw. Das 1941 entdeckte Mosaik gehörte zur Residenz des Legaten von Untergermanien, über welcher das 1974 eröffnete ›Römisch-Germanische Museum der Stadt Köln‹ erbaut wurde. Die besonders gut durchdachte innere Disposition der neuen Museumsräume erlaubt jetzt – aus der Treppenflucht – jene Aufsicht auf das ›Dionysosmosaik‹, die dessen ganzen Reichtum im Überblick voll zur Geltung bringt.

Das schöne Mosaik von Münster-Sarmsheim (bei Bingen) zeigt den Sonnenwagen mit dem Lichtgott, umgeben von den Tierkreiszeichen. Auf den Mosaiken von Bad Kreuznach und Augsburg sind Gladiatorenkämpfe, auf dem Mosaik von Westernhofen eine Hirschjagd zu sehen.

Mosaiken sind, wie gesagt, Symbol für Reichtum und Geschmack. Sie waren allesamt bestimmt von griechisch-römischen religiösen Themen oder von Stilrichtungen und Motiven, die aus Italien importiert waren. Hier wurde der künstlerische Einfluß Roms in der Provinz mit am deutlichsten sichtbar. Wahrscheinlich gab es in beiden Germanien Mosaikwerkstätten (wie das vor kurzem z. B. auch für Lyon nachgewiesen wurde) ebenso wie Bildhauerateliers, aber stets war die von den Meistern vermittelte Lehre eine ›mediterrane‹, und gewisse, besonders reichhaltige Medaillons kamen wahrscheinlich direkt aus Italien. Die provinzielle Kunst Germaniens ist deutlich von fremden Regeln bestimmt und beschränkt sich in den meisten Fällen auf eine im allgemeinen wenig schöpferische Nachahmung. Dies soll keineswegs ein negatives Werturteil ausdrücken: spontane Kreativität geht weitgehend der gesamten römischen Kunst ab, was sie jedoch niemals gehindert hat, in Italien ebenso wie in den Provinzen Meisterwerke zu schaffen.

Lange Zeit war man der Ansicht, daß die Römer, um ihre Fenster zu schließen, nur außenseitige Fensterläden und innenseitige Vorhänge hatten oder daß die Fensteröffnungen durch Selenitplatten geschlossen wurden *(lapis specularis)*, die das Licht dämpften und einen guten Schutz gegen Sonnenstrahlen boten. Laktanz hatte dennoch sehr deutlich auf einen Unterschied hingewiesen zwischen *fenestrae perluante vitro aut speculari lapide obductae*, Fenster, die mit durchscheinendem Glas, und anderen, die mit Selenitplatten verschlossen wurden.[37] Die Ausgrabungen haben in Pompeji und im Rheinland den Beweis für die Existenz von Glasplatten erbracht, mit denen die Fenster geschlossen wurden. Zur Innenausstattung des berühmten Sarkophags von Simpelveld gehört auch die Darstellung eines Hauses, dessen Fenster von zwei Läden (Abb. 20) flankiert sind, wovon jeder die Ausmaße des Fensters selbst hatte. In einem Fall ist der Fensterladen links durch ein Holzkreuz in der Diagonale gekennzeichnet, als ob es sich gleichsam um einen hölzernen Fensterladen handelte, mit dem das ganze Fenster von außen verdeckt werden konnte.

Abb. 20. Fenstergatter im Innern des Sarkophags von Simpelveld.

Ein weiteres Grundelement des Komforts ist die Heizung. Seit Beginn des 2. Jahrhunderts haben die rheinischen Villen einen oder mehrere Heizungsräume. Zu diesen gehört ein *praefurnium* aus Ziegelstein, geheizt von einem kleinen Zimmer aus, neben dem es einen Verschlag für die Asche gibt. Die Hitze wird durch kleine Türen mit beweglichen Luken reguliert, dank derer der Zug vermehrt oder vermindert werden konnte. Durch andere bewegliche Scheidewände ließ sich der Heißluftstrom verteilen. Dieser verließ die Feuerstelle durch einen Hauptleitungsstutzen, der die heiße Luft unter den Boden des nächstliegenden Zimmers leitete; schrägstehende seitliche Schlitze sicherten den Abzug der Giftgase.

In der Saalburg hat man folgendes Experiment gemacht.[38] Mit einem gewölbten *praefurnium* von 40 mal 57 cm sollte ein Zimmer von 4 mal 5 mal 3 m geheizt werden. Es hatte einen Hypokaust auf Tonpfeilerchen, 60 cm über dem Erdboden. Der von diesen kleinen Säulen getragene Estrich war 20 cm dick und hatte einen Belag aus viereckigen Dachziegeln. Die hochgehenden Mauern hatten alle Röhren *(tubuli)* unter einem 2 cm dicken Verputz. Mit Ausnahme von 10 dieser aufsteigenden Röhren führten alle nur bis zur Zimmerdecke, hatten aber nach außen hin keinen Abzug. Die 10 anderen führten durch den Dachraum über der Zimmerdecke ins Freie. Kretzschmer ließ 6 davon zumauern, nur die 4 Eckröhren der Zimmer blieben offen. Bei einer Außentemperatur von 0° und einem Verbrauch von 25 kg Holzkohle pro 24 Stunden erhielt man eine Zimmertemperatur von 22° in 36 Heizungsstunden. Die unter der *suspensura* (dem Boden, der von den kleinen Säulen getragen wurde) zirkulierende Luft hatte eine Temperatur von 80°, der Fußboden selbst zwischen 25° und 30°. An den Eckkaminen war die Mauer bis zu 30° heiß, die Temperatur im oberen Teil blieb aber beinahe immer niedriger als die mittlere Zimmertemperatur. Diese Feststellung bedeutete natürlich eine Sensation: Wenn die Röhren in der Mauer nicht zum Heizungssystem gehörten, welchem Zweck dienten sie dann? Nach Kretzschmer gehörten sie zwangsläufig zu Bäderanlagen: sie hätten also verhindert, daß sich die durch Dampfentwicklung entstandene Feuchtigkeit auf den Zimmerwänden niederschlug. Diese These blieb nicht unangefochten, wobei man besonders nordafrikanische Beispiele heranzog; sie kann aber nicht ohne weiteres von der Hand gewiesen werden.

Die Bäder sind oft zur gleichen Zeit wie die Heizung installiert worden, sie gehören im allgemeinen nicht mehr in die ersten Epochen der römischen Besetzung; aber das Rheinland hat auch sie Rom zu verdanken. Die ersten Bäder der Villen Germaniens benötigen nur wenig Platz, oft sind sie nur mit einem Heiß- und Kaltwasserbecken und einer Kleiderablage ausgestattet. Erst im 3. und 4. Jahrhundert hat man richtige Thermen mit allen hierzu erforderlichen Räumen errichtet, meistens in einiger Entfernung von der Villa: ein überdachter Gang verband die beiden Gebäude. Im großen und ganzen sind zwei Einrichtungstypen bekannt; im ersten Fall – wie in Badenweiler – sind die hintereinander liegenden Becken fortlaufend angelegt, im zweiten Fall – wie in Nennig – sind die Becken und die angrenzenden Zimmer ohne feste Ordnung nach einem veränderlichen Plan gebaut. Im Innern vieler Becken gibt es eine Stufe, so daß dort das Wasser nur bis zur Gürtellinie reichte.[39]

Eines der kostbarsten Zeugnisse für unsere Kenntnis vom Mobiliar der Villen in römischer Zeit ist unstreitig der 1930 in Simpelveld[40] (Niederlande) gefundene Sarkophag, dessen Abguß sich im Mainzer Römisch-Germanischen Zentralmuseum befindet. Er mißt 2,27 mal 1,04 mal 0,60 m und stammt aus dem 2. Jahrhundert. Auf den Innenwänden des Sarkophags sind einige Gegenstände aus dem täglichen Leben der in ihrer Mitte dargestellten Verstorbenen abgebildet; daneben andere Abbildungen, die zweifellos durch den Grabcharakter des Kunstwerks bedingt sind.[41]

Die Tote liegt auf einem niedrigen Bett, welches auf drei Seiten von einer verzierten, Holztäfelung nachahmenden Einfassung umgeben ist. Das Rahmenstück am Kopf der Verstorbenen weist eine Ausbuchtung für das Kissen auf, das zur Stütze für den Ellenbogen dient. Die Bettfüße sind aus Holz gedrechselt, mit vierfachem Rundwulst. Auf dem Bett liegt eine Matratze. Der Körper ist in eine bis zur Brust reichenden Decke eingeschlagen. Links vom Bett steht ein Sessel mit runder Rückenlehne und einem dicken, sichtlich weichen Kissen. Neben diesem Sessel sieht man einen großen Schrank auf einem Holzsockel. Die Schranktüre wird durch ein großes Schloß zugehalten, vielleicht handelt es sich um einen ›Schrankkoffer‹, der beim Umzug, aber vor allem auch auf der Reise verwendet werden konnte. Auf derselben Seite, wo das Bett steht, ist ein kleines Haus dargestellt, das dem Beschauer seine rechte Seitenfront zuwendet; es hat einen dreieckigen Giebel und eine Türe mit einem großen Schloß. An der dem Inneren des Sarkophags zugekehrten Seitenfassade befinden sich zwei rechteckige Fenster, von denen bereits oben die Rede war. Unmittelbar unterhalb des Daches erkennt man eine Luke, wie sie noch heute in Ge-

bäuden früherer Mühlenbetriebe anzutreffen ist: mit einem Fla-
schenzug können Waren zum Speicher emporgehievt werden. Das
Dach ist mit roten Ziegeln gedeckt, der Giebel hat Firstziegel mit
Abschlußakroteren. Neben diesem Wohngebäude steht ein anderes
Bauwerk (ein Turm mit pyramidenförmigem Ziegeldach und vier
Seitenflächen), das ebenfalls einen zuklappbaren Fensterladen aufweist. Besser als beim Haus erkennt man hier die Holzeinfassung
mit den kleinen, gläsernen Fensterscheiben. Neben diesem zweiten
Gebäude sieht man ein Möbelstück mit zwei Nischen und oben
halbzylindrischen Öffnungen. Seine genaue Bestimmung konnte
bisher nicht herausgefunden werden, aber es scheint mit den 3 Nischen hinten und den 5 in der Mauer gegenüber dem Bett der Verstorbenen den Kultbereich des Totenzimmers zu bilden. Diese
Nischenmöbel konnten als *lararium* dienen und vielleicht eine kapi-
tolinische oder einheimische Göttertrias aufnehmen. Das *lararium*
mit 5 Nischen liegt neben einer halbzylindrischen Nische, deren
Dach stilisierte Laubverzierungen aufweist. Weiter gibt es da einen
schönen Garderobenschrank mit 2 Abteilungen und kunstvoll ge-
schnitzten Türen, ebenso einen Toilettentisch, bestehend aus einer
soliden, an der Wand befestigten Platte, unter welcher ein großer
Behälter mit Schließklappe und ein großer Krug stehen. Beide haben
nur einen Henkel. Auf der Platte des Waschtisches befinden sich
2 Waschschüsseln, vor einem schmaleren Wandbrettchen mit 3 kleinen Schalen und einem Salbenfläschchen aus Faltenglas. Das übrige
Mobiliar umfaßt einen Tisch mit halbrunder Marmorplatte und
3 Bronzefüßen in Form von Löwenpranken, mit eingelegten Medaillons mit Löwenköpfen. Schließlich sieht man in der Ecke eine
Holzbank, auf der 3 große Krüge, 2 runde und 1 viereckiger,
stehen.

Der Sarkophag vom Simpelveld gruppiert also um die unbekannte
Tote Gegenstände und Mobiliar aus einem Schlafraum, ebenso
architektonische Modelle, wie sie in allen mediterranen Zivilisatio-
nen bekannt sind. Überall haben sie Votivcharakter und sind Mi-
niaturdarstellungen von Besitz, dem man das besondere Wohlwollen der Gottheit angedeihen lassen will. Offensichtlich wurde in
diesem Sarkophag, wie in vielen anderen, ein besonders großer

Platz Möbeln und Darstellungen eingeräumt, die mit dem Kult in Zusammenhang stehen: Es ist kaum wahrscheinlich, daß jeder Schlafraum 11 Nischen für 11 Götter hatte! Man wird sich also vergegenwärtigen müssen, daß wir es mit einer Leichenbegängnis-szene zu tun haben, die für alle Ewigkeit Glück und Schutz für die Seele der Verstorbenen sichern sollte. Diese Bemerkung trifft für alle diese Darstellungen zu: es gilt, sie mit Umsicht zu interpretie-ren, da es sich hier nie um eine eigentliche Alltagsszene handelt. So auch beim Sarkophag von Simpelveld: die Anordnung der Möbel entlang den Mauern sagt nichts über die tatsächliche Verteilung des Mobiliars in römischen Räumen aus.

Die vici

Die rheinische Archäologie hat sich lange Zeit beinahe ausschließlich mit Funden, die die Anwesenheit römischer Truppen betrafen, be-schäftigt. Die ›zivile‹ Archäologie ist noch verhältnismäßig ›jung‹, was in unserem Kapitel über die *villae* deutlich wurde. Beim Stand der Dinge kann zu diesen ›friedlicheren‹ Themen keine Dokumen-tation vorgelegt werden, welche es erlaubt, die auf Grund vertief-ter und vermehrter Ausgrabungsergebnisse aufzustellenden Hypo-thesen besser abzusichern. Die weitgehend militärische Ausrichtung der rheinischen Archäologie – die allerdings zu außergewöhnlich genauen Kenntnissen über die in Germanien stationierten Truppen geführt hat – war Studien über nicht-militärische Aspekte des All-tags im Rheinland nicht gerade förderlich; das gilt auch für die Erforschung der bürgerlichen Ansiedlungen, der Flecken, der *vici*. In einigen neueren Arbeiten werden nun bereits systematischere Analysen ebendieser *vici* vorgelegt. Ich entnehme ihnen die nach-folgenden Angaben, insofern sie mehr oder weniger allgemeingül-tig sind.

Nahe der großen römischen Straße von Metz nach Worms und von Metz nach Mainz über Saarbrücken liegt der *vicus* Schwarzen-acker.[42] Schon im 16. Jahrhundert wurden römische Ruinen und ein

Münzschatz bekannt. Am Anfang des 18. Jahrhunderts erfuhr
Schöpflin von einem Raum mit Hypokaust, den er in seinem Werk
über das antike Elsaß erwähnt.[43] Im Jahre 1776 gab der Herzog
von Zweibrücken einem gewissen Mannlich den dringenden Auftrag, ihm römische Statuen für die neue Kunstgalerie seines Schlosses zu beschaffen. Dieser, getäuscht durch einen Ortsnamen, der sich
im Lauf des Mittelalters verschoben hatte, plünderte eine römische
Nekropole und fand dabei aber ›nur‹ Hunderte von Gräbern, Tausende von Gefäßen, Flaschen usw. 300 Urnen kamen ins Schloß,
... wo sie während des Brandes von 1792 zerstört wurden. Beim
Bau der Eisenbahn entdeckte man im Jahre 1897 eine römische
Schmiede. Zu Anfang des Jahrhunderts wurde ein Schatz von
4811 Silbermünzen registriert; nach dem Ersten Weltkrieg legte

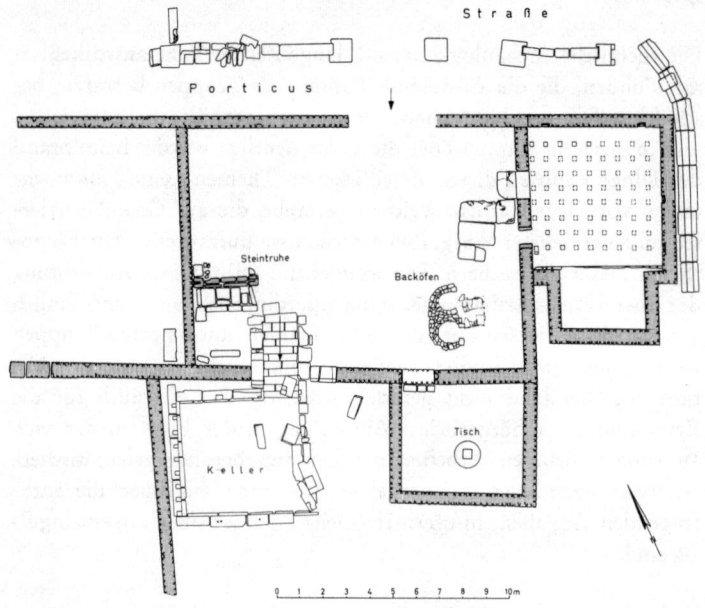

Abb. 21. Schwarzenacker. Haus des Augenarztes. (Nach BJ 172,
1972, S. 246.)

C. Klein ein Heiligtum frei: römische Bauüberreste, Skulpturen, ein großes Gebäude mit Portikus, Grabstelen, Reliefs mit Götterdarstellungen, Bronzegegenstände und Töpferwaren. Er arbeitete sich dabei, wie sich später herausstellen sollte, langsam bis zum eigentlichen Zentrum des *vicus* vor. Von nun an war man sich darüber klar, daß eine zusammenhängende Vorstellung von diesem Ort nur durch großangelegte Ausgrabungen zu gewinnen war. Diese begannen 1954 und dauerten 10 Jahre. Dabei wurde eine 10 m breite Straße freigelegt, die von Portikushallen gesäumt war, eine Großtöpferei und Privathäuser. Eines von diesen Häusern führte auf den Säulengang hinaus, der sich entlang der von Fußgängersteigen gesäumten Straße erstreckte. Es hatte ein großes, teilweise mit Steinplatten ausgelegtes Zimmer und ein von einem Hypokaust geheiztes Eckzimmer. In einem Raum im hinteren Teil des Hauses stand ein Steintisch. Die Mauern waren dunkelrot bemalt. Das große Zimmer führte durch eine Art Hinterkammer zu einem mit Platten belegten Hof, zu welchem man auch von der Straße her gelangte. Durch diesen seitlichen Durchgang kam man auch zu anderen 30 oder 40 m von der Straße entfernt gelegenen Häusern. Auf den bemalten Mauern dieser Häuser waren mythologische Themen dargestellt, oder aber die Wände waren in farbige Felder eingeteilt, getrennt durch geometrische Dekor-Borten. In dem kleinen Haus Nr. 2 (4,70 mal 5,83 m) entdeckte man eine ganze Sammlung kleiner Votivbronzen: Merkur, Apollo, Neptun, Victoria und der *Genius Populi Romani*. Der Grundriß all dieser Häuser ist sehr verschieden: im Gegensatz zu den eben behandelten Meierei-Villen verfügten diese Stadthäuser über wenig Land; die entlang der Straße liegenden Häuser stehen in Reih und Glied, wogegen die anderen auf dem noch verbliebenen Raum ohne Rücksicht auf irgendeine Urbanisierung gebaut waren.

Im 19. Jahrhundert wurden beim Bau einer großen Straße bedeutende römische Ruinen auf dem Plateau von Dalheim (Großherzogtum Luxemburg) freigelegt. Die Ausgrabungen konnten zwar nur auf einem verhältnismäßig schmalen Streifen entlang der Straßenbaustelle durchgeführt werden, aber das genügte, um die Existenz eines großen *vicus* dort zu belegen, wo man seit dem 8. Jahrhundert ein römisches Lager vermutet hatte. Spätere Probegrabungen zeigten, daß die Ausdehnung dieses *vicus* beträchtlich war und einen wichtigen Teil des die ganze Gegend beherrschenden Plateaus einnahm. Ein dichtes Straßennetz verbindet es mit Metz, Trier (über Stadtbredimus und die oben erwähnte römische Brücke), Arlon (über den Standort der heutigen Hauptstadt des Großherzogtums) und Mersch. Einige zehntausend Münzen aller Epochen (von Augustus bis zum 5. Jahrhundert), eine interessante Sammlung von Weihe- und Grabinschriften,[44] Flachreliefs, bäuerliches und häusliches Werkzeug, Töpferwaren, kleinere Gegenstände bestätigen die seit 50 Jahren vertretene These, daß es sich hier um einen bedeutenden *vicus* handelte, der erst beim Zusammenbruch des Weströmischen Reiches verschwand. Einer bisher nicht beachteten Bemerkung des gelehrten Begründers der luxemburgischen Archäologie, Alexander Wiltheim, zufolge kann angenommen werden, daß der *vicus* Dalheim befestigt war und Überreste eines Stadttores noch im 17. Jahrhundert erkenntlich blieben; es wäre nicht auszuschließen, daß sich der *vicus*, ebenso wie die Stadt Trier (zwischen 180 und 200), auf diese Weise gegen die Gefahr eines ersten ›Germanensturms‹ absichern wollte. Mit Hilfe von Ortsnamen aus der weiteren Umgebung hat man versucht, den *vicus* Dalheim mit dem Ricciaco der antiken Itinerarien zu identifizieren. Die vorgebrachten Argumente sind aber nach wie vor durchaus ungenügend.

Viele *vici* standen in der Nähe der *castella*; beider Beziehungen sind, *mutatis mutandis*, vergleichbar mit denen der frühhistorischen *oppida* zu den etwas entfernt gelegenen ›Dörfern‹. In Kriegszeiten fanden die Bewohner des *vicus* Zuflucht in der Festung. Die von R. Schindler geleiteten Ausgrabungen in Pachten[45] nahmen die Freilegung des seit 1850 von Ph. Schmitt ausgemachten *vicus* wieder auf. Zu seiner Zeit war das Areal über den Ruinen des *vicus* noch nicht bebaut, und vermutlich hat Schmitt die gesamte Ausdehnung des *vicus* mit 608 mal 228 m richtig geschätzt. Seiner Meinung nach mußte es etwa 400 Steinhäuser gegeben haben; die Gesamtbevölkerung betrug etwa 2000 Einwohner. Die Ausgrabungen an der Westgrenze des *vicus* legten eine Ziegelbrennerei und eine Töpferfabrik, die Öfen, die Lagergebäude und die Verkaufshallen frei. Am Südrand des *vicus* waren die Funde ganz ähnlich: 200 kg Töpferscherben, 34 Gefäße, die man gleich wieder zusammensetzen konnte; also der Abfallhaufen einer Werkstatt. Eines der ausgegrabenen Privathäuser hatte einen viereckigen Raum von 16 mal 16 m, davor lag – zur Straße hin – ein 4 mal 4 m großer Laden. Neben dem großen Saal waren noch 4 Wohnräume. In Pachten gibt es wenig Keller, der Grundwasserspiegel reicht beinahe an die Oberfläche. Im *vicus* fanden die Ausgräber eine Falschmünzerwerkstatt! Tatsächlich wurden in einer Schmiedewerkstatt beinahe 2000 tönerne Gießformen entdeckt, die zur Herstellung von ›römischen‹ Münzen dienten. 40 von diesen Formen erlaubten die Herstellung grober Nachbildungen von Münzen aus dem 1. Teil des 3. Jahrhunderts; die verwendete Bronze stammt aus den später noch zu erwähnenden Steinbrüchen von Wallerfangen. Die Fälschungen – aus jeder Form wurden etwa 33 Stück nachgeprägt – hatten wenig Ähnlichkeit mit den ›offiziellen‹ Stücken; doch es ist nicht ausgeschlossen, daß sie zur Zeit, wo bedenklich wenig kaiserliches Geld in Umlauf war, sogar geduldet wurden.

Castella *und* vici

Die *castella*, die befestigten Plätze, sind im wesentlichen nicht sehr verschieden von den *vici*; es sind beinahe immer *vici*, die nach und nach mit einer Wallanlage umgeben wurden, oder kleine Garnisonstädte, wo das zivile Element das militärische zahlenmäßig überstieg. Bingen *(Bingium)* an der Nahemündung *(Nava)* war eine Station der Rheintalstraße, Garnisonstandort der *cohors IV Dalmatarum,* dann der *cohors I Pannoniorum* und der *I Sagittariorum* (im 1. Jahrhundert).[46] Erst im Jahr 359 erhielt der Ort dank Julian eine Festungswand. Als wichtiger Knotenpunkt der Rheintalstraße und der Straßen Bingen–Kreuznach und Bingen–Trier wurde der *vicus* bald sehr wohlhabend und das *castellum* immer wichtiger. Die Nekropole entlang der nach Mainz führenden Straße erbringt den Beweis für den bürgerlichen Charakter der Siedlung vom 1. bis ins 4. Jahrhundert. In einer zweiten Nekropole fand man das Besteck eines Arztes: Spatel, Skalpelle, Zangen, Pinzetten, Salbenbüchsen, Trepanationsmeißel, Sonden, Schröpfköpfe usw.; die nicht-militärischen Inschriften sind dagegen selten. Verehrt wurden unter anderem Merkur und Mithras. Nicht weit von hier in Münster-Sarmsheim fand man (1895) das oben erwähnte schöne Sonnenmosaik.

Der *vicus Cruciniacus* (Bad Kreuznach) ging aus einer vorrömischen, wahrscheinlich keltischen Siedlung hervor. Der Name ist zwar erst seit der karolingischen Zeit bezeugt, aber es ist gut möglich, daß es sich um eine viel ältere patronymische Bildung handelte.[47] Vielleicht waren Salinen ausschlaggebend für die Gründung und den Wohlstand des bei einer Brücke und an einem bedeutenden Knotenpunkt gelegenen *vicus*. Dank der *tabellae defixionum* (Fluch- und Verwünschungstäfelchen) kennen wir 70 Namen von Einwohnern des *vicus* im 1. Jahrhundert:[48] Abilius, Abinus, Arria Gavisa, Oplatus, Cossus, Marcus, Atta, Camula, Atticinus, Trentius Attiso, Narcisus, Balbus, Severinus, Santius, Adiutor, Mansuetus, Sinto, Gracilis usw. Durch ebendiese Fluchtäfelchen erfahren wir, daß der eine Handlanger war, der andere Fleischer, wieder ein anderer Zimmermann neben Färbern und Bergleuten. In einem großen Herrenhaus des 3. Jahrhunderts hat man 1893 das berühmte ›Mosaik der Zirkusspiele‹ entdeckt, dazu kam 1966 ein anderes mit Seemotiven. Die Umwallungsmauer der Stadt stammt aus der Konstantinischen Zeit und grenzt eine viereckige Siedlungsfläche von 165 mal 170 m Seitenlänge ab. Die Mauern waren 3 m dick und besaßen an den Ecken zu drei Vierteln, an der Mitte der Seitenteile halb vorspringende Türme. Bei den 1965[49] unternommenen Ausgrabungen stellte man fest, daß die Bauten des *vicus* in einem oft von Überschwemmungen bedrohten Gelände sinnvollerweise auf einer Kiesschicht mittleren Kalibers errichtet worden waren, die festgestampft und somit tragfähig genug war, um die Mauern der Häuser aufzunehmen. Andererseits war sie so durchlässig, daß das Sickerwasser in die zum Fluß führenden Entwässerungskanäle hin abfließen konnte.

Dank einer Inschrift[50], die an die Errichtung eines Altars für die Nymphen erinnert, welcher im Jahr 223 unter Octonus Tertius und Casto Cassius durch die Einwohner errichtet wurde, wissen wir, daß Alzey sich im 3. Jahrhundert *vicus Altiaensis* nannte. Spuren vorrömischer Häuser sprechen für das Alter der Siedlung. Schwefelhaltige Quellen haben sicher zur Bedeutung des Ortes beigetragen. Daneben zeugen ein Heiligtum des Apollo-Grannus und der Sirona, ein *temenos* für Herkules, Merkur, Vulkan und Venus vom beachtlichen Alter des Thermalbades. Zur Zeit der Errichtung der Wallanlage in der Konstantinischen Zeit wurden die früheren Häuser offensichtlich zerstört und durch andere ersetzt, die den besonderen Bedürfnissen der neuen Siedlung vielleicht mehr entsprachen.

Die Städte des Rheinlands

Köln[51]

Fünf Serien archäologischer Zeugnisse betreffen das frühere *oppidum Ubiorum* bei seiner Gründung im Jahre 50:
Die im Jahre 50 gegründete Kolonie, *Colonia Claudia Ara Agrippinensium* (Abkürzung: *CCAA*), wurde nach dem herkömmlichen Schema aller viereckigen Städte angelegt, der Grundriß aber offensichtlich etwas an die Gegebenheiten des Geländes angepaßt. So fällt z. B. die Nordgrenze mit einem als Hafen dienenden Rheinarm zusammen, die Südgrenze mit einem sich dort in den Rhein ergießenden Seitenarm. Die Stadt hatte 8 Tore und eine Stadtmauer, vor der ein Graben lag. Der Verlauf des *decumanus maximus* von Osten nach Westen ist nicht ganz geradlinig wegen der Besonderheit des Geländes. Der *cardo maximus* (Nord–Süd) war um ein ganzes Stück nach Osten verschoben (im Vergleich zu den theoretischen Vorstellungen über Verlauf der Hauptachsen einer Stadt). Wie H. von Petrikovits vermutet, verfuhr man so, um die besondere Bedeutung des ›Prachtviertels‹ entlang des Rheins herauszustreichen.
In diesem wegen seiner kostbaren Funde berühmten Stadtteil stand der Palast des Legaten von Niedergermanien, der ab 1953 von

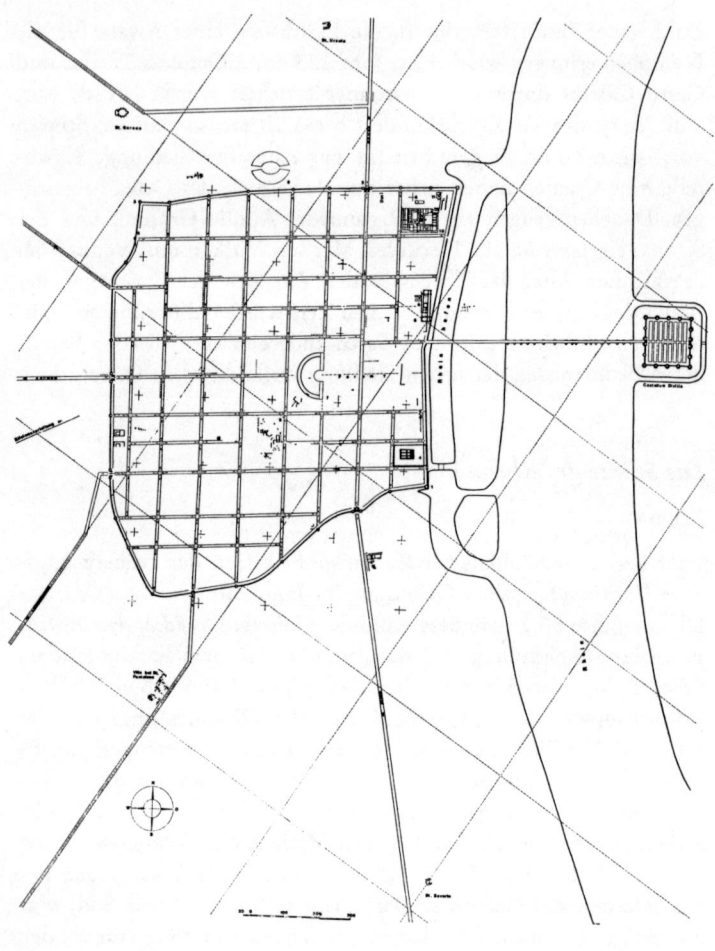

Abb. 22. Die Römerstadt Köln (Nach O. Doppelfeld, Rom am Dom, Abb. 4.)

Otto Doppelfeld[52] ausgegraben wurde und nunmehr für die Öffentlichkeit (unter dem Rathaus) zugänglich gemacht wurde. Das ganze
Gebäude lag auf einer hügeligen, den Rhein beherrschenden Ebene;
zum Fluß hin erstreckte sich eine riesige Säulenterrasse, die die beiden großen Ecktürme des Palastes untereinander verband. Dieser
Komplex allein (Türme und Terrasse) war 93 mal 28 m groß. Im
unteren Teil schloß sich an diesen flußwärts gerichteten Bau ein in
seinen äußeren Mauern achteckiger, innen aber runder Bau an, der
an das *vestibulum* des Diokletianspalastes in Split erinnert. Der
Palast von Köln wurde, wie alle Bauten des Rheinlandes, mehrfach
umgestaltet und umgebaut. Der Grundriß aber blieb immer derselbe wie in den großen rheinischen Villen: ein riesiges Rechteck,
dessen innere Unterabteilungen allein weiterentwickelt und verändert wurden. Der Palast des Legaten liegt neben einem großen
Bau, vielleicht einem Verwaltungsgebäude mit den Kanzleien der
Legation. Da all diese Fakten längst bekannt waren – 1972 schrieb
P. La Baume, die *CCAA* gehöre zu den besterforschten Denkmälern
römischer Zeit in Deutschland –, wandte sich die Forschung vornehmlich drei Fragekomplexen zu: der Lokalisierung des *Oppidum
Ubiorum*, der Topographie des tiberischen Zweilegionenlagers sowie der Frage nach der Kontinuität zwischen ausgehender Römer-
zeit und beginnendem Mittelalter. Aus Abb. 22 gehen die topogra-
phischen Ergebnisse dieser jüngsten Forschung hervor.
Die Ausgrabungen des Römisch-Germanischen Museums an den
Ost-, West- und Südseiten des Doms haben beträchtliche Funde ans
Licht befördert, welche der Altmeister der Kölner Archäologie,
Professor Doppelfeld, in der Schrift »Rom am Dom« (unter Mit-
wirkung seiner kompetentesten Mitarbeiter) zusammenfassend beschrieben und kommentiert hat.
Vorgeschichtliche Funde waren bislang in der Kölner Innenstadt
relativ selten geblieben; um so regeres Interesse fanden die 1969
(unter einer Römerstraße, am Roncalli-Platz) freigelegten Gruben
mit Gefäßresten aus der endneolithischen Michelsberger Kultur, daneben Feuersteinklingen, Kratzer, Spitzen sowie späteisenzeitliche
Scherben. Damit ist für den Ort des späteren Köln die Anwesenheit
von Siedlern sowohl für den Ausgang des 3. vorchristlichen Jahr-

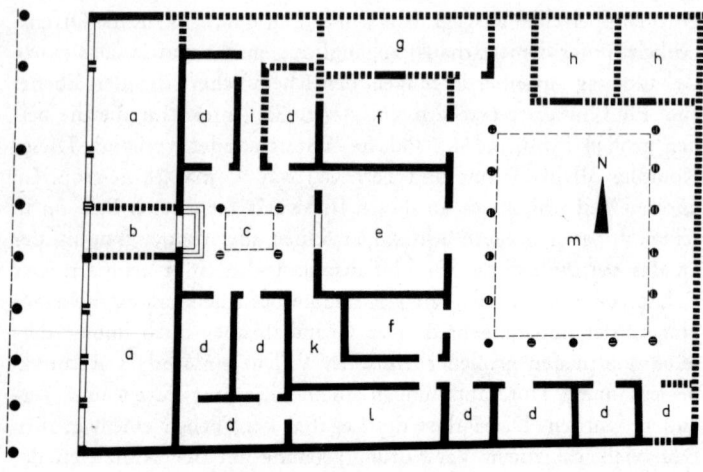

Abb. 23. Köln, Domgrabung. Das Atrium-Haus am Südportal.
(Nach O. Doppelfeld, Rom am Dom, S. 16.)

tausends als auch für die letzten Jahrhunderte vor dem Auftreten
der Römer gesichert.

1970 wurde unter einer spätrömischen Kanalisation eine vollständig erhaltene Inschrift zu Ehren Neros gefunden: aus der Angabe
der 12. tribunizischen Gewalt kann man errechnen, daß die Inschrift zwischen dem 10. Dezember 64 und dem 9. Dezember 66
verfaßt wurde. *Legatus Augusti pro praetore* (der *XV legio Primigenia*) war damals P. Sulpicius Scribonius Rufus, dessen Bruder
Proculus zur selben Zeit Statthalter in Mainz war.

Ab 1969 wurden an der West- und Südseite des Domes Ausschach-
tungsarbeiten zum Bau einer Tiefgarage auf einem 1,10 ha großen
Areal durchgeführt; dabei kamen die Überreste des Peristylhauses
mit dem ›Dionysosmosaik‹ zutage, auf das man 1941 gestoßen war,
als es galt, einen bombensicheren Betonbunker zu bauen; zudem
stellte man nun fest, daß die *CCAA* über den Resten zweier römischer Lager erbaut worden war, von denen eines der XIX. Legion

gehörte; beide waren gewaltsam zerstört worden. Unmittelbar süd-lich des Domquerhauses wurde ein 30 mal 48 m großes Atriumhaus freigelegt, das sich in verschiedenen Ebenen an das zum Rhein ab-fallende Gelände anpaßte.

Viel Aufsehen erregte seit 1965 Lucius Poblicius, Sohn des Lucius, aus der *tribus Terentina*, Veteran der *V legio Alaudae*. Unter einem durch schwere Bomben zertrümmerten Haus in der Nähe des Chlodwig-Platzes wurden die eindrucksvollen Überreste eines Grabpfeilers gefunden, der annähernd 14 m hoch war und in mehr als einer Hinsicht an das Grabdenkmal der Julier in *Glanum* (Saint-Rémy-de-Provence) erinnert. Während H. Kähler 1971 eine Datie-rung (nach stilistischen Merkmalen) um 50 bis 60 vorschlug, for-derte T. Bechert ein Jahr später eine Vorverlegung in vor-claudi-sche Zeit. Seit 1974 stellt das Römisch-Germanische Museum eine Rekonstruktion des Poblicius-Denkmals aus.

Es ist interessant, daß alle Industriebetriebe und alle Werkstätten *extra muros* gelegen haben: Töpfer, Glasmacher und Gerber unter-lagen möglicherweise einer Bestimmung, die sie außerhalb, bei den großen, in alle Richtungen führenden Straßen, angesiedelt wissen wollte. Als Hauptstadt der Provinz und Stadt wohlhabender Leute, von Offizieren, Beamten, Kaufleuten und Handwerkern, kam Köln eine wichtige Bedeutung in der Entwicklung des Rhein-lands zur städtischen Zivilisation hin zu, von der es entscheidend geprägt wurde. Wäre es den Aktivitäten der rechtsrheinischen Ger-manen weniger ausgesetzt gewesen, hätte es wohl in der Reihe europäischer Städte eine beispielhafte Rolle bei der Demonstration geschichtlicher Kontinuität spielen können.

Mainz[53]

Im 16. Jahrhundert widmete sich der gelehrte Humanist D. Grese-mund der Jüngere nach längeren Studien in Italien den Altertümern von Mainz. Er sammelte Münzen, inventarisierte die Sammlungen von Konrad Peutinger, stellte eine Inschriftensammlung zusammen und plante sogar deren Veröffentlichung zusammen mit Inschriften aus Augsburger Sammlungen. Das Manuskript wurde dem Buch-

drucker übergeben, verschwand dort aber beim Tod von D. Grese-
mund im Jahre 1512. 1520 erschienen die »*Collectanea Antiquita-
tum in urbe atque in agro Moguntino repertarum*« von Johann
Huttich mit vielen, von seinem Vorgänger bereits erfaßten Stücken.
Der Anfang war gemacht, die Bürger von Mainz waren auf die
Bedeutung von Stelen, Büsten und Inschriften in den Fassaden ihrer
schönen Häuser aufmerksam geworden. Im 18. Jahrhundert wandte
sich das Interesse den militärischen Ruinen zu, und Ingenieure tra-
ten in die Fußstapfen der Humanisten. Im Jahre 1771 beklagte
sich Pater Josef Fuchs, Autor einer Geschichte von Mainz in zwei
Bänden, darüber, daß Mainz »ein offener Markt von römischen
Antiquitäten und Sehenswürdigkeiten geworden war, die nunmehr
in Frankreich, England, Holland, in den Vereinigten Niederlanden,
in Lothringen, Sachsen, in Hessen, in der Schweiz, Savoyen, in
Schweden und in Rußland verstreut waren«. Im Vertrag von Luné-
ville wurde Mainz französisch. Die Ordensgemeinschaften wurden
aufgelöst, ihre Archive dem Publikum zugänglich gemacht – ein
großer Gewinn für die Gelehrten, die nunmehr Einblick nehmen
konnten. Dank dem Einverständnis des Präfekten Jean Bon Saint-
André konnte Friedrich Lehne Ausgrabungen im Zahlbachtal unternehmen, das heißt in der unmittelbaren Nähe des Legionslagers.
Die Funde waren zusammen mit denen von Kastel die Grundlage
des ersten Museums von Mainz, das Goethe 1815 besuchte. Die
nationalistische Bewegung des 19. Jahrhunderts trug noch mehr zur
Begeisterung für vaterländische Altertümer bei, den blendenden
Zeugnissen einer Vergangenheit der nationalen Einheit ... allerdings
dings unter dem Einfluß Roms, dessen einstige Macht man, so gut
es ging, zu schmälern suchte! 1844 bildete sich eine ›Gesellschaft
zum Studium der Geschichte des alten Mainz‹, deren Organ 1906
die Mainzer Zeitschrift wurde, inzwischen herausgegeben in Zusammenarbeit mit dem Römisch-Germanischen Zentralmuseum,
welches auch in dem »Archäologischen Korrespondenzblatt« wichtige Beiträge zu aktuellen Fragen bietet. Nach dem Zweiten Weltkrieg wurden in Mainz, dank der Mit- und Zusammenarbeit der
Akademie der Wissenschaften, der Deutschen Forschungsgemein-
schaft, des Landes Rheinland-Pfalz, des Staatlichen Amtes für Vor-

und Frühgeschichte und der Stadt Mainz, einzelne topographische Fragen geklärt; Ende 1970 konnte ein Gesamtplan im Maßstab 1 : 5000 erstellt werden, der 1972/73 in den »Bonner Jahrbüchern« zur Veröffentlichung gelangte.

Kurz nach dem Jahre 20 v. Chr. erbauten die *legiones XIV Gemina* und *XVI Gallica* in *Mogontiacum* ein Doppellegionslager.[54] An einem Ort mit Namen ›Kästrich‹ gelegen, umfaßte es etwa 35 ha und war etwa 50 m über dem Wasserspiegel des Rheins auf einer nach drei Seiten abfallenden Landzunge errichtet, ungefähr 1000 m vom Flußufer entfernt; zwischen 43 und 70/71 wurden die Holzbauten aus Augusteischer Zeit in Steinbauweise erneuert; als (nach 92) der Mainzer Legat offiziell zum *Legatus Augusti pro praetore provinciae Germaniae Superioris* ernannt wurde, erhielt das Kästrichlager prunkvolle *Principia* sowie andere Großbauten, die sich aber bislang im wesentlichen der archäologischen Feststellung entzogen haben.

Etwa 4 km südlich, in Weisenau, gab es ein zweites Militärlager; üblicherweise wurde es als ›Auxiliarkastell‹ bezeichnet; doch neue Überlegungen K. H. Essers (nach E. Heinzel) hinsichtlich möglicher Terrainverschiebungen und -veränderungen lassen die Möglichkeit zu, daß das Lager *de facto* bis zu 12 ha Flächeninhalt besaß, also eine Legion aufnehmen konnte. Grabsteine von Auxiliarsoldaten aus dem Anfang des 1. nachchristlichen Jahrhunderts könnten nahelegen, daß die Weisenauer Anlage zuerst als Auxiliarkastell (in Verbindung mit dem Legionslager auf dem Kästrich) fungierte, dann vielleicht zwischen 39 und 43 Standort der *XV legio Primigenia* wurde. Möglicherweise entstanden damals Lager, *canabae,* die aufgegeben wurden, als der Schwerpunkt der Mainzer Siedlung sich im Laufe des 4. Jahrhunderts nach Norden verlagerte; die *canabae* am Kästrichlager scheinen sie überdauert zu haben.

Zu den Militäranlagen des römischen Mainz gehören außerdem die Wasserleitung (durch Stempel um 70 bis 80 datiert), welche aus Quellen bei Drais und dem sogenannten Königsborn bei Finthen gespeist wurde, sowie die wahrscheinlich kurz vor 83 gebaute Rheinbrücke. 14 Pfeilerroste konnten im Rheinbett festgestellt werden; hinzuzurechnen sind 3 oder 4 Strompfeiler plus 2 oder 3 Landpfeiler; in Ufernähe lagen die Pfeiler 21 m auseinander, in der Strommitte 34 m.

Vom Wohlstand der in Klein- und Denkmalfunden belegten Zivilbewohner zeugt u. a. die Tatsache, daß sie Juppiter und Nero ein so kostspieliges Monument weihen konnten wie die Säule, deren 2000 Bruchstücke am Anfang dieses Jahrhunderts bei Ausgrabungen in der Sömmering-Straße wiedergefunden wurden.

Zwei Stufen führen zum unteren Sockel; darüber liegt ein zweiter Sockel, auf dem sich der Säulenschaft mit 5 übereinanderliegenden, zylindrischen Relieftrommeln erhebt, gekrönt von einem korinthischen Kapitell, welches in der Antike die Juppiterstatue in Goldbronze trug. Übrig sind davon heute nur noch der Fuß und ein Stück des Blitzes. Der zweite Sockel trägt eine Inschrift,[55] aus der wir erfahren, daß Quintus Julius Priscus und Quintus Julius Auctus dem Juppiter Optimus Maximus für das Heil des Kaisers Nero das Denkmal errichtet haben. Sie taten dies im Namen der Einwohner der *canabae* von Mainz, zur Zeit, als Publius Sulpicius Scribonius Oberbefehlshaber war. Der Name Neros wurde später ausgemerzt, als dessen Gedenken vom Senat verdammt wurde *(damnatio memoriae)*.

Auf dem Gesims des unteren Sockels erscheinen die Namen der Bildhauer, denen wir diese Säule zu verdanken haben (mit der Juppitersäule mag sie 12 m hoch gewesen sein): Samus und Severus, die Söhne des Venicarus.

Die Götterdarstellungen auf den beiden Sockeln und den fünf Säulentrommeln haben voneinander abweichende Interpretationen erfahren. Nach Quilling[56] lassen sich auf dem unteren Sockel erkennen: Felicitas (Maia)[57], Merkur, Juppiter, Fortuna und Minerva, Herkules. Auf dem zweiten Sockel: ein Dioskur, die Widmungsinschrift, der zweite Dioskur, Apollo. Auf der ersten Säulentrommel: Mars, die Siegesgöttin (Victoria), Neptun, Diana; auf der zweiten: Roma (Virtus), Vulkan, Lyon (Honos), Ceres; auf der dritten: Pax, Aequitas (Venus), Gallia (Vesta), Italia (Proserpina); auf der vierten: ein Lar, der Genius der *canabae* (Nero), ein zweiter Lar, Liber (Bacchus); und schließlich auf der fünften Trommel:

Luna, Juno, Sol. Wir werden auf diese Götter in unserem Kapitel über die Religion und die Kulte zurückkommen.

Die Bürger von Mainz haben uns noch ein anderes Zeugnis ihrer Freigebigkeit hinterlassen. Zwischen 1898 und 1911 entdeckte man eine Menge von Architekturfragmenten, aus denen man einen 6,50 m hohen Ehrenbogen rekonstruieren konnte; die originalen Teile werden in der Steinsammlung des Mittelrheinischen Landesmuseums aufbewahrt; eine aus Abgüssen zusammengesetzte Rekonstruktion in Originalgröße steht auf dem Ernst-Ludwig-Platz in Mainz.[58] Der Bogen trägt eine Widmungsinschrift,[59] die daran erinnert, daß Dativius Victor, *decurio* der *civitas Tannensium*, ehemaliger Priester des Kaiserkultes, den Bogen zu Ehren des göttlichen Kaiserhauses und des Juppiter Optimus Maximus Conservator versprochen hatte und daß seine Söhne Victorius Ursus und Victorius Lupus die Errichtung des Bogens übernahmen. Die Inschrift befindet sich auf dem Giebel des Bogens zwischen zwei Pelten, die von zwei nackten Genien gehalten werden. Die zwei seitlichen äußeren Ränder sind mit einem Weinrankenfries verziert; ein zweites stilisiertes Weinrankenmuster gehört zu zwei Skulpturfeldern mit nackten Genien, darüber zwei Opferszenen. Die halbkreisförmige Bogenrundung ist von den Tierkreiszeichen umgeben. Der Schlußstein des Gewölbes stellte Juppiter und Juno inmitten von vier anderen Gottheiten dar. Der Dativiusbogen stammt aus dem 3. Jahrhundert.

Eines der schönsten Mainzer Fundstücke gehört seit 1866 dem ›British Museum‹. Im Jahre 1848 fanden Arbeiter am Neutor ein Prunkschwert, welches sie sofort einem Antikenhändler anboten. Als die Archäologische Gesellschaft es zurückkaufen wollte, verlangte dieser dafür nicht weniger als 12 000 Gulden, eine Summe, die bei weitem die Mittel der Gesellschaft überstieg, welche mit der Wahrnehmung der Interessen der Mainzer Archäologie beauftragt war, aber über keine gesetzliche Handhabe verfügte. Ein gewisser Mr. Slade erwarb das römische Schwert und schenkte es dem ›großen Haus von Great Russell Square‹. An der Scheidenöffnung befindet sich eine Figurengruppe, aus Metall getrieben, die den *divus Augustus* zwischen Mars und Victoria darstellt. Diese hält einen Schild mit den Worten: VIC(TORIA) AVG(USTI). Links steht ein Offizier, dessen Schild die Inschrift trägt:

FELICITAS TIBERI

Dieser Offizier scheint der siegreiche Tiberius zu sein. Am unteren Ende der Schwertscheide hält eine weibliche Figur eine Lanze und eine Doppelaxt. Dies ist die Verkörperung des im Jahre 15 v. Chr. von Drusus und Tiberius besiegten Vindelicien; Horaz hatte erwähnt, »daß die Vindelicier nach altem Brauch ihre Rechte mit dem Beil der Amazonen bewaffnen«[60]. In der Mitte der Scheide, in einem runden Medaillon, erkennt man oberhalb der Vindelicia ein Porträt des Augustus und die Abbildung eines Tempels nach Art der *aediculae*, von denen wir noch sprechen werden. Wir wissen nicht, wem dieses Schwert gehörte. Nach H. Klumbach[61] hat ein Offizier dieses Schwert für außergewöhnliche, der Garnison von Mainz erwiesene Dienste erhalten.

Der sogenannte ›Eichelstein‹ an der römischen Straße nach Straßburg und Basel wurde seit dem Mittelalter als *tumulus Drusi*, als Grabmal des Drusus, identifiziert. Noch heute gehen die Meinungen darüber auseinander,[62] ob das Bauwerk als Mausoleum eines Unbekannten zu betrachten ist oder ob es sich möglicherweise um eine hadrianische Rekonstruktion des echten Drususgrabes handelt; K. H. Esser gibt (in letzterem Sinne) zu bedenken, daß das Denkmal an der Kreuzung von 4 Römerstraßen steht, in einem flachen Gelände, das sich durchaus für die militärischen Reiterspiele geeignet hätte, welche noch in claudischer Zeit alljährlich am Grab des Drusus veranstaltet wurden.

Auf einem würfelförmigen Sockel erhob sich ein zylindrischer Turm mit einem kegelförmigen Dach. Das Ganze war ungefähr 25 m hoch und von einer großen Umwallung umgeben, die den mittelalterlichen und neuzeitlichen Plünderungen zum Opfer gefallen ist. Im Mittelalter diente der Eichelstein als Wachturm.

Während des Baus des Mainzer Südbahnhofs im Jahre 1884 stieß man auf Gebäudereste, die als Teile eines römischen Theaters identifiziert wurden. Gründliche Ausgrabungen fanden 1916 statt. Die Tiefe der Bühne betrug 4,25 m, der Durchmesser der *cavea* lag bei 116,25 m, übertraf also den der Theater von Orange (102 m), Arles (103,50 m) und Lyon (108,50 m). Das aus kleinen Quadern mit Ziegeldurchschuß zusammengesetzte Mauerwerk des römischen Theaters von Mainz scheint eher ins 4. als ins 2. Jahrhundert zu gehören.[63] Die Spuren des Theaters sind nicht mehr sichtbar, sie mußten nach den Ausgrabungen wieder zugeschüttet werden.

Ein 1862 in der Saône bei Lyon[64] gefundenes Bleimedaillon hat einen Durchmesser von 8 cm und bietet die älteste Stadtansicht des antiken Mainz. Im oberen Teil unter der Inschrift SAECULI FE-LICITAS sind zwei mit einem Nimbus bekrönte Kaiser zu sehen, denen einige Leute ihre Ehrerbietung erweisen. Im unteren Teil des Medaillons überschreiten dieselben Leute eine Brücke, auf welcher geschrieben steht: FL(uvius) RENVS. Links sieht man eine Stadtmauer, über den Brückentoren ist zu lesen:

MOGONTIACUM

Nach Frau M. Alfoeldy[65] könnte das Medaillon aus dem Jahre 297 stammen und als Beweis dafür dienen, daß Mainz seit dieser Zeit eine befestigte Umwallung aus Stein hatte.[66]

Xanten

Im Rahmen der augusteischen Politik der Organisation des rechten Rheinufers entstanden auf dem linken Ufer Stützpunkte, so auch die ersten Lager von *Castra Vetera* auf dem Fürstenberg bei Birten und Xanten. Ein *vicus* jener Zeit, in einiger Entfernung gelegen, wurde zur Keimzelle der späteren Stadt.[67]
Während das Doppellegionslager von *Vetera I* schon seit langer Zeit lokalisiert und – soweit dies möglich war – ausgegraben wurde, entdeckte man das Einlegionenlager von *Vetera II* nur dank der

oben erwähnten Umstände. H. von Petrikovits gelang es, das Lagergelände ziemlich genau abzugrenzen, indem er alle Stempelfunde der Legionen von *Vetera* genau auf einer Karte eintragen ließ. Wie sich herausstellte, gehörten auch die dort liegenden Villen der Armee und sicherten deren Lebensmittelversorgung.

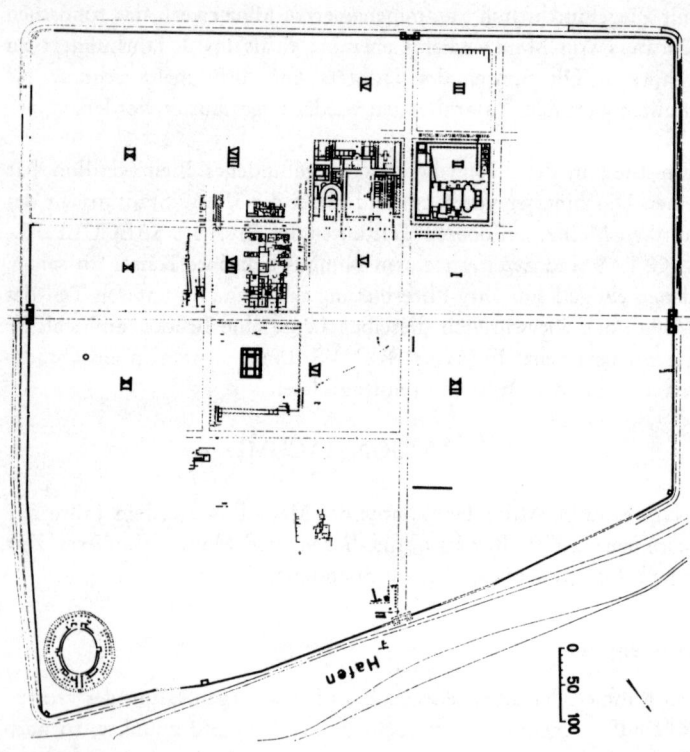

Abb. 24. Colonia Ulpia Traiana, Xanten. Stand der Ausgrabungen 1965. Nachgewiesene Mauern, Gebäude und Straßen.

Die Inseleinteilung mit römischen Ziffern: II Thermen; V Öffentliches großes Gebäude; VI Kapitol; VII Handwerk, Gewerbe. Vor dem Osttor das Hafenbecken mit ausgelotetem Rand, darin der vorgeschobene Hafenkai. (Nach H. Hinz BJ 166, 1966.)

Eine bürgerliche Siedlung, die zur selben Zeit wie *Vetera I* entstanden war, wurde vor den Toren der späteren Stadt, der *Colonia Ulpia Trajana*, entdeckt.

Typologisch entsprechen die Häuser dieser Siedlung den von uns im Kapitel über den römerzeitlichen Wohnungsbau im Rheinland besprochenen Formen. Es sind Fachwerkbauten auf rechtwinkligem Grundriß mit einer Art Eingangshalle oder Vorzimmer, einem offenen, aber durch ein vorspringendes Dach geschützten Raum, der vielleicht für eine Feuerstelle vorgesehen war. Die zwei anderen Räume dienten offenbar als Wohnzimmer. Die Dächer waren entweder mit Schilfrohr oder mit Stroh gedeckt, manche Böden waren aus Eichenbohlen zusammengesetzt. Obwohl noch nicht die gesamte Siedlung dieser frühen Zeit freigelegt werden konnte, weiß man heute, daß sie sich tatsächlich am Verlauf der Rheintalstraße orientierte, die nicht, wie man lange Zeit geglaubt hat, mit dem *cardo maximus* der *colonia* zusammenfällt.

Trajan richtete eine *Colonia Ulpia Trajana* an der Stelle des soeben erwähnten *vicus* ein. Als zweite Stadt Niedergermaniens wurde Xanten aus Stein erbaut, was durch zwei Inschriften belegt ist. Eine davon erwähnt den Transport von Steinen, die andere den Wiederaufbau eines Gemeindehauses in Stein. Das von der Stadt eingenommene Gelände war ungefähr 86 ha groß; die Stadt hatte 4 Tore; davor lag eine Anzahl von Hindernissen, so daß ein Angriff gar nicht erst an die Stadtmauern herangetragen werden konnte.

Während der Ausgrabungen im Stadtinnern folgte man zunächst der Achse des *decumanus* (Ost–West); man fand entlang seines Verlaufs eine Folge Säulenvorhallen, Mauerreste von angrenzenden Häusern, die Fundamente eines Heiligtums, Thermen und ein großes öffentliches Gebäude, dessen Bestimmung noch nicht ganz klar ist. Bei den Ausgrabungen rechts und links des *cardo* wurde ein Handwerkerviertel gegenüber dem Kapitol freigelegt. Auf einem ›Alte Borgh‹ genannten Gelände wurden dessen Mauerreste (auf rechtwinkligem Grundriß) mit zentraler *cella* und angrenzenden Nebengebäuden im 19. Jahrhundert durch Houben, Stoll und P. Steiner ausgegraben. Dabei wurden Podium und Unterkellerungen sowie Lagerräume für die reichen Weihegaben an Juppiter, Juno und Minerva gefunden.

Aus Grabungen, die Ph. Houben veröffentlichte, stammen Tierdarstellungen in rotem Ton, von denen man vermutet, daß sie aus China stammen; an sich wäre das durchaus möglich, da sich ja der römische Fernhandel erwiesenermaßen bis nach Asien ausgedehnt hatte.

Die Ausgrabungen des Handwerkerviertels begannen 1961 und enthüllten den großen Gebäude-Wirrwarr in diesem Stadtteil. Die an den *cardo* angrenzenden Häuser hatten einen langgezogenen, rechtwinkligen Grundriß, wie er bei städtischen Anlagen üblich ist. An der Vorderseite dieser Häuser gab es große Arkaden mit Auslagen. Auch hier war die Straße von Säulengängen und von Fußgängersteigen gesäumt, insgesamt 9 m breit.

Die Thermen wurden am Ende des vergangenen Jahrhunderts ausgegraben. Sie hatten einen Gesamtumfang von 105 mal 107 m und wurden von 1957 bis 1959 endgültig freigelegt. Von der Straße (vom *decumanus*) her betrat man den 20 mal 60 m großen Auskleideraum *(apodyterium)*; drei Türen führten zum *frigidarium* mit zwei großen Kaltwasserbecken; der nicht geheizte Fußboden trug einen Marmorbelag, dessen Spuren in der dicken Mörtelschicht sichtbar blieben. Nach Norden hin gab es zwei kleine geheizte Säle, deren *praefurnia* lokalisiert werden konnten: vielleicht waren es die lauwarmen Säle *(tepidaria)*; über sie gelangte man zum *caldarium*, einem großen Saal mit zwei seitlichen durch Hypokausten geheizten Apsisräumen. Neben den lauwarmen Sälen hat man zwei kleine, viereckige Räume gefunden, die beide eine verstärkte Beheizung besaßen: vielleicht dienten sie als Sauna *(sudatoria)*. Einige im Osten gelegene Räume waren möglicherweise die ›medizinische Abteilung‹. Es gab eine große Palästra für gymnastische Übungen und Spiele. Darum herum lagen Säulenhallen und kleinere Räume, vielleicht die Wohnräume des Thermenpersonals. Am Südende fand man große Latrinen herkömmlicher Art.

Im Nordostteil der Stadt hat man die Ruinen eines Amphitheaters ausgegraben. Die Arena maß 47,90 mal 59,50 m. Das aus dem Anfang des 2. Jahrhunderts stammende Bauwerk löste einen Holzbau ab. Mit einem hydraulischen System konnte ein Teil der Arena

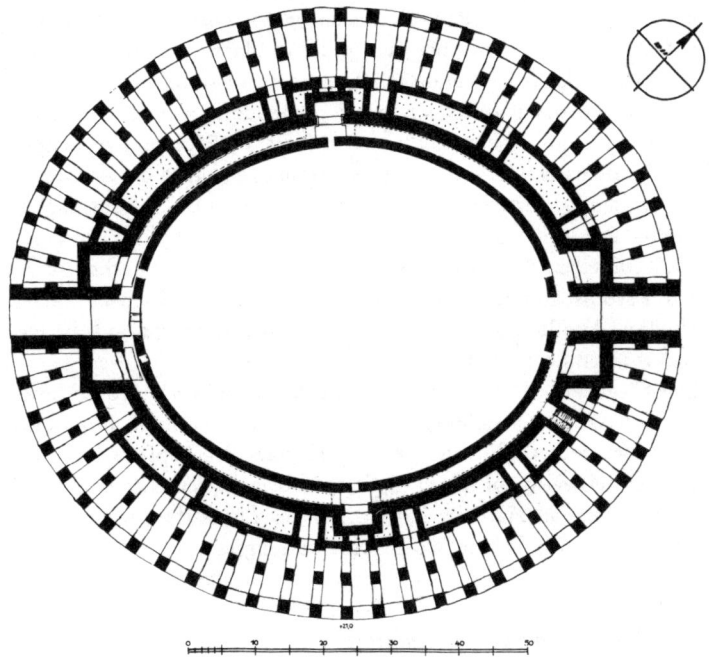

Abb. 25. Xanten, Grundriß des Amphitheaters. (Nach Heidenreich.)

hochgezogen und wieder gesenkt werden, wodurch besondere Wirkungen, insbesondere bei den zur Unterhaltung der Zuschauer veranstalteten Jagden *(venationes)*, erzielt werden konnten. Da der obere Teil des Amphitheaters nicht erhalten ist, konnten viele technische Probleme nicht geklärt werden; man schätzt mit allen Vorbehalten, daß 12 000 Personen den dort veranstalteten Spielen beiwohnen konnten.

Worms

Dank einer Inschrift[68] auf einem Tor des antiken *Borbetomagus*, die einen C. Lucius Victor, einen *decurio* der *civitas Vangionum*

erwähnt, wissen wir, daß Worms ein *municipium* war. Diese Tatsache wird noch durch einen C. Candidius Martinus[69], einen für den
Kaiserkult der Stadt verantwortlichen *sevir augustalis* bekräftigt.
Das Forum des *municipium* stand genau dort, wo sich heute der
prächtige Dom erhebt. Die von 1906 bis 1907 unter der Leitung
von G. Behrens durchgeführten Ausgrabungen haben dessen Grundriß und einige Mauerreste freigelegt. Im Westen des Forums lag ein
großes Peristyl neben einer dreischiffigen Basilika.[70] Ein *temenos*,
ein Tempelbezirk, wurde ebenfalls in unmittelbarer Nachbarschaft
des Forums gefunden. Juppiter, Juno, Minerva, Neptun, Mars,
Vulkan, Apollo, Herkules, Sucellus, Rosmerta, Epona und die *matres* wurden dort verehrt.
Das Wegenetz des antiken Worms ist durch den Verlauf der großen
Straßen Worms–Straßburg und Worms–Köln bestimmt. Ein großer
Teil der Stadt südlich des *decumanus* war von Töpfern bewohnt,
die sich teilweise auf Terra Sigillata und in späterer Zeit auf ›Ge-
sichterurnen‹ spezialisiert hatten. Als der Limes des rechten Ufers
zusammenbrach, bekam Worms eine Festungsmauer.

Der Übergang zum Mittelalter

Die deutsche Forschung hat es sich zur Aufgabe gemacht, zwei Fragen zur Geschichte des Rheinlands in der nachrömischen Zeit zu
klären: Warum sind die rheinischen Städte in der Apokalypse des
5. Jahrhunderts nicht untergegangen; und warum wurde das Rheinland ›deutsch‹, entwickelten sich die Franken aber ›französisch‹?
Verständlicherweise wurde die zweite Frage nicht immer mit der
notwendigen Unbefangenheit behandelt. Nach dem Vertrag von
Versailles, der Besetzung des Ruhrgebiets und den Bestrebungen für
ein ›unabhängiges‹ Rheinland gewann die Diskussion zunehmend
an Schärfe. Sicher ist es kein Zufall, wenn die Studien aus der Zeit
von 1920 bis 1930 um jeden Preis den unzweifelhaft urdeutschen
Charakter des Rheinlandes beweisen wollen! Von derartigen Vor-
haben hat man sich seitdem distanziert. Ganz offensichtlich haben
aber auch Veröffentlichungen auf wissenschaftlicher Basis den

politischen Verhältnissen Rechnung getragen. Bewahrt haben diese aber bis heute ihren dokumentarischen Wert, und das zusammengetragene Material findet 40 Jahre später in einer entscheidenden europäischen Frage wieder Beachtung. Hierzu gehören Veröffentlichungen von Hermann Aubin, Theodor Frings und Joseph Müller, die mit Recht unlängst neu aufgelegt wurden.[71]

Warum wurde Germanien schließlich Teil des mittelalterlichen Deutschland?[72] Zwei verschiedene Typen von Germanen gab es am Rhein. Die linksrheinischen trafen bei ihrer Ankunft auf ein 1000 Jahre früher keltisiertes Milieu. Sie gingen in den auch von vorkeltischen Einflüssen stark geprägten einheimischen Volksschichten auf, während sie gegenüber der politisch, wirtschaftlich und sozial tonangebenden keltischen Aristokratie Distanz hielten. Danach nahmen sie die Gelegenheit wahr, mit Hilfe der Römer eine Umschichtung zu vollziehen, aus der jene Bourgeoisie hervorging, die dann 500 Jahre lang die rheinische Geschichte bestimmte. Die rechtsrheinischen Germanen waren nicht voll seßhaft geworden und widersetzten sich jeder wirklichen politischen Organisation. Das Fehlen städtischer Strukturen im rechtsrheinischen Raum führte zusätzlich dazu, daß auch im wirtschaftlichen wie im sozialen Bereich keinerlei Gleichgewicht erreicht wurde, wie es im Austausch mit den Römern jahrhundertelang auf dem gegenüberliegenden Ufer bestand. Dort bewirkte die römische Anwesenheit – man braucht darin keine gezielte Politik zu erkennen – die Kristallisierung der wichtigsten gemeinsamen Interessen. Bauern und Kaufleute wünschen niemals den Krieg, sind aber zu ihm bereit, wenn es darum geht, Länder und Straßen zu verteidigen.

Die großen Invasionen fegten die letzten Reste römischer Truppen und römischer Verwaltung hinweg. Von nun an gehörten der Rhein und seine beiden Ufer offiziell den Germanen. Aber die Bewohner blieben so verschieden wie ehedem. Die linksrheinischen Germanen nahmen das römische Programm im Laufe der Zeit wieder auf, begannen erneut mit der Eroberung des Ostens und benutzten dabei die römischen Städte als Ausgangsbasis. Im Hinblick darauf bewahrten diese rheinischen Städte auch künftig ihre Bedeutung. Die unruhigeren Elemente tendierten weiterhin nach Westen und

Süden, angelockt – wie seit Jahrhunderten – von der Fata Morgana eines ›gelobten Landes‹, das es seit 300 Jahren nicht mehr gab.

Es ist also nur scheinbar paradox, daß die linksrheinischen Germanen nach dem Zusammenbruch des Weströmischen Reiches dessen Bemühungen aufgriffen, das rechtsrheinische Gebiet zu ›befrieden‹. Ihre völkische Zugehörigkeit war ihnen dabei selbstverständlich sehr behilflich; entscheidend war aber wohl die Tatsache, daß das römische Erbe ihnen jene Dynamik verlieh, die sie zu Zivilisatoren machte. Natürlich bevorzugten sie ihre eigene Sprache, nicht das Lateinische. Das allein zeigt ihre kulturelle Reife und die gelungene Verschmelzung ursprünglicher Elemente mit gewissen, ausgewählten römischen Einwirkungen.

Dem Christentum kam bei dieser Auswahl eine bedeutende Rolle zu. Wir werden darauf in unserem Kapitel über die Religion im Rheinland zurückkommen. Als charakteristisches Merkmal der neuen Ära und Träger der vom heidnischen Rom und seinem Weltbürgertum stark beeinflußten Zivilisation verwirklichte es in sich die militante Dynamik, an der es Rom gegenüber den Germanen zunehmend hatte fehlen lassen.

2

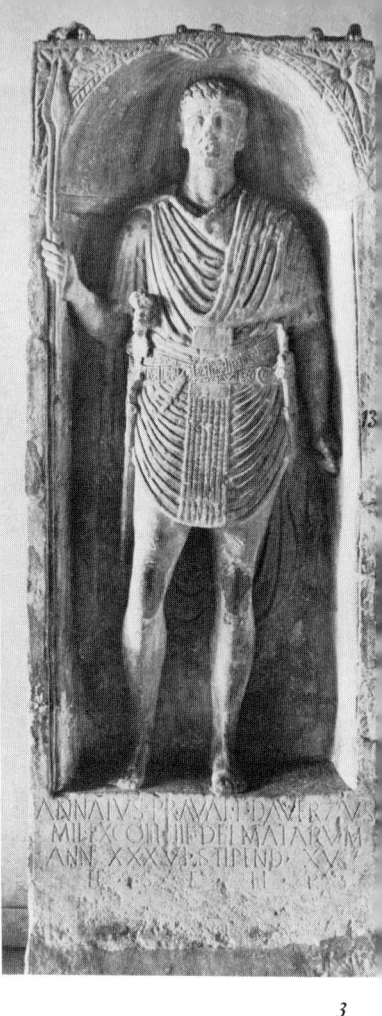

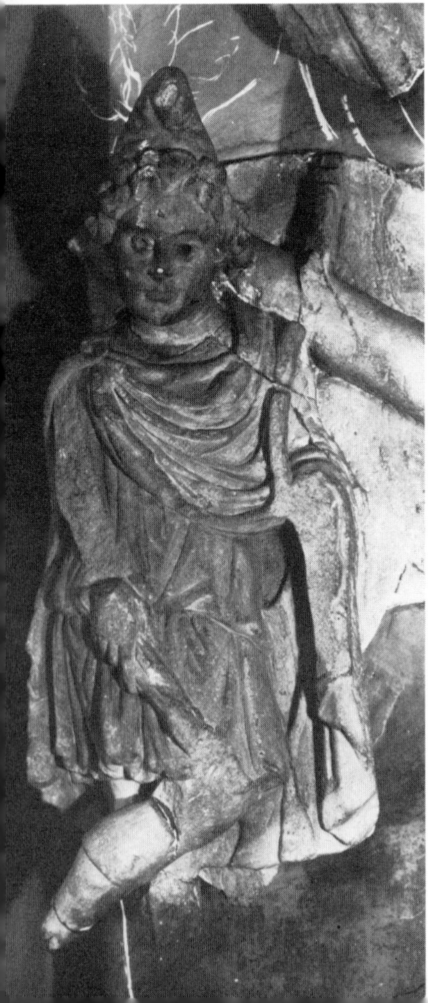

ANNAIVS PRAVAI F DAVERZVS
MIL EX COH III DELMATARVM
ANN XXXVI STIPEND XV
H S E H P

3

M CAELIVS
M L
PRIVATVS

M CAELIVS
M L
THIAMINVS

M CAELIO T F LEMBON
O LEG XIIX ANN LIII
CIDIT BELLO VARIANO OSSA
N FERRE LICEBIT P CAELIVS T F
LEM FRATER FECIT

4

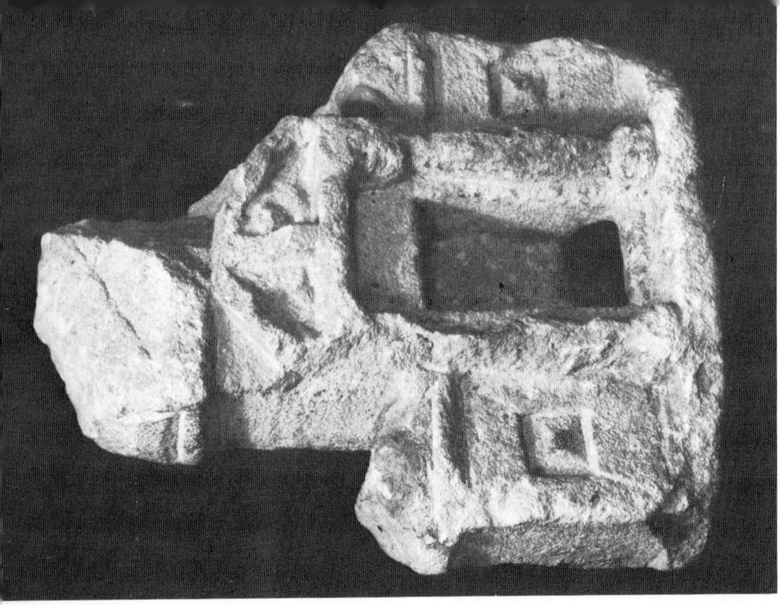

5

6

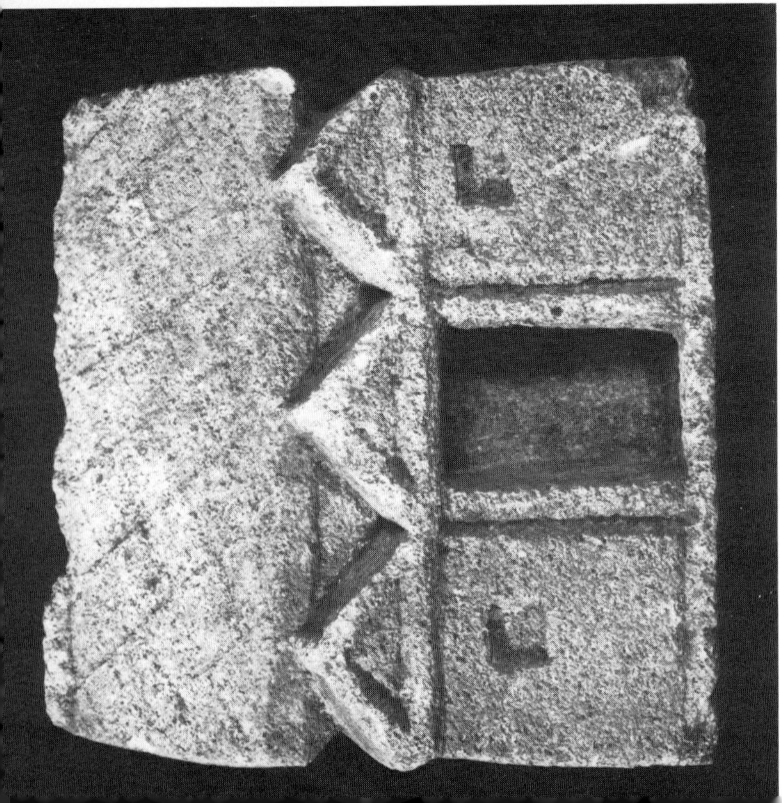

7

8

9

10

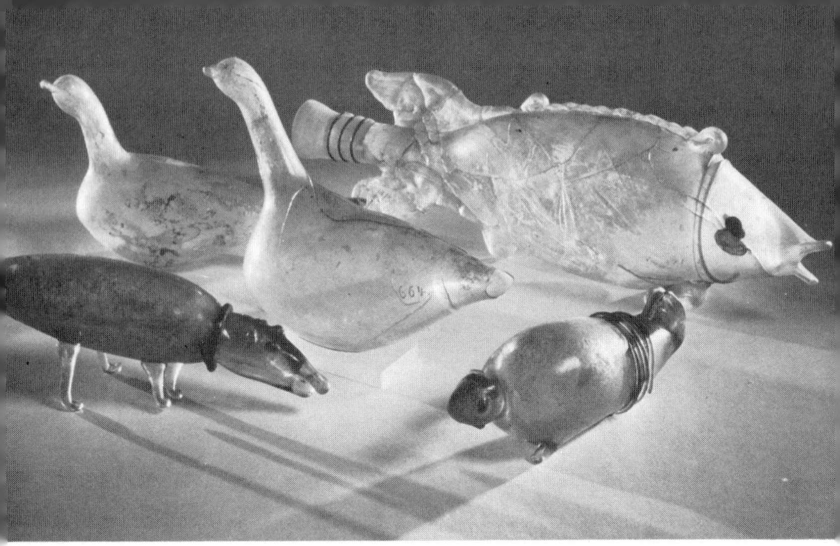

12

13

14

15
▼

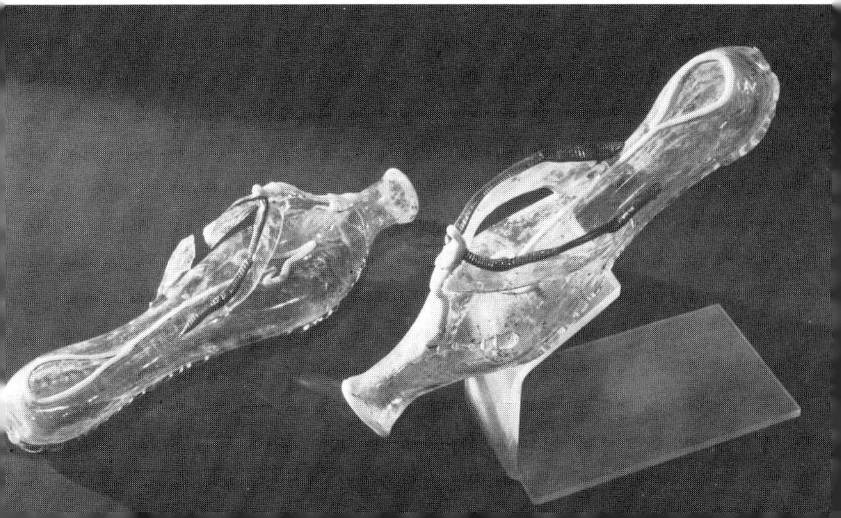

16

18

17

19

20

POL YDVS

COMPRESSORE

21

22

23

24

25

Fünftes Kapitel

Von Göttern und Menschen

Tacitus, »Germania«, Kapitel 9

»Von allen Göttern verehren sie (die Germanen) am meisten den Merkur; sie glauben, daß sie ihm an bestimmten Tagen sogar Menschenopfer darbringen müssen. Den Herkules und den Mars besänftigen sie mit den dafür freigegebenen Tieropfern. Ein Teil der Sueben opfert auch der Isis. Ich konnte nicht in Erfahrung bringen, wie sich dieser fremde Gottesdienst deuten läßt und wo er herkommt, wenn nicht das Emblem der Göttin, welches in seiner Form Ähnlichkeit mit einer Liburna hat, auf eine (auf dem Seeweg) eingeführte Religion hinweist. Übrigens verträgt es sich nach ihrer Ansicht nicht mit der Erhabenheit der Himmlischen, die Götter in Mauern einzuschließen oder sie menschenähnlich darzustellen. Sie weihen ihnen Wälder und Haine, mit dem Namen ›Gott‹ reden sie jenes geheimnisvolle Wesen an, das sie nur in frommer Andacht zu schauen vermögen.«

Diese Tacitus-Stelle[1] erinnert sehr an Cäsars Ausführungen über die Religion der Gallier.[2] Cäsars Text ist etwas klarer, und es konnte gezeigt werden, daß dieser für eine sehr gute Kenntnis der erwähnten Götter spricht.[3] Gilt dasselbe auch für Tacitus? In Anbetracht der Liste, die die Namen von 160 für das Rheinland bezeugten Göttern[4] enthält, könnte man versucht sein, die Frage rundweg zu verneinen. Merkur, Mars, Herkules und Isis sind nur vier unter so vielen anderen ›barbarischen‹ Namen! Eine genauere Betrachtung der betreffenden Liste zeigt aber, daß es sich hier um eine voreilige und oberflächliche Feststellung handelt. Apollo, Diana, Merkur, Herkules, Juppiter und andere Götter erscheinen mehrfach mit verschiedenen ›Beinamen‹. Diese Beinamen werden dann auch allein gebraucht, was zu der ungerechtfertigten Annahme eines übertriebenen Polytheismus geführt hat, den es sicherlich nie gegeben hat.

Damit stehen wir vor dem außerordentlich schwierigen Problem, was Tacitus mit dem von ihm gebrauchten Begriff der *interpretatio Romana* gemeint hat.[5] Der germanische Stamm der Naharvalen verehrte zwei Götter, die Alci[6] genannt wurden. Tacitus fügt hinzu: »entsprechend der *interpretatio Romana* wären sie Castor und Pollux«. Es bleibt also zu klären, in welchem Umfang derartige Übertragungen von Götternamen gerechtfertigt sind und ob die theologische Bedeutung der Alci der der jungen *Castores*, der Dioskuren, entspricht. Suchte man nach dieser vollständigen Übereinstimmung, oder war diese römische Interpretation nur ein Mittel zur Romanisierung der eroberten Provinzen, denen die römischen Götternamen aufgedrängt wurden?

Interpretatio Romana

Eines der wesentlichen Merkmale des Rheinlandes ist es – wie schon erwähnt –, daß Römer, Gallo-Römer, Germano-Römer und Germanen nebeneinander lebten. Man muß also auch damit rechnen, daß man im religiösen Bereich Namen findet, die diesen vier ethnischen und soziologischen Gruppen entsprechen. Sicherlich sind Juppiter, Juno und Minerva – soweit sie als Trias im Innern eines kapitolinischen Heiligtums verehrt werden – in erster Linie die Götter des Kapitols in Rom. Offensichtlich haben die Legionssoldaten, die Bürger der Kolonien und schließlich die Einheimischen Rom ihre Ehrerbietung erwiesen, indem sie diese drei Götter und die *domus divina* verehrten und so auch dem hehren Kaiserhaus ihren Respekt bezeugten. Es bleibt zu klären, ob es sich hier um einen politischen, einen religiös-politischen oder einen zutiefst religiösen Vorgang handelte. Wiederum stellt sich hier die Frage, ob die *interpretatio Romana* ein politisches Instrument in den Händen der Eroberer war oder theologischen Tatsachen entsprach. Mit andern Worten: war es ein Glaubensakt, eine Anbetung aus tiefer Überzeugung, wenn der Vangione, der Bataver, der Cugerner, der Treverer und der Ubier zu Juppiter betete? Man hat vermutet, daß die Einheimischen nur an jene Gottheiten glaubten, die, wie An-

camna, Apadeva, Arduinna, Cernunnos, Cissonius, Canbetius, Na-
ria, Gantunae, Visuna, Viradectis, eindeutig keltische oder germanische Namen trugen. Neuere Untersuchungen erlaubten eine beträchtliche Nuancierung dieses Urteils.

Zunächst mußten jene primitivistischen Vorstellungen abgebaut
werden, nach denen Latiner, Gallier und Germanen dem Niveau
gewisser Zulustämme, von denen man im 19. Jahrhundert flüchtig
Kenntnis erhalten hatte, gleichzusetzen wären. Es soll dann allerdings gleichzeitig keineswegs bestritten werden, daß es in frühe-
ster vorgeschichtlicher Zeit Perioden gab, in denen den Menschen
schauderte, wenn er bestimmte Naturphänomene ›intuitiv‹ erlebte,
wobei er dann, um seine Angst zu kompensieren, zu magischen
Beschwörungs- und Besänftigungspraktiken Zuflucht nahm! Wir
wollen auch nicht leugnen, daß sich Überbleibsel dieser archaischen
Verhaltensweisen bis weit in die historische Zeit hinein erhalten
haben: keine Religion ist frei von ›magischen‹ Vorstellungen und
Praktiken. Ebensowenig wollen wir *a posteriori* den Beweis für
eine erwiesenermaßen monotheistische Religion konstruieren, deren
fortgeschrittener theologischer Rationalismus dem psychischen Zustand der Geister in der hier behandelten Zeit widerspricht. Wir
wollen vielmehr eine Vorstellung von der religiösen Mentalität im
Rheinland entwerfen, einen Eindruck vermitteln, welches die Haltung der ›Gläubigen‹ gegenüber einem überreichen Pantheon war,
in dessen Rahmen sich für den einzelnen eine Auswahl geradezu
aufdrängte. Sicherlich wird man sehr genau unterscheiden müssen
zwischen dem Kult und dem religiösen Gefühl der breiteren Volksschichten, die damals ebenso wie heute eine gewisse Neigung zur
Vereinfachung, zur Sentimentalität und zum Verhaltensschematis-
mus zeigten, und der Religiosität der Gebildeten, die – ohne sich in
metaphysischen, transzendentalen Spekulationen zu ergehen – sich
mit den Regungen ihres Gewissens auseinandersetzten und bewußt
zu den Glaubenssätzen und Vorschriften bekannten, die ihnen an-
nehmbar erschienen.

Es ist klar, daß vor allem die letztere Erscheinungsform der Religion im römerzeitlichen Rheinland durch archäologische Zeugnisse
belegt werden kann, denn hier handelt es sich um die Religion einer

sozialen (soziologisch unterschiedlich zusammengesetzten, ökonomisch gesehen aber ziemlich zusammenhängenden) Klasse mit einer ausreichend komplexen Motivierung, sich sichtbar und beständig zu dem Glauben zu bekennen, dem sie anhing.

Wir wissen, daß die Angehörigen dieser *upper middle class* sich mit der römischen Präsenz und dem römischen Wirken abgefunden hatten. Wir wissen, daß sie glaubten, bestimmte ausgewählte Elemente des römischen Wesens könne man aufnehmen, ohne sich selbst und der althergebrachten Tradition untreu zu werden. Es scheint selbstverständlich, daß diese Gesellschaftsschicht in religiösen Dingen vor allem das übernahm, was bei den Römern (und den Galliern) am meisten der eigenen religiösen Erfahrung entsprach. Diese aber blieb oftmals latent, undeutlich und unklar in der Formulierung. Die Römer verliehen ihr eine Diktion, eine künstlerische Ausdrucksform, Namen, eine Liturgie. An Rhein und Mosel war man damit einverstanden, den eigenen Glauben in dieser Form zu äußern.

Dieser vorwiegend formale Übertragungsprozeß wurde gleichzeitig gehemmt und gefördert durch die Tatsache, die Tacitus mit Fug und Recht hervorhebt – nämlich, daß die Germanen erst sehr spät jene große Schwelle überschritten hatten, wo die bildliche Darstellung der Götter als erlaubt angesehen wurde, während sie in früheren Epochen geradezu als Inbegriff der Profanisierung und der Gottesschändung galt. Die sprachlichen und ästhetischen Formen, die Rom (und auch schon Gallien) den Germanen anbot, haben den Übergang zu dieser neuen Art des verbalen und formalen Ausdrucks zusätzlich beschleunigt. Sie haben aber auch unvermeidlich die Botschaft, die man ihnen anvertraute, entstellt oder – wenn man so will – ›chiffriert‹. Unsere Aufgabe ist es, sie erneut zu entschlüsseln.

Solange man sich an die römische Interpretation hielt, insofern sie als eine einfache Umbenennung wesentlich verschiedener Götter aufgefaßt wurde, konnte man die Religion der Gallier und der Germanen nicht erschließen. Erst als man begriff, daß der *interpretatio Romana* eine *interpretatio Gallica,* ja wahrscheinlich sogar eine *interpretatio Germanica* entsprach, sah man plötzlich ein, warum die Gallier und auch die Germanen mühelos ›Diana‹ schreiben

konnten, wenn sie Nantosvelta oder Arduinna oder noch unbe-
stimmter die ›Muttergöttin‹ meinten, von der wir noch sprechen
werden. Im Grunde hatten verschiedene Völkerstämme gemeinsamen Ursprungs – wie Römer, Kelten und Germanen – in der indoeuropäischen Religion eine gemeinsame Basis, die sie seit jeher dazu
befähigte, sich, soweit es sich um religiöse Belange handelte, zu
verstehen.

Die ›Etikette‹, mit der man den einen oder anderen Gott versah,
war nicht wichtig, der Name war beiläufig, wenn auch unumgänglich in einer ›epigraphischen‹ Epoche, wo das religiöse Gefühl ein
wenig nachließ und man Gefahr lief, die Statuen, die man verehrte,
nicht mehr zu erkennen.

Götter der drei Funktionen

Alle Religionen der Volksstämme, die sich nach dem Auseinander-
brechen der indoeuropäischen Gemeinschaft[7] um 2000 v. Chr. heraus-
gebildet hatten, haben eine Göttertrias mit mehrfachen Funktionen
gekannt. Jeder Gott hatte eine königliche, eine kriegerische und eine
beschützende Aufgabe. In ihrem königlichen Amt besaßen die Götter
die himmlische Allmacht und waren Herrscher des Firmaments.[8] Sie
entschieden über das Schicksal der Völker und den Ausgang der
Kriege. Als ›Kriegsgötter‹ hatten sie ursprünglich vorwiegend eine
Verteidiger- und Beschützerrolle. Ihre prophylaktische Funktion ist
›technischer‹ Art, ausgerichtet auf das harmonische und geordnete
Zusammenspiel der lebenserhaltenden und handwerklichen Funktionen, die den alltäglichen Lebensrhythmus bestimmten. Ursprünglich
entsprachen diese Funktionen vielleicht sozialen Klassen. Später
haben sie alle zugleich sämtliche sozialen Gruppen beeinflußt. Diese
haben schließlich offensichtlich durch ihre unterschiedliche Befähi-
gung, mit ihnen theologisch korrekt umzugehen, besondere Akzente
gesetzt, weil die ›einfachen‹ Leute die verschiedenen Aspekte der
dritten Funktion besser begriffen als die der ersten. Hier liegt die
Erklärung, warum bestimmten Göttern, unter dem Einfluß besonderer – z. T. politischer – Kontaminierung ein relativ beschränktes

Wirkungsgebiet zukam und sie zuletzt ausschließlich für die eine oder andere ganz bestimmte Aufgabe ausersehen wurden. Es war nötig, die einzelnen sie betreffenden Dokumente gleichsam stratigraphisch abzudecken, damit schließlich ihre wahre Vielfalt erkenntlich würde. Zur selben Zeit merkte man, daß es sich bei vielen ›Gottheiten‹, die als unabhängig galten, nur um die Emanationen der großen indoeuropäischen Götter handelte, die einer volkstümlichen und ungebührlich einschränkenden Interpretation zum Opfer fielen. Das Studium der keltischen, gallischen und germanischen Religionen erweist sich in dieser Hinsicht als besonders aufschlußreich. Viel weniger historisiert, viel weniger politisiert als die römische Religion,[9] haben diese ›peripheren‹ Religionen auch entscheidend zum Verständnis der letzteren beigetragen. Man hat die dringende Notwendigkeit erkannt, die bezeugten göttlichen Namen zu gruppieren, um sie in die Theologie der großen römischen Götter einzufügen, an der sie teilhaben, aus Gründen, die in jedem Fall einzeln untersucht werden müssen.

Die matres

Von der ›Venus‹ von Willesdorf bis hin zu den Bonner *matres Aufaniae*[10] gab es – vor allem im Rheinland – eine mehrere tausend Jahre alte Verehrung weiblicher Idole mit mehr oder weniger ausgeprägten Geschlechtsmerkmalen. In der Zeit der römischen Okkupation werden die Muttergöttinnen immer zahlreicher, tragen eindeutig einheimische Beinamen und müssen bereits, bevor der römische Einfluß wirksam werden konnte, einer religiösen Tradition entsprochen haben, die auf die Betonung des weiblichen Elements in der Götterverehrung ausgerichtet war. Handelte es sich dabei um echt einheimische Traditionen, oder kamen diese *matres* aus dem Orient durch Vermittlung der Etrusker oder im Zuge der protokeltischen Invasionen? Wir können hier die Erörterung dieses schwierigen Problems nicht aufnehmen. Die Indoeuropäer konnten sich ›Gott‹ ursprünglich anscheinend nur in männlicher Form vorstellen.[11] Es ist also nicht ausgeschlossen, daß – vielleicht beim Zusammentreffen mit nordischen, vor-indoeuropäischen Völkern – irgendwann eine ›Synthese‹ zwischen der männlichen und der weiblichen Form der Gottheit stattgefunden hat. Es ist kein ungewöhnlicher Vorgang, wenn die Theologie in ihrer ursprünglichen Umgebung sehr alte Archetypen viel besser bewahrt als andere Formen, die man annehmen mußte.

Rom war gegen Ende des sogenannten republikanischen Zeitalters und während der Kaiserzeit (besonders unter den Antoninen) immer stärkeren orientalischen Einflüssen ausgesetzt. Daher kommt es, daß es in unseren Gegenden eine zweite Schicht gab, die die Bedeutung der ›Muttergottheiten‹ noch zusätzlich hervorstrich. Besonders deutlich äußert sich das in vielen tausend kleinen Tonstatuetten und vielen hundert Grabstelen sowie epigraphischen Dokumenten. Eine derartig begeisterte Aufnahme orientalischer Einflüsse im Glauben der rheinischen Bevölkerung läßt sich aber nur dann erklären, wenn vorher günstige, tief im allgemeinen Bewußtsein wurzelnde Glaubensschemata vorhanden waren.

Schon immer hat das Einwirken des Volkes auf die Religion zu – oft ärgerlichen – Vereinfachungen geführt. Die moderne Forschung ist leider des öfteren Opfer dieser Vereinfachungen geworden; dabei hat sie bis zum Überdruß solche ›Deutungen‹ vorgelegt, denen man zwar manchmal den Reiz des Naiven nicht absprechen kann, die aber niemals über das vordergründig-visuell Feststellbare hinauskamen. Die ›Muttergottheiten‹ wurden so zu ›Fruchtbarkeitsgöttinnen‹. Als dieser Grundsatz einmal feststand, bemerkte man, daß die Göttinnen gelegentlich mit einem Füllhorn, Brot oder Früchten, dargestellt waren; folglich ›beschützten sie die Felder‹. Überall sah man diese Beschützer und Beschützerinnen, die auf die ihnen beigegebenen Gaben aufpaßten. Epona ist das berühmteste Opfer dieser Sucht nach Vereinfachung bei der ›Interpretation‹ der figürlichen Darstellungen. Sie reitet; sie ist sehr häufig bei den Treverern belegt; Apuleius erwähnt eine Epona in einem Pferdestall, folglich ist sie die Schutzpatronin von Pferd und Reiter. Dabei liegt der Irrtum auf der Hand, und wenn man die letzte Konsequenz aus dieser vereinfachenden Auffassung zöge, müßte Epona dann nicht auch die Schutzpatronin der Hunde sein, da sie doch des öfte-

ren einen solchen auf ihren Knien trägt? Das alles läuft darauf hinaus, jene ›Übersetzung‹ völlig zu ignorieren, die der Bildhauer
erstrebt, wenn er (übrigens nach Regeln, die er nicht unbedingt
verstehen muß) im Rahmen seiner Kunst einen überaus symbol-
trächtigen Glauben auszudrücken und in einer bildlichen Form
zusammenfassend darzustellen versucht. Dabei sollte man allen
hypersymbolistischen Thesen mißtrauen, in denen – in manchmal
verführerischer Wirklichkeit – alle Ideen weit entfernt von jeglicher
theologischen Wirklichkeit durcheinandergeworfen werden. Nicht
alles kann symbolisch ausdrücken. Interpretation von Symbolen
heißt Studium von Tatsachen, die aus nebenläufigen Dokumentar-
serien zusätzliche Beweisansätze gewinnen müssen, nicht aber durch
eine Traumreise ins Wunderland des unergründlichen menschlichen
Geistes!

Zu den echtesten Darstellungen der rheinischen *matres* gehören die
üppigen Matronen, die in einer Nische sitzen, der Miniaturrepro-
duktion eines Tempels oder eines Hauses *(aediculae)*.[12] Die Bildhauer verzichten zunächst auf jeden ästhetischen Effekt. Eine thro-
nende Gottheit sollte dargestellt werden, die in ihrem Schoß die
Symbole ihres ›Amtes‹ trägt: den Früchtekorb als Zeichen des sou-
veränen Waltens über die Feldfrüchte und der Teilnahme am Wan-
del der Jahreszeiten; den Hund als Todessymbol, der daran erinnern sollte, daß es jenen Gottheiten vorbehalten war, die Seelen
der Verstorbenen ins Jenseits zu geleiten; das Kind als Lebenssym-
bol, eng verbunden mit den Göttern, die die Allgewalt über den
Tod, den Zyklus der Jahreszeiten und über das Weltall haben. Wir
sind sicher weit entfernt von Göttinnen, die Hüterinnen von Feldern sind, Beschützerinnen von Früchten und Ernten! Weit entfernt
auch von Göttinnen, die Gebärende schützen und Sorge tragen, daß
die menschliche Rasse sich weiter vermehrt.

Auf den in den Rheinlanden sehr häufigen ›Viergöttersteinen‹ werden Juppiter, Merkur oder Herkules gemeinsam mit Juno und
Minerva verehrt. Sie sind ebenso ›Muttergottheiten‹ (in dem von
mir eben erläuterten Sinn) wie Epona, die Gabiae, Sirona, Nantosvelta, die Aufaniae, Arduinna, die Suleviae, die Xulsigiae, Victoria, Fortuna, Nemesis, Rosmerta, Sandraudiga, Inciona, Hlucena,

die Malvisiae, Hludana, Diana, die Diginae, die Fatae, die Gantunae, Herecura, Ancamna, Apadeva, Artio, Abnoba, die Ahuecanae
und Alateivia. Allgewaltig, fürsorglich, wenig ›kriegerisch‹ in ihrem
äußeren Erscheinungsbild sind alle diese Göttinnen (besonders aber
diejenigen, die nur in einer Stadt oder Gegend verehrt wurden),
dennoch bereit zur Verteidigung und zur Intervention bei jedem
ungerechten Angriff. Einige von ihnen sind ›ortsgebundene‹ Göttinnen, wie Abnoba, die Göttin ›des Schwarzwaldes‹, Alateivia, die
Göttin ›von Xanten‹; Arduinna, die Göttin ›des Ardennerwaldes‹,
Artio, die Göttin ›von Helvetien‹[13]; die Gantunae gehören zu Köln,
Meduna und Viruna zu Baden-Baden, Vercana zu Bad Bertrich,
Inciona zum Widdenberg (zusammen mit dem Mars nicht unähn-
lichen Gott Veraudunus), Sunuxsal ist die Göttin der Sunuces usw.
Bestimmte Gottheiten tauchen nur in Verbindung mit anderen Göttern auf: Mattiaca mit Apollo-Tutiorix; Vercana und Meduna mit
dem Wassergott von Bad Bertrich; Visucia mit Merkur-Visucius;
Rosmerta mit Merkur; Nemetona mit Mars-Luketios; Sirona mit
Apollo-Grannus; Maia mit Merkur; Fortuna mit Apollo, Äskulap
oder Hygieia; Ancamna mit Mars-Smertrios. Viele dieser Gottheiten wurden schon früh zu ›Quellgottheiten‹, wobei sie wirklich in
ihren drei Funktionen das Symbol des Wassers übernehmen, welches urgewaltig, ›beschützend‹ und heilend zugleich ist.
Manche Götter mit oberflächlich lateinischen Benennungen wurden
zu Beschützern von Straßen und Wegkreuzungen herabgewürdigt.
Ihre ›theologische Persönlichkeit‹ scheint so schwach ausgeprägt gewesen zu sein, daß sie außerhalb einer ›größeren‹ Gottheit nicht
existieren konnten. Sie sind tatsächlich nur Ausdruck und Abglanz
der Ausstrahlungskraft einer der Funktionen dieser großen Götter.
Theologisch würde man sie alle wohl als *Iunones* bezeichnen können, wenn man sie aus römischer Sicht, als *matres*, wenn man sie
aus der Sicht der Einheimischen sieht. Psychologisch hat ihre theo-
nymische Verschiedenheit es ermöglicht, dem Empfinden der einzelnen Stämme und Gegenden Rechnung zu tragen. Politisch wurde so
unter dem Begriff ›römische Toleranz‹ der Schein der Freiheit ge-
wahrt.

Herkules am Rhein

»Es dürfte wenige Kapitel eines antiken Schriftstellers geben, in deren Auslegung das Dilettantentum solche Orgien gefeiert hatte wie in dem dritten der taciteischen ›Germania‹...« So beginnt Eduard Norden[14] sein Kapitel »Herakles und Odysseus in Germanien«. Tacitus schrieb:

> Herkules soll auch bei ihnen (d. h. bei den Germanen) gewesen sein. Die Germanen rufen ihn, den ersten aller Helden, beim Auszug in die Schlacht an ... Übrigens glauben manche, daß auch Odysseus auf seinen langen und wunderbaren Irrfahrten nach Germanien gekommen sei ... Das noch heute bewohnte Asciburgium am Rhein soll er gegründet und benannt haben. Einstmals soll sogar ein von ihm errichteter Denkstein, auf dem der Name seines Vaters Laërtes stand, an eben jenem Ort gefunden worden sein. Heute noch soll es an der Grenze Germaniens und Rätiens Denkmäler und Grabhügel mit griechischen Schriftzeichen geben. Diese Angaben mit Beweisen zu stützen oder zu widerlegen, ist nicht meine Absicht, ein jeder soll davon glauben oder nicht glauben, was er für richtig hält ...«[15]

Herkules wird also nur sehr kurz erwähnt: er ist *primus omnium virorum fortium*, er geht den mutigen Kämpfern voran. Odysseus findet weitaus größere Beachtung und tritt sogar als Gründer von *Asciburgium* auf, welches man als das heutige Moers-Asberg identifiziert hat. Eine Weihe-Inschrift erwähnt seinen Namen und den des Laërtes; sie und griechische Inschriften wurden an den germanisch-rätischen Grenzen – so wenigstens schreibt Tacitus – gefunden. Sicherlich haben die verschiedensten Völker griechische Helden als ihre Gründer in Anspruch genommen. Der Sage nach waren ja alle Helden sehr viel umhergereist, alle Stationen ihrer Irrfahrten konnten unmöglich bekannt sein. Daran ist also nichts Besonderes, und die Tatsache, daß Odysseus einen Altar an dem Ort der Gründung, die er vorgenommen haben soll, geweiht hat, kann uns nicht überraschen. Wir haben es hier einfach mit einem in der gesamten sogenannten chorographischen Literatur häufig belegten Brauch zu tun.[16] Deren Einfluß ist deutlich erkennbar und bezeugt den späten Charakter der Ausgestaltung der Fabel. Topographisch war sie mit *Asciburgium* verbunden, was höchstwahrscheinlich seine Erklärung im wohl hohen Alter dieses Ortes hat, der aus uns unbekannten Gründen eine besondere Verehrung genoß. Man darf sich fragen, ob nicht die bezeugten griechischen Inschriften (die kaum jemand zu Gesicht bekommen hat), deren Herkunft man sich nicht erklären konnte, dem Lokalstolz den Gedanken an diese Weihe eingegeben haben.

Trotz ihrer Kürze ist die Erwähnung von Herakles/Herkules wichtiger. Zunächst steht fest, daß Herkules im Rheinland sehr große Verehrung genoß.[17] Auf allen ›Viergöttersteinen‹ erscheint er, ein Athlet, die Schultern bedeckt mit dem Löwenfell, die Keule in der Hand. Überall wird er verehrt als Gott – so gut wie Juppiter, Juno und Minerva, denen er übrigens gewöhnlich zugesellt wird. Tacitus hat also in seinem Kapitel über den angeblich griechischen Einfluß im Rheinland nur einen Sachverhalt interpretiert, der von seinen Informanten beobachtet und an ihn weitergegeben worden war. Der zum Gott promovierte Herakles gehört aber eher zur römischen Mythologie, wodurch auch die Möglichkeit einer Annäherung an Donar geboten wurde, den athletischen Gott, der theologisch vielleicht auch dem Thor der Skandinavier nahesteht.

In jener Erörterung der oben angeführten Stelle in der »Germania« des Tacitus läßt Eduard Norden den Herakles der Germanen als einen ausgesprochen kriegerischen Gott erscheinen.[18] Er gesteht dennoch ein, daß sich die nahe Verwandtschaft mit Donar aufdrängt, der wiederum Thor, dem Blitzgott, sehr nahesteht. Der Blitz war das Zeichen der Herrschergewalt; Herkules-Donar erlangt so seine höchste Funktion wieder: er feuert als Kriegsgott den *barritus* an und hat so an der zweiten Funktion teil; er geht den Mutigen voran und ist so die leibhaftige Verkörperung aller im Alltag hochgehaltenen Tugenden bei Völkern, die niemals wirklichen Frieden gekannt haben.

Wodan-Merkur und Tyr-Mars

Die Germanen scheinen für Merkur dieselbe Vorliebe gehabt zu
haben wie die Gallier. Beide Völker verehrten den Kaiser, indem
sie diesen verehrten. Als Lichtgott, als ›alle Künste beherrschender‹
Gott hatte er große Bedeutung für das gesamte Kunstschaffen und
übertraf bei weitem die ärmliche Auslegung, die er in Rom erfahren hatte; dort war er mit einem mißverstandenen Hermes zusam-
mengebracht worden.[19] Der Göttermutter verbunden – sie ist zugleich Minerva, Juno oder die große syrische Göttermutter –, übt
er seine königliche Funktion aus; Abbild des Kaisers, des Befehls-
habers der Truppen, hat er sein kriegerisches Amt inne. Durch seine
Identifizierung mit Wodan (den man noch heute eigentlich schlecht
kennt)[20], durch seine Ähnlichkeit mit Odinn, dem ›Kriegsgott‹,
konnte er die Soldaten für sich gewinnen. Er war der Gott des
Friedens und der daraus entstehenden Beschäftigungen, der Gott
der Kaufleute, der Händler, der Bankiers und der Handwerker.
Odinn ist Herrscher über alle Götter, er leitet die Geschicke der
Welt, ist aber auch der Meister der Magie[21] und König der Schlachten, in die er freilich nicht eingreift. Mit Thor zusammen gehört er
zu den Asen, den großen Göttern der skandinavischen Germanen;
während zum Beispiel Nerthus, die Gefährtin des Njordr, Freyr
oder Freya, die zu den Vanen gehören, vor allem in der dritten
Funktion zur Geltung gelangen, von der in unserem Abschnitt über
die *matres* die Rede war. Die skandinavische Mythologie erzählt,
daß Asen und Vanen eine kriegerische Auseinandersetzung gehabt
hätten; erst infolge dieses Kampfes, der im Rig Veda seine Parallele
hat, seien die typischen Götter der dritten Funktion in den Schoß
der »großen, göttlichen Familie« aufgenommen worden, in der
ihnen fortan eine wesentliche Rolle zukam. Bezeichnend ist auch
die Unsicherheit, die in Hinsicht auf das Geschlecht der Götter
herrschte; die Göttin Nerthus bei Tacitus[22] entspricht zum Beispiel
zwei männlichen Personen der Edda: Njordr und Freyr, darüber
hinaus gibt es eine weibliche Person, Freya, welche die von dem
Historiker[23] erwähnte Isis zu sein scheint; ihre beiden männlichen
Begleiter stehen den Alci sehr nahe.[24]

Abschließend die Zusammenstellung, die G. Dumézil 1952 veröffentlicht hat.[25]

Tafel I

	Rig Veda	Tacitus, Germania	Edda
I	Varuna	Merkur	Odinn
	Mitra	Mars	Tyr
II	Indra	Herkules	Thor
III	Göttin	Isis und Nerthus	Freya
	die zwei Nasatya	die Alci	Njordr und Freyr

Diese Zusammenstellung unterstreicht nicht nur die trotz zeitlichem und räumlichem Abstand bestehende Verwandtschaft der indischen Religion zur Zeit des Veda und der germanischen, sie trägt auch zu deren besserem Verständnis bei. Tacitus hat sich dafür entschieden, den Tyr der Germanen als ›Mars‹ zu bezeichnen (wir kennen den Namen des Gottes nicht, der ihm bei den Germanen auf dem Kontinent entsprach, die Bezeichnung Tiwaz, oder Mars-Thingsus[26] bleibt umstritten), er entspricht dem Mitra des Veda; Herkules sollte an Thor erinnern, den die Germanen vor allem zum Gott des fruchtbaren Regens ausersehen hatten, zum Wohltäter und Lebensspender.[27]

Mithras

Man stimmt mit F. Cumont[28] darin überein, daß der allgemeine Erfolg, der den orientalischen Religionen in der Antike beschieden war, seine Ursache in gewissen Werten hatte, die man nur schwer genau zu bestimmen vermag. Gewiß konnte der offizielle Kult der Kaiser, die – wie Juppiter, Juno und Minerva, ihre Schutzgottheiten – vergöttlicht worden waren, niemanden in Leidenschaft versetzen oder wahre, von Frömmigkeit und Eifer getragene Begeisterung aufkommen lassen. Die gesamte römische Religion hatte sich in den politischen Auseinandersetzungen – und zwar vor den Augen des Volkes – kompromittiert, so daß man nicht ernsthaft erwarten konnte, diese auf den alleinigen Profit der Ochlokraten ausgerichteten Kulte könnten noch irgendeinen Eindruck auf diejenigen machen, denen nie mehr Wohltaten ›von oben‹ zuteil geworden waren. Im übrigen hatte auch das lateinische, strenge und um die Zeitenwende weitgehend unverstandene Ritual kaum die wirkliche Zustimmung des davon betroffenen Volkes gefunden. Der Epikurismus hatte die Götter in das entfernteste Weltall versetzt, die Stoa hatte sie zu Helfershelfern des allgegenwärtigen Staates gemacht und sie in logischen Kategorien aufgehen lassen, die wenig dazu geeignet waren, den Mann auf der Straße zu begeistern. Dennoch läßt sich allein auf Grund dieser Tatsachen der Erfolg nicht erklären, der der großen Göttermutter, der Ma, der Bellona, dem Sabazios, dem Dionysos, dem Dolichenus und dem Mithras widerfahren ist, wenn die Theologie dieser Götter, die in der Provinz ebenso wie in Italien verehrt wurden, den schon vorhandenen Glaubensrichtungen ganz und gar fremd gewesen wäre. Man kann auch im Lauf mehrerer Jahrhunderte nicht die tief verwurzelten und ein für alle Mal festgelegten Glaubensvorstellungen verändern. Es ist hier nicht der Ort, das Problem in seinem italischen Zusammenhang zu prüfen. Im gallischen und germanischen Bereich gab es, wie wir schon gesehen haben, einen starken Zufluß orientalischer Elemente zur Zeit der indoeuropäischen Wanderungen, dazu von Norditalien und der Rhônetalstraße her eine immer weiter fortschreitende Beeinflussung, die sich unwiderlegbar auf die Onomastik, die Toponomastik, die Bildhauerei und das Handwerk übertrug. Diese dauernde Berieselung konnte auch durch politische Überlegungen nicht aufgehalten werden, die dahingehend wirken sollten, daß man mit neuer Begeisterung auf Themen der archaischen Religiosität zurückgriff, wie sie die Wortführer der Staatsideologie nach ihren Vorstellungen zurechtgebogen hatten. Das erklärt zweifellos zum großen Teil, warum die europäischen Provinzen so leicht die orientalischen Vorstellungen angenommen und assimiliert haben, die eben keineswegs so neu für sie waren, wie man annahm.

Nach Cumont[29] waren die orientalischen Religionen in einzigartiger Weise geeignet, sowohl Gefühl, Verstand als auch Gewissen zu befriedigen. War die Wirkung, die von den gallischen und germanischen Göttern ausging – insofern sie richtig verstanden wurde – so unterschiedlich?

Erzeuger des Lichts, aus einem Felsen geboren, war Mithras unmittelbar Herrscher der Welt *(kosmokrator)*. Seine Geburt war ein kosmisches Ereignis; der junge Gott hält die Weltkugel in Händen und umgibt sich mit den Tierkreiszeichen.[30] Zwei Fackelträger, Cautes und Cautopates, helfen ihm und bilden seine Begleitung. Saturnus (Neptun in *Virunum*) und manchmal Okeanos (oder Caelus, wie in Heddernheim), zwei Götter der wesentlichsten Kräfte des Weltalls, gehören auch dazu. Vor allem in den Rheinlanden wird der Kampf des Mithras mit dem Stier (sogenannte ›taurobolische‹ Szenen) sehr häufig dargestellt. Auf dem Relief von Neuenheim (in der Nähe von Heidelberg) wird der Kampf in seinen einzelnen Phasen erzählt: Der Stier weidet; Mithras überwältigt ihn und trägt ihn auf seinen Schultern fort. Es gelingt dem Tier zu entkommen, und es reißt den Gott, der seinen Hals umschlungen hält, mit sich fort. Mithras bleibt schließlich Sieger; er faßt das Tier an den Hinterläufen und trägt es in die Opferhöhle. Was stellt dieser Stier, auf dem Mithras in anderen Darstellungen reitet, dar? Nach Porphyrios[31] handelt es sich um Aphrodites Stier; denn der Stier hat schöpferische Kraft, Mithras ist der allgewaltige Herrscher. Anderswo ist es Mithras selbst, den man *demiurgos* nennt, weil er den Stier besiegt und so das neue Leben schafft. Dieses entsteht aber nicht wie nach einem plötzlichen und brutalen Akt; auf zahlreichen Denkmälern (Dieburg, Poetovio) gibt es vor allem solche Szenen, die den stiertragenden Mithras darstellen, auf seinem langen, an wechselhaften Schicksalen reichen Weg, den man den *transitus dei* nannte, die ›Metamorphose‹ des Gottes, den alle seine Anhänger nachvollziehen mußten, um nach unendlichen Anstrengungen, die sie im Laufe ihres irdischen Daseins vollbrachten, erlöst zu werden.

Eines der berühmtesten Denkmäler des Mithraskultes im Rheinland stammt vom Mithraeum in Königshoffen.[32] Mithras reitet auf dem Stier, den er erdolcht. Zur Rechten richtet sich ein Windhund auf, um das Blut abzulecken, das aus der Wunde heraussickert. Unter dem Bauch des Stieres sieht man eine Schüssel, um welche sich eine Schlange windet, das Symbol der Erde. Die Szene ist in einen großen Sandsteinblock von Mackwiller gehauen (2,33 mal 2 m)[33]; sie spielt sich in einer Höhle ab, in welche die Dadophoren, die Fackelträger, die den Tag und die Nacht, Leben und Tod darstellen, das Licht hereinbringen. In zwei Nischen fand man den Adler, das Symbol des Gottkönigtums, und den Raben, das Symbol des Himmels und der Luft, wo sich jenes Geschehen vollzieht. Oberhalb der Höhle, in der linken oberen Ecke: das Gespann der Luna, rechts das des Sol. Auf der Einfassung, die ursprünglich 6 Szenen auf jeder Seite aufwies, haben ärmliche Fragmente nur folgende hypothetische Wiederherstellung erlaubt:[34] Der Händedruck zwischen Juppiter und Saturn; der Kampf des Juppiter gegen den Drachen, Okeanos; die Petrogenesis des Mithras; Mithras schneidet Schilfrohre, dann steigt er auf einen Baum; Mithras schleudert seinen Pfeil; das Freundesmahl Mithras–Sol; die Götterversammlung usw.

Seinem Namen, seiner Bedeutung, seiner reichhaltigen Theologie nach stammt Mithras von indoeuropäischen Göttern ab, deren umfassende Vielseitigkeit er selbst in später Zeit bestätigt. Im Jahre 66 kam Tiridates I., der König von Armenien, während einer neunmonatigen Reise mit einem Gefolge von mehreren tausend Personen nach Rom, wo Nero ihn krönte. Mithras reiste in seinem Gepäck mit; ob Nero in die Mysterien des Sol Invictus, des unbesiegbaren Tagesgestirns, eingeweiht wurde oder nicht, ist nicht entscheidend. 10 Jahre später ist der Mithraskult auf jeden Fall eine gesicherte Tatsache, seine Welteroberung beginnt. In unseren Provinzen bringt er die glanzvolle Synthese aller Aspekte des religiösen Lebens mit sich, wie man sie seit den frühesten Zeiten her kannte. Er brachte einen Kult, der Tausende von Gläubigen an sich zog, die von der erstarrten Liturgie der traditionellen Zeremonien angeödet waren.

Aber zum Mithraskult hatte nicht jeder Beliebige Zugang. Die Teilnahme an den Gnaden, die daraus entsprangen, war allein den

Eingeweihten vorbehalten. Diese durchliefen ein Noviziat, über das nahezu nichts bekannt ist.[35] Was die Weihezeremonien angeht, so wissen wir, daß sie mit einem Eid *(sacramentum)* begannen, wobei sich die Bewerber dafür verbürgten, keines der Geheimnisse zu verraten, die ihnen durch den Vorsteher *(pater)* der Gruppe und seinen Herold anvertraut worden waren. Eine Tätowierung (auf den Händen oder auf der Stirn) bestätigte die Aufnahme des Bewerbers *inter fratres*. Um das zu erreichen, mußte man sich verschiedenen Prüfungen unterwerfen, die an gewisse Stationen in Mithras' eigenem Leben erinnern. Diejenigen, die sich dazu berufen fühlten, über die Stufe der einfachen Mysten hinauszugelangen, mußten 7 ergänzende Stufen durchlaufen, 7 Stufen der mystagogischen Einweihung, die von der Stufe *corax* (Rabe) zum Amt des *pater sacrorum* (Leiter der Gemeinde) führten, wobei man die Stufen *nymphus* (Verlobter), *miles* (Soldat), *leo* (Löwe), *Perses* (Perser) und *heliodromus* (Sonnenläufer)[36] zu durchlaufen hatte. Die den Männern vorbehaltenen Mysterien des Mithraskultes werden den Eingeweihten das starke Gefühl verschafft haben, verdientermaßen in der Nachbarschaft des Gottes zu leben, mit welchem jeder in direkter Verbindung stand. Man betete nicht mehr für das Wohl Roms oder für das der Stadt; ein jeder betete für sein eigenes Heil, welches er im Jenseits erhoffte.

Vermaseren zitiert[37] den berühmten Ausspruch von Ernest Renan: »Hätte ein tödliches Mißgeschick den Siegeszug des Christentums aufgehalten, die Welt wäre Mithras anheimgefallen.« Vermaseren meldet mit Recht Zweifel an, ob diese sehr knappe, inhaltsreiche Äußerung wirklich zutrifft. So weit verbreitet er auch war – der Kult des Mithras erreichte immer nur gewisse ›Eliten‹. Noch sahen sich diese einer nicht allzu ausgefeilten Theologie gegenüber. Ihr mangelte es an gewissen systematischen Aspekten, die gebildete Leute mit Recht von einer Religion erwarteten, welche für sich in Anspruch nahm, eine Erklärung des Universums zu bieten. Julian Apostata scheint dies sehr wohl gemerkt zu haben, und der Mystizismus, den er bei Jamblichus fand, entspricht, so fremd es auch auf den ersten Blick erscheinen mag, dem philosophischen Bedürfnis einer inneren Logik des Mithraskultes.

Diokletian hatte offiziell den Mithras mit dem Schicksal des Kaiserreiches verbunden, und Aurelian verkündete man, der Gott werde ihm in seinem Kampf gegen Zenobia beistehen. Der Sieg Konstantins an der Milvischen Brücke brachte infolgedessen einen ernsthaften Schlag für Mithras! Christus war dabei, ihn zu verdrängen!

Der Sieg des Christentums[38]

Der heilige Irenäus, Bischof von Lyon, behauptet,[39] daß es in den Rheinlanden seit der 2. Hälfte des 2. Jahrhunderts christliche Gemeinden gab. Auch wenn wir keinen Grund haben, an dieser Aussage zu zweifeln – die Archäologie hat bisher die Existenz einer organisierten Gemeinde in so früher Zeit nicht endgültig beweisen können.[40] Weder eine geänderte Bestattungsweise noch fehlendes Begräbnismobiliar oder eine Lampe mit dem Fischsymbol konnten entsprechende Beweise bringen. Die Ausgrabungen von Köln und anderswo bestätigen den Sieg des Christentums in den Städten des 4. Jahrhunderts. Auf dem Land gab es weiterhin den Glauben der *pagani*, der Bauern.

Eine bestimmte Stelle bei Tertullian[41] sagt auch nicht viel mehr aus: Die Germanen werden erwähnt inmitten der Gallier, der Bretonen, Sarmaten, Daker und Skythen, die alle sich zum Christentum bekannt hätten. Es handelt sich um einen sehr ›rhetorischen‹ Text, der sich (im Gegensatz zu Irenäus) nicht mit Kirchen oder Gemeinde-Organisationen befaßt.

Man hat sich darüber gewundert, daß Eusebius von Caesarea, der Verfasser der ersten »Kirchengeschichte«, nicht die Sendung von Missionaren in die germanischen Länder erwähnt hat. Das ließe sich aber auch durch die mangelhafte Vertrautheit der Orientalen mit europäischen Verhältnissen erklären. Sozomenos setzt in der Mitte des 5. Jahrhunderts das Werk des Eusebius fort und mißt dem ›germanischen Phänomen‹ eine vermehrte Bedeutung bei, weil um diese Zeit aus einem rheinischen Problem ein europäisches geworden war. Wir verdanken ihm die Feststellung, daß Constan-

tius Chlorus, der Vater Konstantins des Großen, dem Werk Christi
zu einem entscheidenden Fortschritt dadurch verholfen hat, daß er
den Galliern, Bretonen und Iberern gegenüber die anderswo wü-
tende Strenge der Strafgesetzgebung milderte. Er fügt hinzu,[42]
daß das Edikt von Mailand den schon fest verwurzelten Glauben
in diesen Gegenden noch mehr begünstigte.

Das Vorhandensein des Christentums in Germanien schon vor 313
ergibt sich aus einer Stelle[43] bei Sozomenos, wo er das Edikt von
Mailand kommentiert: gleich eingangs bemerkt er, daß die Stämme
beiderseits des Rheins schon zum Christentum übergetreten seien.
Selbst wenn Eusebius von Caesarea die Evangelisationsbestrebun-
gen in den Rheinlanden nicht erwähnt, haben wir ihm die Kenntnis
der ersten Bischöfe der Rheinlande zu verdanken.[44] Im Jahr 313
beruft Konstantin Rheticius von Autun, Marinus von Arles und
Maternus von Köln in den Lateran, um mit Papst Miltiades und
zwei Gruppen von 10 Bischöfen aus Afrika und 15 aus Italien den
im Jahr zuvor ausgebrochenen Konflikt zwischen Caecilian und
Majorinus zu schlichten. Die Synode sprach sich gegen Majorinus
und Donatus aus, welche sich aber keineswegs unterwarfen. Auf
der Synode von Arles im August 314 erscheint Maternus von Köln
in Begleitung von Agritius, dem Bischof von Trier, der von Felix,
seinem Exorzisten, assistiert wurde. Maternus befand sich in Begleitung seines Diakons Makrinus. In der Botschaft an Papst Silvester unterzeichnet Agritius an 2., Maternus an 24. Stelle.

In Trier sind uns zwei Vorgänger des Agritius bekannt: Eucharius
und Valerius. Die Legende, die ihre Verbreitung durch die Viten
des 9. und 10. Jahrhunderts fand, behauptete, sie seien mit Maternus von Petrus zur Bekehrung der Gallier und Germanen ausersehen worden. Ihr Erfolg soll derartig gewesen sein, daß es gegen
Ende ihres Lebens in Gallien und Germanien mehr Christen als
›Heiden‹ gegeben habe. Wenn diese Legenden einen wahren Kern
enthalten, könnte man annehmen, daß Maternus – der, wie wir
bereits festgestellt haben, in Köln und Trier (wo sich sein Grab befand) bezeugt ist – das Bistum aufgebaut hat (ebenso dasjenige von
Tongern), wobei er zunächst und in erster Linie Bischof von Trier
war.

In Mainz ist das Christentum erst in Texten von 359 an sicher bezeugt, dem Zeitpunkt der Abfassung der Widmung von »De Syn-
odis« des Hilarius von Poitiers. 368 plünderten Rando und seine
Alemannen die Stadt, während sich die Christen in den Kirchen zusammenfanden.[45] Durch den heiligen Hieronymus[46] wissen wir,
daß 407 mehrere tausend Personen dort in den Kirchen niedergemetzelt wurden. In der Mitte des 4. Jahrhunderts erwähnt Fortunatus[47] den Sidonius, einen Zeitgenossen, der die *vetusta templa*
wiederherstellte. Die älteste Bischofsliste von Mainz stammt aus
dem 10. Jahrhundert. Vor Sidonius nennt sie Aureus und Maximus. Nach späteren Listen sind Sophronius, Marinus, Bothadus und
Ruthardus ihre Vorgänger gewesen. Während also die Listen von
Trier bis auf das 3., die von Köln auf das beginnende 4. Jahrhundert zurückgehen, ist die christliche Gemeinde von Mainz erst am
Ende des 4. Jahrhunderts sicher belegt.

Die Archäologie kann – wie bereits gesagt – das Vorhandensein
des Christentums erst zum Zeitpunkt seiner freien Entfaltung feststellen. Ein Märtyrerkult in Sankt Gereon in Köln konnte sicher bezeugt werden, und die Untersuchungen der ältesten Heiligtümer von
Köln, Mainz und Trier haben in jeder Hinsicht bemerkenswerte
Ergebnisse gezeigt. Im Dom von Trier haben Ausgrabungen, die
seit 1943 unter der Leitung von Th. K. Kempf stehen, den Beweis
erbracht, daß zwischen 326 und 348 zwei miteinander verbundene
Kirchen an Stelle des Konstantin-Palastes errichtet wurden. Die
weiter nördlich gelegene Kirche wurde zwischen 370 und 380 durch
einen viereckigen Saal erweitert. Mit den ursprünglichen Einrichtungen wurde er bis zum Jahr 882 benutzt, dem Zeitpunkt der
Zerstörung Triers durch die Normannen.[48]

Die meisten Gegenstände christlichen Ursprungs, die im Laufe der
Ausgrabungen entdeckt wurden, haben offensichtlich einen Bezug
auf den Kult oder das Evangelium, denn sie stellten entscheidende
Episoden aus dem Leben Jesu dar. Auf einer Ausstellung in Trier
(1965) wurden die berühmtesten Stücke gezeigt.[49] Die Opferung
des Isaak, graviert in eine gläserne Trinkschale, Pyxiden aus Elfen-
bein, die die Märtyrer Daniel und Habakuk darstellen, Einlegear-
beiten mit dem Christogramm, Adam und Eva im Paradies, der

Sarkophag des Noah mit der Darstellung der Arche und ihrer Insassen, eine Holznachbildung des Sarkophags des heiligen Paulinus, Inschriften und Inschriftenfragmente,[50] Becher aus Straßburg, ein Wasserkrug aus St. Germain, Bronzeschildchen für Holzsarkophage, *ligulae* (Opferlöffel) mit christlichen Inschriften und Christogramm, Amulette, Ringe, Spangen, Grabstelen, Dekormotive (Pilaster, Girlanden) mit christlichen Symbolen bezeugen deutlich, wie zuerst Gegenstände und Orte, die dem Kult vorbehalten waren, dann aber immer mehr Gegenstände des täglichen Lebens eine neue Interpretation der Handlungen und Gebräuche erfuhren, die relativ lange Zeit bis zu einer vollen Christianisierung brauchten.

Von einem Bruch zwischen Heidentum und Christentum kann nicht die Rede sein. Vor allem im städtischen Milieu, in einer für den Übergang zum christlichen Monotheismus sehr empfänglichen Umgebung (viele Fakten hatten diesen bereits vorbereitet), gab es dank des klugen und dynamischen Wirkens einiger großer Missionare – von denen wir wenig wissen – Fortschritte. Diese erfolgten zwar ohne viel Aufhebens, aber sie vermieden blutige Zusammenstöße, die in anderen Provinzen des Kaiserreiches an der Tagesordnung waren. Dem Kaiser wurde die religiöse Wahl sicherlich erschwert durch politische Entscheidungen, die von ungeheurer Wichtigkeit für Heer und Verwaltung, Universität und Großbürgertum waren. Der Entschluß der Kaiser – im 4. Jahrhundert waren die meisten christlich – hat (mit einigen Ausnahmen) bestimmt richtungweisend gewirkt. Vieles spricht dafür, daß diese ›Bekehrungen‹ oft vollzogen wurden, ohne daß man sich allzu deutlich Rechenschaft darüber ablegte, was an der neuen Religion eigentlich neu war. Die »Gebete« des Ausonius sind z. T. ein Beweis dafür; die Benutzung von römischen Götterstatuen als Statuen von Heiligen und Märtyrern oder als Darstellungen Gottes, der Gebrauch einer kaum sich unterscheidenden theologischen Terminologie, die Verwendung von Ritualen, Symbolen, Techniken, schließlich die Ausübung ›heidnischer‹ Glaubensgewohnheiten sind weitere Beweise für die Erklärung der Tatsache, daß in den kosmopolitischen Städten die Kontinuität von Antike und Mittelalter besser gesichert wurde als anderswo.

Die Kultstätten

Das Rheinland hat Tempel griechisch-römischer Prägung gekannt sowie *fana* (isoliert oder im Zusammenhang mit Sakralbereichen), Kapellen und rituelle Grotten. Die Verschiedenartigkeit der Kultstätten wird durch die sehr differenzierte Fächerung der Kulte, die wir in den vorhergehenden Abschnitten summarisch dargestellt haben, genügend erklärt.

1909 hatte E. Krüger bereits mit den Ausgrabungen am Herrenbrünnchen in Trier begonnen. Er löste einzelne behauene Blöcke aus, bevor er auf die außergewöhnlich soliden Steinfundierungen eines Gebäudes stieß, welches die beachtlichen Maße 65 mal 23 m aufwies. Beinahe alle Mauern waren 3 m dick, die zum Tal hingewandte (Vorder-)Seite maß 13 m! D. Krencker identifizierte diese Ruinen schließlich als Überreste eines sechs- oder achtsäuligen Tempels, der auf einem Podium errichtet war, zu welchem mehrere durch schmale Absätze unterbrochene Treppenfluchten führten. Auf dem zweiten Absatz befand sich ein Altar; der dritte führte zum *pronaos,* der vor einer *cella* von ungefähr 25 mal 15 m lag und vor einem *adyton,* an dessen beiden Seiten sich ein viereckiges Gemach anschloß, welches an die hintere Fassade angrenzte. Stufen, Eingangshalle, eigentliches Heiligtum, hinterer Saal, Podium: der Tempel vom Herrenbrünnchen ist ein ›klassischer‹ Tempel, der den offensichtlichen Einfluß eines römischen Architekten verriet.

Noch viel zahlreicher als diese von den Ufern des Mittelmeers importierten Tempel müssen die Heiligtümer vom *fanum*-Typ gewesen sein, welcher durch Kelten und Gallier seine Verbreitung fand. Zu diesem Typ, der in der Normandie eingehend erforscht wurde,[51] gehörten die Heiligtümer von Pesch, Fließem und Altbachtal in Trier. Diese *fana* bestehen im wesentlichen aus Türmen (mit viereckigem oder rechteckigem Grundriß) mit zwei Stockwerken; eine große Türe bildet den Zugang. Im Innern bot ein *ambulatorium* die Möglichkeit, in der Prozession um das in der Mitte stehende Kultbild herumzugehen. In vielen Fällen wurde das Kultbild ersetzt durch eine in der Mitte der *cella* gefaßte Quelle, Symbol der Lebenskraft, das man verehrte, um sich durch sie mit einer der

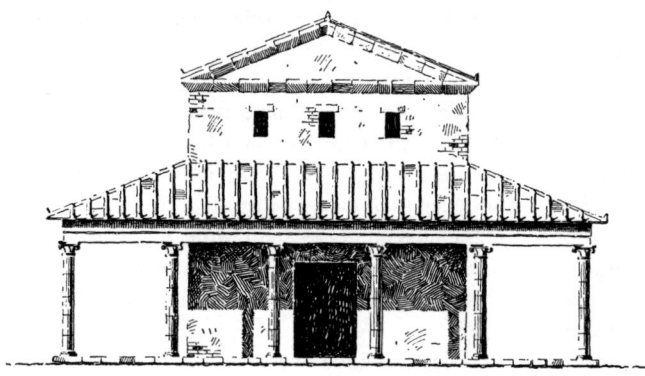

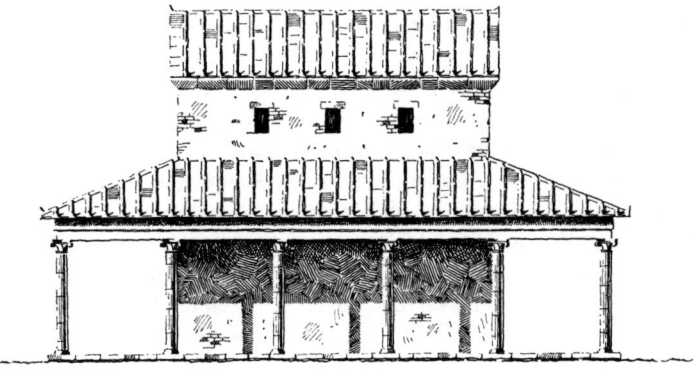

Abb. 26. Trier, Altbachtal, Fanum-Heiligtum Nr. 38. (Nach H. Mylius in: E. Gose, Der gallo-römische Tempelbezirk im Altbachtal zu Trier, Mainz 1972.)

Gottheiten, von denen wir oben gesprochen haben, auszusöhnen. Die Form der Dächer ist sehr verschiedenartig. Auf hochgezogenem Balkengerüst errichtet, bestanden sie meistens aus vierseitigen Dreieckgiebeln. Ein Wandelgang scheint diese turmförmigen Anlagen oft umgeben zu haben. An diesen Turm lehnten sich manchmal Nebengebäude an: dieser Typ des *fanum* ist durch eine ganze Reihe von Votivmodellen *(aediculae)* belegt. Das *fanum* vom Titelberg (Großherzogtum Luxemburg)[52] stellt wohl das vollkommenste Beispiel dieser Gattung dar. M. J. T. Lewis hat in einer sehr aufschlußreichen Untersuchung seine Entwicklung im Lauf der Jahrhunderte aufgezeigt.[53]

Es ist klar, daß derartige Gebäude, wenn sie sich in der Längsrichtung ihrer drei Hauptteile vergrößern mußten, den Typ von Heiligtum vorwegnahmen, den das Christentum später für seine ›Kirchen‹ wieder aufnehmen wird. Die im Landesmuseum Luxemburg ausgestellten *aediculae* beweisen, daß seit der Antike dieser Gebäudetyp mit drei Schiffen und Kirchturm in unseren Gebieten vorhanden war.

Eine große vom Landesmuseum Trier organisierte Ausgrabung hat in Heckenmünster[54] in der Eifel einen vollständigen Eindruck von einem dieser *fanum*-Heiligtümer vermittelt. Seit 1415 waren Quellen an einem ›Wallenborn‹ (aufwallende Quelle) genannten Ort entdeckt worden; Jakob Masen hatte sie zwischen 1606 und 1681 beschrieben und dabei betont, daß einer der 3 Brunnen ein klares und ›süßes‹ Wasser gab, während die beiden andern – die, ohne jemals überzufließen, aufbrodelten – trüb und stark schwefelhaltig waren. Die Tatsache, daß der Name ›Tempelherrenschloß‹ mit diesem Ort verknüpft war, bot ein Indiz für sein Alter. 1887 entdeckte man römische Mauern, die Josef Steinhausen als zu einem römischen Thermalheiligtum gehörig identifizierte. Im Jahre 1966 nahm das Landesmuseum anläßlich von Abholzungsarbeiten die Ausgrabungen von 1887 wieder auf, ehe dann der gesamte Komplex freigelegt wurde.

Die Ausgrabungen förderten die Umfassungsmauer des *temenos* zutage, die eine unregelmäßige Fläche von 75 mal 33 oder 28 m umgab. Im Innern gab es drei *fana*-Tempel. Tempel A ist viereckig,

hat eine Säulenhalle und eine *cella* von 5,80 mal 6,80 m, einen Gesamtumfang von 11 mal 11,30 m; *fanum* B, vom selben Typ, hatte
eine wesentlich geringere Ausdehnung: die Außenmaße betrugen
7,7 mal 7,7 m, die *cella* maß 3,7 mal 3,7 m. Tempel C hatte
einen sechseckigen Grundriß mit einem mittleren Durchmesser von
9,30 m. Offensichtlich hatte er keine Säulenhalle;[55] das Dach war
schiefergedeckt; im Mittelpunkt des Tempels lief ein kreisförmiger
Graben, dort entsprang die Quelle.[56] In unmittelbarer Nachbarschaft der 3 Tempel befand sich ein Theater, dessen Stufen in den
Hügel eingegraben waren. Östlich der Quellen hat man ein Gebäude
von 30,90 mal 5,60 m ausgegraben, vor dessen Vorderfront eine
Säulenhalle von 2 m Breite lag. Einen ähnlichen Bau (43,50 mal
5,70 m) gab es im Norden, an eine Ecke eines anderen Gebäudes anschließend, welches 21,50 mal 18,70 m maß. Unter den anderen
Bauten hat der Komplex Nr. 2, im Osten des *temenos*, die Aufmerksamkeit der Ausgräber auf sich gezogen. Es handelt sich um
ein rechteckiges Gebäude von 24 mal 12 m mit Strebepfeilern an
der Seite zum Abhang des Hügels und mit einem großen Hof. Die
ganze Anlage diente als Herberge für die Pilger, die sich zu den
heiligen Quellen begaben.

In Odrang-Fließem, einem durch seine dort freigelegte eindrucksvolle Residenzvilla bekannten Ort,[57] haben seit 1873 durchgeführte Ausgrabungen die Überreste mehrerer Heiligtümer zutage
gefördert.[58] Das erste, 12,50 mal 11,50 m, hatte eine *cella* von
5,70 mal 6,65 m. Es war von einer Säulenhalle umgeben, etwa
2,25 m breit und 2,40 m lang. Die Türe hatte eine Breite von 3,20 m
und scheint von 2 Säulen flankiert gewesen zu sein, deren Schäfte
in einiger Entfernung entdeckt wurden. Der zweite Tempel, rechteckig, mit *pronaos*, 9,60 mal 6 m, hat eine *cella* von 6,15 mal
4,85 m. Unter den Fundamenten wurden Reste von protohistorischer Keramik gefunden (La Tène III), verkohltes Holz und im
Feuer gehärteter Tonverputz sowie 2 Pfostenlöcher am Eingang
zum späteren *pronaos*. Diese Funde beweisen zur Genüge die alte
Tradition des Ortes, der zweifellos schon vor der Ankunft der
Römer eine Kultstätte war.

Das dem Merkur geweihte Heiligtum auf dem Donon[59] scheint

hauptsächlich aus einer rechteckigen *cella* von 7,60 mal 11 m bestanden zu haben. Es hatte feste Mauern und ein Holzgebälk, dessen Tragebalken auf Zinnen ruhten, die in der inneren Vorderseite der Ziergiebel lagen.

Eines der eindrucksvollsten Heiligtümer ist ohne Zweifel das Mithraeum von Königshoffen, woher das am Ende unseres vorigen Kapitels beschriebene Relief stammt.[60] Die Balkenverstärkung der Mauern ruhte auf Steinsockeln mit eingetieften viereckigen Löchern. Die Mauern selbst scheinen aus Fachwerk bestanden zu haben. Das Heiligtum maß 31 mal 8,50 m. Das Dach war mit römischen Ziegeln gedeckt und in Lößboden eingegraben. Es ragte nur wenig über die Erdoberfläche hinaus. Anscheinend versuchte man so, den Anschein einer Mithrasgrotte zu erwecken. Im Eingang luden Bekken zur ersten Reinigung ein. 2 Bänke liefen an den Seiten des Längsschiffes entlang, in dem sich die Eingeweihten aufhielten. Für das rituelle Festmahl nahm man auf diesen mit Brettern und Kissen ausgestatteten Bänken Platz. In einer Abfallgrube wurden die Überreste jener Mahlzeiten entdeckt. Votivaltäre, eine taurobolische Gedenktafel, die von einem gewissen Silvester geweiht worden ist, vervollständigten die Inneneinrichtung des Heiligtums; im Hintergrund des Schiffes befand sich der Altar; er war hohl und hatte einen Sitz für den *cryphius*, den Mann, der – so versteckt – die Stimme des Mithras ertönen ließ.

In Saarbrücken *(Pons Saravi)* war das Mithraeum wirklich in einer Felswand des Halberges[61] untergebracht; die Stelle wurde ›Heidenkapelle‹ genannt, und es handelte sich um eine natürliche Grotte, die für die Bedürfnisse des Kultes hergerichtet war. So entstand eine dreischiffige Halle, die zuerst ein Tonnengewölbe mit einer Höhe von 3,90 m aufwies. Danach wurde in den Felsen selbst ein überhöhtes Gewölbe eingehauen.

Sechstes Kapitel
Das Wirtschaftsleben

Die Landwirtschaft

In den vom römischen Zensus erfaßten Gebieten haben die Römer wohl zunächst eine Zenturiation oder Limitation vorgenommen, um den Kolonisten gleich große Parzellen zuteilen zu können. Spuren solcher Zenturiationen wurden durch Luftaufnahmen in vielen römischen Provinzen entdeckt, besonders durch P. Frascaro, R. Chevallier, F. Castagnoli in Dalmatien, in ganz Italien und in Nordafrika.[1] Spuren einer Grenzziehung wurden im niederländischen Limburg und durch J. Mertens in der Gegend von Tongern gefunden. I. Scollar, der rheinische Spezialist für Phototopographie, bestätigt mir, daß es in Germanien bis heute nicht gelungen ist, ähnliche Ergebnisse zu erzielen. Es ist möglich, daß in einem nichtmilitärischen und ansonsten stark abgeteilten Gebiet die notwendigen Abgrenzungen nur in Übereinstimmung mit den sichtbaren orographischen Linien vorgenommen wurden.

Das Kataster-Grundschema war, wie wir bereits gesagt haben, das Werk der *agrimensores* oder *gromatici*; ihre Aufgabe bestand darin, auf dem entsprechenden Gebiet den Nullpunkt des Koordinatensystems festzulegen (des *cardo* und des *decumanus*), welcher durch einen in Sektoren unterteilten zylindrischen Markierungsstein sichtbar festgelegt wurde. Die entlang der Hauptachsen angelegten *centuriae* hatten eine Seitenlänge von 2400 Fuß (= 20 *actus*), d. h. ca. 710 m. Der Gesamtumfang betrug also annähernd 50,4 ha, d. h. 200 Morgen. 1 Morgen ist zugleich die kleinste durch Begrenzungsmarken *(limites intercisivi)*[2] gegebene Untereinheit; seine Oberfläche von 240 mal 120 Fuß (2 mal 1 *actus*) entsprach im Prinzip der Fläche, die ein Bauer mit Hilfe eines Ochsengespannes *(iugum)* an einem Tag pflügen konnte.[3]

Interessante Berechnungen, die für die Umgebung von Köln aufgestellt wurden, verdienen, hier erwähnt zu werden.[4] Sie haben ergeben, daß auf einem Gebiet, dessen Streuungskarte der römischen Villen nahezu als vollständig betrachtet werden kann, eine Villa durchschnittlich von 400 Morgen Land umgeben war, d. h. also nahezu von 100 ha; einige riesige Meiereien – etwa wie Emmerich – scheinen an der Spitze eines *fundus* (Gut) von 1000 ha gestanden zu haben. Solche Betriebe waren sicher nicht sehr selten; Ausonius glaubt, daß sein *herediolum*, sein ›kleines Erbe‹ von 260 ha, sehr bescheiden sei! Entlang der Erft konnte durch die umfassende Erforschung des Wohnwesens der römischen Epoche eine Abgrenzung der am alten Flußlauf gelegenen Parzellen vorgenommen werden. Der Verlauf der Nebenflüsse lieferte oft die Bezugslinie dieses Begrenzungssystems, welches mit der Ausrichtung des römischen Wegenetzes nicht in Einklang stand. Durchaus ähnliche Resultate haben von R. Linden im Bereich des Kartenblattes »Betzdorf« (Großherzogtum Luxemburg) 1974 durchgeführte Untersuchungen ergeben: polygonale Parzellen mit einem Durchmesser von etwa 1000 bis 1250 m (also etwa 100 ha Oberfläche im Schnitt) scheinen auch hier die Regel gewesen zu sein.

Dank zahlreicher Funde und Abbildungen auf Grabmonumenten und Votivbildern sind wir ziemlich gut über die technische Ausrüstung unterrichtet, die im Rheinland gebräuchlich war. Wirtschaftsgrundlage einer sehr großen Zahl von *villae* scheint der Getreideanbau gewesen zu sein, daneben der Gemüseanbau. Die Palynologie (die sich mit der Identifizierung der Pollen beschäftigt) hat hierzu entscheidende Informationen geliefert. So scheint es, daß man in der Gegend von Altkalkar verschiedene Weizensorten angebaut hat (*triticum dicoccum* Schrank), Weizen (*triticum monococcum* L.), Weizen mit kurzer Ähre (*triticum compactum* Host), Spelt (*triticum spelta* L.), Gerste (*hordeum* L.), Hafer und Roggen. Diese drei letzteren Sorten sowie Saubohnen, Erbsen, Linsen und Wicken (*viscia* L.) wurden anscheinend in der römischen Epoche auf verhältnismäßig großen Flächen angebaut. Flachs wurde sowohl als Spinnstoff wie zur Ölgewinnung angepflanzt. In den Gemüsegärten zog man die Gartenmelde (*atriplex hortensis* L.), den Fuchsschwanz (*amaranthus* L.), Pastinaken (*pastinaca sativa* L.)[5], Radieschen, Karotten, weiße Rüben, Petersilie, Koriander, Fenchel

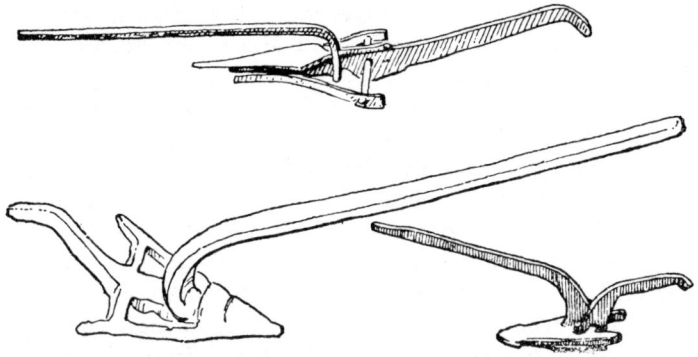

Abb. 27. Römische Pflugmodelle. (Nach W. Haberey in: Germania Romana III, S. 33.)

und Sellerie. In den Obstgärten standen Apfel-, Pflaumen-, Kirsch- und Nußbäume.

Grundlage der landwirtschaftlichen Ausrüstung war der Pflug. Dank der Votivminiaturen aus dem Grab von Rodenkirchen bei Köln[6] wissen wir sehr genau, wie dieses Handwerkszeug ausgesehen hat, welches schon im Neolithikum gebraucht wurde. Der bei den Bauern des Rheinlandes gebräuchliche Pflug setzt sich aus folgenden Stücken zusammen: der *bura,* einem Krummbaum, an welchem die Ochsen angespannt waren, die ihn zogen; der *manicula,* dem Sterz, der im entgegengesetzten Sinn angebracht war: er diente als Handgriff für den Ackersmann, der mit seiner Hilfe die Tiefe des Schnittes der Pflugschar *(vomer)* regelte. Manchmal gab es davor noch ein Pflugeisen *(culter),* welches die Furche öffnete.

Die aufgeworfenen Erdschollen konnten mit dem Karst auseinandergehauen werden; davon sind mehrere Formen bezeugt: mit flachem Eisen, rechteckig oder trapezartig, mit mehreren Zacken: das ist die *regula cum pluribus dentibus* des Varro. Dann kam die Egge *(irpex)* auf, die aus 3 mittels Querstücken verbundenen Holzteilen zusammengesetzt war. Die 3 der Länge nach verlaufenden Stücke waren jeweils mit 6 Haken ausgestattet, die sich in die zu bearbeitende Erde einschlugen.

Um die Bodenqualität zu verbessern, verwandte man sehr oft
Mergel oder Löß, mit denen man den Boden anreicherte. Auf Trag-
bahren transportierte man den Stallmist zu den Feldern.
Für die Ernte verwandte man in erster Linie Sicheln; manche hatten einen sehr langen Stiel und sehr lange Eisen: sie stellen eine
Zwischenform zur Sense dar. Der *vallus*,[7] eine mechanische Mähmaschine, der für die Remer und Treverer bezeugt ist, scheint eine
so bemerkenswerte Ausnahme gewesen zu sein, daß er nur auf besonders bemerkenswerten Denkmälern abgebildet wurde.[8]
Der geschnittene Weizen wurde auf vierrädrigen Wagen eingefah-
ren, deren Hauptbestandteile wir wiederum aus dem Grabfund
von Rodenkirchen kennen; die großen Holzräder (vielleicht mit
Eisenbändern belegt) hatten im allgemeinen 8 Speichen und waren
an den Radnaben durch Metallkappen fixiert. Sie hatten in der
Innenseite als Verbindung zwischen Rad und starren Wagenachsen
ein entsprechendes Gegenstück. Die Wagenachsen waren untereinander durch eine zentrale Deichsel verbunden, die gabelförmig in
der hinteren Wagenachse endete, horizontal beweglich und mit der
vorderen Wagenachse verbunden war. Andere Wagen hatten nur
2 Räder und trugen manchmal einen Oberbau aus Weidenge-
flecht.
Das Korn wurde auf der Tenne eines der Ökonomiegebäude ge-
droschen, welches an die Meierei angrenzte; danach wurden Körner
und Spreu in die Luft geworfen, wozu spezielle Körbe *(vannus)*
verwendet wurden. Der Wind verwehte alle Spreu und ließ die
Körner auf den Estrich zurückfallen. Das Getreide kam zur Mühle[9]
oder wurde in den Scheunen des Hofes eingelagert. Manche
Höfe – so Müngersdorf – hatten speziell eingerichtete Türme, damit eine gute Luftzirkulation das Getreide frisch hielt und vor der
Gefahr der Selbstentzündung bewahrte.
Nach der Schätzung von H. von Petrikovits[10] dürften die Erträge
des rheinischen Ackerbaus für die Bedürfnisse der Legionen und
der Zivilbevölkerung ausgereicht haben. Es wurde viel Öl und
Wein importiert; der einheimische Weinbau wurde – wenigstens
offiziell – durch gesetzliche Bestimmungen aus der Zeit des Domitian eingeschränkt.

Gewisse Gebiete mit sehr großen Weidearealen (besonders die Eifel) kannten sicher eine intensive Viehzucht. Rinder, Pferde, Esel, Schweine, Schafe, Ziegen und Geflügel sind in großer Zahl belegt, auf Abbildungen wie in den Ausgrabungen der Meiereien, wo vielleicht jede Tierart ihre eigenen Stallungen hatte.

Die Frage, ob die Germanen vor der römischen Eroberung Wein anbauten oder ob dieser von den Römern bei ihnen eingeführt wurde, ist zum gegenwärtigen Zeitpunkt nicht endgültig entschieden. Es ist wahrscheinlich, daß sie, nachdem sie schon sehr große Konsumenten waren, erst im 1. Jahrhundert unserer Zeitrechnung zu Produzenten geworden sind.[11] Zweifellos wurde an der Mosel mehr Wein als am Rhein angebaut. Auch die Funde, die etwas über den Verbrauch und die Weinproduktion aussagen, stammen in erster Linie aus dem trevirischen Gebiet. Ein Bürger von Trier, *negotiator vinarius*, ein Weinhändler,[12] zugleich Reeder und Schiffer an der Saône *(nauta Araricus)*, saß in Lyon, wo er nach zwei Richtungen hin Weinhandel betreiben konnte: Weine aus dem Mittelmeergebiet wurden nach Gallien und nach Germanien, Weine von der Mosel in den gallischen Süden und nach Rom geliefert.

Wir wissen, in welcher Form diese Weine verschickt wurden. Landweine und junge Weine wurden in Fässern von sehr unterschiedlicher Größe gelagert. Auf einem der Reliefs von Neumagen[13] ist ein Wagen dargestellt mit 4 beschlagenen Rädern und flachem Oberbau, dessen Holzteile mit Eisenstiften zusammengefügt waren. Er transportierte ein großes Holzfaß, welches mit Eisenreifen beschlagen war. Eine ganz ähnliche Darstellung stammt aus Langres. Diese ist von sehr hohem technischem Interesse, scheint doch hier zwischen dem Fahrgestell des Wagens, welcher von 2 Maultieren gezogen wurde, und dem Faß selbst eine Art Halterung vorhanden gewesen zu sein (die wahrscheinlich in der Mitte augebuchtet war und sich so der abgerundeten Form des Fasses anpaßte), auf der dieses frei ruhte. Weltberühmt ist das Relief von Cabrières-d'Aigues, perfekte Illustration zu den Versen des Ausonius, die das Treideln der Schiffe behandeln. Das Relief zeigt einen Schleppkahn, der an Bord 2 quergelagerte Fässer führt hinter dem Mast, an dem die Schleppseile vertaut waren.[14] Ein *vinarius* von Arlon

ließ sich ein Grabmal errichten,[15] das in der Hauptsache aus 2 großen Fässern zusammengesetzt war, zwischen welchen eine der
zahlreichen Kontorszenen figurierte. Diese zeigt den Verstorbenen,
der seine Rechnungsbücher in Gegenwart seines Kontoristen prüft.

Abb. 28. Igeler Grabmal der Secundinii, Westseite. Schleppkanal
auf der Mosel. (Nach einer Zeichnung von L. Dahm in: TZ 31, 1968.
Beilage zum Beitrag E. Zahn, Die neue Rekonstruktionszeichnung
der Igeler Säule.)

Im »*Luxemburgum Romanum*« von P. Alexander Wiltheim,[16]
zwischen 1630 und 1685 abgefaßt, erscheinen 3 Fragmente von
Reliefs,[17] die kostbare Einzelheiten für unsere Kenntnis von Kon-
sum und Transport des Weins liefern. Das erste stellt einen Teil
einer Schänke dar: 2 Fässer sind hinter dem Ladentisch aufgestellt;
ein Mischkrug hängt an einem Haken und wartet dort auf den
Kunden, der darin seine persönliche Mischung zubereiten wird. Das
zweite Relief gibt einen *Hercules Bibax* wieder, der seine Keule
schwingt vor 3 riesigen Amphoren; diese waren mit Stroh umgeben, damit sie, wenn sie zusammenstießen, keinen Schaden erlitten.
Das dritte Relief zeigt einen Schleppkahn wie den von Cabrières-
d'Aigues, der aber kleinere Fässer transportiert, welche in zwei
Lagen übereinander aufgeschichtet sind, getrennt durch eine Holz-
halterung, die sich den abgerundeten Formen der transportierten

Fässer anpaßt. Aus Trier kennen wir[18] einen Weinhändler, der vor seinem Kontor steht neben einer Auslage von kleinen, mit Eisen beschlagenen Fässern. Man findet mit Stroh umwickelte Amphoren auf einem Monument von Neumagen[19] als pyramidenförmige Bekrönung einer monumentalen Grabstele. Von demselben Ort stammen die Weinschiffe.[20] Das eine ist sehr gut erhalten; in Wirklichkeit handelt es sich um ein Kriegsschiff, welches hier für friedliche Zwecke gebraucht wurde.[21] Einer der großen Grabpfeiler von Neumagen[22] war einem Weinhändler gewidmet, der sich wahrscheinlich Saturnus nannte. Ein Relief dieses sehr schönen Monuments stellt einen Winzer dar, der in seiner Kiepe frisch geschnittene Trauben trägt.

In römischer Zeit scheinen die Weinreben in engen Zeilen, fast ohne Zwischenraum, gepflanzt worden zu sein.[23] Der Weinstock selbst wurde auf wenigstens drei verschiedene Arten behandelt: Auf einem Relief von Remerschen (Großherzogtum Luxemburg)[24] ist er um den Stützpfahl gewickelt, dann zweifellos kreisförmig gebunden, gemäß der Methode, die noch heute in dieser Gegend angewandt wird. Auf dem schon erwähnten Relief[25] sind die Rebstöcke untereinander wohl in Form von Lauben zusammengebunden gewesen, wie in den italienischen *grotti*. Auf einem Relief von Neumagen[26] sind zwei Rebensprösse am Rebstock achterförmig gebunden. Möglicherweise stammt diese letztere Darstellung (wie viele andere übrigens) von einer bacchischen Szene und gibt nicht notwendigerweise die ganze Realität des Weinbaus wieder. So stellt z. B. der große Sarkophag von Emeringen (Großherzogtum Luxemburg)[27] Venus bei der Weinlese dar, von 2 *putti* begleitet, wobei der eine Trauben nascht, der andere an der Weinlese teilnimmt. Die stilistische Komposition ist von offensichtlicher Harmonie und kann dem realistischen Detail des Weinbaus nicht allzusehr verpflichtet sein. Wirklichkeitsnäher ist das Fragment eines Reliefs von Hollerich (Großherzogtum Luxemburg)[28], das einen Stützpfahl darstellt, 2 sich kreuzende Weinranken, die mit dem Pfahl durch einen Faden verbunden sind. Dieses Relief könnte als Beweis dafür dienen, daß die Rebe achterförmig am Stock emporgebunden wurde – was noch heute an der unteren Mosel im

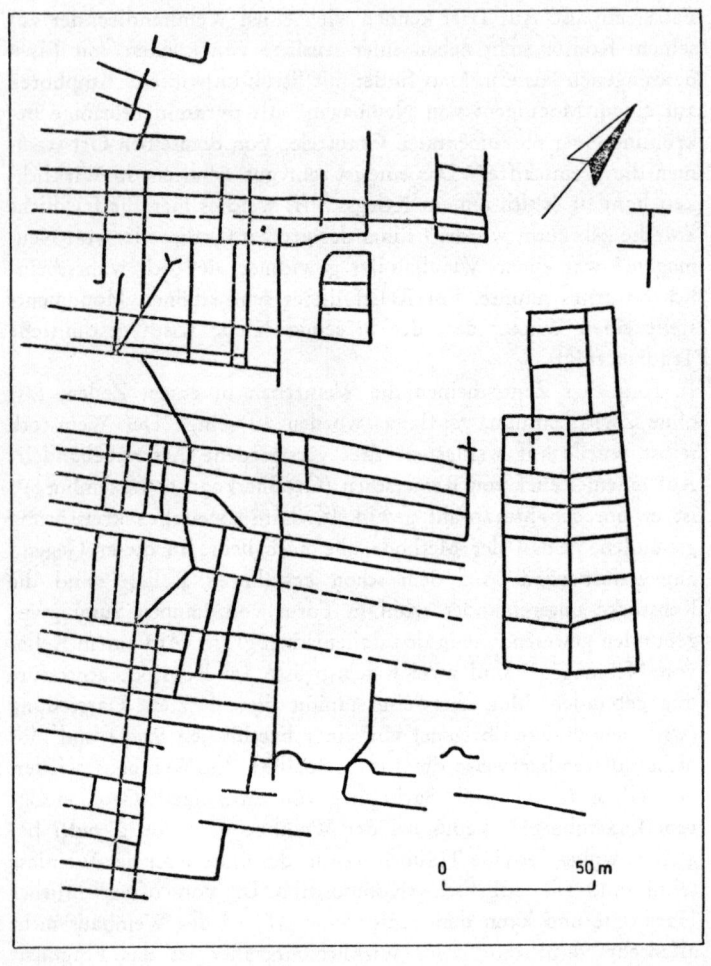

Abb. 29. Weinbergparzellen aus Lincolnshire. (Nach Germania Romana III, S. 42.)

steilabschüssigen, steinigen und verhältnismäßig armen Boden üblich ist. Ein in Trier (Sankt Matthias) wiederentdecktes Relief übernimmt den zu behandelnden Stoff in noch ›akademischerer‹[29] Art: zwischen 2 Säulen, die nach links und nach rechts verlaufende Bögen tragen, befindet sich ein Faltenkrug mit 2 Henkeln. Aus der weiten Öffnung des Gefäßes ›wachsen‹ der Stützpfahl und die 2 Weinranken heraus, die sichtbar untereinander achterförmig gebunden wurden. Tauben sitzen auf den Bögen rechts und links und picken in die Trauben.

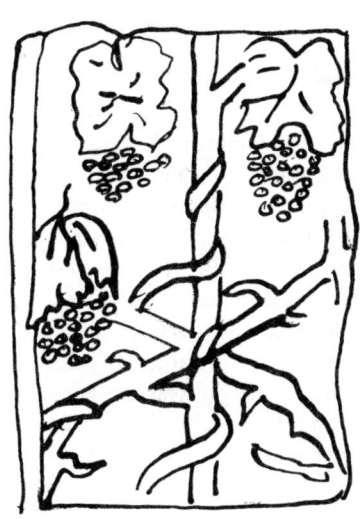

Abb. 30.
Kreuzweise Bindung
der Rebstöcke
auf einem Relief
aus Luxemburg-Hollerich.
(Nach A. Wiltheim).

Zahlreiche Funde haben eine vollständige Übersicht über die gebräuchlichen Rebmesser geliefert; ursprünglich besaßen sie selbstverständlich einen Holzgriff. Die einen, sehr ähnlich den Sicheln, scheinen dem Weinbauer eine vielfältige Nutzung ermöglicht zu haben. Andere hatten eine beinahe rechtwinklige oder umgebogene Klinge; sie scheinen für den Weinbau an Rhein und Mosel zur römischen Zeit typischer gewesen zu sein. Manche besaßen einen Eisenring, mit dem sie an den Gürtel des Weinbauers angebunden

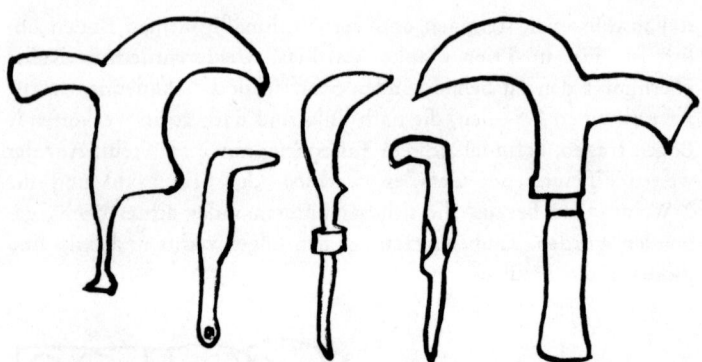

Abb. 31. Römerzeitliches Rebmesser.

werden konnten. Andere hatten auch auf dem Rücken des Stiels eine Axt, welche die Nutzungsmöglichkeiten noch vermehrte.

Durch ein Mosaik von Saint-Romain-en-Gal[30] wissen wir, daß die vom Winzer eingebrachten Trauben mit den Füßen von athletischen Weinbauern gekeltert wurden in einem Becken aus *opus latericium*; dies hatte mehrere Öffnungen, aus denen der Saft in davorstehende Gefäße abfloß. Der Saft wurde (durch Leinenstoff oder große Metallsiebe) gefiltert, dann unmittelbar in Fässer umgefüllt, wo die Gärung vonstatten ging.[31] Der beim Keltern entstandene Abfall wurde wieder verwertet, entweder – so wie er war – als Futter für die Haustiere oder als Grundlage für ein Getränk, das man bereitete, indem man die Rückstände mit Wasser ansetzte, dann nachkelterte und gären ließ. Etwa im April oder Mai des folgenden Jahres wurden die Fässer und Bottiche angestochen, der Wein von allen Unreinheiten geklärt und nochmals gefiltert, bevor er in Amphoren oder Krüge umgefüllt wurde, die für den unmittelbaren Verbrauch bestimmt waren.

Das Relief von Til-Châtel[32] zeigt, wie eine *caupona*, eine Schankwirtschaft, innen ausgesehen hat. Dort hält ein Zecher seinen Krug hin, damit ihm der *cuparius*, der Pächter, den Wein seiner Wahl nachfüllen kann. Die Moselgebiete haben eine ganze Menge Keramik produziert, die speziell für den Weinkonsum bestimmt waren;[33] diese Trierer Weingefäße zeichnen sich aus durch ihre eleganten Formen und ihren glänzend-schwarzen Firnis. Sie tragen zumeist Inschriften, die die Trinker ermuntern und den Verbrauch vorantreiben sollen, indem sie die Herzenswünsche des Trinkers wiedergeben: »Trink und wohl bekomm's!«; »Prost«; »Sei frohgemut«; »Trink!«; »Trink noch einen!«; »Spar das Wasser!«; »Ich hab Durst!«; »Kost mich mal!«; »Hoch soll er leben!« usw.[34]

Handwerk und Kunsthandwerk

Der relative Frieden, der von Trajans Regierungszeit an herrschte und bis zu den großen Einfällen der Jahre 275/276 dauerte, trug zum Aufblühen von Handwerk und Kunsthandwerk bei; über beides hat uns die Archäologie viele Zeugnisse geliefert.[35] So konnte zum Beispiel das Grubenwesen im Rheinland und im Hinterland erforscht werden:[36] Bleibergwerke bei Mechernich, Keldenich, Kommern und Nideggen, Goldbergwerke in Hohen Venn, $ZnCO_3$ bei Gressenich und Breinig. Eisenvorkommen wurden in der Eifel abgebaut, Oberflächenerz in Niedergermanien, Kohle im Gebiet von Aachen. Große Steinbrüche lieferten Baumaterialien; in der Gegend von Mainz wurden zuerst die aus der Gegend von Verdun kommenden Kalksteine benutzt, bevor man auf die Vorkommen von Weisenau und Oppenheim zurückgriff. In einer späteren Epoche benutzte man den Sandstein von Main und Neckar sowie den von Flonheim in Rheinhessen. In Neumagen verwendeten die Baumeister in der Mitte des 2. Jahrhunderts die Kalksteine aus der Umgebung von Metz, dann einen hellen grauen Sandstein von Altenhof bei Trier, bevor auch sie Sandstein benutzten, der leichter zu bearbeiten, aber weniger widerstandsfähig war. In Straßburg wurde im 1. Jahrhundert weißlicher, dann grauer Kalkstein verwendet, im 2. Jahrhundert ein rosafarbener, im 3. Jahrhundert eine rote Variante. Der Granit des Odenwaldes, der Basalt der Eifel (Plaidt, Kraft), die Buntsandsteine von Bad Dürkheim und Breitfurt wurden nach dem in Italien und anderswo überall angewandten Verfahren gewonnen.[37] Viele Vorkommen scheinen durch die Armee oder zu ihren Gunsten abgebaut worden zu sein (Brohltal, Berkum, Drachenfels, Mechernich usw.). Inschriften und Stempel legen davon Zeugnis ab. Eine besonders gut gelungene Modelldarstellung im Rheinischen Landesmuseum in Bonn stellt die Arbeit in einer solchen Steingrube dar; die Verarbeitung des Materials nach den speziellen Bedürfnissen einer Großbaustelle ist Thema einer weiteren Modelldarstellung in Bonn.

Die Kupfervorkommen des Saargebietes wurden in neuerer Zeit sehr genau untersucht,[38] besonders die von Wallerfangen-Sankt Barbara und Limberg. Diese waren seit dem 15. Jahrhundert bekannt; eine am Eingang eines unterirdischen Stollens angebrachte Inschrift wurde im Laufe des 19. Jahrhunderts viermal (!) entdeckt und wieder entdeckt, durch vier Forscher, die voneinander nichts wußten. Brambach[39] hat sie zum erstenmal publiziert. Sie lautet:[40]

> INCEPTA OFFI
> CINA EMILIANI
> NONIS MART

Der Betrieb der Steinbrüche durch Emilianus fing also im Monat März an. Schindler[41] vermutet sehr zu Recht, daß diese Inschrift einen juristischen Akt der Übergabe voraussetzt, wahrscheinlich durch die Armee. Die Entdeckung einer römischen Lanze im Innern des unterirdischen Stollens läßt an die Anwesenheit von Soldaten denken, die Kriegsgefangene zu überwachen hatten, welche mit dem Abbau des Erzes beauftragt waren. Einige menschliche Skelette dürften von diesen armen Teufeln stammen, die bei der Arbeit umkamen. Die Kupfervorkommen fügen sich in den oberen Buntsandstein als Zwischenschichten unterschiedlicher Dicke ein; im Stollen von Sankt Barbara folgte man deshalb einfach nur der Ader in einer streng horizontalen Richtung. In Limberg mußte von oben herab ein Schacht zu den Fördergängen auf zwei unterschiedliche Ebenen geführt werden. Die Ausgrabungen wurden durch die Tatsache behindert, daß der Abbau im 16. Jahrhundert wieder aufgenommen worden war, was zu einer Verwischung der unzweifelhaft römischen Spuren geführt hatte.

Während im 1. Jahrhundert unseres Zeitalters – und oft bis in die Mitte des 2. – Prunkgegenstände aus Metall besonders aus Italien importiert wurden, produzierte man sie nun im Rheinland selbst. Der Standort dieser Industrie konnte bis jetzt nicht ausgemacht werden;[42] sie scheint jedoch um Gressenich angesiedelt gewesen zu sein, im Gebiet von Aachen und Eisenberg in der Pfalz.[43] Die Weiterentwicklung der Fibeln markiert den Übergang vom vorrömischen Kunsthandwerk zu dem der römischen Zeit. Vor der Ankunft der Römer, so kann man sagen, beschränkte man sich auf die allereinfachste Form. Im Kontakt mit den Römern tauchten protohistorische Formen wieder auf, die infolge des handwerklichen Fortschritts in größerer Zahl produziert werden konnten, oft nach lokalen Vorbildern.[44] Dabei gibt es auch kreisförmige Ornamente mit gleichsam ›barocken‹ Ausformungen geometrischer Motive der letzten vorrömischen Epochen sowie Emailarbeiten, wie sie besonders für Manching bezeugt sind.[45]

Auch die Bildhauerei trug zur Weiterentwicklung der künstlerischen und technischen Fähigkeiten des rheinischen Kunsthandwerks bei. Mehr als jede andere Kunstform ist sie ein Propagandamittel gewesen, das den Augen der verdutzten Menge das Bild der neuen Herrscher zu übermitteln hatte, welche die Städte und das Land in Besitz nahmen. Keine ›Stadtgründung‹ ohne Einweihung eines *palladium*, im allgemeinen einer Kopie der ›Athena Parthenos‹ des Phidias; keine Stadt ohne Kapitol: Juppiter, Juno und Minerva. Kein Lager oder Marktflecken, die nicht großen Wert darauf gelegt hätten, das Kaiserhaus zu ehren, den regierenden Kaiser. Da die lokalen Künstler niemals die erlauchten Persönlichkeiten von Angesicht sehen konnten, mußten Medaillons und Münzen zur Erarbeitung von notgedrungen nur ›annähernden‹ und idealisierenden Büsten herangezogen werden. Oft begnügte man sich übrigens in der Provinz damit, Büsten anzufertigen; Rom schickte aus Italien die Köpfe, die man daraufzusetzen hatte! Der größte Teil der Kaiserköpfe, die als solche wiedererkannt wurden, kam tatsächlich aus römischen Ateliers. Hervorragende rheinische Bildhauer haben uns die spätrömischen Hermesfiguren von Welschbillig hinterlassen, die Merkurköpfe von Karlsruhe, die Reliefs von Neumagen und Hunderte von Grabstelen, die mehr oder weniger durch italische oder gallische Vorbilder beeinflußt waren.

Die rheinischen Ausgrabungen haben außergewöhnlich reiche Zeugnisse der Glasindustrie zutage gefördert. Unter den ältesten Produkten, die vielleicht schon in der Provinz hergestellt wurden, erscheinen die sogenannten Millefiori-Trinkschalen: Stäbchen von vielfarbigem Glas wurden in winzige runde Scheiben geschnitten, die man in eine Paste aus flüssigem Glas einfügte und mit einer Schicht von klarem Glas versiegelte. Eines der schönsten Gläser dieser Art wurde in Hellingen (Großherzogtum Luxemburg) gefunden. Dadurch, daß man farbige Glasspiralen tief hinein in Glasuntersätze einschmolz, erhielt man marmorierte Gläser. Das Rheinland spezialisierte sich auch sehr früh in der Herstellung von durchscheinendem Glas, von ›natürlicher‹ Farbe, blau oder grün entsprechend der zufälligen chemischen Zusammensetzung des geblasenen Materials. Balsamarien, Rippenflaschen, Aryballen und Kellen imitierten ursprünglich Vorbilder aus Metall, Trichter, Flaschen, Stechheber, Strigilen, Tintenfässer und Glasperlen zieren die Museen des Rheinlands. Vom Ende des 3. Jahrhunderts an produzierten die Kölner Glasmacher entfärbtes Glas, auf welchem sie mit viel Kunstfertigkeit dünne Glasfäden anbrachten; dadurch entstanden die Schlangenfadengläser. Im 3. und 4. Jahrhundert machte man die Nuppengläser, Gläser, in deren noch lauwarme Glasmasse man heiße Tropfen einfügte, die dann in die Masse einschmolzen und mit ihr abkühlten. Zur selben Zeit verbreitete sich im Rheinland die Technik des Glasschnittes mittels drehbarer und gegliederter Schneidbohrer: so entstanden die *vasa diatreta*, die Kleinode der späten rheinischen Glaskunst.

Italische Terra Sigillata und die ACO-Becher erscheinen am Rhein zu derselben Zeit wie die Römer: in den Lagern von Vindonissa, Mainz, Oberaden, Haltern, Holsterhausen, Vetera, Asberg, Neuß, Nimwegen, Köln, Bonn. Im 1. Jahrhundert schalten sich die Töpferwerkstätten in La Graufesenque, in Lezoux, Saint-Rémy, Vichy und Lapalisse ein, gründen dann ›Filialen‹ in Luxeuil, in Mandeure, Heiligenberg, Ittenweiler und Rheinzabern, dann in Cannstatt, Krähenwald und Beinstein. Von Luxeuil-Mandeure erreicht ein anderer Zweig Lavoy, Vauquois, Avocourt, dann Trier, Urmitz, Sinzig und Remagen.[46] In Lothringen wurde die Gruppe der Werkstätten von Saturninus und Satto geleitet, und zwar in Chémery-Faulquemont, Boucheporn, Blickweiler und Mittelbronn; deren Exporte an den Rhein waren so ausgiebig, daß man vor 1912 die entsprechenden Werkstätten fälschlicherweise in Remagen, Trier oder Heiligenberg zu lokalisieren versuchte.[47]

Bei der Dekoration der Terra Sigillata beobachtet man eine stilistische Entwicklung, die durch den Geschmack der jeweiligen Epoche bedingt ist: fortlaufende geometrische Zonenmuster, verhältnismäßig breites Laubwerk, erhabene Teile mit stilisierten Pflanzenmotiven, Metopen, die horizontal unterteilt wurden; Einflüsse des Germanus (La Graufesenque) in der flavischen Epoche; Zurücktreten des pflanzlichen Elements zugunsten menschlicher und tierischer Darstellung (besonders in Lezoux) mit mythologischem Charakter zur trajanischen Zeit. Verschwinden pflanzlicher Motive und der Pfeilspitzen, äußerste Vereinfachung des Andreaskreuzes und große Medaillons inmitten der Metopen in antoninischer Zeit.[48]

Neben der Terra Sigillata kennt man unter der (in der Tat sehr vagen) Bezeichnung Terra Belgica eine Gruppe von Töpferwaren lokaler Faktur, auf der Töpferscheibe oder mit der Hand gemacht: sie sind grau, gelblich oder schwarz, glasiert oder unglasiert, manche Schalen mit Körnchen aus vorspringender Kieselerde (sogenannte ›Reibschalen‹), ein vollständiges, schweres, rotes Tafelgeschirr, als ›grobe Ware‹ bezeichnet, manchmal ganz summarisch dekoriert.[49] Alle diese Töpferwaren sind stark von frühgeschichtlicher Keramik inspiriert, deren typologischer Einfluß manchen wertvollen Hinweis auf die ethnischen Mischungen, den Handelsstrom und den Kulturaustausch geliefert hat.

Die Keramikindustrie produzierte auch ein breites Sortiment anderer Gegenstände, darunter Lampen. Mit den Fackeln und Kerzen[50] dienten diese zur Beleuchtung antiker Wohnungen. Zuerst *lychni* genannt (vom griechischen *lychnos*), dann *lucernae,* sind sie anfangs nur Behälter, mit einem in Öl getauchten Docht versehen. Typologisch variieren sie hinsichtlich folgender Teile: des Lampengefäßes (ein offener oder geschlossener Behälter), der Mündung und des

Griffs. Die Lampenkörper sind rund, oval oder viereckig; meistens haben sie nur eine Öffnung; die Griffe sind rund, in der Form einer mit dem Lampengefäß geformten Scheibe, mit oder ohne Öffnung.[51] Der größte Teil der Lampen ist dekoriert mit geometrischen Motiven, mit mythologischen Szenen, Kultobjekten, Jagd- oder Zirkusszenen, erotischen und grotesken Szenen, Tier- oder Pflanzenabbildungen und Himmelskörpern. Stellen wir abschließend noch fest, daß die Bronzelampen immer seltener gewesen sind und meistens dazu bestimmt waren, an Ketten aufgehängt oder an größeren Kandelabern fixiert zu werden. Besonders interessant ist der im 2. Stockwerk des Römisch-Germanischen Museums in Köln zusammengestellte Überblick über das gesamte im Rheinland belegte Beleuchtungsmaterial.

Die Ausgrabungen von Valkenburg (Holland) haben eine wichtige Dokumentation über das Lederkunsthandwerk in der römischen Zeit erbracht.[52] Im Rheinland: Mainz, Bonn, Malzbüchel, Altmark, Saalburg, Zugmantel und Feldberg; in Großbritannien: Newstead, Bar Hill, Balmuildy und Birdoswald; in der Schweiz: Vindonissa – sie hatten eine erste Serie von Unterlagen geliefert, die zwar kostbar, aber sehr lückenhaft war; die Ausgrabungen von Valkenburg haben sie vervollständigt. Seit 1948 haben 11 Forschungsunternehmungen (unter der Leitung von W. Glasbergen) die Reste des Lagers der *cohors III Gallorum*[53] zutage gefördert. Die außergewöhnlich gute Konservierung der Lederwaren von Valkenburg verdankt man der Tatsache, daß es zwischen dem Grundwasser und den Lagen, die die Reste der drei ersten Lager enthielten, eine Schicht von kalkhaltigem Lehm gab, der sie vor der zerstörenden Feuchtigkeit des Bodens bewahrt hat. Eine sehr genaue Datierung erlaubte es, alle die Funde zwischen 42 und 69 anzusetzen. Kalb, Ziege und Rind lieferten den Rohstoff; Kalbsleder wurde in erster Linie für die Zelte, Rindsleder für die Schilde und für die Schuhe, Ziegenleder für die Anfertigung der Kleidungsstücke benötigt. Beim Zusammensetzen der Felle gebrauchte man verschiedene Nähstiche und benutzte lange, mit einem Nadelöhr versehene Metallnadeln, durch die der aus geflochtenen Därmen zusammengesetzte ›Faden‹ hindurchging.

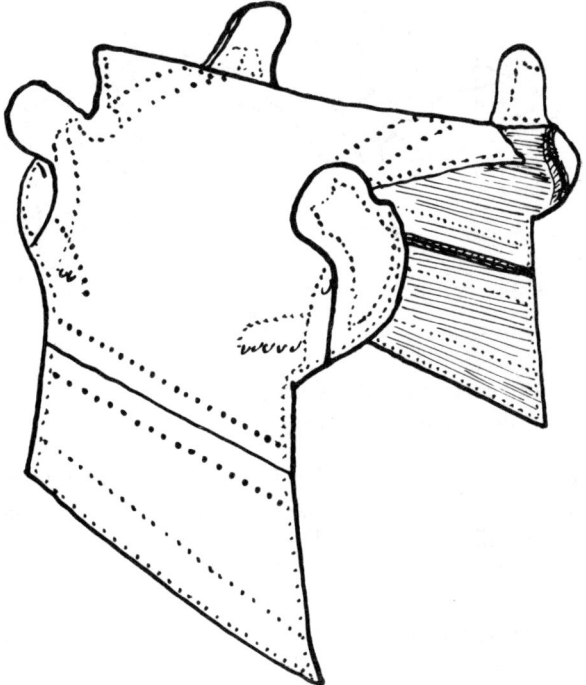

Abb. 32. Ledersattel aus Valkenburg.

In Valkenburg hat man 8 Reste von Schilden entdeckt, 28 Teile von Militärzelten und eine ganze Anzahl von Schuhresten, dazu ganze Schuhe, Sättel, Etuis usw. Bei den Schuhen unterscheidet man die *carbatinae* mit im allgemeinen nicht genagelten Sohlen, mit netzförmigem oder durchbrochenem Oberteil; die *soleae* mit doppelter, genähter oder genagelter Sohle in Rindsleder; die *socci*, eine Art von biegsamen Pantoffeln; die *calcei* oder *caligae*, feste, hochgehende Schuhe, Marschschuhe der Truppe, die in einer festen Sohle bestanden, an welche man die nach oben gehende Hülle annähte; diese war vorne durchbrochen und in lange, schmale Riemen geschnitten.

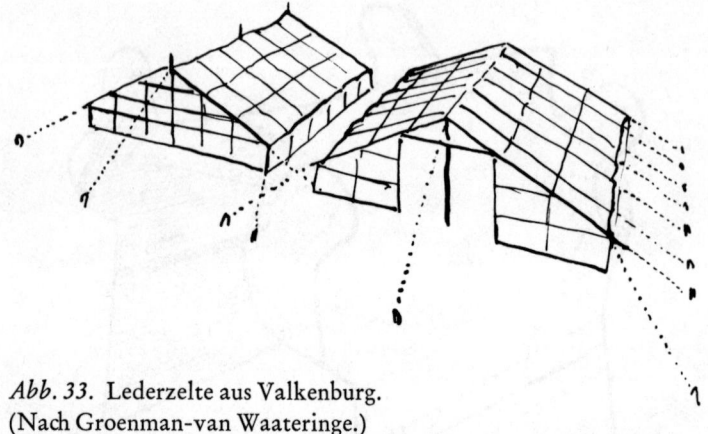

Abb. 33. Lederzelte aus Valkenburg.
(Nach Groenman-van Waateringe.)

Die Zelte setzten sich aus großen Lederrechtecken zusammen von
40,5 mal 62,48, 48 mal 64,39 oder 66,5 mal 63,5 cm für die Be-
dachung und die Seiten und dreieckigen Stücken für die Giebel.
Diejenigen, die Zelte gerbten, schnitten und zusammensetzten,
nannten sich *pelliones* oder *tabernacularii*; die *loricularii* fertigten
die Lederpanzer an, die *scutarii* die Schilde, die *lorarii* die Riemen,
die *sutores* die Schuhe.

Der Handel

Schon 1930 drückte E. Sprockhoff nachdrücklich sein Mißtrauen
gegenüber der Methode von Kossinna aus,[54] die, wie schon ganz zu
Anfang unseres Buches erwähnt, darin bestand, die Kartogramme
der Fundstellen zu verwenden, um die ›Herkunft‹ der kartierten
Produkte festzustellen. Daß an einem Ort A im nicht-römischen
Germanien und an einem Ort B in Pannonien ein und derselbe
verarbeitete Gegenstand sehr häufig auftaucht, berechtigt jedenfalls nicht zu der Feststellung, daß es ethnische Verwandtschaften
zwischen den Gebieten A und B gab; man kann meistens nicht einmal auf ›Handelswege‹ schließen, die linear (auf Karten in sehr

kleinem Maßstab) eingetragen wurden. Die Probleme, die die Suche nach Handelswegen aufwirft (besonders in vorrömischer Zeit), sind in der Tat weit vielgestaltiger. Die Typologie kann jedenfalls für diese Frage die entscheidende Antwort nicht liefern, die man bis vor kurzem von ihr erwartete. Die Archäologie muß den allgemeinen Zusammenhang rekonstruieren; dessen vertiefte Kenntnis wird allein die Entscheidung erlauben, ob es sich um eingeführte Waren handelt, eine technische Verschmelzung oder ein mehr oder weniger zufälliges ›Nachempfinden‹. Die Forschungen Sprockhoffs, die dem Handel des Bronze-Zeitalters galten, haben nördlich der Alpen eine gewisse Zahl von Verkehrszonen ausgemacht, die nicht als ›transkontinentale Straßen‹ zu verstehen sind, auf welchen das Handelsgut in einem Zug von Italien bis nach Dänemark transportiert wurde; vielmehr waren sie Austauschgebiete von Volk zu Volk, die das langsame Vordringen der im Süden fabrizierten Gegenstände nach Norden sicherten und – ebenso umgekehrt – dasjenige der aus dem Norden stammenden Gegenstände nach dem Süden. In vorgeschichtlicher Zeit scheint die Donau diesen Handel entscheidend bestimmt zu haben, weit mehr als der Rhein. Regensburg, Linz und Wien waren die Schlüsselpositionen für die Einfuhr von Handelswaren nach Germanien. Die nordischen Gebiete haben eine beträchtliche Anzahl von Fertigprodukten eingeführt; diese wurden gegen den Bernstein aus Jütland getauscht, der im Italien der damaligen Zeit besonders gut belegt ist.

Die vorgeschichtlichen Handelsbeziehungen haben sich im Lauf der römischen Zeit im wesentlichen fortgesetzt. Das Kartogramm der Verteilung römischer Münzen in Nordgermanien[55] überrascht ebensosehr durch die Dichte der isolierten Funde wie durch die große Zahl von »Schatzfunden« (es gibt davon mehr als 400). Wenn es wahr ist, daß – wie Tacitus noch bemerkte[56] – der Geldumlauf im Innern des unabhängigen Germanien beinahe gänzlich unbekannt war, so ist im Laufe der folgenden Jahrhunderte eine beträchtliche Entwicklung zu verzeichnen. Auch hier treu einer Praxis, die andere vor ihnen gebraucht haben, scheinen die Germanen eine deutliche Vorliebe für die alten Prägungen entwickelt zu haben, deren kostbarer Metallgehalt höher als der der Münzen nach 63 war. Es scheint, daß die römischen Münzen zum Handelsaustausch nur an der direkten Peripherie der von Rom besetzten Gebiete dienten, während anderswo – in einer Umgebung, die nahezu vollständig Warenaustausch auf der Grundlage von Bargeld ignorierte – das Geld selbst zur Handelsware wurde, welche man in Anbetracht ihres künstlerischen und Metallwertes tauschte. Wenn auch das den Opfern der Varus-Katastrophe gestohlene Goldgeld im ganzen unabhängigen Germanien verstreut wiedergefunden wurde, so hat Tacitus zweifellos doch recht mit der Behauptung, daß Silber im allgemeinen mehr geschätzt wurde als Gold. Der Schatz von Hildesheim, der 1868 im Süden von Hannover[57] entdeckt wurde, spricht ebenfalls für diese zweifache Einstellung, die zugleich auf den ästhetischen und den einfach materiellen Wert aus war. Von den 70 Stücken, die zu diesem Silberfund gehörten, scheint der größte Teil aus der augusteischen Epoche oder aus der Zeit von unmittelbar danach zu stammen.[58] Die Schale mit zwei Henkeln stellt Athena im Hauptmotiv dar, die andere Herkules als Kind; beide müssen zu den bedeutendsten Meisterwerken der hellenistischen Kunst gerechnet werden. Weder ihr Ursprung noch ihre Bestimmung sind uns bekannt; wir wissen selbst nicht, warum diese Gegenstände mitten im 2. Jahrhundert an dieser Stelle vergraben wurden.

Die *skyphoi* vom Typus Lübsow I von der Insel Laaland, von Dollerup und von Jütland sind ebenfalls Produkte aus dem Mittelmeergebiet, die in den Fürstengräbern des Nordens wiedergefunden wurden. Manche Becher aus der späteren Epoche mit Eingravierungen nach Art der Glasmacher scheinen uns gleichfalls aus dem Mittelmeergebiet zu stammen, obwohl man sie als Produkte des heimischen Handwerks ansehen wollte. Andere, von Mollerup, von Lübsow II, von Leg Piekarski in Polen, von Holubic bei Prag sind es wirklich, ohne daß man hoffen könnte, die Ateliers, aus denen sie stammen, in einem der drei Germanien wiederzufinden. Mit Ausnahme der Trinkbecher von Haagerup haben alle Gegenstände, wenn auch scheinbar in der Provinz hergestellt, italische oder griechische Parallelen aus der augusteischen Epoche, d. h., sie stammen aus Ateliers, die kaum mit der künstlerischen Entwicklung der gallo-römischen Länder vertraut waren.

Im freien Germanien ist der Bronzenmarkt durch sehr viele Funde bezeugt, darunter prächtige Situlen, Bronzeschnabelkannen, Opferschalen, Siebe usw. Dank Marbod drangen diese Gegenstände bis ins äußerste Ende von Böhmen vor. Die Belieferung nahm offensichtlich ihren Ausgang von *Carnuntum*, welches in das römische Straßensystem eingegliedert war. Große bauchige Situlen sind bis nach Mittelnorwegen gelangt.

Von dem Augenblick an, wo die rheinischen Glasmacher von der künstlerischen Einzelproduktion zur industrialisierten Produktion übergingen, wurden ihre Erzeugnisse auch jenseits des Rheins verkauft. Während nur 14 Funde – offenbar allesamt italischer Herkunft – ins 1. Jahrhundert und ins 1. Viertel des 2. Jahrhunderts gehören, sind diejenigen aus dem 3. und 4. Jahrhundert weitaus zahlreicher und auf so verschiedene Orte wie das Danziger Nehr, Trondheim, Mecklenburg, Thüringen und Böhmen verstreut.

Die Töpferwaren (besonders Terra Sigillata) italischer wie provinzieller Herkunft wurden besonders entlang der Nebenflüsse des Rheins und bis zur Mündung der Elbe hin transportiert. Es ist übrigens sicher, daß im ganzen Rheinland die Flußtransporte eine große Rolle gespielt haben. Die Städte (Köln, Neuß, Xanten, Mainz) besaßen Häfen, die die Archäologie wiedergefunden hat. Tote Flußarme boten den Schiffen der *classis Germanica* ebenso hervorragenden Schutz wie den Schleppkähnen der *nautae*, die in Zünften mit vornehmlich religiösen Funktionen zusammengefaßt waren. Als es zum Produzenten geworden war, exportierte das Rheinland selbst die Produkte, von denen wir soeben gesprochen haben,[59] ins transrhenanische Germanien, in die Donauländer, Gallien und Großbritannien. Es gab eine spezielle Zunft der *negotiatores Britanniciani*.

Die Epigraphik liefert uns ein ziemlich klares Bild von dem im Rheinland betriebenen Handel; bekannt ist uns das *corpus splendidissimum negotiatorum Cisalpinorum et Transalpinorum*,[60] dessen Vorsteher ein Treverer war. Die *negotiatores Britanniciani*: ein C. Aurelius Verus in Köln;[61] ein L. Solimarius Secundinus, Bürger von Trier, in Bordeaux bezeugt;[62] ein M. Secundinius Silvanus in Doomburg;[63] *negotiatores Brigantienses* in Bregenz;[64] *negotiatores rei cretariae* (Keramikhändler) in Lyon,[65] in Finthen;[66] ein M. Messius Fortunatus, Keramikkaufmann und Mantelhändler *(negotiator paenularius)* in Rottenburg[67] im Jahre 225; ein einfacher *negotiator rei cretariae* in Lorch,[68] in Wiesbaden,[69] in Köln,[70] in Vaise,[71] in Metz;[72] ein Getreidehändler *(negotiator frumentarius)* in Aachen;[73] ein Schwerthändler *(negotiator gladiarius)* in Mainz;[74] ein Fleischer *(lanio)* in Köln;[75] ebenso ein Wurstfabrikant *(lardarius)*[76] in Lyon, aus dem Stamm der Triboker;[77] ein Großhändler von Quadersteinen *(negotiator artis lapidariae)* in Köln;[78] Hersteller und Händler von Tornistern *(manticularii negotiatores)* in Mainz;[79] ›Geldhändler‹, Bankiers, Wechsler *(nummularii)* in Köln;[80] Bäcker *(pistores)* an derselben Stelle;[81] in Windisch ein Vertrieb von Schinken und Trockenwurst, Getreide und Saatgut;[82] in Mailand ein Mediomatiker, der sich im Verkauf von Militäroberbekleidung spezialisiert hatte *(negotiator sagaricus)*[83]; in Köln ein Parfümeriefabrikant *(seplasiarius)*[84]; ein Importeur von Konfektionskleidung *(negotiator vestiarius importator)* in Stockum;[85] Weinhändler in Köln: M. Valerius Lupio;[86] C. Apronius Raptor, ein in Lyon wohnhafter Treverer, der hier schon erwähnt wurde; Turranius, ein Keramikwaren- und Weinhändler, der, wie es scheint, gleichzeitig Inhalt und Geschirr verkaufte![87]

Ähnlich weist die Epigraphik auch auf andere Handwerkszweige hin – die *fabri*: In Trier[88] ein ganzes Kollegium[89] von *fabri dolabrarii* (Hersteller von Äxten), namentlich bezeichnet durch eine Inschrift im Amphitheater von Trier,[90] *fabri tignarii* (Zimmerleute) von Baden-Baden,[91] zusammengefaßt in einer Zunft in Amsoldingen,[92] in einem Kollegium in Mainz,[93] in Heddernheim,[94] in Köln.[95] Köln hatte eine Zunft der Köche *(focarii)*, eine andere von Kuchenbäckern *(pistrici)*[96] ... Die Flußtransportunternehmen waren ebensogut organisiert. Wir kennen schon einen trevirischen Großhändler mit Sitz in Lyon, der nebenbei *nauta Araricus*, also Schiffer auf der Saône war; Blussus, der Sohn des Atusirus, war Rheinschiffer.[97] M. Publicius Secundanus gehörte zur Zunft der *nautae Mosallici*, der Moselschiffer;[98] in Vechten gibt es eine Widmung für Viradectis von den dort stationierten Schiffern.[99]

Fügen wir noch hinzu: einen Buchhalter *(actuarius)*, einen Ringfabrikanten *(anularius)*, Architekten, Schuhmacher *(calcearii)*, einen Schreibzeughändler *(capsarius)*, Rechtsanwälte *(causidici)*, Bierbrauer *(cervisiarii)*, Schankwirte *(cuparii)*, Walker *(fullones)* – alle direkt oder indirekt miteinbegriffen in den Handelsumlauf.

Die Transportmittel

Das vorzüglichste ›Transportmittel‹ wird zweifellos der Mensch selbst gewesen sein. Die Texte und die antiken Abbildungen, die sich mit dieser Art der Beförderung beschäftigen, sind allerdings recht spärlich;[100] aber die Existenz von *negotiatores manticularii*, Fabrikanten von Tragtaschen und Tornistern im Rheinland, reicht aus, so glaube ich, um deren laufenden Gebrauch zu bezeugen, bei den Soldaten ebenso wie bei der Zivilbevölkerung. *Mantica* und *pera*, Tragtasche und Ranzen, werden also üblicherweise von Reisenden gebraucht, die darin alle ihre Habseligkeiten verstauen; die *saccarii*, Hafenarbeiter, waren kräftige Auslader, die auf ihrem Rücken oder auf hölzernen Bahren die Waren trugen, die in den engen Sträßchen der Hafenviertel nicht anders transportiert werden konnten. Transporte auf dem Rücken des Menschen als Handelstransporte über größere Entfernungen sind aber weder in Texten noch in bildlichen Darstellungen belegt.

Man hat die Rolle der Flußschiffahrt auf den inneren Netzen vielfach unterschätzt. »Die Flußschiffahrt stellt ein ärgerliches Problem dar. Sie hat existiert, und ihre Rolle ist wichtig gewesen, aber wir können sie nirgends genau fassen ... Die Flußschiffahrt war eines jener Bestandteile des täglichen Lebens, denen die Zeitgenossen keine Beachtung schenkten ..., zum größten Bedauern der Historiker.« Diese Bemerkungen von J. Le Gall[101] betreffen den Tiber, gelten aber für das gesamte Flußnetz der antiken Welt. Im Rheinland haben der Rhein (den man nicht so leicht, wie man es hat glauben machen wollen, in beiden Richtungen überquerte)[102] und die guten Schiffahrtsbedingungen auf vielen seiner Nebenflüsse sicher die kommerzielle Nutzung der Flußschiffahrt begünstigt, welche unser Zeitalter wieder aufgenommen hat. Im übrigen bezeugen gewisse Pläne (wie der eines Mosel-Saône-Kanals)[103] hinreichend, daß eine volle Ausnutzung der Stromschiffahrt zwar zuerst aus militärischen Gründen (die *fossa Drusiana* der Zuydersee und die Kanäle des Corbulo) ins Auge gefaßt wurde, aber auch dem Handel bedeutenden Auftrieb verleihen konnte.[104] Trier war mit der ganzen Welt in Verbindung ebenso durch die Mosel, die ihm die Produkte der entferntesten Länder lieferte, wie durch die Straßen, die es mit diesen verband.[105] Es ist übrigens wahrscheinlich, daß viele zerbrechliche Waren (Keramik, Gläser, Amphoren), schwere und sperrige Güter (Steine und Baumaterial) besser (und schneller) auf dem Wasser als auf den Straßen transportiert wurden, denn der Zustand der Straßen war bisweilen weit von der Perfektion entfernt, die in den Handbüchern gefordert wurde. Flußabwärts war das einzige Problem das der Steuerung. Hier war ein erfahrener Steuermann erforderlich, der genau die Zeichen des am Vordermast stehenden *proreta* zu interpretieren wußte. Flußaufwärts sind Ruder und Segel nicht immer von großer Hilfe. Das Treideln der Schiffe mußte also hier ergänzend eingesetzt werden. Die Frage ist offen, ob dieses Treideln durch Tiere oder durch Menschen ausgeführt wurde.[106] Es scheint durchaus denkbar, daß beide Verfahren angewandt wurden. Daß ein Maultier ausgereicht haben soll, um mühsam einen überbelasteten Schleppkahn durch die Pontinischen Sümpfe zu ziehen, mag sein;[107] daß man aber solide Kerle benötigte, um einen Schleppkahn auf der Mosel und auf der Rhône voranzubringen, bezeugen die Flachreliefs von Trier und von Cabrières-d'Aigues[108] sowie der Text der »Mosella« des Ausonius zur Genüge.[109] Möglicherweise wurden auch Ochsen zu diesen Arbeiten herangezogen. Nach Philostrat[110] haben die getreidelten Schleppkähne auf dem Tiber pro Tag etwa 11 km zurückgelegt. Wir haben keine ähnlichen Angaben für Rhein und Mosel, aber wegen der Schnelligkeit des Laufs beider Flüsse sollten wir diesen Durchschnittswert erheblich niedriger ansetzen.

Die Straßentransporte wurden vielfach sicher mit dem Packsattel durchgeführt.[111] Diese Methode hatte den Vorteil, daß sie ›geländegängig‹ und vom Zustand der Straßen wie von der Abschüssigkeit des Bodens weitgehend unabhängig war.

An Fahrzeugen scheint es vor der Besetzung Galliens durch die Römer vor allem die *plaustra* gegeben zu haben: große vierrädrige Lastwagen, von denen wir verschiedene Beispiele in unserem Kapitel über den Weinbau erwähnt haben.[112] Einige hatten offenbar eine elementare Federung, die meisten wohl aber nicht. Der *carrus*, ein zweirädriger Wagen gallischen Ursprungs, wurde auch in Germanien sehr viel verwendet. Sein Oberbau war sehr unterschiedlich, ganz entsprechend dem jeweiligen Gebrauch des Wagens. Es ist zweifelhaft, ob der von Vigneron[113] erwähnte Tankwagen jemals existiert hat.

Abschließend bleibt noch zu sagen, daß die individuellen Reisen vor allem mit dem Pferd vonstatten gingen. Ein Reiter in ausgezeichneter physischer Verfassung, der mit einem guten Reitpferd ausgerüstet war und auf anständig unterhaltenen Wegen mit genügender Infrastruktur (Poststationen, Pferdeaustauschmöglichkeiten, Verpflegung usw.) ritt, konnte sehr leicht 60 km am Tag zurücklegen. Die Römer ritten ohne Steigbügel, wodurch das Reiten sehr erschwert wurde – die Reisewagen hatten auch aus diesem Grunde einen gewissen Erfolg. Die keltischen Wagenbauer entwarfen mehrere Typen von leichten Wagen: *raeda*, einen Wagen mit vier Rädern und einer Sitzbank, das *petorritum*, eine luxuriösere Ausführung, die *carruca*, einen Prunkwagen, *essedum, cisium, covinnus, carpentum*, alles gut ausgestattete und schnelle Reisewagen. Bei günstigen Bedingungen konnten auch sie 60 bis 70 km pro Tag zurücklegen.

Siebtes Kapitel
Die Grabmonumente

Das Jenseits

Keine Religion hat jemals ein Leben nach dem Tod rundweg verneint. Alle haben vielmehr stets versucht, ihre Anhänger auf dieses Leben vorzubereiten, zu ihm Bande zu knüpfen – gleichsam als Unterpfand, sowohl für die Verstorbenen wie auch für die Lebenden. Für jene ging es darum weiterzuleben, für diese, über dieses Weiterleben nachzudenken, das man sich gern als vollendetere Form des irdischen Daseins vorstellte, eines Daseins, frei von physischen Mängeln, ohne Schmerz und Altern, frei von Beschränkungen des Verstandes und des Gefühls, als ein Leben in vollkommener, edler und ewiger Freude.

Befreiung, Erhöhung, Vollendung, Glück und Frieden setzten aber in der römischen Vorstellung nicht die Unterdrückung des ›physischen‹ Lebens voraus. Wenn auch verschieden vom lebendigen Erdendasein, bedeutete es vielmehr eine Verlagerung der Teilnahme vom Körperlichen hin zum Geistigen. Dieses erhielt dann den Vorzug, welcher jenen im Erdenleben zuteil wurde. Die ›Schatten‹ der Verstorbenen sind sichtbar ... für die, die zur Unterwelt herabsteigen, um davon Zeugnis abzulegen.

Vor den Mauern, ›die in der Schmiede der Kyklopen‹ hergestellt waren, muß sich Äneas läutern, muß selbst diese Wesensverwandlung vollziehen, welche die Glückseligen kennzeichnet.

> »Erst als sie dieses getan und das Opfer der Göttin gebracht war,
> Kamen sie hin zu den Orten der Freude, in glücklicher Wälder
> Lieblich grünende Fluren, zum seligen Sitze der Frommen.
> Reichlicher hüllt der Äther in Purpurlicht die Gefilde,
> Eine eigene Sonne erkennen sie, eigene Sterne.
> Einige üben im Kampf auf blumigem Rasen die Glieder,
> Kämpfen im Spiel miteinander und ringen auf gelblichem Sande,

Andere tanzen im Reigen umher und sprechen Gedichte.
Auch der thrakische Priester, gehüllt in den wallenden Mantel,
Spielt zum Gesang in Akkorden auf siebenstimmiger Leier,
Schlägt sie bald mit den Fingern und bald mit den beinernen
                                        Stäbchen.
Hier ist das alte Geschlecht, die herrlichen Enkel des Teukrus,
Hochgesinnte Heroen, geboren in besseren Jahren,
Ilus, Assarakus auch und Dardanus, Trojas Begründer.
Waffen und leere Wagen der Helden bestaunt er von ferne,
Lanzen stehn in die Erde gerammt, geschirrlose Rosse
Weiden zerstreut auf der Flur. Die Lust an Wagen und Waffen,
Die sie im Leben gesehn, und die Sorge um glänzender Rosse
Weide und Pflege, sie folgt dem Bestatteten unter die Erde.
Siehe, noch andre bemerkt er, die links und rechts auf dem Rasen
Schmausend genießen und singen im Chor das fröhliche Danklied,
Mitten im duftenden Lorbeerhain, von wo sich nach oben
Durch den Wald die Fluten des breiten Eridanus wälzen.«[1]

Kurz danach fragt die Sybille die Schatten der Glückseligen, wo
sich denn Anchises aufhalte. Für diese antwortet Musäus:

»Keinem ist eigen ein Haus, wir wohnen in schattigen Hainen,
Auf den Wiesen, von Bächen erfrischt, und an schwellenden
                                        Ufern
Lagern wir uns. Doch ihr, wohnt solcher Wunsch euch im Herzen,
Geht hier über den Berg, ich führe den leichtesten Pfad euch.«[2]

Die Ansicht liegt uns fern, daß diese Verse Vergils die einzige ka-
nonische Aussage über den Aufenthalt im Jenseits darstellen. Ebensowenig soll damit behauptet werden, daß man sich im Rheinland
des 3. Jahrhunderts das Jenseits so vorgestellt hat. Wenn auch im
poetischen Gewand, gibt es bei Vergil aber doch einige Glaubens-
themen, die den Auffassungen über die Behandlung der Verstorbenen durch die Lebenden – im Rheinland wie anderswo – zu entsprechen scheinen.
Diese Toten führen in einem idyllischen Land ein harmonisches Da-

sein; sie gehen spazieren, ruhen aus, nehmen ihre Mahlzeiten ein, geben sich den sanften Freuden des *otium* hin, umgeben sich mit Dingen, die ihren einstigen Ruhm symbolisieren. Es sind geisterhafte und harmlose Gegenstände; die Schatten der Glückseligen sind allgegenwärtig; aber für Äneas, einen Lebenden unter Toten, muß ein genauer Ort beschrieben werden, an dem das Treffen mit Anchises stattfinden soll. Es wird hier ganz deutlich, daß sich die Römer den Aufenthalt im Jenseits entsprechend dem wirklichen Leben vorstellten, jedoch in einem idealisierten Rahmen, den man nur – sei es durch das Wort oder durch eine bildliche Darstellung – in einer dem täglichen Leben entsprechenden Weise evozieren konnte. *Mutatis mutandis* entlehnten der Legionsoffizier, der Weinhändler, der Bankier, der Unternehmer, der Pächter, der Grundbesitzer dem Alltag die Begriffe ihrer eigenen ›elysischen Grammatik‹, in denen sie ihr spezifisches Bild von der jenseitigen Ewigkeit zum Ausdruck brachten.[3]

Daß die Schatten der verklärten Verstorbenen sich an den unterirdischen Quellen des Eridanus aufhalten – den man mit dem Rhein identifiziert hat –,[4] kann vielleicht durch den sakralen Charakter der großen Flüsse mit chthonischen Ursprüngen erklärt werden. Dadurch wurde auch das umliegende Land zum auserwählten Aufenthaltsort für Tote und Lebende geweiht. Das mag auch für die rheinische Landschaft gegolten haben, in der die Verbindung zwischen beiden Welten darum um so enger wurde.

Permanente Epiphanie

Zu jeder Zeit sind die Gräber ›Spiegel des Lebens‹ gewesen. Sie reflektieren deutlich die soziale und ökonomische Kluft, die in einer Bevölkerung bestehen kann. Im Rheinland wie anderswo gibt es die bescheidenen Gräber der vollkommen anonymen Leute, direkt in die Erde eingelassen, viereckige oder rechteckige Gruben, die einen gewöhnlichen Topf enthalten, in dem die Asche des Verstorbenen ruht, einige Teller, ein Becher, 2 oder 3 Münzen; es gibt andere, die – bei gleichen Maßen und gleicher Anordnung – prächtige

Glasurnen mit zwei Henkeln und Deckel enthalten, prächtigeres
und aus vielen Stücken bestehendes Tafelservice, Gläser, Falten-
becher, Balsamarien, Bergkristallringe. Als man im 2. Jahrhundert
allmählich von der Einäscherung zur Körperbestattung überging,
wurde es möglich, in der architektonischen Gestaltung der Grabdenkmäler Frömmigkeit (aber auch Eitelkeit) deutlicher zum Ausdruck zu bringen, auf dem Denkmal selbst Gegenstände, Szenen
und Porträts abbilden zu lassen, die die täglich verehrten Verstorbenen *in aeternum* beschworen.

In einem Land, in dem die Wagengräber der trevirischen Fürsten
das Andenken an prächtige Grabwohnungen erhalten hatten, in
einer Provinz, in der Groß- und Kleinbürgertum an Pracht mit den
kaiserlichen Beamten und Legionsoffizieren wetteiferte, in einem
weltoffenen Land darf man nicht darüber erstaunt sein, Gräber
von großen Dimensionen zu finden, die ferne Einflüsse verraten.
Die ›Igeler Säule‹ gehört zu diesen.[5]

Die großen antiken Denkmäler, welche die wiederholten Katastro-
phen am Ende des Weströmischen Reiches überlebt haben, waren
schon früh von Legenden umwoben. Diese haben, von Fall zu Fall,
Respekt oder Geringschätzung bedingt: die Verehrung der Einheimischen, die in den Ruinen die einstige Größe empfanden, oder die
Barbarei wahnsinniger Bilderstürmer, welche glaubten, ein ›neues
Zeitalter‹ herbeiführen zu können, indem sie die Zeugnisse der
vorangegangenen Epoche zerstörten.
Die Igeler Grabsäule hat beides erfahren; die älteste Interpretation
geht auf das Ende des 16. Jahrhunderts zurück; sie machte aus ihr
ein Erinnerungsdenkmal für Constantius Chlorus und Helena.
Diese (irrtümliche) Verknüpfung mit der kaiserlichen Vergangenheit Triers hat nicht wenig zum Schutz des gigantischen Monuments
beigetragen.[6]
Im 16. Jahrhundert erkannte Hartmann Schedel schon den Sonnenwagen, die Zeichen des Tierkreises und gab eine erste, auf eigener
Anschauung beruhende Wiedergabe der Inschrift gemäß Pirckheimer (1512). Er leitete den Namen Igel von *aquila* ab.[7] Pirckheimer

hatte festgestellt, daß es sich bei der ›Säule‹ um ein Grabmonument
handelte; die berüchtigte ›Etymologie‹, die ›Igel‹ von Caius-Igula
und somit den Namen des Dorfes von dem des Kaisers Caligula (!)
ableitete, geht auf Johannes Heroldius zurück, einen Humanisten
des 16. Jahrhunderts.[8] Arnold Mercator verdanken wir die erste
zeichnerische Darstellung des Monuments im Rahmen einer künst-
lerisch entworfenen Karte der Gegend.[9] Es ist das Verdienst von
A. Ortelius und J. Vivianus,[10] eine erste genaue Dokumentation
veröffentlicht zu haben, die durch Braun und Hogenberg[11] wiederaufgenommen und später noch von Ortelius und Johann Blaeu ergänzt wurde.[12] Peter-Ernst Graf von Mansfeld, Generalgouverneur
der Niederlande, Besitzer einer Sammlung römischer Bildhauer-
arbeiten, die aus allen Teilen des Herzogtums Luxemburg zusammengetragen worden war,[13] wollte die Reliefs der ›Igeler Säule‹
herauslösen, um sie seiner im Schloß von Clausen ausgestellten
Sammlung einzufügen. Die Arbeit erwies sich aber als so schwierig
(und zweifellos auch so kostspielig), daß Mansfeld seinen Plan aufgeben mußte. Zwischen 1592 und 1607 verfaßte Christoph Brower
seine »*Annales Trevirenses*«, die jedoch erst 1626 in Leiden erschienen, dank J. Masen, der viele Skizzen neu gezeichnet hatte.[14] Unter
diesen gibt es zwei vom *Mausoleum Secundinorum*, die mit einer
bis dahin unbekannten Genauigkeit die Maße und die Einzelheiten
der äußeren Gestaltung des Monuments wiedergaben. Alexander
Wiltheim[15] fertigte (zwischen 1630 und 1685) vier Zeichnungen
von den vier Seiten des Denkmals an (die Verbesserung einer im
Jesuitenkolleg in Luxemburg früher hergestellten Skizze), die zweifellos auf einer vorausgehenden genauen und längeren Betrachtung
des Monuments beruhten.

Goethe war von dem ›Obelisk‹ von Igel[16] sehr beeindruckt und tat
einiges, um das Interesse daran zu beleben. Im Jahre 1815 wurde
das Monument Eigentum des preußischen Staates und kam somit in
den Vorteil der wachsamen Sorge der ›Denkmalspflege‹. Im Jahre
1828 versuchte man es zu restaurieren und machte den Eingriffen,
die der Unbedachtsamkeit der jungen Dorfbewohner von Igel entsprangen, ein Ende. Am 23. Juli 1834 schlug der Blitz in den das
Monument krönenden Adler. Die Stützmauer am Hügelabhang im

Norden der Grabsäule stürzte im Laufe des 19. Jahrhunderts dreimal zusammen. Das Wasser drang in das Bauwerk ein und übte
dort eine verheerende Wirkung aus; Frostschaden ließ die Sand-
steinblöcke, die von geringer Qualität waren, abbröckeln. Die
Schaffung des Provinzialmuseums in Trier im Jahre 1877 erlaubte
eine strengere Überwachung, und Felix Hettner setzte sich sogleich
für die Idee ein, unverzüglich in beständigerem Material einen Abguß des Reliefs herzustellen, welches mehr und mehr dem Zerfall
durch Witterungseinflüsse ausgesetzt war. Im Jahre 1908 wurde so
im Innenhof des Museums von Trier die Kopie aufgestellt; außerdem wurden die Gipsabdrücke angefertigt, die Dragendorff und
Krüger zur Illustration ihres monumentalen Werkes benutzten.[17]

Gegenwärtig hat das Monument eine Höhe von 22,10 m, gemessen
von der Basis der Stufen bis zur Spitze, welche durch den Blitz ver-
stümmelt ist. In der Antike scheint das Monument 23 m hoch gewesen zu sein. Während der in der Erde eingegrabene Sockel deutlich quadratisch ist, ist der sichtbare Teil unregelmäßig rechteckig.
Die Maße auf der Höhe der unteren Stufe betragen 5,12 mal
4,26 m; der Sockel ist 3,98 m breit und 2 m hoch. Der Hauptteil
mißt an der Basis 3,78 mal 2,79 m und die Attika 3,6 mal 2,7 m.
Restaurationsmaßnahmen in jüngster Zeit[18] haben ein Baugerüst
rings um die Säule erforderlich gemacht. So war es möglich, an vielen Stellen nachzuweisen, daß die Reliefs – aus einem sehr bröcke-
ligen Sandstein, der aus 100 m vom Monument entfernten Steinbrüchen stammte – zuerst mit einer feinen Stuckschicht bedeckt
waren, die die Maserungen und Farbvariationen des Materials verschwinden ließen; dann wurden die Reliefs mit lebhaften Farben
bemalt.[19] Das Monument war an seinen vier Seiten dekoriert, wir
haben in einer Übersicht (Tafel II) in gedrängter Form die verschiedenen behandelten Themen zusammengestellt.[20] Aus dieser Tafel ist ersichtlich, daß die Stufen der vier Seiten mit Seeungeheuern
verziert waren (Delphine und Drachen), die in vielen Kämpfen auf
allen Arten von Grabdenkmälern erscheinen. Als Begleiter der
Greifen der Attika der Nordseite[21] tauchen sie auch hier aus einer
orientalisierten Mythologie auf. Darin bilden Tierungeheuer eine

Tafel II

	Ostseite	Südseite	Nordseite	Westseite
Stufen	zerstört	zerstört	Kämpfende Meerungeheuer, Treidelszene auf der Mosel, Delphine und *putti*	dasselbe
Sockel	Tuchwerkstatt	Ladenszene	Verpackungsszene	Wagen, der das Lager verläßt
Hauptregister	Achill: Taufe im Styx; Achill: belauert Polyxena (?)	Familienmitglieder der Secundinii; Grabinschrift	Apotheose des Herkules	Perseus befreit Andromeda; Perseus zeigt Andromeda das Haupt der Medusa
Fries	Küchenszene	Familienmahlzeit	Transport über Berg und Tal	Pachtzinszahlung
Attika	Kontorszene	Tuchprüfung	Eros und zwei Greifen	Reisewagen
Ziergiebel	Luna	Hylas und die Nymphen	Sol	Mars und Rhea Sylvia
Dach	Schuppendach mit Bekrönung	dasselbe mit Ganymed	Schuppendach mit Bekrönung	dasselbe

eigene Gattung, die in der Kunst, vom pharaonischen Ägypten bis zum christlichen Mittelalter, weiterbesteht; auch die griechische, etruskische und römische Kunst blieben davon nicht unberührt.

Mehrere Reliefs der ›Igeler Säule‹ behandeln die Themen Tuchhandel und Tuchherstellung. Das veranlaßt uns – dem Beispiel vieler anderer folgend – zu vermuten, daß die in der Grabinschrift des Hauptregisters der Südseite erwähnten Secundinii Tuchfabrikanten und Tuchhändler waren.[22] Eine gewisse Anzahl anderer Motive sind dem Familienleben einer reichen bürgerlichen Familie des 3. Jahrhunderts entnommen: Gemeinsames Mahl, Küchenszene, Kontorszene, Abfahrt der Boten, Abfahrt der schwerbeladenen Wagen.

Abb. 34. Igel, Grabmal der Secundinii, Nordseite. Transport von Waren auf Pferden bergauf und bergab.

Abb. 35. Igel, Grabmal der Secundinii, Nordseite. Lastschiff. (Nach L. Dahm in TZ 31.)

Mehrere dieser Szenen verdienen eine etwas ausführlichere Behandlung. So zuerst auf den Stufen der Nordseite, inmitten der Kämpfe der Seeungeheuer, die Treidelszene, die wir schon mehrere Male erwähnt haben. Zwei Schiffsknechte, weit vornübergebeugt, legen sich kräftig in das Zugseil, das über ihre Schultern gespannt ist, und ziehen einen Schleppkahn mit aufwärts gekrümmten Vorder- und Achtersteven. In diesem befinden sich zwei große Ballen; hinter diesen, im Heck des Schiffes, hält der Steuermann das Steuerruder mit beiden Händen. Ganz rechts außen ist ein Flußgott von durchaus klassischem Typus sichtbar; aus verständlichen Gründen wird immer wieder behauptet, daß es sich hier um den Gott der Mosel handelt. Man könnte sich aber auch vorstellen, daß mehrere Seiten des Monuments Flüsse dargestellt haben (Rhein, Donau, Saône), auf welchen die Secundinii ihre Waren transportierten. Alle diese Flüsse waren ›männlich‹; der Gott könnte einen von ihnen verkörpern, während die Mosella – eine weibliche Gottheit, die man wahrscheinlich zu Recht auf einer kleinen Votivprora[23] wiedererkannt hat, welche bei der Trierer Römerbrücke gefunden worden ist – möglicherweise auf einem der zerstörten Register dargestellt war.

Die Südseite des Sockels enthält die Darstellung eines Tuchladens. An einer durch die ganze Breite des Reliefbildes verlaufenden Schiene hängen Vorhänge, die es erlauben, je nach Bedürfnis die Ware gegen Sonnenstrahlen oder Straßenstaub zu schützen. Im Hintergrund des Ladens sind Stoffe ausgestellt, die entlang der Mauern in Holzfachkästen hängen.[24] In der Mitte des Ladens befinden sich zwei Tische. An dem zur linken erkennt man einen auf einem Stuhl sitzenden Schreiber; der Stuhl hat seitlich eine rhombische Öffnung. Neben ihm stehen drei Personen; der eine bezahlt soeben eine beachtliche Summe, die er auf dem Tisch ausgeschüttet hat.[25] Eine fünfte Person hält sich im Hintergrund.

Die Ostseite des Sockels (die schwer beschädigt ist) könnte die Herstellung von Tuch zeigen. Auf der viel besser erhaltenen Westseite sieht man aus einem breiten Portal (im Hintergrund links) ein Gespann herausfahren. Dieses besteht aus 3 Mauleseln, die einen Wagen auf 4 großen achtspeichigen Rädern ziehen. Der Wagen hat einen starren Ladekasten, einen Oberbau aus Holz, bestehend aus

Abb. 36. Igel, Grabmal der Secundinii, Westseite. Lastwagen. (Nach L. Dahm in TZ 31.)

Abb. 37. Igel, Grabmal der Secundinii, Nordseite. Sklaven beim Verschnüren eines Tuchballens. (Nach L. Dahm in TZ 31.)

abnehmbaren Stufenleitern, welche die mit Seilen verschnürten Warenballen festhalten. Die Einzelheiten des Gespanns sind kaum unterscheidbar. Es sieht so aus, als seien die beiden ersten Maulesel (im Vordergrund der Darstellung) an ein gemeinsames, am Kummet befestigtes Joch angespannt; eine technische Unzulänglichkeit, die bereits mehrfach hervorgehoben worden ist.[26] Der dritte Maulesel hat möglicherweise als Wechseltier gedient.

Auf der Nordseite des Sockels schließlich sind Arbeiter dargestellt, die einen großen Ballen Tuch mit soliden Stricken verschnüren; dabei gebrauchen sie Hebel, die eine Fixierung der Knoten ermöglichen, bevor die endgültige Verschnürung erfolgt.

Im Hauptregister der Südseite erscheinen die Secundinii, 3 stehende Personen und 3 Medaillons, sowie die sie betreffende Grabinschrift.[27] Auf der Ostseite hat man die Nymphe Styx erkennen können: liegend stützt sie sich auf ihren rechten Arm, und auf

Abb. 38. Igel, Grabmal der Secundinii, Südseite. Familienbilder. (Nach L. Dahm in TZ 31.)

ihrem rechten Knie hält sie die umgestülpte Urne, aus der der Fluß herausfließt. Zur Rechten nähert sich Thetis der Quelle. Mit der linken Hand hält sie sich an einem Felsen fest, an der rechten hat sie den Knaben Achill, den sie in die Stygischen Wasser tauchen will.[28] Im oberen westlichen Teil will Perseus gerade die an den Felsen gebundene und von einem Drachen bewachte Andromeda befreien. Oberhalb der Szene erscheint Athena; im unteren Teil schwingt der siegreiche Perseus das Haupt der Medusa. Das Hauptregister der Nordseite ist besonders reichhaltig: 4 Gesichter an den 4 Ecken stellen die Winde dar; ein weiter flacher Ring gibt die Tierkreiszeichen wieder; im Innern dieses kreisförmigen Medaillons

Abb. 39. Igel, Grabmal der Secundinii, Nordseite. Apotheose des Herkules. (Nach L. Dahm in TZ 31.)

ist die Apotheose des Herkules dargestellt, den Athena zu den Unsterblichen aufnimmt.

Der Südfries enthält als Mittelpunkt eine Familienmahlzeit, den Weinkeller zur Linken, die Küche und die Anrichte zur Rechten. Entsprechend einem weitverbreiteten Brauch liegen die Männer bei Tisch, die Frauen sitzen in Sesseln mit runder Rückenlehne, die, wie bereits erwähnt, zuweilen aus Schilfrohr geflochten sind. Auf der Ostseite sehen wir eine Küchenszene. Ein vom Speisezimmer her kommender Diener tritt ein. Ein zweiter Diener schneidet ein Stück Fleisch auf, das auf einem Tisch mit einer sehr dicken Tischplatte liegt. In der Mitte der Darstellung scheint ein bärtiger Sklave, kurz gekleidet, einen Teig in einer großen Schale zu kneten; zur Rechten befindet sich der Herd, auf dem man eine große Pfanne erkennen kann; sie ist rund und hat einen langen Stiel; ein Sklave, der rechts steht, gießt gerade eine Flüssigkeit *(garum?)* aus einem kleinen Fäßchen hinein.[29] Der Fries der Westseite zeigt eine Pachtzahlung in Naturalien: Hasen, Fische, Früchte werden dem Rechnungsführer übergeben,[30] der den Besitzer vertritt: die Secundinii besaßen Ländereien in der Umgebung.

Die Südseite der Attika zeigt 7 Personen, die die Qualität des zum Kauf angebotenen Tuches prüfen. Im Osten ist eine Kontorszene wiedergegeben; im Westen ein Wagen mit 2 Rädern, der von 2 Mauleseln gezogen wird; in ihm sitzen ein Kutscher und ein Reisender; auch er kommt aus einem großen Portal heraus und fährt an einem Meilenstein mit der Angabe L IIII vorbei.

Die Gabeldeichseln des Gespanns sind sichtbar nach oben umgebogen und mit dem Kummet der Zugtiere verbunden.[31] Auf der Attika der Nordseite die Darstellung von Eros, flankiert von zwei Greifen.

Die dreieckigen Ziergiebel zeigen: im Süden Hylas und die Nymphen, im Westen Mars und Rhea Silvia. Im Osten Luna; Sol im Norden. Die Dachspitze läuft in Form eines Kapitells aus mit Köpfen von Giganten,[32] die einen ovalen Pinienzapfen tragen, eingerahmt von vier Köpfen junger Mädchen; darüber: der Adler des Juppiter, der den Ganymed entführt.

Die Funde von Neumagen[33] haben mehrere artverwandte Grab-

Abb. 40. Igel, Grabmal der Secundinii, Westseite. Zweirädriger Reisewagen, im Hintergrund die Angabe L(eugae) IIII. (Nach L. Dahm in TZ 31.)

pfeiler zutage gefördert, die seit Mitte 1974 in einem speziell für sie hergerichteten Raum im Landesmuseum Trier äußerst wirkungsvoll ausgestellt sind. Inmitten von verschiedenen Grabaltären, wie dem des Capitonius, der Stele des C. Albinius Asper, dem Sarkophag des Varusius Atto, Monumenten von Weinkaufleuten, Grabsteinen mit Abbildungen von Jagd-, Schul-, Laden- und Kontorszenen erscheinen die Pfeiler ›mit dem Bukranion‹, der ›Iphigenie‹ und des ›negotiator‹. Man hat lange über den architektonischen Ursprung dieser Monumente gerätselt, die gruppenweise im rheinischen Hinterland auftreten, in der Provence, in Syrien, Italien und Nordafrika. Zwei identische Pfeiler gibt es allerdings nicht. Afrika und Europa scheinen sich mit Vorliebe für einen viereckigen Grundriß entschieden zu haben (den zweifellos die architektonischen Regeln der Heiligtümer und Wohnhäuser anregten), während der kreisförmige Grundriß (möglicherweise ursprünglich religiösphilosophisch bedingt) viel seltener auftritt.[34] Heute nimmt man an, daß Fundgruppen, wie sie in *Sarsina* (Pian di Bezzo) und *Aquileia* belegt sind, möglicherweise als Zwischenstationen zwischen dem Mittleren Orient und Westeuropa fungiert haben; gerade in den letzten Jahren ist z. B. im Großherzogtum Luxemburg (Lellig,

Remerschen) deutlich geworden, daß der Grabpfeiler häufiger war, als man bislang annahm. Orientalische Kulte sind in unseren Gegenden ziemlich ausgiebig bezeugt. Die Tierkreiszeichen, die Sage von Perseus, Luna und Sol, die Apotheose des Herkules, welche die der Seelen der Verstorbenen vorwegnehmen soll, die Szene der achilleischen ›Taufe‹ können uns in dieser Annahme bestätigen. Die seelengeleitende Funktion, die Merkur, Bacchus, Epona und andere Götter im Rheinland innehatten, läßt vermuten, daß das Heidentum des 2., 3. und 4. Jahrhunderts sich den Heilsreligionen zuwandte, die wohl unwillkürlich den Triumph des Christentums vorzubereiten halfen.

Speculum vitae, Spiegel des Lebens, sind die Gräber, zu vielgestaltig, als daß wir sie hier alle in Augenschein nehmen können; aber sie legen ein zweifaches Zeugnis ab: sie weisen auf die Frömmigkeit und den Glauben der Lebenden und der Toten hin, und sie überliefern die Formen, in denen sich das tägliche Leben im wesentlichen abspielte.

Die berühmteste Grabstele der Rheinlande ist die des M. Caelius, der der Katastrophe des Varus zum Opfer fiel;[35] die 1931/32 entdeckte Stele von Nickenich ist deren ›bürgerliches‹, ziviles und friedliches Gegenstück.[36] Sie setzt sich aus 3 Blöcken und 3 Nischen zusammen, die durch einen gemeinsamen Sockel vereinigt sind und eine obere gemeinsame Bordleiste aufweisen. In den beiden äußeren Nischen sind die Männer dargestellt, in der mittleren sitzt eine Frau, von einem Kind begleitet.[37] Die Frau trägt ein einheimisches Kleid über einem langen Unterkleid; das Haar ist in 2 Zöpfen geflochten und mit einer Haube bedeckt. Sie trägt eine gewundene Kette um den Hals, 3 Ringe an der linken Hand und 2 Armbänder. Das Kind an ihrer Hand trägt trotz seines geringen Alters die Toga. Es hält in der linken Hand die Rolle, die seine römische Bürgerschaft bezeugt. Seine Frisur ist die der 2. Hälfte des 1. Jahrhunderts. Die Statue des Mannes rechts wurde durch die Beschädigungen in neuerer Zeit zur Hälfte zerstört; dagegen ist die Statue links viel besser erhalten. Auch dieser Mann trägt die Toga und hält in der linken Hand die Rolle, die zeigt, daß es sich um einen römischen Bürger handelt. Auch die Seiten des Monuments sind behauen: zur Linken ein Mann, der mit einer Keule bewaffnet ist und 2 gefesselte Gefangene führt, zur Rechten der verzweifelte Attis.

Im militärischen Bereich können wir die Stele des M. Aemilius Durises erwähnen, eines Reiters der *ala Sulpicia*, der 36 Jahre alt war und 16 Jahre aktiven Dienst geleistet hatte.[38] Die Stele umfaßt 2 Bildfelder, getrennt durch den Text der Grabinschrift. Im oberen Feld sieht man den Verstorbenen auf einem Tischbett mit dreifach gewundenen Füßen und großen weichen Matratzen liegen, welches mit einer Fransendecke bedeckt ist; er trägt Tunika und Toga und hält in der linken Hand einen *skyphos* (Trinkbecher). Auf einem runden Tisch mit einer dicken Platte und 3 krummbeinigen Füßen stehen 2 weitere *skyphoi*. Ein kleiner Sklave hält sich am Fuß des Bettes auf; er hat einen Weinschöpflöffel *(simpulum)* in der Hand. Das untere Relieffeld zeigt einen Stallburschen *(calo)*, der das gesattelte Pferd des Durises herbeiführt.

Das wahrscheinlich originellste Grab des gesamten Rheinlandes befand sich in Luxemburg:[39] zwei Steinfässer (Tonnen), die einen quaderförmigen Block einrahmen, auf dessen Vorderseite der Verstorbene sich darstellen läßt. Er hört seinem Buchhalter zu, der ihm Rechenschaft ablegt nach Notizen, die auf seinem Täfelchen stehen.[40] Im Rheinland sind die Grabmonumente mit zwei Eheleuten, die im Tod so vereint sind, wie sie es im Leben waren, sehr zahlreich.[41] Grabinschriften bewahren ihre Namen, ihre Beinamen, ihre Herkunft, ihr Handwerk, ihre Ehrenämter, ihr Alter, den Grund ihres Dahinscheidens, die Namen ihrer Ehegatten, ihrer Kinder, Enkelkinder und ihrer Freunde ...
Ständige Epiphanien: so bezeugen die behauenen Grabsteine für immer die Gemeinschaft der Sterblichen und deren Pakt mit der Ewigkeit.

Beerdigung und Einäscherung

Getreu den alten Vorschriften richteten die Alten – so verbunden sie auch mit ihren Toten waren – deren Ruhestätte an den Stadttoren ein (Köln, Trier, Nimwegen). Hier wurden gerade, wie in der Umgebung der *vici* und der Meiereien, die sozialen Unterschiede sorgfältig aufrechterhalten. Die großen Gräber mit Grabkammern und Columbarien waren Gegenstand einer genauen Gesetzgebung und testamentarischer Bestimmungen, die exakt bis zur Pedanterie waren. Das ›Testament des Lingonen‹ ist dafür ein eindrucksvolles Beispiel.[42]

Das Problem Leichenverbrennung oder Bestattung hat zu manchen voneinander abweichenden Interpretationen Anlaß gegeben, besonders was die Chronologie angeht. Wahrscheinlich war bis zum Ende des 2. Jahrhunderts die Verbrennung üblich, in zweifacher Hinsicht motiviert durch die Praxis der Einheimischen und der Römer; dann wurde sie immer mehr verdrängt durch die Körperbestattung, die beinahe ausschließlich seit dem Beginn der 2. Hälfte des 3. Jahrhunderts angewandt wurde.[43]

Die Verbrennung wurde auf zwei Typen von Scheiterhaufen ausgeführt: Der Grabscheiterhaufen *(bustum)*, bezeugt für Köln (Lindenthal und Witterschlick), Koblenz und bei Düsseldorf (Donsbrüggen, Gustorf, Rheinhausen): Die sterblichen Überreste des Verstorbenen wurden an derselben Stelle eingeäschert, wo sie auch bestattet wurden. Das *ustrinum* (der Leichenverbrennungsort) war eine feste Einrichtung, von welchem aus die Asche gesammelt und in die verschiedenen Grabtypen verteilt wurde; von diesen wird weiter unten die Rede sein. Nach R. Nierhaus[44] gab es drei Bestattungstypen bei der Einäscherung: die sorgfältig vereinten Gebeine wurden in einen kleinen Sack geordnet oder in einer Urne (manchmal absichtlich zerbrochen); die Knochen wurden auf dem Scheiterhaufen gesammelt und in dem Grab verstreut (Brandschüttungsgrab); oder die Knochenreste vom Scheiterhaufen und die Opfergaben wurden vermischt und im Grab niedergelegt. Es sei nochmals daran erinnert, daß die Einäscherung behauene Grabsteine nicht ausschloß. Grabblöcke mit *loculus*, einem kleinen Zwischenraum im oberen

Teil, der die geweihte Asche des Verstorbenen aufnahm, sind verhältnismäßig zahlreich, vor allem im rheinischen Hinterland.
Wie wir bereits gesagt haben, gehen alle Leichenverbrennungstech-
niken und der größte Teil der Bestattungsformen, die ihnen entsprechen, auf die frühe, vorrömische Zeit zurück. Sie wurden dann
aber wieder häufiger angewandt infolge des römischen Einflusses
und der Tatsache, daß in Rom die Verbrennung manchmal als ein
Zeichen von Reichtum und Vornehmheit betrachtet wurde. Wahrscheinlich wurde dann unter dem Einfluß orientalischer Vorstellungen, die bis heute nur mangelhaft erforscht sind, der Brauch der
Erdbestattung allgemein üblich. Im Gegensatz zu einer stark verbreiteten Meinung hat das Christentum dazu nicht viel beigetragen.
Tertullian ist der einzige gewesen, der die Einäscherung ver-
dammte.[45]
Obgleich von Anfang an mit einer eschatologischen Bedeutung be-
haftet, bringt die Änderung im Bestattungsritus ohne einen bestimmten Anschluß an diesen oder jenen Kult, den Einfluß von
Lehren über die Unvergänglichkeit im Jenseits zum Ausdruck; der
Körper wurde immer deutlicher mit der Idee der Auferstehung
und Wiederbelebung verbunden, die in den Glaubensvorstellungen
der letzten Jahrhunderte des römischen Kaiserreiches einen festen
Platz einnahm.

Die Grabkunst der römischen Zeit

Gab es eine germanisch-römische Kunst, eine Kunst des Rheinlands
zur römischen Zeit? Gab es einfach ein Nebeneinander von ›italischen‹ Werken und anderen, die mehr oder weniger schlecht auf
deren Grundlage nachgearbeitet waren? Die Diskussion über diese
Frage kann nicht als abgeschlossen betrachtet werden; ich habe deshalb darauf verzichtet, in diesem Buch ein spezielles Kapitel der
Kunst des behandelten Territoriums zu widmen.
Die Bestattungskunst ist sicher ein Thema, bei dem so manches unklar bleiben wird. In diesem Bereich haben die aus Italien importierten Regeln zäh weitergelebt, wobei das einheimische Aussehen

gewisser Stücke oft trügt. Wir werden sie also nicht vom ästhetischen Standpunkt aus prüfen, und überlassen es dem Geschmack jedes einzelnen, zu entscheiden, ob er den *kouros* von Xanten der Tänzerin von Arlon vorzieht, den Satyr von Wellen der Stele von Waldfischbach, den Mainzer Stil dem Kölner, den des 2. Jahrhunderts dem mehr ›militärischen‹ Vorgänger, den Attis aus Trier dem Mithras von Ladenburg, die Minerven in Bronze den *matres* aus Ton. Es ist aber auch sicher so, daß ein eingehenderes Studium der figürlichen Steinskulptur einiges zu unserer Kenntnis des Alltags im Rheinland mit beitragen kann.[46]

Die Entwicklung der weiblichen und männlichen Haartracht beweist uns, daß man mit eigentlich sehr wenig Veränderungen den italischen Vorbildern folgte. Sie erlaubt es im Vergleich mehrerer Stücke, chronologische Anhaltspunkte zu finden: im 1. Jahrhundert ist der männliche Haarwuchs kurz, mit manchmal leicht gewellten Löckchen. Das Gesicht ist sorgfältig rasiert. Von Hadrian an wird das Tragen des Bartes immer mehr Mode, die Haare fallen tiefer in die Stirn und auf den Nacken herab. Bärte, Schnurrbärte und Haare werden sorgfältig gepflegt, ondulierte Haare finden sich immer häufiger.

Die weibliche Mode ist abgestufter und bietet deshalb genauere chronologische Anhaltspunkte. Nach hinten gekämmte Haare, mit einem Mittelscheitel, im allgemeinen glatt, zeugen am Anfang des 1. Jahrhunderts von ›republikanischer‹ Strenge; unter Tiberius und unter Claudius erscheinen ›kunstvoll frisierte Haare und kleine Löckchen‹, besonders an den Schläfen, auf der Stirn; dann werden sie immer weiter nach oben geschnitten.[47] Am Ende des 1. Jahrhunderts (flavische Epoche) schreibt die neue Mode künstlich in Locken gelegte Stirnbänder vor, sie werden auf einem Kamm zusammengefaßt und bilden einen wahren Aufbau in Form eines Diadems.[48] Von Trajan an gibt es zwei Moden nebeneinander: die in vielfachen Diademen oder die zylinderförmig angeordneten falschen Zöpfe. Die erste Modeerscheinung war den römischen Damen vorbehalten gewesen, die zweite hatte in den Provinzen einen gewissen Erfolg. Im 3. Jahrhundert sitzt der Knoten noch tiefer, die gewellten Stirnbänder umgeben das Gesicht und bedecken bisweilen die Ohren.

Im Lauf der ersten Periode der Grabkunst in Germanien (von Augustus zu Claudius) scheinen sich die Grabsäulen mit Büsten wie die des Caelius einer gewissen Vorliebe erfreut zu haben. Sie waren verhältnismäßig flach und sollten an Bestattungskammern angebracht werden, kleinen Gebäuden mit viereckigem Grundriß. Die Gesichter der Verstorbenen sind bisweilen noch sehr roh behandelt, während die Einzelheiten der Panzer und des Brustschmucks sehr sorgfältig ausgearbeitet sind. Zu dieser ersten Periode gehören in gleicher Weise Reiter-Grabsäulen, die wir schon erwähnt haben: die des Rufus,[49] des Tutius, des Cantaber, des Vonatrix, des Tectugenus, des Velaunus und des Argiotalus.[50] Gegen Ende dieser Periode erscheinen die Abbildungen von Reitern, die den besiegten Barbaren mit Füßen treten. Im Bereich stilisierter Pflanzen- und Tierdarstellungen haben die römischen Vorbilder sicherlich weiter eingewirkt. Sie haben in Verbindung mit aus Italien importierten Motiven neue Motive hervorgebracht, die sich in den späteren Perioden einer großen Beliebtheit erfreuten.

Die zweite Periode dauert von Claudius bis zu den Flaviern; die Abbildungen sind nicht mehr ausschließlich militärisch, und die Militärs selbst lassen sich bisweilen in Zivil darstellen. Zu dieser Periode gehören die Gräber des Hyperanor, des Tiberius Julius Abdes und des Annaius.[51] Die Stelen des Petilius und des Pintaius stehen ihnen sehr nahe.[52] Stelen mit einem halbnackten Barbar, der zu Füßen des galoppierenden Soldaten liegt, werden den von den Mainzer Ateliers erarbeiteten Regeln gemäß vervielfältigt, so z. B. diejenigen des Romanius, des Annausus und des Disacentes.[53]

Im Laufe der dritten Periode setzen die Stelen des Mainzer Typus wie die des Faltonius, Valerius, Genialis und Lucceius[54] die Serie der Standbilder fort. Das einheimische Gewand wird allgemein üblich, besonders auf den Darstellungen von unwichtigeren Personen, Klienten, Sklaven, Stallburschen, die den Verstorbenen begleiten. Die Leichenschmausdarstellungen werden zahlreicher, während die Abbildungen von Reitern eher zurückgehen. Die Stele des Julius Ingenuus scheint die älteste dieser Serie zu sein;[55] die des Durises[56] bestätigt das Wiederaufblühen des Einflusses der Ateliers von Köln und macht den Anfang einer Reihe von Monumenten, die wir oben bereits besprochen haben. Im 2. und 3. Jahrhundert wird der Leichenschmaus einzelner Verstorbener zum Familienfestessen, wie es besonders in den Funden aus dem Gebiet um Trier deutlich wird.

Im Bereich der dekorativen Motive tritt der orientalische Einfluß immer sichtbarer hervor; Astralsymbole, Monde, Sonnen, Löwen, Sterne treten neben Medusenköpfe, Delphine, Rosetten und Pinienzapfen.

Im zivilen Bereich rivalisiert das Monument von Nickenich, das wir bereits oben besprochen haben,[57] an Berühmtheit mit der Stele des Blussus,[58] welche die Porträts des Schiffers und seiner Gattin trägt.[59] Blussus war ein Sohn des Atusirus und hatte das beachtliche Alter von 75 Jahren erreicht. Das Alter der Gattin, Menimane, ist uns nicht überliefert, weil die Grabinschrift hier lückenhaft ist.[60] Menimane war die Tochter von Grigio; Primus, ihr Sohn, ließ das Monument errichten; er erinnert beiläufig an den Sklaven Satto, der an derselben Stelle wie seine Herrschaft begraben ist. Die Namen der Eltern und die des Sklaven sind keltisch; allein der des Primus weist auf die Romanisierung hin, der sich die Familie unterworfen hat. Blussus und Menimane sitzen steif und etwas zeremoniell auf einer Holzbank. Alle beide tragen die landesübliche Tracht: Blussus einen Umhang und die Kapuze *(cucullus)* über dem *sagum*, das bis zur Wade herabfällt; Menimane ein langes Unterkleid mit langen Ärmeln, eine ›Robe‹, die auf den Seiten mit Spangen, und einen Umhang, der auf der rechten Schulter durch eine Schnalle zusammengehalten wird. Dieser wird hinten durch in das Unterfutter genähtes Blei beschwert, wodurch das Kleid besser fällt. Auf dem Kopf trägt sie die rheinische (ubische?) Frauenhaube, die wir von manchen Abbildungen der Muttergottheiten aus der Umgebung von Köln her kennen. Sie hat ihren schönsten Schmuck angelegt, eine gewundene Halskette, Armbänder, Fingerringe; in der Hand hält sie den Spinnrocken, in ihrem Schoß den kleinen Lieblingshund. Hinter den Eltern steht Primus, der um den Hals die Bulle trägt.

Auf der Hinterseite des Monuments hat man die Grabinschrift wiederholt. Neben zwei Blumengewinden ist ein Transportschiff eingemeißelt, das an das Handwerk erinnert, welchem Blussus seinen offensichtlichen Wohlstand verdankte.

Gegenüber der Stele des Blussus stellt das Mittelrheinische Museum diejenige zweier anonymer Ehegatten aus. Die Frau steht, der Mann ist von untersetzter Figur, hartem Gesichtsausdruck; er sitzt auf einer Bank in einer tiefen Nische.[61]

Die beiden Stelen zeigen uns das vielgestaltige Gesicht eines Provinzbürgertums, von dem in diesem Buch so viel die Rede gewesen ist.

Achtes Kapitel
Das Hinterland: Trier und Straßburg

AUGUSTA TREVERORUM

Die antiken Zeugnisse

Durch ein Wortspiel Ciceros vom 4. März 53 v. Chr. fanden die Treverer Eingang in die Literaturgeschichte. In einem Brief an Trebatius[1] rät er diesem davon ab, Cäsar auf seinem Weg der Gewalt zu folgen, und schreibt: »Ich will Dir einen Rat geben ... ich meine, Du solltest den Treverern aus dem Weg gehen. Wie ich höre, sollen sie lebensgefährlich sein *(capitales)*; es wäre mir lieber, wenn diese Treverer *triumviri monetales* wären *(mallem argento aere auro essent)*. Aber Scherz beiseite ...«

In Ciceros Wortspiel geht es um die Worte *Treveri* und *tresviri*; die *tresviri capitales* waren die Scharfrichter der Republik! Cicero würde es lieber sehen, wenn man (d. h. vor allem Trebatius) sich eher der Prägung von klingender Münze widmete. Die Treverer galten also als gefährlich, und Cäsar hatte ja alles getan, um seinen Lesern diesen Eindruck zu vermitteln. Natürlich hat er auch hier die Gefährlichkeit des Gegners bewußt übertrieben; dennoch hatten diese Treverer im Jahre 58 v. Chr. dem Eroberer Galliens manche Schwierigkeiten bereitet, ehe er über ihr Land (und über ihre Kavallerie) verfügen konnte, um an den Rhein zu gelangen und ihn zu beherrschen.

Im Jahre 49 v. Chr. wurden die Legionen wegen der Ereignisse des Bürgerkrieges nach Italien abgezogen, was den Treverern offensichtlich sehr gelegen kam.[2] Sie erhoben sich im Jahre 29 v. Chr.;[3] trotzdem vertraute ihnen Germanicus im Jahre 14 Agrippina an;[4] im Jahre 15 oder 16/17 gebar diese eine Tochter; an dieses Ereignis soll, wie Sueton sagt,[5] eine Inschrift im trevirischen Land erinnern. Nach Tacitus[6] erhoben sich die Treverer nochmals im Jahre 21, dann 69/70 während des großen Bataver-Aufstandes. Strabo,[7] Pomponius Mela,[8] Plinius der Ältere,[9] Tacitus[10] und Ptolemäus[11] erwähnen die Treverer mehr oder weniger ausführlich.

Den Satz des Tacitus:[12] »Die Treverer und Nervier rühmen sich betont auffällig ihrer germanischen Herkunft, als wünschten sie durch diesen Blutsadel die Verwechslung mit gallischer Schlaffheit auszuschließen«, haben wir bereits eingangs kommentiert. Entsprechend einer alten geographischen Überlieferung hatte Cäsar zunächst berichtet, alle Bewohner des linken Rheinufers seien Kelten, die des rechten Ufers dagegen Germanen; die Remer belehrten ihn, wie schon erwähnt, eines Besseren: Auch auf dem linken Ufer gab es Germanen, so vor allem die Nervier und die Treverer, die mit einer gewissen Arroganz von sich behaupteten, Germanen zu sein.[13] Als Cäsar erfahren hatte, daß es tatsächlich auch Germanen auf dem linken Rheinufer gab, stellt er bezeichnenderweise fest (B. G. II, 40), daß die Mehrheit der Belger wahrscheinlich denselben völkischen Ursprung habe.[14] Strabo[15] bestätigt, daß die Nervier Germanen seien, was auch Tacitus übernimmt und nachdrücklich betont. So entsteht das Bild einer Gruppe germanischer ›Völker‹ auf dem linken Rheinufer, auf beiden Seiten der Mosel, in einem ursprünglich keltischen Milieu. Zwischen diesen ›Völkern‹ gab es einen osmotischen Verschmelzungsprozeß; die herrschende Klasse aber blieb keltisch bis zu ihrer Vertreibung während der Aufstände, deren Verlauf wir in unserem 1. Kapitel behandelt haben.

Die Epigraphik überliefert die Namen einer gewissen Anzahl von Treverern: Aurelius Paternus, Reginus, Sohn des Troucetissa, L. Julius Apollinaris, Justius Mucianus, Rustius Mucianus, Aprilia Ursula, C. Apronius Raptor, Sohn des Blandus, Aprossus, Aquila, Mattossa, Acceptus, Sex. Attonius Privatus, Cl. Lucanus, C. Donatus Quarthus, Q. Secundus Quigo, Junianus Modestus, Aemilius Epictetus usw.[16]

Die Stadt Trier hat im Laufe der Antike verschiedene Bezeichnungen getragen: *Colonia Augusta Treverorum*, so bei Pomponius Mela (III, 20), auf einem Meilenstein von Buzenol,[17] auf Wachstafeln aus Vindonissa,[18] auf einer Inschrift von Mainz[19] und bei Tacitus (Hist. IV, 62 und 72) anläßlich der Ereignisse von 69 und 70, auf verschiedenen Meilensteinen des 2. Jahrhunderts[20] und aus späteren

Zeiten,[21] in abgekürzter Form auf zwei Inschriften und drei Zeugensteinen.[22]

Treveri, nicht mehr als Volksname, sondern als Name der Stadt, wird seit der konstantinischen Zeit (um 310), vielleicht schon von 294 an, üblich. Im 5. Jahrhundert finden wir die Form *Treveris* bei Sozomenos[23], bei Theodoret[24] und bei Sokrates[25].

Die Zeit der Gründungen

Noch 1959 war Josef Steinhausen, der Altmeister der Trierer Siedlungskunde, fest davon überzeugt, daß Trier schon in der Zeit um 16, spätestens 13 v. Chr., stadtähnliches Aussehen besaß. Als Argumente führte er folgende Fakten an: eine Prunkinschrift für Lucius Caesar,[26] den *princeps iuventutis*; die Bemerkung des Pomponius Mela, Trier sei *opulentissima urbs* und die Treverer *clarissimi Belgarum*; das Bestehen eines *vicus Voclannionum*, eines *vicus Senia* und *Aveta* Zeichen des Weiterbestehens vorrömischer Siedlungen; eine Reihe vorrömischer Funde, welche es erlauben sollten, die etwaige Ausdehnung der frühesten römischen Siedlung zu erkennen.[27]

Dieser ›Beweisführung‹ widersprach vor allem R. Schindler; er wies darauf hin, daß die mehrfach ins Feld geführten Funde aus dem Altbachtal *de facto* nicht hinter die augusteische Zeit zurückführen und keltische Münzprägungen so selten sind, daß sie nicht ins Gewicht fallen; daß die meisten der von S. Loeschcke als »vorrömisch« bezeichneten Keramikfunde durch Kriegseinwirkung zerstört wurden und mutmaßlich nur ein sehr geringer Teil derselben spät-la-Tène-zeitlich war; daß die Funde aus dem sogenannten Irminenwingert zweifelhaft bleiben und jedenfalls *in puncto* Stadtkernsiedlung nicht aussagekräftig sind; daß wir über die suburbanen *vici* so wenig wissen, daß auch sie nicht beweiskräftig sind.

Schindler gelang somit der Beweis, daß es keine triftigen Gründe gibt, eine stadtähnliche Siedlung in der Trierer Talweite vor etwa der claudischen Zeit zu vermuten. Der Versuch, ein (sehr hypothetisches) ›Stammeszentrum der Treverer‹ auf dem luxemburgischen Titelberg zu entdecken, dürfte allerdings als gescheitert anzusehen sein: bei höchst exzentrischer Lage des Ortes und durchaus ungenügender dokumentarischer Basis muß einstweilen dahingestellt bleiben, welche Rolle der Titelberg gespielt hat. Ein – vielleicht vornehmlich religiöses – Zentrum der Treverer würden wir eher auf dem Ferschweiler Plateau, im Bereich der Niederburg, vermuten.

Als ›frühestes Trier‹ wird demnach jene Siedlung zu bezeichnen sein (Abb. 41), die in claudischer Zeit durch ein ausgeprägtes Straßennetz im Schachbrettmuster eindeutig den Charakter einer römisch-mittelländischen Stadt erhielt.

Seit langem schon war man der Meinung, eine Stelle bei Tacitus[28] weise darauf hin, daß Trier etwa im Jahre 70 eine Steinbrücke gehabt haben müsse: Cerialis schlief friedlich, als man ihn plötzlich aus dem Schlaf weckte, »und er erhielt zugleich die Meldung von der Schlacht und auch von der Niederlage seiner Leute. Er war erbost über die Panik der Kuriere, bis er das ganze Ausmaß der Niederlage vor Augen hatte. Das Etappenlager der Legion war gestürmt, die Kavallerie zersprengt und die Moselbrücke, welche die Kolonie mit dem anderen Ufer verband, von den Feinden besetzt *(medius Mosellae pons qui ulteriora coloniae adnectit ab hostibus incessus)*; Cerialis ließ sich trotz dieser aufregenden Ereignisse nicht aus der Fassung bringen und holte selbst die Fliehenden wieder zurück, stürzte selbst ins Gefecht, mitten hinein in den Geschoßhagel, und, dank der Hilfe der Tapfersten, die herbeieilten, eroberte er die Brücke zurück und sicherte diese mit einer Elitetruppe *(reciperatum pontem electa manu firmavit)*«[29].

Die Archäologie aber blieb skeptisch: als früheste Datierung für die ›Römerbrücke‹ wurde gelegentlich das Ende des 2. Jahrhunderts angenommen, während man üblicherweise eher dazu neigte, sie an den Anfang des 4. Jahrhunderts zu datieren. Im Jahre 1921 fand W. Jovy vom Trierer Museum beim 7. Brückenpfeiler zur Stadtseite Pfahlroste, die wegen des niedrigen Wasserstandes sichtbar geworden waren. Nach gründlicher Prüfung wurden sie auf einen genauen Plan übertragen; dieser ergab den Umriß eines Brückenfundaments, welches nur wenig von der heutigen Brücke abwich. Hatte man hier den sichtbaren Beweis für eine Steinbrücke, die es zur Zeit des Cerialis gegeben hatte? Die endgültige Beantwortung

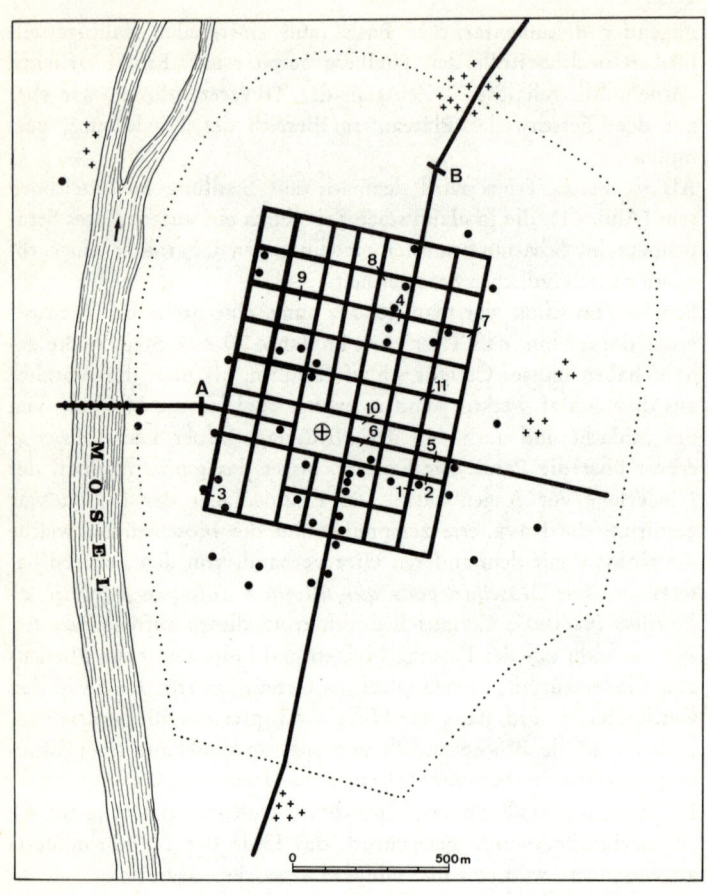

Abb. 41. Trier. Plan der unbefestigten Augusta Treverorum Mitte des 1. Jh.s n. Chr.

A, B Ehrenbögen; 1–11 Straßenprofile; + frühe Gräber; ● frührömische Funde; ...... spätere Stadtbefestigung. (Nach BJ 172, 1972, S. 263.)

dieser Frage ist erst vor kurzer Zeit erfolgt. Die dendrochronologische Prüfung dieser Pfeiler der alten Römerbrücke, die während der Moselkanalisation ausgelöst wurde, bestätigte, daß im Jahre 44 gefällte Eichen die Pfeilergrundierungen für die erste Römerbrücke von Trier abgaben.[30]

Bei der zweiten Brücke werden gegenwärtig folgende chronologische Phasen unterschieden: Der Senkkasten des Pfeilers 1 lag auf einer Schicht mit Scherben aus dem 1. und den ersten Jahren des 2. Jahrhunderts; im Innern des Füllwerks, mit welchem die Senkkästen der Pfeiler 1, 5, 6 und 7 abgedichtet wurden, hat man Scherben aus der 1. Hälfte des 2. Jahrhunderts gefunden; die Tonscherben in den Glattschichten im Innern der Senkkästen gehören in die 2. Hälfte desselben Jahrhunderts; sie wurden nochmals überlagert von Scherben aus dem 4. Jahrhundert. Wahrscheinlich wurde in der Mitte des 2. Jahrhunderts eine zweite Brücke errichtet, wobei die ältere vorübergehend weiterbenutzt wurde (vor allem wohl als Zugangsrampe). Die neue Brücke wurde auf großen, behauenen Blöcken errichtet, die auf den Felsen und die Sandsteinschichten, welche an dieser Stelle das Flußbett bilden, aufgesetzt wurden. Am Ende des 2. Jahrhunderts, als man die Stadtmauer errichtete, verschwanden die Pfeilerspannen 8 und 9: sie sind dem neuen, stadtseitigen Brückenkopf einverleibt. Weitere Ausbesserungsarbeiten wurden im Laufe der späteren Jahrhunderte vorgenommen. Vielleicht wurde auch eine Furt in unmittelbarer Nähe der beiden römischen Brücken zu einer dauerhaften Einrichtung und vervollständigte so von der vorgeschichtlichen bis zum Ende der römischen Zeit die Geschichte der Moselübergänge in Trier.

Beobachtungen aus der Zeit zwischen 1957 und 1961, als Konsolidierungsarbeiten an der Römerbrücke nötig waren, haben endgültig Aufschluß über den Brückenbau des 2. Jahrhunderts gegeben.[31] Zunächst wurde ein Senkkasten für jeden vorgesehenen Pfeiler errichtet. Man rammte hierfür, ungefähr 2 m von diesem entfernt, mit Eisenschuhen versehene Eichenbalken in einem Abstand von 1,20 bis 1,55 m ein. Diese Balken waren im Durchschnitt 40 mal 26 cm dick und hatten an ihrer Schmalseite eine viereckige Kerbe von 7 cm, in welche man schwere Eichenbohlen als erste Abwehr gegen das Flußwasser einließ. 40 cm davon entfernt, stromabwärts, lag die zweite Schutzwand. Der verbliebene Zwischenraum wurde mit sorgfältig gestampftem Speicherton angefüllt, wodurch die ganze Anlage vollkommen wasserdicht wurde. Im Innern des keilförmig stromaufwärts und rechtwinklig stromabwärts angelegten Senkkastens fügte man dann 3 oder 4 Basaltschichten aufeinander, die ebenfalls flußaufwärts keilförmig ausgerichtet waren. Diese Schichten waren für die Aufnahme des Oberbaus der Pfeiler bestimmt. Vermutlich wurden die Senkkästen danach niemals zerstört: sie erschienen nur bei sehr tiefem Wasserstand und behinderten die Schiffahrt kaum, die die weiten Zwischenräume von 20 m zwischen den Pfeilern benutzte.

Über den Ursprung des ersten Namens der Stadt zu dieser frühen Zeit der römischen Periode[32] und besonders über die genaue Bedeutung der Bezeichnung ›Kolonie‹ wurden viele Überlegungen angestellt. Gegen H. Koethe, der als Gründungsepoche nur die claudische Zeit gelten lassen wollte,[33] hat E. Krüger[34] den Zeitpunkt der Gründung nachdrücklich für die augusteische Zeit angesetzt.

Die Errichtung der ersten großen Brücke von Trier im Jahre 44 (oder kurz danach) läßt uns nun annehmen, daß der *vicus* nach dem Jahre 40 zur Stadt wurde und zweifellos zur Ehre des Kaisers die Bezeichnung einer kaiserlichen Kolonie annahm, was in keiner Weise ein juristisches Statut (ähnlich dem von Köln oder Xanten) beinhaltete.

In der Epigraphik ist kein Amt belegt, welches im Namen der *Colonia Augusta Treverorum* ausgeübt worden wäre; die uns bekannten wurden im Namen der *Civitas Treverorum* verwaltet, wobei diese Bezeichnung zugleich für ›die Stadt‹ und das Volk gilt.

Die Parallele mit Autun drängt sich insofern auf,[35] als die Frage nicht restlos geklärt ist, ob Trier in der Frühzeit überhaupt je eine Garnison besessen hat oder ob inschriftlich belegte (z. B. der *cohors I Hispanorum equitata*, CIL XIII, 3 686 und 11 317) Truppeneinheiten nur auf dem Vormarsch zum Rhein in Trier verweilten.

Auch in Autun war es das erste Ziel der römischen Politik, auf die Bevölkerung einzuwirken, daß diese den Herren der *oppida* des Hinterlandes den Gehorsam verweigerte und sich friedlichen Handels- und Industriebestrebungen widmete. Das nahezu vollständige Fehlen militärischer Dokumente in Trier – völlig im Gegensatz zu den sonstigen rheinischen *civitates*, von denen oben die Rede war – beweist genügend den durchschlagenden Erfolg dieses Friedensprogramms. Daß Rom dies in Trier gelungen ist, nicht aber am Rhein, zeigt den wesentlichen Unterschied zwischen den beiden Zonen, in denen sein Einfluß wirksam wurde.

Nach Steinhausen[36] hat die Stadt schon vor der claudischen Zeit ein Forum besessen. Ausgrabungen in neuerer Zeit (1963) legten davon so viele Überreste frei, daß der hier wiedergegebene Gesamtplan aufgestellt werden konnte.[37]

Im wesentlichen war das Forum von Trier eine nicht überdeckte Anlage, mit Galerien für die Warenlagerung, einer *curia,* einem Verwaltungsgebäude der Stadt, welches die Gesamtanlage beherrschte, und einem riesigen öffentlichen Platz, mit Säulengängen an zwei Seiten, die vor den sich nach Norden und Süden erstrekkenden engen Läden lagen.

Obsequium cum securitate

Als Petillius Cerialis im Jahre 69 Trier einnahm, beschworen ihn seine Soldaten:

»Das sei, sagten sie, die Vaterstadt des Classicus, des Tutor, es sei das Ergebnis ihres verbrecherischen Vorgehens, wenn die Legionen eingeschlossen und niedergemetzelt worden seien. Was habe sich denn Cremona zuschulden kommen lassen, daß es aus dem Schoß Italiens herausgerissen worden sei, weil es nur eine einzige Nacht lang die Sieger aufgehalten habe? Diese Stadt (das heißt Trier) stehe unversehrt an den Grenzen Germaniens, mitten im Kriegsschauplatz, und brüste sich mit der Siegesbeute unserer Truppen und der Ermordung der Generale. Die Beute solle der kaiserlichen Privatkasse zufließen! Ihnen selbst genüge es, diese

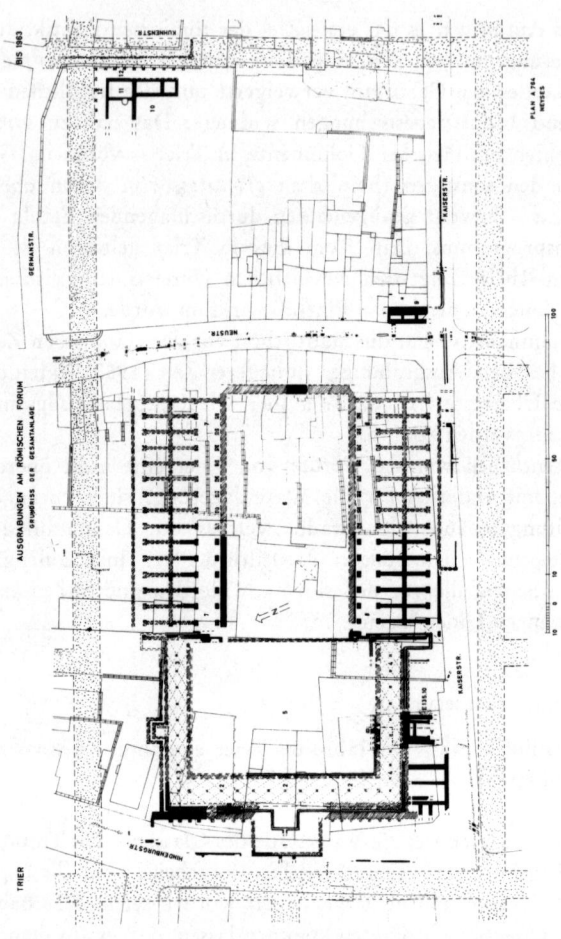

Abb. 42. Trier, Forum. (Nach H. Cüppers und A. Neyses in TZ 28, 1965.)

rebellische Kolonie in Schutt und Asche zu legen als Vergel-
tungsschlag für die Vernichtung so vieler römischer Lager.«[38]

Dieser naiv-impulsiven Vorstellung des Schicksals, das Trier erlei-
den sollte, setzt Tacitus diejenige des Cerialis gegenüber. Dieser,
vom Historiker zu einem der Retter Roms erhoben, beweist vor
allem psychologische und politische Qualitäten. Die Ankunft der
rebellischen Legionen bringt die Soldaten des Cerialis zum Schwei-
gen: Konnten sie noch von militärischer Tugend reden gegenüber
diesen Kameraden, »niedergeschlagen im Bewußtsein ihrer Frevel-
tat, den Blick zur Erde gewandt«? Konnten sie wirklich noch behaupten, daß so viel Unglück den trevirischen Anwandlungen zuzuschreiben sei, das Joch der Herren abzuwerfen, die einander
selbst zerfleischten? »Schließlich beruhigte Cerialis die Gemüter,
indem er immer wieder betonte, das Schicksal *(fatum)* sei schuld an
allem, was sich als Folge der Uneinigkeit der Soldaten und der
Oberkommandierenden und durch die Hinterlist der Feinde zuge-
tragen habe.«[39]
Daraufhin ruft Cerialis die Treverer und die Lingonen zusammen
und wendet sich mit folgenden Worten an sie: »Ich habe mich nie
in der Beredsamkeit geübt, durch die Waffen habe ich den Wert
des römischen Volkes bewiesen; aber da es in euren Augen die
Worte sind, die am meisten gelten und da ihr Gutes und Schlechtes
nicht als solches, sondern nach dem Geschrei der Meuterer beurteilt,
habe ich mich entschlossen, euch in wenigen Worten einige Gedanken darzulegen, die zu hören jetzt, wo der Krieg zu Ende ist, für
euch von größerem Nutzen sein wird, als es für uns dienlich ist, sie
darzulegen.«
Hier wird Cerialis' Absicht deutlich: Als Kriegsmann, als Sieger
liegen ihm weder lange Reden noch Rhetorik. Wenn er sich trotz
allem an die Treverer und die Lingonen wendet, so geschieht dies
offensichtlich (das Bekenntnis ist ganz deutlich), um ein Versäum-
nis Roms im Rheinland gutzumachen: Die Römer hatten sich allzusehr darauf verlassen, daß die Einheimischen das Gebot der Stunde
verstehen würden; sie hatten versäumt, ihnen vor Augen zu führen, welche Vorteile ihnen durch die Anerkennung der römischen

Herrschaft erwachsen würden. Was hatten die Treverer und die Lingonen getan? Bei ihnen fanden die Aufrührer williges Gehör für die Zusicherungen und falschen Gerüchte, die sie in Umlauf brachten über die römische Arroganz und die ökonomische und finanzielle Ausbeutung. Darum folgten sie den Aufrührern, ohne zu erkennen, wo ihr eigentliches Interesse lag.

Cerialis versucht also zunächst, die Atmosphäre zu entspannen; im Gegensatz zu seinen Soldaten wirft er den Treverern nicht einfach vor, ihre ›Pflicht‹ gegenüber Rom verraten zu haben. Wenn sie falsch gehandelt haben, dann geschah dies in Unkenntnis dessen, was zu ihrem eigenen Besten gewesen wäre.

»Die Offiziere und Generale Roms sind in euer Gebiet und in das übrige Gallien einmarschiert, nicht in eigennütziger Absicht, sondern weil eure Vorfahren darum gebeten haben, weil sie die Zwietracht dem Untergang nahebrachte und auch, weil die zu Hilfe herbeigerufenen Germanen gleichermaßen Verbündete und Feinde unterjocht haben. Wie viele Schlachten wir gegen die Kimbern und Teutonen zu schlagen hatten, welche Mühen unsere Heere auf sich nehmen mußten und mit welchem Erfolg wir die germanischen Kriege geführt haben, das sind Dinge, die wohlbekannt sind. Und wenn wir das Rheinufer besetzt haben, dann geschah dies nicht, um Italien zu schützen, sondern um zu verhindern, daß ein zweiter Ariovist sich der Herrschaft über Gallien bemächtigt.«

Die Zuhörer wissen, daß Cerialis sich nicht zum Richter über sie aufwirft. Hier hören sie geschichtliche Tatsachen ... so, wie Rom sie sieht. Allerdings entspricht die Darstellung des Cerialis nicht ganz der Wahrheit. Doch enthält seine Rede vieles, worüber man nicht hinwegsehen kann: Der Einfall der Kimbern und Teutonen mit seinen schwerwiegenden Folgen war in der Erinnerung aller geblieben; war dies der Anfang des fortwährenden Vorrückens der Germanen? Oft schon wurde dieser Gedanke vorgetragen; es ist schwierig, ihn durch Fakten zu belegen. Immerhin enthält dieser Teil der Cerialis-Rede einen wertvollen Hinweis auf die Zusam-

mensetzung seiner Zuhörer. Wenn er sich an ein ›Volk‹ nahezu vollständig germanischen Ursprungs gewandt hätte, wäre es dann wohl
sinnvoll gewesen, die Kimbern und die Teutonen, darüber hinaus
auch Ariovist zu erwähnen und allgemein die Germanen als eine
Gefahr darzustellen, der man entgegenzutreten habe? Wahrschein-
licher ist, daß er sich an ›Anführer‹, entfernte Nachfolger keltischer
Aristokraten (zu welchen auch Classicus und Florus gehörten!)
wandte. Diese waren schon immer geneigt, bei den Germanen Zuflucht zu suchen, um gegen Roms Legionen zu kämpfen.

»Oder glaubt ihr etwa, ihr seid dem Civilis und den Batavern und
den Volksstämmen jenseits des Rheins lieber, als eure Väter und
Großväter es den Vorfahren dieser Leute waren?« Solche Worte
würden wohl kaum möglich sein gegenüber Germanen, so verschieden sie auch von ›diesen Leuten‹ waren.

»Immer hat derselbe Grund die Germanen veranlaßt, nach Gallien zu kommen: die Begehrlichkeit, die Habsucht und das Verlangen, den Wohnsitz zu verlegen; sie verlassen ihr Sumpfland
und ihre Einöde, um sich eures fruchtbaren Bodens und eurer
selbst zu bemächtigen. Im übrigen nehmen sie die Unabhängig-
keit und andere derartige Namen zum Vorwand, und niemand
hat jemals gewünscht, einen anderen zu unterjochen und selbst
die Herrschaft zu erlangen, ohne sich dieser Worte zu bedie-
nen.«

Die vor Cerialis vereinten Verantwortlichen werden sich bald danach an ihre Völker zu wenden haben. Cerialis lieh ihnen die
Worte, die für ihre Ausführungen am besten geeignet waren: wenn
ihre Zuhörer selbst Germanen waren, so hatten sie doch kein Interesse daran, mit denen des rechten Ufers gemeinsame Sache zu machen; diese waren launisch, habsüchtig, unbeständig und geldgierig.
Ebensowenig hatten sie ein Interesse daran, dem Beispiel der unzu-
verlässigen Gallier zu folgen.

»Vom Recht des Siegers haben wir nur Gebrauch gemacht, um
von euch zu verlangen, den Frieden zu sichern; denn es ist un-

möglich, ohne Armee die Ruhe der Völker aufrechtzuerhalten; es gibt auch keine Armee ohne Sold und keinen Sold ohne Steuern: alles übrige haben wir mit euch gemeinsam!«

Cerialis führt den Gedanken weiter: Gallier haben römische Legionen kommandiert; die guten Kaiser haben den Galliern durch Taten ihr Wohlwollen bewiesen; daß es auch schlechte Kaiser gegeben hat, liegt im Wesen der Dinge. Aber wären Classicus und Tutor gemäßigtere Herren? Würden sie nicht vielmehr der Verlockung des Goldes und der Reichtümer erliegen, über die die Treverer verfügten? Er beendet seine Rede, indem er ausruft: »Denkt an den Frieden und an die Stadt, die uns dieselben Rechte sichert, den Siegern wie den Besiegten; liebt sie, verehrt sie, vernehmt die Lehren des Glücks und des Unglücks, und wählt nicht den Geist des Widerstandes, der euch ins Verderben stürzt, statt der Unterwerfung, die euch die Sicherheit geben wird *(Ne contumaciam cum pernicie quam obsequium cum securitate malitis).*«[40]
In der Ausarbeitung und Formulierung der Rede finden wir selbstverständlich die persönliche Anschauung des Tacitus, dennoch glauben wir hier, psychologisch und historisch richtige Fakten erkennen zu können. In einem Land, wo zwei ethnische Teile noch nicht endgültig in einem Verschmelzungsprozeß aufgegangen waren, mußte der Eroberer sowohl den einen als auch den anderen berücksichtigen. Das galt um so mehr für das trevirische Land, wo die germanische Komponente sozial schwächer, aber in der Mehrheit war und sich nicht leicht mit ihren keltischen und keltisierten Herren abgefunden zu haben scheint. Diese waren von Kriegern später zu wirtschaftlich mächtigen Bürgern aufgestiegen und wurden zu den unmittelbaren Gesprächspartnern der Römer; zwar waren sie gezwungen, der auf dem Volk beruhenden Grundlage ihrer Macht, d. h. dem germanisch-trevirischen Element, Rechnung zu tragen; sie vertieften aber fortwährend den Graben zwischen diesem und ihren Genossen auf dem anderen Ufer. Sie sahen sehr wohl, daß sie ein Interesse daran haben mußten, mit den Römern gemeinsame Sache zu machen, und deshalb waren sie auch bereit, die (tatsächlich vorhandene) ›germanische Gefahr‹ zu propagieren, um

in ihrem Lande die heilige Union unter dem Schutz Roms her-
beizuführen. Cerialis hatte das verstanden. Sie suchten Sicherheit,
und Cerialis gesteht ihnen eine Sonderstellung unter den Germanen und den Galliern zu; dafür unterwarfen sie sich und machten
mit ihm gemeinsame Sache. Wer wirklich nicht zu bekehren war,
ging ins Exil;[41] die, die im Lande blieben, hatten zwei Jahrhunderte Frieden und Wohlstand vor sich.

Die Zeit des ›bürgerlichen Friedens‹

Die Stadt wurde bald zu eng, um die in Verwaltung und Wirtschaft
tätige Bevölkerung aufzunehmen. Man erweiterte sie also bis zu
dem Umfang, der von der Archäologie durch geduldige und lang-
wierige Nachforschungen festgelegt ist.

Durch die geologischen Bedingungen war die Ost–West-Achse vorgegeben; so erstreckte sie sich in immer breiteren Terrassen vom
Petrisberg bis zu der Stelle, wo Furt und römische Brücken aufein-
anderfolgten. Von den Thermen des Sankt-Barbara-Viertels[42] gelangte man an Kaiserpalast, Forum und Kaiserthermen vorbei zum
Amphitheater. An der Nord–Süd-Achse liegen die interessantesten
Denkmäler, die Porta Nigra, der Dom aus der konstantinischen
Zeit, die ›Basilika‹ und die Heiligtümer des Altbachtals. Abseits
von diesen Achsen liegen der Circus, der Tempel Herrenbrünnchen,
die Nekropolen (im Norden und Süden) und schließlich das Heiligtum des Lenus Mars auf dem linken Moselufer.

Das in Holz erbaute Amphitheater wurde um das Jahr 100 durch
einen Steinbau ersetzt. Dieser konnte bis zu 30 000 Zuschauer fassen. Eine hohe Einfassungsmauer schützte vor den wilden Tieren in
der Arena. Unter der Arena lag ein Maschinenraum mit runden
Vertiefungen für die riesigen Gegengewichte zur Versenkung und
Erhöhung eines Teils der Arena (in Form eines gleicharmigen Kreuzes); auf diese Weise konnten – bei Gelegenheit der überaus be-
liebten Tierjagden *(venationes)* – ganze Landschaftskulissen vorge-
führt werden. In den Jahren 259 und 260 diente das Amphitheater als Zufluchtsort für die ganze trevirische Bevölkerung, die dort
während der Germaneneinfälle Schutz suchte. Die Sankt-Barbara-

Thermen[43] wurden möglicherweise ebenfalls um das Jahr 100 errichtet. Die Einrichtung umfaßte einen großen offenen Platz, der ringsum von Säulenhallen eingefaßt war. Unmittelbar daran anschließend lagen der Reihe nach das *frigidarium*, das *tepidarium* und das *caldarium*, Anlagen mit kaltem, lauwarmem und heißem Wasser. Die noch ausgedehnteren Anlagen der Kaiserthermen vom Ende des 3. Jahrhunderts suchten durch ihre Dimensionen, ihr mas-

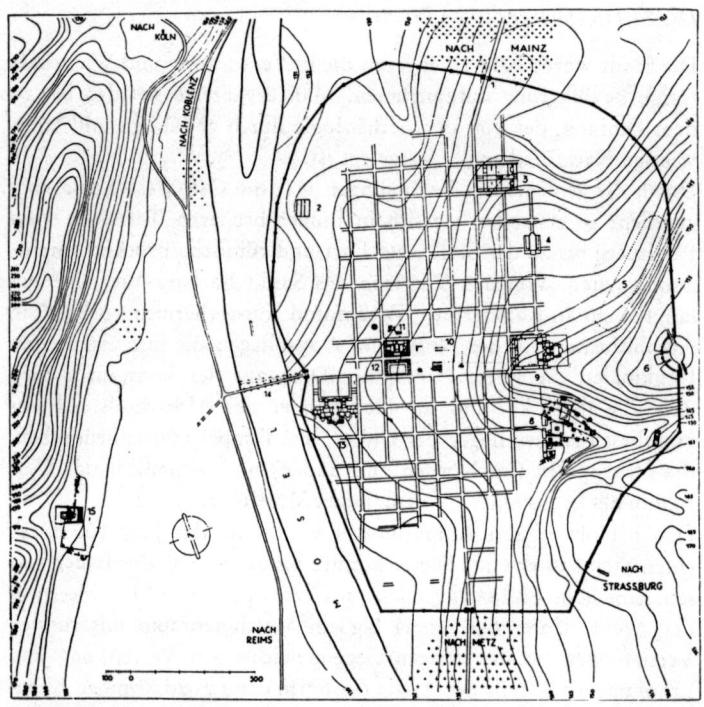

Abb. 43. Trier, Übersichtsplan, 4. Jahrhundert.

1 Porta Nigra; 2 Horrea; 3 Dom; 4 Basilika; 5 Circus (?); 6 Amphitheater; 7 Tempel am Herrenbrünnchen; 8 Tempelbezirk im Altbachtal; 9 Kaiserthermen; 10 Forum; 11 Palast des Victorinus; 12 Palastanlage; 13 Barbarathermen; 14 Römerbrücke; 15 Tempelbezirk des Lenus Mars.

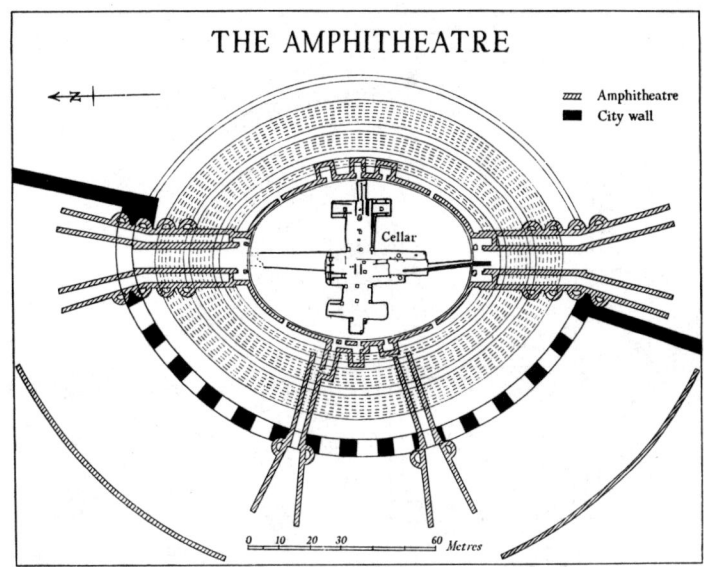

THE AMPHITHEATRE

Amphitheatre
City wall

Cellar

0   10   20   30   60 *Metres*

Abb. 44. Trier, Amphitheater. (Nach E. M. Wightman, Roman Trier and the Treviri, London 1970, S. 80.)

sives Aussehen und die vielfältige Inneneinrichtung zu beeindrukken, wohingegen man in Sankt Barbara eher der Eleganz des Dekors und der Wirksamkeit der Installation den Vorrang gab. Während der Ausgrabungen der Kaiserthermen wurden einige Privathäuser entdeckt – darunter ein besonders prunkvoller Peristylbau –, die um 300 abgerissen worden waren.

Im Tempelbezirk des Altbachtals hat man Reste eines Theaters[44] aus der Zeit vor 150 gefunden, welches später durch verschiedene andere Gebäude ersetzt wurde, darunter durch ein Mithraeum aus dem 3. Jahrhundert. Die Spielfläche war rechteckig, beinahe quadratisch, und von stufenweise erhöhten Bänken umgeben, in denen die Namen der teilnahmeberechtigten Zuschauer eingeritzt waren, welche immer wieder diesen der Muttergöttin gewidmeten Schauspielen beiwohnten.

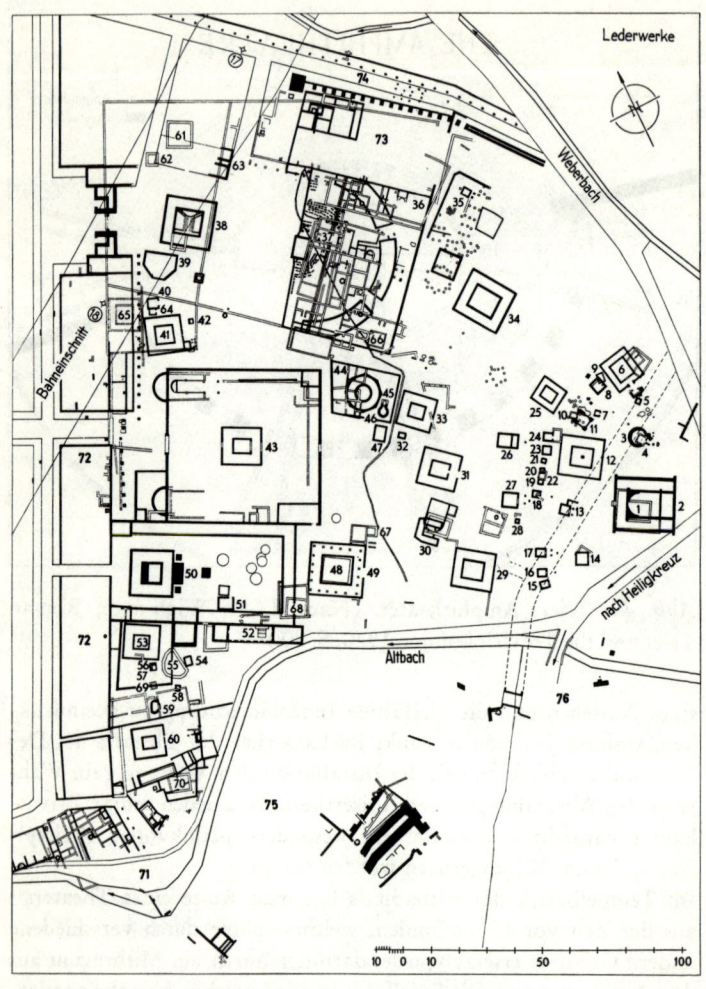

Abb. 45. Trier, Altbachtal, Übersichtsplan nach S. Loeschke. (In: E. Gose, Der gallo-römische Tempelbezirk im Altbachtal zu Trier, Mainz 1972, S. 275.)

Der von S. Loeschcke vorgelegte Gesamtplan der Ausgrabungen im Altbachtal ist weltberühmt; von den geplanten 12 Lieferungen der Gesamtveröffentlichung erschienen aber nur zwei, und so kam es, daß bis 1972 keine wissenschaftliche Gesamtpublikation zur Verfügung stand; diese besorgte E. Gose, der aus den 100 Feldbüchern, 800 Planzeichnungen und etwa 2000 Geländefotos sowie den 11 374 registrierten Fundnummern die wesentlichen Merkmale zu gewinnen wußte, die es uns nun erlauben, einen Überblick über die 70 Bauten zu gewinnen, die, auf 12 verschiedenen Niveaus, über 4 Jahrhunderte hinweg Ausdruck der trevirischen Volksfrömmigkeit waren. Dieser verdanken wir die Tatsache, daß alle Bauten ausnahmslos jenem *fanum*-Typus angehören, von dem oben die Rede war.

Zur selben Zeit, in der sich die Hauptstadt entwickelte, entfaltete sich auch die ganze *civitas*. In ihrem Zentrum (dem gegenwärtigen Großherzogtum Luxemburg)[45] wie in dem westlichen, sich bis zur Maas erstreckenden Teil war dies die Zeit der *villae rusticae*, die von Landwirtschaft und Viehzucht lebten; der Werkstätten und des Handels; die Zeit, in der gallo-römische Götter neben solchen, die den *matres* Germaniens[46] sehr nahestanden, verehrt wurden.

»Moenia dignata imperio...«

Ausonius hatte die düsteren Täler des Rheins und der Nahe verlassen und war in die unergründlich tiefen und großen Wälder des Hunsrück vorgedrungen. Die Äste der Bäume waren dort ineinandergeflochten und verhüllten den Himmel. Dieser war erst wieder kurz vor Neumagen zu sehen, und, im Glanz des anbrechenden Tages, lagen die Landhäuser, angelehnt an die mit Weinbergen bedeckten Felswände; die Mosel war da mit ihrem kaum hörbaren Geplätscher, die *moenia dignata imperio*, Trier; mit anderen Worten, die Stadt, deren Ruf von den Moselwassern bis zum Rhein getragen wurde.[47] Diese Verse mit ihren idyllischen Beschwörungen sind am Ende des 4. Jahrhunderts geschrieben, aber sie passen besser ins 2. und 3. In der Zeit zwischen 254 und 260 war der Limes von Obergermanien aufgegeben worden, die Zeit der ›gal-

lischen Kaiser« (259–274) leitete eine traurige Periode ein. Trier
wurde immerhin – wenigstens vorübergehend – Residenz des Kaisers M. Piaonius Victorinus, des Zerstörers von Autun, das sich für
Claudius II. entschieden hatte. Victorinus ließ sich anläßlich einer
Truppenparade in Trier als *restitutor Galliarum* verehren. Er
wurde im Jahre 270 ermordet; Tetricus wählte Trier als Hauptstadt und Residenz im Jahre 271 und verließ es 274, um gegen
Aurelian zu ziehen.

Die erste Woge der Frankeneinfälle war an Trier vorübergegangen
(über die Eifel hatte sie Reims und Paris erreicht); der Verlauf des
zweiten Frankeneinfalls (260–270) läßt sich anhand einer Karte
verdeutlichen, nach den Fundorten der Münzschätze, die beim Herannahen des Feindes eingegraben worden waren. Der dritte Einfall von 275/276 brachte schließlich der Gegend Tod und Zerstörung. 70 Städte, *nobilissimae civitates*, wurden in Brand gesteckt;
und C. Jullian konnte behaupten, daß weder das Auftreten der
Kimbern noch die Eroberung Cäsars oder die Ankunft Attilas,
auch nicht die der Normannen und Engländer mit den schreck-
lichen Ereignissen in diesen zwei unglückseligen Jahren vergleichbar sind. In vielen Gegenden des trevirischen Landes deutet eine
breite Brandschicht auf die Verheerungen der vorüberziehenden
fränkischen Horden hin. Bei ihrem Auftreten scheint es sich im
übrigen kaum um koordinierte Operationen gehandelt zu haben,
da sie ihre Marschrouten wahllos aussuchten und da Dörfer, die
nahe beieinander lagen, teils verschont, teils vollständig geplündert
wurden.

Wie am Rhein, so brach auch für das trevirische Land eine Zeit der
ständigen Unsicherheit an. Das Leben begann zwar von neuem und
ging weiter, aber alles war verändert. In den Inschriften, in den
dekorativen Motiven und in der Bildhauerei ist eine ›keltische
Renaissance‹ erkennbar; diese war sicherlich Ausdruck einer psychologischen Reaktion gegen das germanische Element – welches
von nun an als grundsätzliche Gefahr und andauernde apokalyp-
tische Bedrohung empfunden wurde, von der man soeben einen
Vorgeschmack erhalten hatte.

Die Tetrarchie wählte Trier zur kaiserlichen Hauptstadt für

Maximian; zur gleichen Zeit wurde es Hauptstadt der neuen Provinz *Belgica Prima*, wobei Reims dieselbe Stelle in der *Belgica Secunda* einnahm. Die Provinzen wurden in größere Bezirke, Diözesen, zusammengefaßt: Trier wurde die Hauptstadt für Gallien und im übrigen *praefectura praetorio Galliarum*, Sitz der gesamten Verwaltung der *pars Occidentis* des Kaiserreichs. Diese Tatsachen haben nicht wenig dazu beigetragen, im trevirischen Land einen Lebensstandard aufrechtzuerhalten, der sonst undenkbar gewesen wäre. Der in Trier residierende Kaiser konnte offensichtlich nicht ertragen, daß die Bagauden weiterhin das Land beunruhigten: Maximian vernichtete sie und erhielt dafür den Titel Augustus und das Recht, sich *Maximianus Hercules, pacificator terrarum* (Friedensbringer auf Erden) (oder auch: *Maximianus Herculius*), zu nennen. Diokletian nannte sich *Iovius* oder *Iuppiter rector coeli*, Juppiter, Himmelsherrscher. Daß der Kaiser von Trier den Namen des Gottes trägt, der – wie wir bereits ausführten – im Rheinland eine einzigartige Verehrung genoß, überrascht uns nicht. Während der Jahre 286 bis 288 mußte ständig gegen die in Gallien eingefallenen Germanen gekämpft werden. Maximian, der die Landwirtschaft bei den Nerviern und bei den Treverern wiederbeleben wollte, siedelte an verschiedenen Stellen gefangene Franken als Kolonisten *(laeti)* an. Viele von diesen *laeti* dienten in der Folgezeit in den Auxiliareinheiten der Armee.

Im Jahre 293 ernennt Maximian den Constantius Chlorus zum Kaiser und weist ihm Trier als Residenz zu. Diesem ist es zu verdanken, daß die von Diokletian 303 angeordnete Christenverfolgung hier nicht stattfand. Die Treverer anerkannten hierfür das neue kaiserliche Regime; die Inschrift, die der sehr ehrenwerte *(vir perfectissimus)* Valerius Concordius »dem allergnädigsten der absoluten Herrscher« *(indulgentissimo domino)* Flavius Valerius Constantius, dem erlauchtesten Cäsar, als Zeichen seiner Ergebenheit der Göttlichkeit und Herrlichkeit der Tetrarchen errichten ließ, ist eines der treffendsten Zeugnisse dafür.[48] Die Inschrift stammt aus dem Circus von Trier, welchen der Panegyriker von 310[49] ohne Bedenken dem Circus Maximus von Rom gleichstellte. In seinen »Confessiones« erwähnt der heilige Augustinus einen

Bericht von Ponticianus,[50] der erzählt, er und drei seiner Kameraden des kaiserlichen Gefolges hätten einen Spaziergang in den Gärten nahe der Stadtmauer gemacht, »während der Kaiser am Nachmittag einer Vorstellung im Circus beiwohnte«. Im Jahr 440 schließlich beschwert sich Salvian[51] darüber, daß manche Bürger Triers vom Kaiser nichts anderes als Circusspiele verlangten.

Es muß also einen Circus in Trier gegeben haben. Trotzdem war es nicht leicht, seinen Standort festzustellen, vor allem, weil eine alte Überlieferung hartnäckig behauptete, daß in Trier Circusspiele im Amphitheater stattfanden! Die Mosaikkünstler stellten aber sehr häufig Wagenrennen dar, dazu nannten sie den Namen des siegreichen Lenkers und des Spitzenpferdes des siegreichen Gespanns. Zu diesen seit langem bekannten Mosaiken kam in jüngster Zeit noch jenes des Polydus dazu, eines siegreichen ›Wagenlenkers‹ und seines Gespanns, bei dem das Starpferd Compressor die Hauptrolle spielte.[52] Ein Grabmonument von Neumagen,[53] die trevirischen Kontorniaten und Terrakottalampen geben diese Wagenrennen sehr wirklichkeitstreu wieder, die nur in einem Circus von mindestens 500 m Länge stattgefunden haben können.

Im Jahre 1943 entschloß man sich, im Rahmen der allgemeinen Stadtverteidigung an einem ›Gartenfeld‹ genannten Ort Wasserbecken für die Feuerwehr auszuheben. Die Beobachter des Museums stellten zunächst nichts Interessantes fest, bis bei den Kanalisationsarbeiten ein 3,32 m breiter Kalksteinblock gefunden wurde, einer derer, wie sie im 3. Jahrhundert vor allem in den Fundamenten der Kaiserthermen verwendet worden waren. Man erinnerte sich damals daran, daß man bei der Anlage eines Wasserbeckens im Rahmen der Luftschutzvorkehrungen eine 20 cm hohe, aus feinem Kies zusammengesetzte Schicht gefunden hatte; man erinnerte sich ebenso, daß aus der unmittelbaren Umgebung der soeben erwähnte Sockel mit der Weihe-Inschrift für Constantius Chlorus stammte. Und schließlich wußte man einer hartnäckigen örtlichen Tradition zufolge, daß die Agritiusstraße dem nördlichen Halbkreis des Circus folgte. Seine Umrisse konnten nun endlich dank anderer Funde, die plötzlich Bedeutung gewannen, auf den antiken und modernen Stadtplänen ausgemacht werden.

Am 1. Mai 305 legten Diokletian und Maximian ihre kaiserlichen Funktionen nieder. Galerius wurde Augustus im Osten, Constantius Chlorus im Westen. Dieser starb im Jahre 306 in *Eburacum* (York), wo er sich mit seinem Sohn Konstantin getroffen hatte. Galerius ernannte Severus zum Augustus der *pars Occidentis*. Konstantin wurde zum Cäsar ernannt und ergriff in Gallien und Großbritannien die Macht. Trier wurde infolgedessen seine Hauptstadt. Konstantin wurde dort im Jahre 307 zum Augustus ausgerufen, zur selben Zeit wie der im Jahre 306 wieder zur Macht gelangte Maximian. Die Zusammenkunft von *Carnuntum* bei Wien (Österreich) zwang ihn, sich mit dem Titel Cäsar zufriedenzugeben, während Licinius zum Augustus des Orients ausgerufen wurde. Maximian kam im Jahre 309 um; im Jahre 312 errang Konstantin an den *Saxa Rubra* und an der Milvischen Brücke seinen Triumph über Maxentius...

Das Werk Konstantins

Im Lauf des Sommers 310 hielt ein Professor von Autun eine Lobrede in Trier, den *panegyricus* für Konstantin. Einige Stellen dieses Textes[54] betreffen direkt das Werk des Kaisers in unseren Provinzen.

»Sohn eines Kaisers, Sohn eines so bedeutenden Kaisers, selbst auf so schicksalhaft glückliche Weise zum Kaiser geworden *(feliciter adeptus imperium)*, wie hast du begonnen, diesen Staat zu schützen? Du hast einen gemeinen Haufen von Barbaren *(ignobilis barbarorum manus)*, die, wie ich glaube, durch einen plötzlichen Angriff und einen unvermuteten Raubzug den verheißungsvollen Anfang deines Aufstiegs auf die Probe stellen wollten, für ihre wahnwitzige Tat bestraft. Die fränkischen Könige, die während der Abwesenheit deines Vaters den Frieden gebrochen haben, hast du ohne Zögern mit einer qualvollen Hinrichtung bestraft. Du hast keine Bedenken gehabt, dir durch diese Tat ewigen Haß und unversöhnlichen Zorn zuzuziehen. Warum auch sollte ein Kaiser über die Folgen seines gerechten und strengen Vorgehens nachdenken, wenn diese Maßnahme zur konsequenten Verfolgung seiner politischen Ziele unerläßlich ist? Töricht ist die Milde, wenn sie die Feinde schont und nur der Sorge um die eigene Zukunft gilt, nicht aber wirklich verzeiht! Dich aber, Konstantin, sollen deine Feinde hassen, wenn sie nur vor dir zittern (... *dum perhorrescant!*). Das ist wahre Macht: sie lieben dich nicht und halten doch Frieden! Mag es vorsichtiger sein, Gnade walten zu lassen und die kriegführenden Feinde dadurch in Zaum zu halten, tapferer ist es aber, die Erzürnten mit Füßen zu treten. Du hast, mein Kaiser, das alte römische Selbstvertrauen wieder aufgerichtet, welches die gefangenen Führer der Feinde mit dem Tod bestrafte...«

Man wird kaum erwarten, daß ein Panegyriker in allen Einzelheiten die Wahrheit spricht; Lobhudeleien sind ebenso offensichtlich wie unvermeidbar. Es scheint aber dennoch, daß der Rhetor (wenn nicht vollständig verblendet durch die offizielle Darstellung der Tatsachen) Formulierungen gewagt hat, in den der Wermuttropfen der Kritik geschickt unter der Anhäufung dithyrambischen Lobes versteckt wird. Er beglückwünscht den Kaiser zu seinem Mut. Aber worin besteht dieser? In der herausfordernden Geste, welche die Gefahr heraufbeschwört, daß sich die fränkischen Schattenkönige in ihrem angestauten Zorn gegen ihn verbünden, weil sie nicht vergessen können, daß man sie wie jeder Beachtung unwürdige Barbaren behandelt hat. Politische Klugheit – der Panegyriker sagt das ganz deutlich – würde die einstmalige *clementia* erfordern, die ohne falsche Sentimentalität von Cäsar und Augustus zum Prinzip erhoben wurde. Kann sich Konstantin erlauben, sich verhaßt zu machen? Wird er bis zuletzt durchhalten können mit seinem stolzen Grundsatz: Sollen sie mich doch hassen, wenn sie mich nur fürchten?

Vorübergehend scheint die Haltung Konstantins beachtliche Ergebnisse erbracht zu haben:

»Auf diese Weise, mein Kaiser, hast du den Frieden gesichert, dessen wir uns erfreuen. Es schützen uns nicht die tiefen Wasser

des Rheins, sondern der Schrecken, den dein Name verbreitet. Der Rhein mag durch Hitze austrocknen oder im Eis erstarren, der Feind wird auch dann nicht wagen, diesen Fluß zu überqueren. Es gibt keinen unüberwindlichen, von der Natur geschaffenen Wall, den Tollkühnheit nicht durchbrechen könnte… Unbezwingbar aber ist die Mauer, die der Ruhm deiner Macht schuf. Die Franken wissen, daß sie den Rhein überschreiten können; du würdest sie ins selbstgewählte Verderben schicken, weder Sieg noch Gnade können sie erhoffen. Was sie erwartet, wissen sie; sie kennen die Qualen, die ihre Könige erduldeten. Deshalb ist es ganz ausgeschlossen, daß sie den Übergang über jenen Fluß planen, eher werden sie mutlos, wenn sie die begonnene Brücke sehen. Wo ist denn jetzt jener trotzige Mut? Wo die Unberechenbarkeit und Rastlosigkeit? Ihr wagt ja schon nicht einmal mehr, eure Wohnstätten in der Nähe des Rheins aufzuschlagen oder sorglos vom Wasser der Flüsse im Landesinneren zu trinken!
Hier aber dienen die in einigem Abstand voneinander angelegten Kastelle mehr als Zier denn als Schutz. Das einstens so gefahrvolle Ufer pflügen unbewaffnete Bauern, und unsere Herden gehen ins Wasser auf der ganzen Länge des zweiarmigen Flusses. Dieses, Konstantin, ist dein täglicher und ewiger Sieg …«

Unser Panegyriker ahnte vielleicht nicht, welch tiefe Wahrheiten er ausgesprochen hatte: die Befestigungen des Limes hatten die Germanen nie daran gehindert, ins linksrheinische Germanien vorzudringen. Deren Zweck war allerdings deshalb noch nicht rein dekorativ! Zu dieser Zeit scheint der Gedanke sich durchgesetzt zu haben, daß man niemanden daran hindern könne, den Rhein zu überschreiten. Man konnte aber versuchen, durch systematischen Terror davon abzuhalten. Furcht, Qual und Strafe verteidigen die Grenzen des Kaiserreiches! Das Werk des ›göttlichen Konstantin‹ sollte entsprechende Früchte tragen: Zum Schluß seiner Rede ergreift der Panegyriker von 310 die Gelegenheit, den Kaiser an die Zerstörungen, die die Stadt Autun erlitten hat, zu erinnern. Sie »erwartet die Hilfe deiner Majestät, damit in ihr ebenso (wie in Trier) die öffentlichen Gebäude und die prächtigsten Tempel dank

deines Großmuts wieder erbaut werden.« Er fährt fort, indem er
das beschwört, was er vor sich sieht:

> »Ich sehe ebenso diese vom Glück begünstigte Stadt *(fortuna-
> tissimam civitatem)*, deren Geburtstag durch deinen frommen
> Sinn heute gefeiert wird, wie sie wieder aufgerichtet wurde mit
> allen Mauern *(cunctis moenibus)*, so daß sie sich gewissermaßen
> über ihren einstigen Zusammenbruch freuen kann; denn dank
> deiner Wohltätigkeit ist sie heute noch größer: Ich sehe dort
> einen großen Circus *(circum maximum)*, dem römischen eben-
> bürtig, ich sehe Basiliken *(basilicas)*, ein Forum, wahrlich könig-
> liche Bauwerke und den Justizpalast *(sedem iustitiae)* in solcher
> Höhe sich erheben, daß sie den Sternen und dem Himmel würdig
> und benachbart zu sein scheinen.«

Wir haben vom Trierer Circus schon gesprochen; die im vor-
liegenden Text erwähnten Basiliken scheinen zu beiden Seiten des
Forums, zu dem sie gehörten, gelegen zu haben. Bei der *sedes
justitiae*, von deren Ausmaßen der Redner mit Erstaunen und Be-
wunderung spricht, handelte es sich nach Steinhausen möglicherweise um das am besten erhaltene Gebäude des antiken Trier, die
sogenannte ›Basilika‹ oder ›*aula palatina*‹, ohne daß darum die
Verwendung des Gebäudes als Sitz des kaiserlichen Hofes weniger
wahrscheinlich würde.[55] Der für Gerichtssitzungen sowie für große
Empfänge (bei denen der Kaiser in der 10,50 m tiefen – Durchmesser: 18,20 m – Apsis thronte) bestimmte Thronsaal war 56,30 m
lang und 27,20 m breit. Nach wechselvollem Schicksal im Lauf des
Mittelalters wurde diese Palastaula, die ein bischöfliches Palais und
eine Häusersiedlung usw. beherbergte, in ihrer antiken Gestalt
wiederhergestellt und dient heute der protestantischen Gemeinde
als Gotteshaus.
Es hat die lokalen Forscher fortwährend beschäftigt, daß kein antiker Autor jemals die Porta Nigra erwähnt hat. Sie war übrigens
nicht von Anfang an ›schwarz‹; erst durch die Witterungseinflüsse
erhielt sie die Farbe, der sie die Bezeichnung verdankt, unter der
wir sie kennen.

Als Stadttor hat sie in verschiedenen Teilen des Kaiserreichs viele
Parallelen; dennoch zeichnet sie sich durch ihren massiven Bau und
die riesigen Ausmaße aus, mit denen sie das Gelände und die gesamte
Umgebung der Nordseite der Stadt beherrschte. Sie ist nie vollendet worden und hat auch niemals Türflügel besessen; durch ein
einfaches Fallgatter wurde sie in das Verteidigungssystem der Stadt
miteinbezogen.[56] Die neueren Forschungen haben die Chronologie
des Monuments entscheidend verändert. Phantasievolle Datierungs-
versuche aus der napoleonischen Besatzungszeit verlegten ihre Errichtung in die vorrömische Zeit; die neue Beachtung, die man den
Treverern – welche man soeben ›entdeckt‹ hatte – widmete, war
Anlaß für solche Äußerungen. Gemeinhin galt der Satz, die Porta
Nigra müsse gleichzeitig mit den Stadtmauern entstanden sein;
von diesen glaubte man, sie stammten aus dem 4. Jahrhundert, wohingegen man nun das Ende des 2. Jahrhunderts als Entstehungs-
zeit annimmt. Es galt nur noch zu beweisen, daß die Porta ebenfalls aus dieser Zeit stammt; dies geschah mit Hilfe der Keramikfunde aus dem Bauschutt aus der Errichtungszeit; der Keramikbe-
fund aus der sogenannten ursprünglichen Bauschrottschicht ermöglichte eine – im ganzen unangefochtene – Datierung ans Ende
desselben 2. Jahrhunderts, dem wir das Entstehen der Festungsmauern verdanken.

Konstantin war entschlossen, aus verschiedenen Gründen weiterhin
die religiöse Entspannungspolitik zu verfolgen, um deren Fortsetzung Galerius noch auf seinem Sterbebett gebeten hatte. Diesem
Umstand ist das berühmte Toleranzedikt von 313 zuzuschreiben,
das die freie Ausübung der christlichen Religion gestattete. Das
trevirische Land, welches – wie wir bereits ausgeführt haben –
schon vorher aus den Maßnahmen der kaiserlichen Milde Vorteile
gezogen hatte, wurde nun zu einem der christlichsten Länder des
westlichen Provinzialbereichs. Der Kaiser berief Laktanz nach
Trier und bestimmte ihn zum Hauslehrer des Crispus. 316 verließ
Konstantin die Stadt, und Crispus wurde im Jahr 317 (mit 12 Jahren) Cäsar und theoretisch Herrscher von ganz Gallien mit Regierungssitz in Trier! Der Präfekt des gallischen Prätoriums übte in
seinem Namen die Macht aus und scheint einige Siege über die

rechtsrheinischen Germanen errungen zu haben. Auf den Münzen aus Trier erscheint die Aufschrift:
BEATA TRANQUILLITAS, Glück und Frieden...

»Beata tranquillitas«

Wie wir schon gesagt haben, soll einer hartnäckigen Legende zufolge Helena, die ehrwürdige Mutter von Konstantin, ihren Palast der Kirche von Trier vermacht haben. Die Ausgrabungen von Th. K. Kempf[57] (1945/46) haben Wandmalereien eines Saales aus der konstantinischen Zeit zutage gefördert, die neben andern Bildern eine Frau mit Plektrum darstellen, *putti* mit Chlamys, die ein Füllhorn halten, zwei andere, die sich um einen veilchenblauen Mantel streiten, wieder zwei andere, die ein Weihrauchfaß halten, und eine junge Frau, die eine Krone und ein Halsband mit großen schwarzen Perlen trägt und in der linken Hand ein Holzkästchen hat, dem sie Edelsteine entnimmt. Eine Frau mittleren Alters trägt ein rosa Gewand und ein Halsband, welches dem des eben beschriebenen Bildes sehr ähnlich ist. Beide tragen einen Nimbus; sie waren möglicherweise Mitglieder der kaiserlichen Familie.
Viel Unglück erfuhr diese Familie, als Crispus und Fausta umgebracht wurden. Die Gründe sind uns nicht bekannt, aber wir können sie unschwer erraten. Konstantin hatte im Jahre 324 Licinius besiegt, und Konstantinopel, das neue Rom, stellte seinen neuen Sieg zur Schau! Die Stadt wurde im Jahr 330 ›feierlich eingeweiht‹, zu einer Zeit also, in der im trevirischen Land tatsächlich Frieden herrschte; und Crispus bildete sich ein, diesen wiederhergestellt zu haben.
Dank der *laeti* wurde die Landwirtschaft wieder in Gang gebracht; viele kleinere und mittlere Besitzer verließen nach den Ereignissen von 275 und 276 ihr Vaterland. Man führte eine neue Grundbesitzverteilung durch, welche den Privatbesitz durch große Staatsdomänen ersetzte, die von *possessores* geleitet wurden, deren genauen Auftrag wir nicht kennen. Die, die im Lande ausgeharrt hatten, wurden für ihre Treue sehr schlecht belohnt. Wie *coloni* mußten sie sich in einer Art Knechtschaft unterwerfen und waren in den Dienst

der großen Domänenverwalter gestellt. Die *coloni*, die *laeti*, die ›*pagani*‹ aller Art wurden zum Militärdienst gezwungen als *limitanei* (Grenzverteidigungstruppen) – ein disparater Haufen, der für seinen Lebensunterhalt und für seine Verteidigung gleichermaßen selbst zu sorgen hatte.

Die *vici* umgaben sich mit Festungsmauern; es entstanden immer mehr *burgi*, kleine Festungen mit einem viereckigen Graben und einem Festungswall sowie einem Turm. An den überregionalen Straßen lagen *mansiones*, befestigte Etappenquartiere. Auf den großen Wegstrecken nach Belgien und Gallien wurden Beneficiarierstationen eingerichtet, deren Wiederentdeckung eine Zeitlang den Glauben an das Vorhandensein eines belgischen Limes aufkommen ließ.

337, im Todesjahr Konstantins, wurde Konstantin II. Augustus des westlichen Kaiserreiches. 340 starb er, und Constantius folgte ihm auf den Thron. Er fiel 350 dem Usurpator Magnentius zum Opfer.

Athanasius, ein glühender Verteidiger der Orthodoxie (gegen Arius), hielt sich mehrere Male in Trier auf, wo Konstantin ihn festsetzen ließ. Durch Konstantin II. wurde er befreit und ging nach Ägypten, kam aber in den Jahren 343 und 346 nach Trier zurück und setzte die Ächtung des Arianismus durch. Ihm ist es vermutlich zu verdanken, daß der im Orient schon sehr verbreitete Monachismus an den Moselufern bekannt wurde. Maximian unterstützte ihn dort nachdrücklich; sein Nachfolger im bischöflichen Amt war Paulinus. Um das Grab des heiligen Maximinus herum wurde später die mächtige Benediktiner-Abtei, die seinen Namen trägt, angelegt. Paulinus starb im Exil, seine sterbliche Hülle aber wurde aus dem Orient in einem Zedernholzsarg zurückgebracht, dessen Eisenbeschläge während der Ausgrabungen in der Paulinus-Basilika aufgefunden wurden. Wir haben allen Grund zur Annahme, daß der heilige Ambrosius, der Sohn des Präfekten des Prätoriums, in Trier geboren wurde, wo er auch seine Jugend verbrachte.

Für seinen Kampf gegen Magnentius suchte Constantius, der letzte Sohn Konstantins, Hilfe bei den Franken und Sachsen. Der Usurpator starb im Jahre 353 in Lyon, nachdem er einen Cäsar ernannt hatte, dem Trier seine Tore nicht öffnete. Köln fiel in die Hände der fränkischen Feinde, die in ihren verheerenden Feldzügen bis nach Gallien vordrangen. Constantius ernannte, als er im Orient residierte, seinen Vetter Julian zum Cäsar, den er an den Rhein entsandte, wo der Friede so schwer gefährdet war...

Die letzten Erschütterungen

Julian benötigte 5 Jahre, um die Germanen wieder über den Rhein zurückzutreiben. Obgleich Köln seit 356 wieder erobert wurde, scheint Trier dem Cäsar nicht genügend Sicherheit geboten zu haben; er ging nach Lutetia, der Stadt der Parisii, der er zum ersten Mal die Würde einer Hauptstadt verlieh. Die Garnison von Paris rief ihn 360 zum Kaiser aus. Julian beendete einige rheinische Feldzüge und folgte dann den Anordnungen von Constantius; er ging in den Osten und fand dort den Tod...

Im Jahr 364 wurde Valentinian Kaiser; wir haben bereits erwähnt, daß er die Wiederaufnahme des ›augusteischen‹ rechtsrheinischen Programms anstrebte, dessen ständige Vernachlässigung Ursprung aller Wirrnisse im Rheinland war. Der Feldzug des Jahres 368 wurde zur großen Aufgabe im Westreich: Die alemannischen Banden des Rando waren in Mainz eingedrungen (welches keine Garnison mehr hatte) und hatten die Stadt zur Plünderung freigegeben, während die Einwohner an einer christlichen Feier teilnahmen. Ein Eingreifen war nun dringend notwendig geworden. Es war ein Feldzug,[58] »der mit mehr Ernst als üblich geführt wurde« *(expeditio solitis gravior)*, weil er im Interesse der allgemeinen Sicherheit lag. Die Truppen wurden sorgfältig ›ausgerüstet‹ gegen einen Feind, der alle seine Kräfte mobilisierte und unaufhörlich verräterische Hinterhalte legen konnte; seinen Beteuerungen konnte man keinen Glauben schenken; er verhielt sich bald sklavisch unterwürfig, dann wieder hochmütig arrogant und gestattete den römischen Armeen keinen Augenblick, ihre Wachsamkeit zu lockern! Aus allen Richtungen ließ man Truppen herankommen und rüstete sie sorgfältig mit Waffen und Lebensmitteln aus. Während der schönen Jahreszeit gingen Valentinian und Gratian, sein Sohn und designierter Nachfolger, über den Main. Es waren keine Feinde zu sehen! Langsam ging der Kaiser voran, auf den Spuren zweier Späher; der Feind zog sich fortwährend zurück; die Soldaten zündeten die Ernte an; Valentinian rückte noch langsamer vor. Kurz vor *Solicinium* (Sülchen) machte er halt. Seine Aufklärer berichteten ihm, der Feind stünde in unmittelbarer Nähe; er kampiere auf einem Berg, den auf drei Seiten steile Abhänge verteidigten. Sebastian erhielt den Befehl, die vierte Seite abzuriegeln; Valentinian nahm den Helm ab, der ihn von fern her erkennbar machte, und versuchte vergeblich, den Durchbruch über die steilen Böschungen am Fuße des Plateaus zu erzwingen, wo die Germanen standen. Schließlich nahm dies ganze Heer das Plateau in einem wilden Gefecht ein. Die Fliehenden ließ Sebastian umbringen; ... die Soldaten kehrten in ihre Quartiere zurück, die Kaiser nach Trier.

Valentinian weiß, daß er noch keinen endgültigen Sieg errungen hat. Er läßt am Rhein von Rätien bis zum Ozean[59] Schanzen anlegen *(Rhenum magnis molibus communiebat)* und errichtet Festungswälle, Festungen und starke Kastelle, auch Türme mit kürzeren Zwischenräumen sowohl auf dem einen wie auf dem anderen Rheinufer *(etiam ultra flumen).* Die mit diesen Arbeiten beauftragten Soldaten werden durch Alemannen umgebracht; überall Raubzüge *(rabies latrociniorum);* immer mehr Hinterhalte; die Sachsen dringen in Gallien ein; Marcianus[60] erlaubt auf alemannischem Territorium keine römischen Aktionen; Valentinian beschließt, gegen ihn zu kämpfen. Der Feldzug wird durch das psychologische Propagandawerk vorbereitet, das Ausonius, der Ratgeber des Prinzen und Erzieher Gratians, überall verbreitet; seine literarische Form fand es in der »Mosella«. Das Unternehmen aber scheitert, weil zu viele Vorbedingungen nicht erfüllt worden sind und vielleicht vor allem wegen der Persönlichkeit des Kaisers. Seine Statue in Barletta zeigt Willensstärke, Energie und Mut; aber diese Eigenschaften verbinden sich mit Jähzorn, Ungestüm, Härte und der Verachtung eines Provinzialen anderen Provinzialen gegenüber. Die Auseinandersetzung mit den Burgundern ist in dieser Hinsicht aufschlußreich. Valentinian hatte verlangt, daß sie

ihm gegen die Alemannen des Marcianus beistünden. Sie waren
dazu gern bereit, weil sie mit den Alemannen schon seit jeher in
Auseinandersetzungen lebten. Valentinian kam aber nicht zum ver-
einbarten Treffen, woraufhin die Burgunder für ihre Rückkehr
freies Geleit verlangten. Valentinian wollte davon nichts hören. Sie
zogen sich zurück, glaubten sich hintergangen und waren entrüstet.
Theodosius aber vernichtete die entmutigten Alemannen selbst ohne
die Hilfe der Burgunder, allein durch die Mitteilung, Verstärkung
sei unterwegs ...

Valentinian brachte es niemals fertig, seine natürliche Wildheit zu
verbergen *(propalam ferus)*[61]. Gelegentlich gelang es ihm wohl, sein
ungestümes Temperament *(truces impetus)* zu zügeln; aber seine
guten Eigenschaften wurden immer mehr davon überlagert, bis
schließlich offen hervorbrach, was viele Leute dann mit ihrem Leben zu bezahlen hatten. Hätte er die Ratschläge seiner Umgebung
befolgt, wären alle (oder beinahe alle) Kleinkönige bereit gewesen,
mit Rom zu verhandeln ... zu Bedingungen, die Rom selbst hätte
festlegen können. Der Kaiser errang nun zwar einige schöne Er-
folge; bei vielen anderen Gelegenheiten aber zerstörte er sein eigenes Werk durch seine Unfähigkeit, sich zu beherrschen, bevor er
anderen Befehle erteilte. Wäre dem nicht so gewesen, hätte alles
ein wenig länger dauern und der Zusammenbruch noch einige Zeit
aufgeschoben werden können.

Valentinian residierte in Trier, das dadurch etwas von seinem alten
Glanz zurückerhielt. Die Kaiserthermen waren nicht vollendet.
Das riesige *frigidarium* wurde abgebrochen, die Palästra beträchtlich erweitert und von einer großen Zahl kleinerer Räume hinter
den Säulenhallen umgeben. Vielleicht wurde das Gebäude so in
eine Kaserne für die kaiserliche Garde umgewandelt.[62]

Die amerikanischen Bombenangriffe hatten das Viertel von Sankt
Irminen schwer getroffen; so konnte man (im Jahre 1949) die
horrea, in der Nähe der Mosel gelegene Speicheranlagen, auf einem
vor Überschwemmungen gesicherten Gelände ausmachen und unter-
suchen. Es waren zwei Hallen, die zusammen 70 m lang, 19 m breit
und 10 m hoch waren und in deren Mitte eine 12 m breite Lade-
straße verlief.[63] Auch hier hatte man behauene Blöcke in den Ge-

bäudeschichten wieder verwendet: Erinnerung an den einstigen Ruhm. Ehrwürdige Monumente wurden in die neuen militärischen Anlagen aufgenommen, die ebenso wirksam wie stabil waren, so, daß sie bis in unsere Zeit erhalten geblieben sind.

In gewissen Bereichen entfaltet sich das Wirtschaftsleben weiter: die »Notitia Dignitatum«, ein im 4. Jahrhundert abgefaßtes offizielles Jahrbuch, erwähnt für Trier einen Prokurator der kaiserlichen Webereien *(procurator rei privatae gynaeciorum)*, besonders spezialisierte Putzmacher-Ateliers (deren Arbeiter sich *barbaricarii* nennen), Schilde-Fabriken *(scutaria)* und Fabrikationsstätten für Wurfmaschinen *(balistaria)*. Zwischen Trier und Bitburg umgab ein mit Mörtel zusammengehaltenes Mauerwerk, welches 70 bis 80 cm breit und 2 m hoch war, auf 72 km Länge eine kaiserliche Domäne von 220 qkm. Der Boden bestand im wesentlichen aus Muschelkalk, und deshalb konnten darauf keine Bäume angepflanzt werden. Man hat vermutet, daß dort kaiserliche Gestüte lagen. Diese unterstanden andauernd militärischer Aufsicht. Mehrere vorgeschichtliche *oppida* der Umgebung wurden im 4. Jahrhundert wieder besetzt.

Im Süden dieser kaiserlichen Domäne befand sich die Villa von Welschbillig, deren Bauten auf das 2. Jahrhundert zurückgehen. Ihre großartige Erweiterung aber fand, wie durch Ausgrabungen[64] festgestellt wurde, im 3. und 4. Jahrhundert statt. Eine Brüstung umgab ein Becken von 58 mal 18 m. Im Abstand von 2 m waren in die Brüstung Kalksteine aus dem Gebiet von Metz eingelassen; sie trugen Hermen, deren Gesichter zum Wasser gewandt waren, das aus einer unversiegbaren Quelle kam. Eine mittlere Achse, eine Art *spina*, vermittelt die Vorstellung, daß Wasserspiele in diesem Becken stattfanden, wozu es in Mersch (Großherzogtum Luxemburg) ein Gegenstück gibt; der dortige Wasserteich war 75,60 mal 6,50 m groß. Die Hermen vom Becken der Villa von Welschbillig stellten Götter, griechische Philosophen, Gallier, Germanen und Asiaten dar. Sie zeigen den ›klassischen‹ Geschmack des 4. Jahrhunderts und auch, daß aus den Bildhauerwerkstätten noch qualitätvolle Werke geliefert wurden. Möglicherweise handelte es sich hier um die Villa des kaiserlichen Gestütsverwalters.

Während seiner Moselreise im Jahre 590 sah Fortunatus (der den König Childebert begleitete) die mächtigen Ruinen eines eindrucksvollen Bauwerks, etwa 5 km stromabwärts von Trier gelegen. Der moderne Flecken nennt sich Pfalzel, der Name leitet sich von einem *palatiolum* der späten römischen Zeit her. Das Hauptgebäude war 65 mal 55 m groß; man nahm zunächst an, daß es sich um einen Bau aus der merowingischen Zeit handele. Ausgrabungen im Jahre 1934 bewiesen, daß die Anlage kurz nach 350 errichtet worden ist. In dem Bau selbst wurde sehr viel Marmor verwendet (für den Bodenbelag ebenso wie für das Wanddekor). Erwähnenswert sind besonders schöne Mosaiken (mit Glaswürfeln) und Mauerverzierungen. Wahrscheinlich war das ›Schloß‹ von Pfalzel ein ›Landsitz‹ Valentinians I. und Gratians.[65]

Im Jahre 375 starb Valentinian an Herzversagen in der Gegend von Budapest. Gratian war 16 Jahre alt, als er Augustus des Westens wurde; sein Halbbruder Valentinian II. nahm denselben Titel für den Osten an. Wenn man der »Gratiarum Actio« (Dankesrede) glauben will, die Ausonius schrieb, als man ihm das Konsulat zugestand,[66] verwandelte Gratian das kaiserliche Palais aus einem ›Ort des Schreckens‹ zur Zeit Valentinians I. in einen angenehmen Ort, in dem man dem *otium cum dignitate* nachging. Ausonius blieb der Ratgeber des jungen Kaisers, der die Familie des Dichters mit Ehren überhäufte.

Am 23. Mai 376 veröffentlichte Gratian einen Erlaß,[67] worin er dem Präfekten der gallischen Prätur nahelegte, dafür zu sorgen, daß in allen Diözesen die Schulen der bedeutenden Städte den besten verfügbaren Rhetoren und Philologen *(rhetores et grammatici Atticae Romanaeque doctrinae)* anvertraut werden sollten; er setzte die Besoldung der Rhetoren auf 24 *annonae* (das heißt 24mal den jährlichen Sold eines Soldaten) und die der Philologen auf 12 *annonae* fest. Ausgenommen davon sollten die *nobiles professores*, die hochangesehenen Lehrer der Trierer Schulen, sein: der Rhetor dort sollte 30 *annonae*, der Lateinlehrer 20, der Griechischlehrer 12 bekommen.

Trier hatte seit dem 3. Jahrhundert eine ›Universität‹; die besondere Vergütung, die die Inhaber des Amtes bekamen, verrät – wie der ganze Erlaß von 376 – den Einfluß des Ausonius, und es zeigt sich, welche große Bedeutung den Lehrstuhlinhabern in Trier zukam. Durch einen Brief des Ausonius[68] wissen wir, daß einer dieser Lehrer Ursulus hieß. Dies ist ein typisch trevirischer Name: sein Träger dürfte aus Trier selbst gestammt haben. Beiläufig erwähnt Ausonius einen anderen Professor in Trier, Harmonius, der griechischer Herkunft gewesen und sich vor allem mit homerischen Studien beschäftigt zu haben scheint. Die Bibliothek der Universität aber wies große Lücken auf: Ausonius benutzt seine eigene Bibliothek, wenn er den Fragen seiner Freunde antworten will; im Jahr 395 bittet Protadius den Symmachus um eine Dokumentation über die Archäologie Galliens *(prisca monumenta Galliarum)*, und Symmachus rät ihm, Titus Livius und Cäsar zu lesen . . .

Schließlich ging Gratian nach Mailand, wo ihn die starke Persönlichkeit des heiligen Ambrosius in seinem Bekenntnis zum Christentum anscheinend bekräftigte. Offensichtlich war er vom christlichen Glauben mehr überzeugt als Valentinian I. In zwei bezeichnenden Taten drückt sich sein militantes Christentum aus: er weigerte sich, den Titel *pontifex maximus* zu tragen, und er entfernte den Altar der Victoria, das Symbol der großen ›heidnischen‹ Vergangenheit, der in der Kurie des römischen Forums aufgestellt war.

Im Jahre 378 wurde die Schlacht von Adrianopel zum Verhängnis für Valens und das Ostreich. Gratian ersetzte Valens durch Theodosius I., der sich in Konstantinopel halten konnte. 383 starb Gratian in Lyon, verlassen von seinen Soldaten, die alle zu Maximus, dem aus Großbritannien gekommenen Usurpator, übergelaufen waren. Er wurde von Theodosius und Justinus (der die Herrschaft im Namen Valentinians II. ausübte) als Kaiser anerkannt und wählte als Regierungssitz Trier. Während germanische Generale am Rhein kämpften, begann der Kaiser, getreu den Anweisungen des Theodosius, den Kampf gegen das Heidentum; die Heiligtümer vom Altbachtal wurden geplündert. Maximus mischte sich souverän in alle religiösen Angelegenheiten, und Martin von Tours mußte mehrere Male nach Trier kommen, um die autoritären Ausschreitungen des Kaisers zu mäßigen. Es bestand die Gefahr einer echten Verfolgung der Priscillianer. Maximus ließ auch wirklich einige

Priscillianer in Trier hinrichten, und das 386 dort einberufene Konzil mußte die Schuld des ›Häretikers‹ verkünden. Der heilige Ambrosius wurde nicht selbst vom Kaiser empfangen und mußte seine Sache vor dem ganzen kaiserlichen Konsistorium – vergeblich – verteidigen (er wollte die Rückkehr der sterblichen Hülle Gratians nach Italien erbitten). Maximus erlag dem ewigen Wunsch aller Provinzherrscher: er wollte über Italien herrschen. Er marschierte gegen Theodosius, wurde geschlagen und 388 in *Aquileia* getötet.

Trevirischer Epilog

Theodosius überließ zunächst den Westen (in Wirklichkeit die gallische Präfektur) Valentinian II., dessen leitender Minister und Truppenbefehlshaber der Stammesfürst Arbogast wurde. Gegen Ende des Jahres 391 fand man Valentinian II. in Vienne an der Rhône erhängt. War Arbogast daran beteiligt?[69] Der junge Kaiser war der letzte legitime Herrscher, den Trier aufgenommen hatte.
Von nun an gehörte das Rheinland und Trier den Germanen; J. Steinhausen erwähnt drei epigraphische Texte, die dies belegen: die Grabinschrift des Hariulf,[70] Sohnes des Hanhavaldus, der ein hoher Würdenträger im Dienst des Fürsten *(protector domesticus)* gewesen war; der Fürst selbst *(regalis gentis Burgundionum)* hatte 20 Jahre, 9 Monate und 9 Tage gelebt. Sein Onkel Reutilo widmete ihm diese Grabinschrift.
Ebenfalls germanischer Herkunft sind Flavius Gabso, auch er *protector domesticus*, was ebenfalls durch eine Inschrift in Trier, die 1818 in Sankt Maximinus[71] entdeckt wurde, belegt ist. Das *cognomen* ist germanisch, der Gentilname römisch: die *protectores domestici*, seit Constantius II. (337–361) größtenteils Germanen, waren *perfectissimi* oder *clarissimi*; als die *scholae palatinae* das Leibgardekorps des Kaisers wurden, bekleideten sie verschiedene hohe Verwaltungsaufgaben und kümmerten sich besonders um die Bildung der oberen Kader der Armee und Verwaltung.
Schließlich kennen wir durch die »Gesta Trevirorum«[72] den wesentlichen Inhalt einer metrisch verfaßten Grabinschrift vom Ende des

4. Jahrhunderts. Ein auf dem Schlachtfeld gefallener Orientale erklärt dort, er wolle seine letzte Ruhestätte auf der Burg des Mars
(in arce Martis) erhalten; das ist nicht in Konstantinopel, sondern
in Trier, in der *Belgica Roma* – die Götter mögen es beschützen –,
der nichts gleichkommen kann außer Rom selbst. Dies ist die letzte
pathetische Beschwörung Triers an der Schwelle zum 5. Jahrhundert. Dann wird Salvian seine Freude daran haben, den Zusammenbruch des Römischen Kaiserreiches zu erleben: »Symbol der
luxuriösen Perversität (!), fühlbarer Beweis der göttlichen Ra-
che (!), die feierlich das neue Zeitalter eröffnet...«[73]

ARGENTORATE[74]

Die Niederlage des Ariovist

Während des ersten *concilium totius Galliae* (der Generalstände
der gallischen Stämme) im Jahre 58 v. Chr.

»...kamen dieselben Fürsten, die schon vorher bei Cäsar gewesen
waren, noch einmal zu ihm und baten ihn um eine Unterredung
ohne Zeugen und ganz im geheimen: Sie hätten mit ihm über ihr
eigenes und das allgemeine Wohl zu reden. Cäsar gewährte ihnen
ihre Bitte. Da warfen sie sich ihm alle unter Tränen zu Füßen...
Dann führte in ihrem Namen der Häduer Diviciacus folgendes
aus: In ganz Gallien gebe es zwei Parteien. Die Führung der
einen hätten die Häduer, die der anderen die Arverner. Viele
Jahre lang hätten sie sich um die Vormachtstellung gestritten,
und schließlich sei es dahin gekommen, daß die Arverner und
Sequaner Germanen als Söldner gedungen hätten. Zunächst hätten etwa 15 000 den Rhein überschritten. Nachdem aber die wilden und barbarischen Gesellen *(homines feri ac barbari)* an dem
Boden, der Lebensweise und dem Wohlstand der Gallier Geschmack gefunden hätten, seien noch mehr über den Rhein her-
übergekommen, und jetzt befänden sich an die 120 000 Germanen in Gallien. Die Häduer und ihre Klienten hätten zu wiederholten Malen mit ihnen gekämpft, seien aber immer wieder ge-

schlagen worden; sie hätten eine schlimme Niederlage erlitten und dabei ihren gesamten Adel, ihren gesamten Rat und ihre gesamte Ritterschaft eingebüßt... Den Sequanern aber sei es trotz ihres Sieges noch schlechter ergangen als den besiegten Häduern; denn der Germanenkönig *(rex Germanorum)* Ariovist habe sich in ihrem Lande festgesetzt und ein Drittel ihres Bodens, des besten von ganz Gallien, in Besitz genommen; und jetzt verlange er von ihnen auch noch die Räumung des zweiten Drittels, weil vor wenigen Monaten 24 000 Haruden zu ihm gestoßen seien, denen er Siedlungsland anweisen müsse. Binnen weniger Jahre würden sie alle aus Gallien vertrieben werden und die Germanen samt und sonders über den Rhein herüberkommen; denn weder lasse sich der gallische Boden mit dem germanischen vergleichen noch die Lebensweise hier mit der dort.«[75]

Diviciacus war ein Freund Ciceros und hatte diesen über das Leben in Gallien und über die Götter der Gallier unterrichtet. Er lieferte Cäsar einen ausgezeichneten Grund, um sich mit Ariovist ›näher zu befassen‹. Auch der Zyniker Cäsar brauchte als Prokonsul gegenüber der herrschenden Meinung in Rom eine plausible Rechtfertigung für sein Eroberungsprogramm, das in jedem Fall auf die Unterwerfung ganz Galliens ausgerichtet war. Mag die Rede des Diviciacus nachträglich neu gefaßt oder wirklich so in Cäsars Sinn vorgetragen worden sein – zwei wichtige Fakten ergeben sich aus dem Bild, das der Häduerfürst in groben Umrissen entwirft: vor langer Zeit haben sich die Germanen diesseits des Rheins angesiedelt; in jüngster Zeit haben sie Verstärkungen erhalten, und diese, von denen man gesagt hat, sie hätten sie zu Hilfe gerufen, haben alle Aussichten, durch diese lästigen ›Freunde‹ unterdrückt zu werden. Diviciacus ›nimmt darauf Bezug‹, wenn er hinzufügt, daß ganz Gallien binnen kurzer Zeit vom Untergang bedroht ist. Zweimal weist er auf die ökonomischen Gesichtspunkte hin, die für das weitere Vorrücken der Germanen ausschlaggebend waren: der Reichtum der gallischen Erde ist es, der sie anzieht, die Lebensweise und der Wohlstand, ... den man ihnen abspricht, wenn man sie wild und barbarisch nennt!

In allen Einzelheiten hat man dargelegt, mit welch psychologischem Geschick Cäsar in seinen »Kommentarien« bei der Behandlung des Germanenproblems in Ostgallien vorgeht.[76] Als Vorwand für eine militärische Operation braucht der Eroberer drei verschiedene Motive: Zunächst einen Hilferuf der Einheimischen, ferner die Garantie der wirtschaftlichen Rentabilität und schließlich das Motiv der die Provinz bedrohenden Gefahr. Alle diese Motive liefert Diviciacus dem Cäsar. Die ganze Sache ist geheimnisumwittert; hinsichtlich des Ariovist, des ›Freundes‹ des römischen Volkes, muß Cäsar nach außen hin die berühmte *clementia* walten lassen, die immer nur ein politisches Mittel unter anderen gewesen ist, welche der römische Eroberer mit großem Raffinement einzusetzen verstand. Außer den allgemeinen, von dem willfährigen Diviciacus aufgezählten Gründen bedurfte es unmittelbarer schwerwiegender Fakten; die entweder (was sehr unwahrscheinlich war) die Unterwerfung des Ariovist erforderlich gemacht oder einen Bruch herbeigeführt hätten; dieser hätte Cäsar die Gelegenheit einer ›legitimen Verteidigung‹ der ›Interessen Roms‹ geliefert. Die ›Eskalation‹ begann sofort.

»Cäsar hielt es daher für richtig, Ariovist durch Gesandte aufzufordern, er möge in der Mitte zwischen ihnen beiden einen Platz für eine Unterredung bestimmen; er wolle mit ihm über eine politische Angelegenheit und über für beide höchst wichtige Fragen verhandeln. Ariovist antwortete der Gesandtschaft folgendes: Wenn er etwas von Cäsar wolle, so wäre er zu ihm gekommen; falls aber Cäsar etwas von ihm wünsche, so müsse er zu ihm kommen. Außerdem wage er sich nicht ohne ein Heer in die Teile Galliens, die in Cäsars Händen seien; ein Heer aber könne er jetzt nur unter großen Zufuhrschwierigkeiten an einem Punkte zusammenziehen. Übrigens müsse er sich wundern, was Cäsar oder das römische Volk überhaupt in seinem Gallien *(in sua Gallia)*, das er in ehrlichem Kampfe bezwungen, zu suchen habe.«[77]

Hätte sich Ariovist selbst nach seinem Sieg über die Häduer, die Herren Ostgalliens, so wenig diplomatisch, so rücksichtslos und so arrogant benommen? Vermutlich ist dieser uns von Cäsar überlieferte Text (in mehr und mehr indirekter Sprache) eine jener ›Emser Depeschen‹, die geeignet sind, einen *casus belli* zu schaffen. Auch ist Cäsars Antwort keine Einladung mehr zu einem ›freundschaftlichen‹ Treffen, sondern ein Ultimatum:

> »So möge er denn wissen, welches seine Forderungen an ihn seien. Erstens solle er keine weitere Menschenmenge über den Rhein nach Gallien bringen; zweitens solle er den Häduern ihre Geiseln zurückgeben und den Sequanern gestatten, mit seinem Einverständnis ihre Geiseln gleichfalls jenen zurückzugeben, und schließlich solle er die Häduer nicht durch Gewalttätigkeiten reizen und weder sie noch ihre Verbündeten angreifen. Erfülle er diese Forderungen, so werde er mit ihm und dem römischen Volke dauernd in Frieden und Freundschaft leben; andernfalls werde er das den Häduern angetane Unrecht nicht ungeahndet lassen. Sei doch nach einem Senatsbeschluß aus dem Konsulatsjahr des Marcus Messala und Marcus Piso (61 v. Chr.) der jeweilige Statthalter der Provinz Gallien verpflichtet, die Häduer und die übrigen Freunde des römischen Volkes zu schützen, soweit er das ohne Gefährdung des Staatswohles tun könne.«[78]

Ariovist nimmt Roms eigene Gewohnheiten als Vorwand, weist jede Intervention Cäsars zurück und erklärt sich bereit, sich mit den Römern zu messen. Cäsar zögert sichtlich. Ariovist hat seine Absichten durchschaut und begriffen, daß er keine andere Chance hat, als die Römer auf dem Schlachtfeld zu besiegen. Er überläßt also Cäsar die Initiative. Zwei Gesandtschaften finden sich zur selben Zeit ein: die Häduer beklagen sich über die von den Haruden angerichteten Verwüstungen, die Treverer bringen die Kunde, daß andere Germanen sich am Rhein vereinigen und sich anschicken, ihn zu überschreiten.[79] Diese beiden Botschaften lieferten Cäsar den Vorwand der unbedingten Dringlichkeit: »er zog in Eilmärschen Ariovist entgegen«.

Cäsar nimmt zuerst Besançon ein, wozu keine dringende Notwendigkeit bestand, da ja Ariovist noch weit weg war und es keinen

Anhaltspunkt dafür gab, daß sich dieser dort verbarrikadieren wollte. Cäsar treibt seine Soldaten an, die sich vor den Germanen fürchten; eine Zusammenkunft zwischen Ariovist und Cäsar wendet sich so offensichtlich zum moralischen Vorteil des ersteren, daß es unbedingt eines Zwischenfalls bedarf, um die Situation (in römischer Sicht natürlich) zu retten. Cäsar versucht die Gemüter zu beruhigen, ... um jedermann noch mehr aufzubringen. Bald entstehen von selbst die Scharmützel, aber Ariovist weigert sich, seine gesamten Streitkräfte einzusetzen; erst als Cäsar sich anschickt, ihn einzukreisen, liefert er eine Schlacht. Er selbst geht unversehrt aus ihr hervor und wird in einem kleinen Schiff den Rhein überqueren. Cäsar ist Herr des Elsaß. Er wird es nur ein einziges Mal noch erwähnen,[80] im Rahmen einiger geographischer Angaben, wobei er die Sequaner, die Triboker und die Treverer erwähnt, durch deren Gebiete der Rhein fließt und sich dann zu jenen noch geheimnisvollen Inseln seiner vielen Mündungen ergießt.

Zur Zeit des Augustus

Wie schon erwähnt, wurde das Programm der römischen Besetzung Germaniens mit einer systematischen Organisation der großen Zugangszonen zum Rheinland in Angriff genommen. Selbstverständlich gehörte das Elsaß zu diesem Programm. In den Rahmen der von Cäsar hierfür eingeleiteten Vorbereitungsmaßnahmen gehört die Ansiedlung der Triboker, die mit Ariovist aus dem rechtsrheinischen Germanien ins Elsaß eingedrungen waren. Nördlich des späteren Straßburg entstand so jene *Civitas Tribocorum*, deren Bestehen zwar längst bekannt war, deren Hauptstadt *Brocomagus*-Brumath aber erst seit 1973 freigelegt und entsprechend untersucht werden konnte. Wie mehrere andere bedeutende Orte der *Alsatia Romana* wurde *Brocomagus* – der ›Markt des Brocos‹ – an einer verkehrsgünstigen Stelle erbaut: in west-östlicher Richtung, durch das Tal der Zorn, führt eine Verkehrsachse vom Col de Saverne zum Rhein, wo sie die Rheintalachse (auf überschwemmungsfreiem Gebiet) kreuzt. Auf fruchtbarem Ackerland hatten sich hier schon neolithische Ackerbauern angesiedelt; über 60 protohistorische

Grabhügel bezeugen die Kontinuität hinab bis zur frührömischen Zeit.

Die Römerstadt *Brocomagus* wurde geometrisch angelegt an der Straße, die von Besançon nach Mainz führt; Spuren einer römischen Gesamtkatastrierung wurden um die Stadt herum festgestellt; das Bett der Zorn gab die geometrische Grundorientierung ab. Außer Wohnblöcken *(insulae)* wurden Badeanlagen, Straßen und Gräberfelder freigelegt.

In Straßburg selbst haben die Archäologen auf der Lehmbodenterrasse, auf der heute das Münster steht, Gräben, Pfahlschichten, Waffen und Tonscherben im Innern eines Rechtecks von 350 mal 150 m (60 ha Oberfläche) entdeckt. Diese Fläche ist zu klein, um eine Legion aufzunehmen, aber sie konnte sehr wohl als Unterkunft für eine *ala* der Reiterei dienen. Auf Grund eines (dem Luketios gewidmeten) Altars aus Saint-Pierre-le-Jeune[81] wissen wir, daß es sich um die *ala Petriana Treverorum* handelte, zu der auch Fittio, der Sohn des Condollus, gehörte. Die in einiger Entfernung davon in Richtung Königshoffen gelegenen Gräber gehörten sicher diesen trevirischen Rittern. Der Altar für Mars-Luketios befand sich in unmittelbarer Nähe eines *quadrivium*, einer Straßenkreuzung von vier Straßen, die nach Zabern führten (und von da nach Paris oder nach Metz und Trier) sowie nach Seltz und Mainz.

21 km südlich von Seltz liegt das Dorf Drusenheim, dessen Name an den des Drusus erinnert; die Entfernung (24 km von Straßburg) entspricht der, die alle *castella Drusiana* des Mittel- und Niederrheins aufweisen: 23 km von Wörringen nach Köln, 25 von Bonn nach Köln, 20 von Bonn nach Remagen, 20 von Remagen nach Andernach. Aus Drusenheim stammt der schöne Helm eines römischen Legionärs (der IV. Legion); diese Legion belegt die Anwesenheit der römischen Armee im 1. Jahrhundert unserer Zeitrechnung. Andere *castella* liegen in der Umgebung von Banzenheim (20 km südlich von Breisach), bei Markolsheim (16 km nördlich von Breisach) und Rhinau (20 km von Markolsheim).

Nach der Katastrophe im Teutoburger Wald wurde Straßburg Legionslager. An der Stelle des Lagers der trevirischen *ala* errichtete man ein umfangreiches, dreimal größeres rechteckiges Lager, welches die *legio II Augusta*, die im Jahre 9 oder 10, spätestens aber im Jahre 12 unserer Zeitrechnung aus Spanien gekommen war, aufnehmen sollte. Zu dieser Zeit gehörten Straßburg und die Gebiete der Triboker, Nemeter und Vangionen zu der *Provincia Belgica*, aber das Heer nennt sich schon *exercitus Germanicus superior*, also obergermanische Armee, entsprechend der unrichtigen geographischen Bezeichnung, die die Römer für die am Rhein liegenden Länder gebrauchten.

Die II. Legion ist für Straßburg durch einen Ziegel belegt, in den man, bevor er gebrannt wurde, eingraviert hat:

LEC II

Entlang der Straße nach Basel erinnern mehrere Kalksteinstelen an die Soldaten dieser ersten der ›Straßburger‹ Legionen. Die schönste dieser Stelen ist sicher die des Tribunen Largennius.[82] Caius Largennius, Soldat der II. Legion, gehörte zur *centuria Scaeva*, war 38 Jahre alt (davon 18 Jahre im aktiven Dienst) und ist dargestellt in einer von Pilastern umgebenen Nische, die von kleinen Säulen gekrönt wird. In den beiden Feldern zwischen den kleinen Säulen und dem gewölbten Teil der Nischen sind zwei stilisierte Blumen zu sehen unter einem dreieckigen Giebel, wo eine vierblättrige Blume auf zwei stilisierten Ästen aufliegt. Die Tafeln rechts und links nehmen das schon beschriebene Blumenmotiv wieder auf und zeigen außerdem noch zwei nach außen gewendete Palmetten, die einen Blattstielwinkel bilden.

Der Verstorbene selbst, nach der Mode der Zeit bartlos, trägt eine Tunika mit kurzen Ärmeln und einen Mantel mit Kapuze. An der Taille erkennt man zwei Gehenke, die mit einfachen Schnallen zusammengehalten werden. Das eine trägt rechts das Schwert, das andere den Dolch links. In der linken Hand hat Largennius das Pergament, das den Nachweis seiner römischen Bürgerschaft darstellte. Die rechte Hand hält eine Falte des über die Tunika geworfenen Mantels. Der Bauch ist mit gewöhnlichen, mit Blei gefüllten Lederriemen bedeckt. Der Verstorbene ist nur bis zur Gürtellinie dargestellt, die Bauchriemen reichen aus dem ›Bildnis‹ heraus, hin zur sorgfältig ausgeführten Grabinschrift, deren Leitlinien im Innern noch gut sichtbar geblieben sind.

Titus Julius, ebenfalls ein Soldat der II. Legion, aus der Zenturie des Bienus,[83] gibt sich demgegenüber mit einer weniger gepflegten Grabschrift zufrieden. Aber auch seine Stele hat einen dreieckigen Stirngiebel mit Rosetten, der wiederum von Rosetten und Palmetten eingerahmt ist.

Die Stele des Tiberius Babuleius Garrulus[84] weist die Besonderheit auf, daß sie zwei zusammenhängende Felder besitzt, wobei die linke die Gedenkschrift des Garrulus trägt, die rechte die seines Vaters Tiberius Babuleius, seiner Mutter Pupa und seiner Schwester Prisca. Garrulus war 35 Jahre alt und hatte in derselben Zenturie des Scaeva gedient wie Caius Largennius.

Das Legionslager war aus Holz und Erde erbaut; der Rheinkiesel diente häufig zur Aufschüttung der verschiedenen Schichten, die den Vorteil hatten, sowohl fest zu sein als auch das Abfließen des Wassers zu ermöglichen. Die Wasserarme der Ill umgaben das Lager; zugleich sicherte ein Kanalisationssystem in dreieckigem Schnitt die Trockenlegung des Geländes, wodurch dieses leichter verteidigt werden konnte. Hinter den Gräben lag ein Erdwall, der nach außen hin mit Pfahlwerk und Planken versehen war. Er diente als Schutz der *insulae* (der Viertel), die im Innern durch die Straßen abgegrenzt wurden. An der Straße nach Königshoffen lagen die *canabae*, die durch Münzfunde und Tonscherben bezeugt sind.

Die IV. und VIII. Legion

Zwischen 39 und 43 (eher in den Jahren 42 und 43) verläßt die *legio IV Macedonica* ihre spanischen Quartiere, um sich nach Mainz zu begeben; die *II Augusta* war nach England gegangen, die IV. Legion scheint einige Zeit in Straßburg festgehalten worden zu sein, wo sie vielleicht eine *vexillatio* hinterließ, um das Hinterland zu sichern und einige wichtige Arbeiten auszuführen. Ein mit LEC IIII MAC gestempelter Ziegel, der im Jahre 1865 in Königshoffen entdeckt wurde, ist hierfür erstes Zeugnis. Der IV. Legion verdanken wir wahrscheinlich die Einrichtung der Militärziegelei in Rheinzabern; und es ist nicht ausgeschlossen, daß die Legion versucht hat, eine ähnliche Produktion in der Umgebung des Lagers von *Argentorate* aufzubauen.

Zu dieser IV. Legion gehört der Helm von Drusenheim, den wir schon erwähnt haben. Dort sind mit kleinen Punkten die Namen der Soldaten eingraviert, die ihn der Reihe nach getragen haben; davor der Name der Zenturien, denen sie zugewiesen waren: Marcus von der Zenturie des Murra; M. Julius Celer von der des Florus; Aper von der Zenturie des Flavius; M. Julius von der des Florus. Man wird mit Forrer[85] annehmen, daß eine Abteilung der in Mainz liegenden Legion in Drusenheim stationiert war, deren *castellum* aus den allerletzten Jahren des 1. Jahrhunderts v. Chr. stammen könnte.

In den Jahren 70 oder 71 kommt die *VIII legio Augusta* nach Straßburg, dessen antiker Name *Argentorate* zum ersten Mal auf dem Meilenstein von Offenburg[86] erscheint. Von 73/74 an war Straßburg nicht mehr unmittelbar Grenzzone, aber Hauptort einer Zugangszone zu den rechtsrheinischen Regionen, die Rom soeben erobert hatte. Näher am Rhein als Trier, hatte es dennoch denselben Auftrag, nämlich den Frieden des Hinterlandes zu gewährleisten, die Ankunft der Verstärkungen zu sichern und die Romanisierung der angrenzenden Zonen zu betreiben. Die VIII. Legion wurde hierzu während mehrerer Jahrhunderte eingesetzt.

Zunächst mußte die Instandsetzung des bereits bestehenden Straßensystems organisiert und das zweitrangige Straßensystem weiter ausgebaut werden. Zu diesem Zweck baute die Legion den rosafarbenen Sandstein der Steinbrüche von Champagnermühl bei Rheinhardtsmünster ab, wo sich *in situ* die Inschrift[87] befindet:

OFFICINA LEC VIII AVG

Die große Legionsziegelei befand sich in Eckbolsheim. Gräber, die man in der Umgebung entdeckte, wurden aus Fehlbränden zusammengebaut. Die Stempel der Ziegeleien ändern sich im Lauf der Jahre ständig: LEG. VIII. AVG; LEGIONE VIII AVG; LEGIO VIII; LOACCPF (*Legio Octava Augusta Constans Commoda Pia*

Fidelis, zwischen 185 und 192); LEG VII ANT (*Legio Octava Antoniniana*, von 211 bis 217); sie nannte sich zur Zeit des Septimius Severus *Severiana* und *Alexandriana* zur Zeit des Severus Alexander.

Einige Ziegel mit den Zeichen C.ARG und AR.FE enthalten wahrscheinlich den Namen Straßburg in abgekürzter Form.[88] Produkte mit dem Siegel der Militärziegeleien wurden außerhalb Straßburgs in der Meinau, in Kronenbourg, in Brumath, in Achenheim, in Niedernai, Marlenheim, Bischofsheim, Niederbronn, Ehl und Horbourg gefunden. Gewisse unterschiedliche Röhrensysteme aus Ton wurden importiert, ein Beweis dafür ist eine in Straßburg gefundene Wärmeleitung mit dem Zeichen:

LEG XXII PR PF,

die von der *XXII legio Primigenia* in ihrer Ziegelei in Nied produziert wurde. Ebenso hat sich die VIII. Legion zweifellos auf die Verlegung der Wasserleitungsrohre beschränkt, die das Wasser von Kuttolsheim nach Straßburg führten: es gibt Reste von Ziegeln, die ihren Namen tragen, entlang der Leitung selbst, deren einzelne Teile nicht gestempelt wurden.[89] Die Quellen, die für die Wasserherbeiführung sorgten, befanden sich in Kuttolsheim; die doppelte Wasserleitung, geschützt durch dachförmig angebrachte breite Ziegel, ging über Quatzenheim, den Stinusberg, Hausbergen und Kronenbourg. Bleiröhren mit der Inschrift LEC. VIII wurden in Ehl gefunden, wo man auch im Jahre 1869 eine hydraulische Saug- und Druckpumpe entdeckte.[90] Die zutage geförderten Reste haben eine Wiederherstellung des Apparats ermöglicht, dessen Original sich im ›Musée des Antiquités nationales‹ in Saint-Germain-en-Laye befindet.

Straßburg besaß zahlreiche, teilweise gemauerte Brunnen; im allgemeinen hatten diese jedoch eine Holzverschalung, für die dicke Fässer verwendet wurden, aus denen man die Böden entfernt hatte. Unter einem großen Pfeiler des Straßburger Münsters in 8,25 m Tiefe hat man ein solches Faß gefunden; es war 1,94 m hoch und wies einen Durchmesser von 80 cm an seiner Öffnung und ungefähr 87 cm Bauchweite auf.

Im Lauf der Jahrhunderte, die sie in Straßburg lag, scheint die VIII. Legion manche Vexillationen für verschiedene militärische Unternehmen gestellt zu haben, was auch die Fundorte der sie betreffenden Zeugnisse erklärt. Sie liegen nämlich nicht nur am Rhein und Main (besonders in Mainz,[91] Niederbieber,[92] Osterburken,[93] Heddernheim,[94] Stockstadt,[95] Olnhausen,[96] Cannstatt,[97] Heidelberg,[98] Vinxtbach,[99] Trier,[100] Zugmantel,[101] Ems[102] und Böckingen[103]), sondern auch in Tarquinia, Nola, Rom, auf dem Balkan, in Genf, in Aix-en-Provence, Nîmes und Antibes, in Lyon, Til-Châtel, Norroy, in Lambèse, Tarragona und Aquileia, in Chester, am Tyne, in Brougham Castle, in Sens, Mailand, Urbino, Sofia, Sarajewo, in Syrien, in Utika, Rieti, Arlon, Hierapolis und Saloniki ... Diese ›weltweite‹ Verteilung der die VIII. Legion betreffenden Zeugnisse scheint zunächst nur zu beweisen, daß die ihr angehörigen Leute als vertrauenswürdig, tapfer und zuverlässig galten; dann aber auch zeigen sie, daß das Elsaß – genau wie das Land Trier – eine friedliche Gegend war, aus der man ruhig einige Truppen abziehen konnte, ohne Unruhe und Aufstand befürchten zu müssen.

Die elsässischen Befestigungsanlagen im Spätrömischen Reich

Im Gegensatz zu Trier, welches durch die waldigen Hochebenen des Hunsrück und der Eifel und das gewundene, tiefe Moseltal geschützt wurde, lag Straßburg im unmittelbaren Frontabschnitt, wenn die rechtsrheinischen Gebiete in die Hände der Feinde fielen.

Vom Ende des 1. Jahrhunderts an erhielt Straßburg deshalb eine Steinmauer. Auf einer teilweise aus dem Basalt des Kaiserstuhls hergestellten mörtelhaltigen Schicht errichtete man eine Steinmauer, die aus waagrecht verlaufenden Backsteinreihen[104] bestand, welche den Stempel der VIII. Legion trugen. Diese Mauer war oben durchschnittlich 0,90 m breit, an der Basis dagegen 1,10 bis 1,30 m; das genügte natürlich nicht mehr, als sich die ›Barbaren‹ wirksamer Kriegsmaschinen bedienten: im 4. Jahrhundert errichtete man eine

neue Mauer (die ›Jüngere Mauer‹) 2,50 mal 2,60 m breit, die an die
erste Mauer (die ›Ältere Mauer‹) angelehnt wurde, so daß die
Mauer insgesamt 3,40 bis 3,60 m dick war. Das Innere bestand aus
einem sonst unüblichen Mauerverband der unterschiedlichsten Zusammensetzung ohne Backsteinreihen. Ebenso wurden in der
Grundschicht verschiedene Materialien wieder verwendet, die aus
Bauten außerhalb des Lagers stammten. Diese Mauer des Spätrömischen Reiches besaß 4 Ecktürme, 19 Mitteltürme auf der Nordseite, 11 oder 12 im Osten und wenigstens 5 im Süden entlang der
Ill. Diese halbkreisförmigen, in die Mauer der spätrömischen Zeit
eingelassenen Türme, deren abgerundeter Teil herausragte, waren
mit dieser durch zwei Balkengerüste, die mit langen hölzernen Bolzen fest verankert wurden, solide verbunden. Dieses Balkenwerk
war mit dem kompakten Mörtel der Grundschichten der Türme
verbunden, wodurch sie zusätzlich gegen die Einschläge der Sturm-
böcke der angreifenden Feinde gesichert wurden.[105]
Während das Lager der VIII. Legion 530 mal 375 m maß, war das
im 4. Jahrhundert erbaute Lager von Horbourg nur 170 mal 170 m
groß. In der Mitte jeder Seite gab es ursprünglich eine Tür. Drei
dieser Türen wurden in der römischen Zeit zugemauert; an den
Ecken standen 4 Türme mit je 6 m Durchmesser (die Türme der aus
der spätrömischen Zeit stammenden Mauer in Straßburg hatten
einen Durchmesser von 20 m). Vervollständigt wurde die Anlage
durch einen Mittelturm auf jeder Seite. Unter der Erde war die
Mauer 4 m dick, oben 2,25 m. Von diesem *castrum* stammt die Inschrift, die Quintus Licinius[106] dem Apollo-Grannus Mogounus
weihte und die des Celturo, des Sohnes des Indutus,[107] für das kaiserliche Haus und die *dea Victoria* zum Heil der Bürger *(vicani)*,
die um das kleine Lager herum angesiedelt waren. Dieses scheint
von der VIII. Legion eingeweiht worden zu sein, deren gestempelte
Ziegel man gefunden hat. Danach wurde es einem Sonderkom-
mando der I *Martia* zugeteilt, die bei Egisheim und gegenüber von
Basel belegt ist. Zahlreiche Funde aus der Friedenszeit, einer Zeit
des Wohlstandes für das Elsaß, abseits der Grenzen, lassen vermuten, daß die militärische Besetzung des Ortes abgezogen wurde.
Wahrscheinlich hat Valentinian I. die Horbourg wieder gesichert

und sie im Jahre 369 während seiner Reise von *Mattiacum* (Wiesbaden) nach Breisach über *Alta Ripa* (Altrip) besichtigt.

Im Juli 374 unterzeichnet der Kaiser einen Erlaß in *Robore prope Basiliam*, wodurch der Ort als *munimentum* (Befestigung) eingestuft wurde. Einige elsässische Gelehrte denken an Blotzheim, für welches Dokumente aus dem Jahre 1275 eine *Sancta Maria ad Robore* bezeugen; Forrer scheint an die Horbourg gedacht zu haben. Staehlin lokalisierte den Platz auf dem rechten Ufer des Rheins. Das Lager von Olino (oder Olicio, auch Olitio), das die »Notitia Dignitatum« erwähnt, ist ebenfalls nicht sicher ausgemacht worden. Für andere elsässische Orte stellt sich das Problem umgekehrt dar. Es handelt sich um Anlagen in den Dimensionen und mit den Merkmalen der *castra* des Spätrömischen Reiches, ohne daß man ihnen irgendeine antike Bezeichnung zuteilen könnte.

Die Schlacht von 357

»Die ersten Sonnenstrahlen färbten bereits den Himmel rötlich. Da erklangen schon die Trompeten, und die Fußtruppen wurden in langsamem Marsch aus dem Lager geführt. Ihre Flanken deckten Reiterschwadronen, unter ihnen die Panzerreiter *(catafractarii)* und Bogenschützen *(sagittarii)*, eine furchterregende Waffengattung. Von der Stelle, wo sich die römischen Truppen in Bewegung setzten, bis zur Stellung der Barbaren betrug die Entfernung 14 Leugen, d. h. 21 römische Meilen. Darum rief der Cäsar (Julian) in seiner berechtigten Sorge um Vorteil und Sicherheit die Vorausabteilungen *(procursatores)* zurück, die bereits einen Vorsprung hatten. Dann ließ er mit den üblichen Worten Ruhe gebieten und hielt an die ringsumher aufmarschierten Abteilungen mit der ihm eigenen Freundlichkeit folgende Ansprache: ›Die Rücksicht auf die Wahrung unserer gemeinsamen Sicherheit, meine Kameraden, drängt mich, den Cäsar, ohne daß mir der Mut schwindet, euch mit wenigen Worten zu ermahnen und zu bitten, im Vertrauen auf unsere erstarkte und mächtige Tapferkeit lieber den Weg der Vorsicht einzuschlagen. Dann können wir auf uns nehmen oder abwenden, was zu erwarten ist. Wir wollen keinen überstürzten und ungewissen Weg gehen. Zwar soll die Jugend in Gefahren Tatkraft und Kühnheit beweisen, aber wenn es die Umstände erfordern, muß sie sich lenken und beraten lassen. Daher will ich euch kurz eröffnen, was ich beabsichtige, ob ihr mir zustimmt und eure berechtigte Entrüstung es erträglich findet. Schon steht der Mittag bevor, und wir sind durch die Anstrengung des Marsches ermüdet. Steinige und dunkle Wege erwarten uns, wir haben abnehmenden Mond, und kein Sternenlicht wird die Nacht erleuchten. Die Erde vor uns ist glühend vor Hitze, und nirgends leistet Wasser ihr irgendwelche Erleichterung. Wenn sich auch uns die Möglichkeit böte, hier bequem durchzukommen, was tun wir, wenn sich Schwärme von Feinden auf uns stürzen? Und sie sind ausgeruht und durch Essen und Trinken erfrischt. Wie sollen wir ihnen kraftvoll entgegentreten, wo doch unsere Glieder durch Hunger, Durst und Anstrengung geschwächt sind? Auch unter den schwierigsten Umständen ist oft eine rechtzeitige Anordnung von Nutzen gewesen, und zuweilen hat göttliche Hilfe eine bedenkliche Lage wiederhergestellt, wenn man einen richtigen Rat zum Guten annahm. Darum frage ich euch: Wollen wir uns nicht lieber hier mit Wall und Graben sichern, Wachen aufstellen und uns ausruhen? So können wir Schlaf und Nahrung entsprechend der gegenwärtigen Lage genießen, und dann laßt uns beim Morgengrauen – möge Gott diese Worte verzeihen – die Adler dem Triumph und die Standarten dem Sieg entgegentragen!‹«[108]

So beginnt Ammianus Marcellinus die Erzählung einer der letzten entscheidenden Schlachten, die Rom gegen die Germanen geschlagen hat. Wird man darüber erstaunt sein, daß die Armee in den Kampf geht, ohne daß der Kaiser den Befehl dazu gegeben hatte? Was sollte er seinen Soldaten nachlaufen und ihnen durch formelle Anordnungen den Befehl geben, innezuhalten und ihn anzuhören? Ammianus selbst ist nach der unbeschreiblichen Verwirrung, in welche sich dieselbe Armee durch ihre Streitigkeiten gebracht hat,[109] kaum erstaunt darüber. Daß sie hier in Marschordnung einheitlich und kampfbegierig auftritt, scheint den Historiker zu freuen. Daß sie bereit ist, innezuhalten und eine Rede zu hören, die ihren Enthusiasmus zügeln will, erwähnt er als eine beachtliche Tatsache! Wir sind wahrlich nicht mehr in den ›heroischen‹ Zeiten, wo Julius Cäsar seine Truppen zum Kampf antrieb, in Zeiten, in denen der General seine Offiziere davon überzeugen mußte, was das Ansehen Roms forderte; der Führer im Jahre 357 ist schon erfolgreich, wenn es ihm gelingt, die Truppen ein klein wenig im Zaum zu halten, die selbst die kommenden Ereignisse bestimmen, und dabei einzig ihren Trieben, ihrem Haß, ihrer Begierde oder ihrer Sympathie folgen. Übrigens...

»Die Soldaten warteten nicht, bis er zu Ende gesprochen hatte, sondern knirschten mit den Zähnen *(stridore dentium infredentes)* und ließen ihre Kampfgier dadurch erkennen, daß sie die Schilde mit den Lanzen schlugen. Sie drängten ihn, gegen den Feind geführt zu werden. Der war schon in Sicht, und sie vertrauten auf die Gunst des himmlischen Gottes, auf die eigene Zuversicht und die erprobten Fähigkeiten ihres vom Glück begünstigten Feldherrn. Wie der Ausgang gezeigt hat, war ein helfender Schutzgeist anwesend und feuerte die Soldaten zum Kampf an, solange er anwesend sein konnte. Zu dieser Bereitschaft kam die uneingeschränkte Zustimmung der hohen Würdenträger hinzu, in erster Linie des Praefectus Praetorio Florentius. Nach seiner Meinung war der Kampf zwar gefährlich, mußte aber mit Aussicht auf einen günstigen Erfolg geführt werden, solange die Barbaren noch in dichten Haufen gedrängt standen. Wenn sie sich erst auseinander gezogen hätten, sagte er, werde die Erregung der Truppen nicht mehr zu ertragen sein, daß sie aus angeborenem Ungestüm leicht zu Unruhen neigten.«[110]

Man hört den Kaiser nicht an, man unterbricht ihn, man will zum Kampf antreten; man droht mit einer Meuterei; die höheren Offiziere nehmen daran teil: sie wollen, daß man sich dem Feind stellt; wenn dieser sich auseinanderzieht, ... werden die Soldaten Roms nicht kämpfen; ihre Offiziere werden wohl Mühe haben, wenn sie in einer taktischen Situation handeln müssen, die etwas anderes erfordert, als im allgemeinen Haufen herumzustreiten! Ammianus Marcellinus sagt das ganz ausdrücklich: das gute Einvernehmen zwischen den Truppenangehörigen und den höheren Kadern ist hier nicht gegeben; die Situation hat sich zugespitzt, und die aufrührerischen Truppen des Barbatio sind nicht gerade geeignet, dem Feind jene ›heilsame Furcht‹ einzujagen, die ihn von einer umfangreichen Aktion abhalten könnte.

Von nun an genügt es also, wenn einer ausruft: »Geh nur, Glückbegünstigter aller Cäsaren, dahin, wohin dich das Schicksal führt…«, und die Armee marschiert unverzüglich weiter.

Die Einzelheiten und die genaue Stelle des Kampfes tun nichts zur Sache. Zunächst sieht man, daß der Feind noch fern ist; schließlich bemerkt man ihn in Frontformation, seine Reiterei auf dem rechten Flügel. Die ihre setzen die Römer auf dem linken Flügel ein. Der rechte Flügel bricht zusammen, dann der linke, nur das Zentrum hält; aber mitten in der allgemeinen Verwirrung kämpfen die Alemannen plötzlich, ohne daß jemand verstanden hätte, wie dies geschehen konnte,[111] nur noch im Rückzug, und die ›Römer‹ machen sie wütend nieder. Und vom Blut der Besiegten wird sich der Rhein färben…

Julian war überall zugleich gewesen. Der Historiker legt Wert darauf, zu erkennen zu geben, daß der Kaiser, für den er eine einzigartige Zuneigung empfindet, den Sieg davongetragen hat, daß er verdient, was das Schicksal, von nun an der alleinige Schutz Roms, ihm gütig gewährt.

Die Triboker in römischer Zeit

Im Gegensatz zu den eigentlichen gallischen Provinzen war der Alltag im Elsaß der eines Landes, in dem ständig Krieg herrschte. Das Gebiet lag so nahe am Rhein, daß seine Bewohner wieder die Leiden zu spüren bekamen, denen die Bevölkerung einer so wenig wirksamen Grenzbefestigung ausgesetzt war. Dennoch lag es im Hinterland; seine Berge bildeten einen wirksamen Schutz; Täler und Ebenen verbanden es mit dem Innern Galliens. Solange der obergermanische Limes hielt, konnte das Elsaß sein friedliches

Wirken entfalten, von dem wir hier einige Beispiele geben wollen.

Auf einem fruchtbaren Lößboden gab es Getreide in Überfluß, und die elsässische Landwirtschaft bot ihren Bürgern und Soldaten reichliche und gute Nahrung. Knochen von Rindern, Schafen, Ziegen und Schweinen weisen auf eine ebenso florierende Viehzucht hin. Aus Italien, Spanien und Griechenland bezog man Öl und Wein; die Austern – bei den wohlhabenden Leuten sehr begehrt – kamen von der Atlantikküste.

Betrieben wurde die Landwirtschaft von großen Gutshöfen, die im Innern reich mit Fresken geschmückt waren: mit der farbigen Darstellung einer Palästra, mit mythologischen Szenen, Blumengirlanden, *putti* inmitten täuschend echt gemalter architektonischer Elemente.

Die römische Bildhauerkunst änderte sich im Lauf der Jahrhunderte. Straßburg besaß sicher Werkstätten, die von Bildhauern betrieben wurden, welche in Italien ausgebildet worden waren. Diese Werkstätten arbeiteten nach stilistischen Vorbildern, die keine Besonderheit darstellen für ein bestimmtes abgegrenztes Gebiet – wenigstens, soweit die Arbeiten unter der Aufsicht des Meisters ausgeführt wurden; wenn die Gesellen ›an Ort und Stelle‹ arbeiten, wird ihre Ungeschicklichkeit ebenso wie ihre eigene Neigung deutlich. Manche verlassen die Werkstatt ihres Meisters und machen eine eigene auf. Zuweilen versuchen sich einfache Steinmetze als Bildhauer; die vollkommene ästhetische Qualität ist deutlich erkennbar.

Nach J.-J. Hatt[112] lassen sich zehn Perioden, zehn Entwicklungsphasen der Kunst im Land der Triboker unterscheiden. Die Stele des Largennius, die aus dem Anfang des 1. Jahrhunderts stammt, verbindet diese Kunst mit der Produktion des Rheinlands, die wir schon mehrmals erwähnt haben. Sie verrät den Einfluß gallischer Bronzebildner, besonders in der Ausführung der Haare. Von der flavischen Zeit an wird der orientalische Einfluß deutlich. Er wird vor allem durch die Soldaten der VIII. Legion hereingebracht, von denen eine große Zahl aus dem Orient stammte oder im Orient gedient hatte. Die Fresken (Hôtel de la Maison-Rouge, Place Kléber

Abb. 46. Straßburg, Grabstele des Largennius (tiberische Zeit). (Nach einer Zeichnung von M. Steckner.)

in Straßburg) und die Bronzewerke zeigen dies besonders; im Bereich der Bildhauerei beginnt man, den Sandstein elsässischer Steinbrüche neben dem Kalkstein zu verwenden, der importiert und nach in der Tribokerstadt unbekannten Regeln behandelt wurde. So stehen nebeneinander die Grabstele aus der Rue du Dôme in Straßburg[113] (mit der Darstellung eines Soldaten, der einen vierrädrigen, mit einem Steinblock beladenen Wagen lenkt) und der Gallapfel von Königshoffen;[114] die eine stammt nach Idee und Material aus dem heimischen Milieu, der andere kommt von den Ufern des Orontes . . .

Abb. 47. Straßburg, Grabstele aus der Rue du Dôme, Militärnachschub (Ende 1. Jh.). (Nach einer Zeichnung von M. Steckner.)

Der Romanisierungsprozeß ging immer weiter voran, das 2. Jahrhundert steht stark unter hellenistischem Einfluß: die Merkurbildnisse von Sprachbach und der Rue des Frères in Straßburg weisen praxitelischen Einfluß auf; sie zeigen einen halb kunstvollen Stil,

der sich nicht allzusehr vom übrigen elsässischen Kunstschaffen ab-
hob. Der orientalisierende Stil findet seinen vollendeten Ausdruck
in den Kultreliefs von Königshoffen und Mackwiller, im Juppiter
von der Place Kléber und dem Merkur von Wasselnheim. Das starke
und echte religiöse Empfinden, welches sie belebt, schafft eine Bildhauerkunst, die zwar die ›Inszenierung‹ der göttlichen Personen
pflegt, aber ihre Glaubwürdigkeit erhöht, indem sie ihnen eine besondere Gegenwärtigkeit verleiht. Diese wird im Fall des Mithras-
reliefs durch die Kultverhältnisse noch gesteigert und erreicht dort
ihre wahre Bedeutung.

Auch das 3. Jahrhundert hatte seinen großen Bildhauer. J.-J. Hatt[115]
weist ihm den ›jungen Caracalla‹ von der Place Gutenberg und den
Viergötterstein von der Place Kléber zu; unter anderem zeigt er

Abb. 48. Kopf eines jugendlichen Mithras aus Mackwiller. (Nach
einer Zeichnung von M. Steckner.)

eine stehende Juno mit schönem Faltenwurf, verschleiert; sie hält mit ungemein graziöser Geste eine Fackel auf einer langen Lanze, mit dem rechten Arm berührt sie den Altar (in Form eines *balaustium*), wo das Opferfeuer brennt; ihr schönes ›klassisches‹ Gesicht, die vornehme Haltung – dies macht sie zu einem der größten Kunstwerke Galliens und des Rheinlandes.

Aus Eckbolsheim stammt der Kopf des Pupienus, der vom Senat den Auftrag erhalten hatte, gegen Maximinus mit Hilfe eines Heeres zu kämpfen, das er teilweise am Rhein ausgehoben hatte.[116] Die kraftvolle Gestaltung der Züge des Kolossalhauptes erinnert stark an die Bronzetechnik. Sie gehört ins 3. Jahrhundert und stellt ebenfalls eine Stufe der ›offiziellen‹ Bildhauerei dar, welche die Kaiser begünstigten.

Das Schaffen im ›lokalen‹ Stil setzt Ende des 3. Jahrhunderts wieder ein; der Gott von Donon ist charakteristisch für die stark realistische Kunstrichtung. Geschaffen hat ihn ein Mann namens ASBLVS; er hat seine Arbeit signiert, die offenkundig das Wiederaufleben technischer und stilistischer Auffassungen (und auch religiöser Archaismen) zeigt, welche in vorgeschichtlicher Zeit ihren Ursprung haben.

Das 4. Jahrhundert erlebte einen politischen Aufschwung und gleichzeitig eine wahre ›Renaissance‹ der Kunst, ohne daß die ›lokale‹ Kunst darum in Gefahr geriet. Die Geschichte der elsässischen Bildhauerei in römischer Zeit gibt also sehr gut die unaufhörlichen Fluktuationen wieder, welche die Einheimischen zu bewältigen hatten. Die Kunst ist auch ein Spiegel der Geschichte.

Das Schicksal des Triboker-Landes zeichnet sich selbstverständlich auch in den im Elsaß durchgeführten Grabungen ab; wir verdanken Professor J.-J. Hatt wichtige Berichte über die archäologischen Forschungen während der Jahre 1967 bis 1970 im *vicus* von Ehl. Seit dem 16. Jahrhundert gab es in Ehl bedeutende römerzeitliche Funde, darunter Viergöttersteine, zahlreiche Skulpturen sowie eine Inschrift, die zwar nicht erhalten ist, deren Wortlaut wir aber durch Schoepflin kennen:

MATRABVS AGRVM
EX MACERIE CIRCVMDVCTVM
SEXTVS CLEMENTIS FIL
V.S.L.L.M

Sextus, der Sohn des Clemens, weihte den Muttergöttinnen seinen mit einer Steinumfassung umgebenen Acker infolge eines Gelübdes. Als 1959 die Ausdehnung benachbarter Kiesgruben archäologisch interessante Zonen bedrohte, wurden diese überwacht; es wurden Gräberfelder aus dem 3., 4. und 5. Jahrhundert freigelegt; ab 1961 griffen offizielle Forschungsstellen ein, die u. a. zur Sicherung der Überreste von Holz-Lehmhütten führten, welche ins 1. und ins 3. nachchristliche Jahrhundert datiert werden konnten. Was die Stratigraphie betrifft, so konnte folgende zeitliche Abfolge herausgearbeitet werden: die unterste Schicht stammt aus augusteischer Zeit und erhielt entsprechendes numismatisches Material; eine Brandzerstörungsschicht aus dem Jahr 21 wird von Professor Hatt mit Gallier-Aufständen im Nordosten in Zusammenhang gebracht; eine weitere Brandschicht wird in die Zeit um 40 datiert, nach Keramikfunden mit Reliefdekor aus La Graufesenque. Es folgen Schichten, die um das Jahr 70, dann 97 festgesetzt werden konnten; am Ende des 2. Jahrhunderts erhält der *vicus* Ehl monumentaleres Gepräge: die Häuser werden unterkellert, Teile der Siedlung wurden offenbar in sorgsamerer Bauweise ausgeführt. Nach mehreren Bränden am Ende des 2. Jahrhunderts scheinen Boden und Bauten eingeebnet worden zu sein und als Ackerland gedient zu haben.

Interessant ist, daß bei Gelegenheit der Ausgrabungen in Ehl, dank der überaus exakten stratigraphischen Untersuchung, Hinweise über das An- und Absteigen des Rheinniveaus gewonnen werden konnten; zwischen 50/60 und 190 scheint der Rhein eine regelrechte Überschwemmungsperiode erlebt zu haben, die auch in Künheim-Biesheim und Straßburg (Rue de l'Ail, Rue Thomann und Ruelle Saint-Médard) übereinstimmend festgestellt wurde.

Die ›Industriellen‹

Wie andernorts wurden auch im Elsaß die ersten Töpferwaren in ›Terra Sigillata‹ aus Italien und vor allem aus Arezzo importiert. Später kamen sie dann aus den gallischen ›Filialen‹: La Graufesenque, Lezoux etc. Diese gründeten ihrerseits die nördlichen Zweigstellen, wie wir sie im Elsaß und in Lothringen vorfinden. Die wichtigste elsässische Fabrik war Heiligenberg;[117] in Lothringen war es die Gruppe Chémery-Faulquemont-Blickweiler-Mittelbronn. In Heiligenberg gab es zwischen 90 und 100 Töpfer mit italischen Namen, so Respectus, Montanus, Rufinus, Marinus, die sich im Tal der Bruche niederließen; sie alle wurden dorthin geholt von einem Mann, den Forrer den ›Töpfer F‹ nennt, später dann standen sie unter der Leitung von Janus und Ciriuna. Neben ihnen arbeiteten Celsus, Domitianus, Marcellinus, Reginus, Paulinus und Secundinus, auch einige Gallier wie Carantus, Cintugnatus, Drombus, Occiso, Sollenbeni, Ibiliri und Tribocus. Die Ausgrabungen von Forrer haben die ganze Industrieanlage freigelegt: Öfen aller Größen und Formen, Töpferscheiben, Gießformen für Töpferwaren mit Reliefs, die Tongrube, aus der man das Grundmaterial bezog, den Steinbruch, aus dem man die rote Farbe nahm, die Traggestelle, auf denen die Ware im Inneren des Brennofens aufgestapelt wurde.

Heiligenberg war tatsächlich das Zentrum einer Gruppe von Werkstätten, die sich aus mehreren kleinen ›Dörfern‹ zusammengeschlossen hatten und sich über ein großes Gebiet erstreckten. 90 Töpfer sind namentlich belegt. Die Namen einiger Künstler, die die Gußformen herstellten, erlauben eine gewisse typologische Einordnung der Produkte von Ciriuna, Janus, dem Meister F. Cerialis und Reginus in Heiligenberg, Cibisus und Firmus in den Werkstätten von Ittenweiler.

Diese letztere Fabrik scheint weniger produziert zu haben als Heiligenberg, aber die Gegenstände sind von gleichwertiger Qualität: etwa 40 Töpfer haben dort gearbeitet, darunter Gesatus, Cinstusmus, Gannicius. Manche Namen sind an zwei Orten belegt: Tribocus, Cintugnatus, Cristo, Firmus, Marinus, Verecundus. Einige

Meister haben zunächst im Elsaß gearbeitet und sich später in Rheinzabern niedergelassen: der bekannteste ist Cibisus, berühmt für seine eirunden Rand-Verzierungen, sein Sigillata mit Flachreliefs. Das Elsaß hatte aber noch andere Töpfereien in römischer Zeit: die ›Quatre Vents‹ in Schiltigheim, in Altenstadt, in Reichshoffen und in Jebsheim bei Colmar.

Ein Töpfer mit dem Namen TRIBOCVS wirft das Problem der ethnischen Herkunft der Töpfer auf und das der Beteiligung der Einheimischen am Wirtschaftsleben der Zeit. Vergleichstafeln, die für Chémery-Blickweiler-Mittelbronn[118] (Tafel III) aufgestellt wurden, beweisen, daß – zahlenmäßig – Gallier und ›Lateiner‹ sich die Waage halten.

Tafel III

	Chémery	Blickweiler	Mittelbronn
Gesamtzahl der Töpfer	31	36	10
Lateinische Namen	17 (55 %)	15 (42 %)	4 (40 %)
Gallische Namen	12 (39 %)	15 (42 %)	4 (40 %)
Unsicher	2	2	2

Zunächst war man der Ansicht, man könne einen qualitativen oder sogar sozialen Unterschied machen zwischen Meistern, die mit ihrem Namen signierten und solchen, die Stempel ohne Aufschrift benutzten. Studien über die lothringischen Werkstätten von Saturnius und Satto haben diese Hypothese nicht bestätigt; sie haben vielmehr erwiesen, daß neben den Meistern der Herstellung von Gießformen, die für die mit Reliefs verzierten Serien verantwortlich waren, viele hochqualifizierte Kräfte standen, die Tonvasen drehten und vervollkommneten. Andere stellten das gewöhnliche Geschirr her oder leiteten die Ziegelhütten und Ziegelbrennereien. Die Beheizung der Öfen erforderte ebenfalls Spezialarbeiter; schon das geringste Versehen gefährdete einen ganzen Ofenschub. Eine Armee von Taglöhnern sorgte für den Vorrat an Brennmaterial, Ton, Knetmasse, Dekanterien, für das Waschen des Grundmaterials, für die Wiederinstandsetzung der Öfen nach jedem Brennvorgang, für den Versand und den Transport des Grundmaterials und der hergestellten Produkte.

Siedler, Wohnstätten, Heiligtümer

Dank der Epigraphik – einer sehr wichtigen Hilfswissenschaft der Archäologie und Geschichte – kennen wir wenigstens die Namen einiger Triboker der römischen Zeit: Surus, Sohn des Sparucus, Burrius, Sohn des Betulo, M. Ulpius Tertius, Q. Martius Optatus, Mattonus Restitutus, der angesehenste aller Straßburger Fleischer *(negotiator artis macellariae, vir probissimus)*, seine Gattin Ruttonia Martiola, Titus Nigrius Similis, Nibrius Modestus, Phrunicus, Septiminius Victor, Severinius Satullinus, Legitimus, Sohn des Cossatio, Conteddius, Sohn des Teddilis, Carantus, Sohn des Victor, Monnus, Sohn des Tata,[119] usw.

Verhältnismäßig schlecht sind wir unterrichtet über das Wohnwesen der römischen Zeit im Elsaß, sowohl was die *canabae* von Straßburg[120] als auch was den ländlichen Bereich angeht. Der während 25 Jahren überaus regen Grabungstätigkeit von Professor J.-J. Hatt verdanken wir immerhin wichtige Erkenntnisse über die römische Zeit der Elsaß-Metropole; 1947 wurde zwischen der Place de la Cathédrale und der Rue des Hallebardes der Standort gallorömischer (wahrscheinlich schon gallischer) Heiligtümer ausgemacht, von denen weitere Überreste 1970/71 unter der Laurentius-Kapelle des Münsters festgestellt werden konnten; unter der Kirche Saint-Nicolas wurden ab 1947 die Mauerüberreste einer kleinen Befestigung aus dem 3. Jahrhundert freigelegt an der Brücke, die nach Germanien führte; 1948 konnte bewiesen werden, daß am selben Ort eine Zollstation der späteren Befestigung vorausgegangen war. Im selben Jahr entdeckte man unter der Kirche Saint-Étienne die Spuren von römischen Kasernen, die vom 1. bis ins 5. Jahrhundert reichten; 1950/51 wurden an der Ecke der Rue du Dôme und der Rue des Juifs Überreste des Prätoriums untersucht, mit Bauveränderungen aus allen Jahrhunderten der römischen Okkupation. Damals stieß man auch auf Überreste eines Militär-*valetudinarium* (1.–3. Jahrhundert)

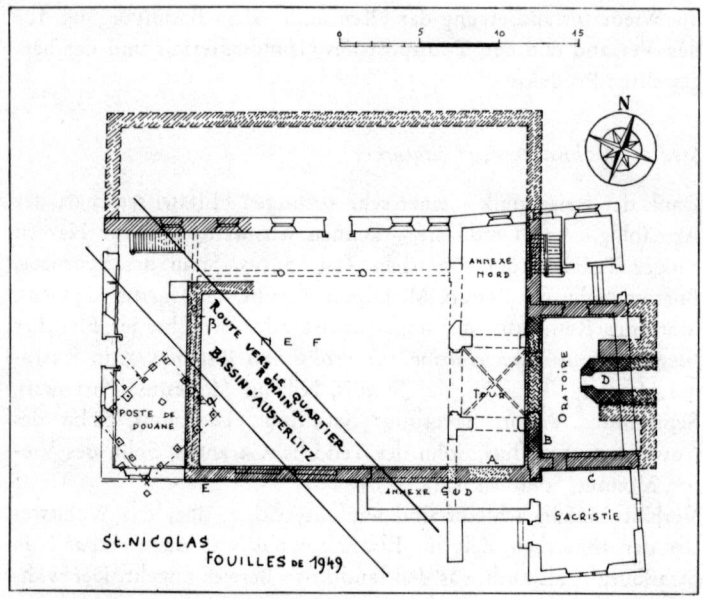

Abb. 49. Ausgrabungen unter der Kirche Saint-Nicolas, Straßburg. Grundriß einer Zollstation in der Brandschicht von 235. (Nach J.-J. Hatt in: Archeologia 75, Oktober 1974, S. 39.)

sowie auf Wehranlagen an der Ecke zur Rue de la Croix. Ecke Rue de l'Ail und Ruelle de l'Esprit fand man 1953 die Spuren einer Keramikwerkstatt der VIII. Legion, die wir oben etwas ausführlicher erwähnt haben; sie befand sich in nächster Nähe eines römerzeitlichen Hafens aus dem 2. Jahrhundert. Aufsehen erregte das 1956 freigelegte Stadttor am Eck der Rue du Fossé-des-Tailleurs, weil es (im 4. Jahrhundert) nach dem Grundriß der Porta Nigra erbaut worden war. Zivilwohnungen konnten im Jahre 1961 in der Rue Thomann und an der Place Saint-Pierre-le-Jeune lokalisiert werden: sie datieren ins 2. und 3. Jahrhundert und beweisen, daß die niederen Viertel der Stadt nach dem Ende des 1. Jahrhunderts aufgelassen wurden. Im Jahre 1967 konnten an der Place Kléber im Herzen der Stadt Wehranlagen zur Verstärkung des Lagers aus tiberischer Zeit festgestellt und aufgezeichnet werden; in der Rue des Pierres und am Quai Lezay-Marnésia wurden 1968 beträchtliche Abschnitte der Festungsmauer freigelegt; dort konnte 1971 die *Via sagularis* 14,50 m innerhalb der Festungsmauer erkannt werden.

Städtegrabungen treffen dauernd auf erhebliche Schwierigkeiten: Terminprobleme, Finanzfragen, persönliche Interessen führen immer wieder dazu, daß die Archäologen zu spät auf wichtige Entdeckungen aufmerksam gemacht werden; dabei wäre es bei der schnellen Verwandlung unserer Städte um so wichtiger, jene Spuren festzuhalten, die bei den heutigen Baumethoden auf immer zerstört werden und dann keinen Aufschluß mehr bieten können über jene Jahrhunderte, denen diese Städte ihre Größe verdanken.

Am Schimmelrain bei Hartmannswiller hat man die Reste eines großen Gutshofes ausgegraben;[121] zwei *villae* wurden in Koestlach bei Altkirch und bei Largitzen gefunden. An dem letzten Ort[122] fand man eine Einfriedungsmauer um einige Grundbauten, die aber über die eigentliche Anlage keinen Aufschluß geben. In Mackwiller wurde eine große Luxusvilla gefunden mit verschiedenen, aus unterschiedlichen Zeiten stammenden Teilen, die beheizt waren, ein Kanalisationssystem und Bädereinrichtungen besaßen; Spuren von *villae* gibt es in Illkirch, Epfig und Reichshoffen.

Das Heiligtum von Donon hat die Aufmerksamkeit aller Interessenten seit dem 17. Jahrhundert auf sich gezogen. Merkur und Teutates wurden dort ebenso verehrt wie Juppiter und die Göttermutter, die sich mehrere Tempel teilten. Um sie herum standen Votivaltäre, darunter ist einer von einem Satto gewidmet.[123] Das Hauptgebäude dieser Heiligtümer blieb bis zum 17. Jahrhundert beinahe vollständig stehen. Es war 11 m lang, 7,60 m breit und 2 m hoch. Forrer leitete von 1917 bis 1927 die erste Grabungsperiode. Die Hüttenwerke am Fuß des Donon haben, wie es scheint, die zum Heiligtum gehörenden Materialien wieder verwendet; zwei sehr ähnliche Gebäude gab es in der unmittelbaren Nachbarschaft.

Ein Merkurheiligtum stand auch in Gandershoffen bei Niederbronn: ein kleines *fanum* von 6 mal 6 m wurde 1832 gefunden; einige Götterstelen scheinen der Reihe nach aufgestellt gewesen zu sein; ein *fanum* des Merkur lag auch im Nordosten von Reichshoffen, wo die Kirche der Aussätzigen in einem Viereck von 7 mal 7 m die Spuren des einstigen Gebäudes bewahrte. Zwei Weihe-Inschriften für die am höchsten verehrten ›Provinzgottheiten‹ in römischer Zeit; die eine dargebracht[124] von Fortunatus für sein eigenes Heil und das seiner Angehörigen, die andere durch Victorinus, den Sohn des Natalis, in Erfüllung eines Gelübdes.

In Wasenbourg, oberhalb von Niederbronn, ließ Severinius Satullinus, tribokischer Bürger, den Dachstuhl des Heiligtums von Merkur in Ziegeln ausbessern, ein anderer[125] die Inneneinrichtung desselben Heiligtums wiederherstellen. Von der Kirche von Langensoultzbach stammen fünf Flachreliefs zu Ehren von Merkur und Rosmerta; in der Rue des Frères in Straßburg lag vielleicht ein Heiligtum, welches in eine christliche Basilika umgewandelt wurde. Das bemerkenswerteste Heiligtum des ganzen Elsaß bleibt zweifellos das schon früher erwähnte Mithraeum von Königshoffen. Es fiel den Christen zum Opfer, die sich überall wütend auf die Stätten des Mithraskultes stürzten. Die germanischen Landräuber waren kaum maßvoller. Das Mittelalter sündigte wohl mehr durch Unverständnis als durch Fanatismus. Die Zeit tat ein übriges.

Der letzte römische Sieg

Indiskretionen aus der kaiserlichen Umgebung ließen die Alemannen wissen, daß Gratian sich in den Orient begeben würde, ja, daß er schon abgereist sei, daß er sich auf dem Balkan aufhalte und daß der Rhein kaum mehr verteidigt würde.[126] Der Fluß war gefroren und die Lentienses beeilten sich, ihn zu überqueren und viele Raubzüge im linksrheinischen Land zu unternehmen; die Einheimischen trieben sie mehrmals zurück, aber die Raserei der Alemannen wurde dadurch noch größer. Schließlich sammelten sie 40 000 Mann, um tief ins Land einzufallen und bis weit nach Gallien hinein vorzudringen.

»Als Gratian davon erfuhr, ergriff ihn große Furcht, und er rief
die Abteilungen zurück, die er nach Pannonien vorausgesandt
hatte. Weitere Truppen zog er zusammen, die er in kluger Vor-
aussicht in Gallien zurückbehalten hatte, und übertrug die Angelegenheit einem Heerführer von besonnener Tüchtigkeit, Nannienus. In gleichem Rang gab er ihm den Comes der Haus-
truppen und Frankenkönig *(rex Francorum)* Mallobaudes bei,
der ein kriegstüchtiger und tapferer Mann war. Nannienus be-
dachte, wie launisch das Glück sei, und trat daher für eine ab-
wartende Haltung ein. Mallobaudes hingegen ließ sich wie gewöhnlich von heftigem Kampfeseifer hinreißen und, des Auf-
schubs müde, dazu verleiten, auf den Feind loszugehen. Daraufhin wurde auf der Gegenseite furchtbarer Lärm vernehmbar,
und sobald die Trompeter bei Argentaria das Signal gegeben
hatten, begann der Zusammenstoß ...
Aber mitten im heißen Kampfgetümmel wurden unsere Soldaten der endlosen Menge der Feinde gewahr und verteilten
sich, um offenkundigen Gefahren zu entgehen, über die baumbe-
standenen und engen Pfade, wie jeder gerade konnte. Doch bald
darauf hielten sie wieder tapfer stand. Mit ihrem auffallenden
Glanz und den von weitem schimmernden Rüstungen jagten sie
den Barbaren Furcht vor der Ankunft des Kaisers ein. Plötzlich
wandten sich die Barbaren zur Flucht. Zwar leisteten sie stellen-
weise Widerstand, um in höchster Not nichts unversucht zu lassen, doch wurden sie so geschlagen, daß von der vorhin erwähnten Anzahl schätzungsweise nicht mehr als 5000 im Schutz der
dichten Wälder entkamen. Unter vielen anderen kühnen und
tapferen Männern fiel auch der Anstifter dieser verderblichen
Kämpfe, der König Priarius.«[127]

Das Elsaß ist bereits die Pforte nach Gallien; für die Germanen
öffnet die Verteidigungslücke bei Belfort die Einfallsroute. Die Abwesenheit des Kaisers war Grund genug dafür, daß Raubzüge diesen letzten Einfall vorbereiteten.
Die Initiative lag bei einem fränkischen König, der gern ›für Rom‹
kämpfen wollte. Er, der mit den Zähnen knirschte, wenn man ihm

Zügel anzulegen versuchte, wußte, wie man eine Situation voran-
trieb und ›vergiftete‹, die an sich schon gefährlich genug war.
Hörte man irgendein Kriegsgeschrei? Die ›römischen‹ Trompeten
antworteten darauf sogleich, und die Armee (welche ein Nannienus
kaum unter Kontrolle halten konnte) zog ihrem Schicksal entgegen ... Das Ende des Kampfes ist glücklich dank dem Glanz der
›römischen‹ Waffen! Die ›Römer‹ waren dennoch zunächst vor den
vorrückenden ›Barbaren‹ geflohen. Ein Gerücht bringt die Wen-
dung. Niedergemetzelt bei Horbourg zieht sich der Feind in die
Wälder zurück, ... aus denen er seit Jahrhunderten immer wieder
herauskommt, in die er seit Jahrhunderten immer wieder ein-
taucht, nochmals herauskommt, und dabei immer wieder alle Hoffnungen auf die günstige Gelegenheit setzt, auf die Abwesenheit
eines Kaisers, den Verrat eines Generals ...
Man wird kaum erstaunt darüber sein, daß alles von nun an sehr
schnell geht. Im Jahre 401 zieht Stilicho alle römischen Truppen
vom Rhein ab. 402 verläßt die Präfektur Galliens Trier. In den
Jahren 406 und 407 lassen sich die Germanen ungehindert in Gallien nieder. Zwischen 408 und 410 schreibt der heilige Hieronymus:
»Unzählige wilde Völker besetzen Gallien. Zwischen den Alpen
und den Pyrenäen, zwischen dem Ozean und dem Rhein sieht man
Quaden und Vandalen, Sarmaten, Alanen, Cepiden, Heruler, Sachsen, Burgunder und Alemannen Städte und Güter verwüsten. Das
einstmals so prächtige Mainz ist eingenommen und zerstört, in seiner Kirche wurden Tausende von Menschen getötet. Worms geht
nach einer langen Belagerung zugrunde. Reims liegt in Trümmern.
Amiens, Arras, das äußerste Land der Moriner, Tournai, Speyer,
Straßburg gehören zu Germanien *(translatae in Germaniam)*, Aquitanien ist verwüstet ...«[128]

Nachwort

Aristoteles[1] schrieb: »Der Istros (die Donau) und der Tartessos (der Guadalquivir?) entspringen in den Pyrenäen! Die meisten anderen Flüsse kommen von dem Arkynischen Gebirge *(oros Arkynios)* und fließen nach Norden; dieses Gebirge ist an Ausdehnung und Höhe das stattlichste in dieser Gegend.«

In den »Argonautica« des Apollonios von Rhodos[2] steht die Rhone mit dem Rhein in Verbindung und fließt teilweise nach Norden. Die Argonauten folgen ihrem Verlauf bis in »ungeheure stürmische Seen«[3].

Bei Dionysios Periegetes[4] betrachten Bretonen und blonde Germanen den Herkynischen Wald; der Rhein und die Donau entspringen den Alpen, die sie einander näherbringen; aber die Wasser des Rheins fließen bis zu den äußersten Enden der nordischen Küsten, während sich die Donau zum Pontos Euxeinos hin wendet.

Cäsar[5] schreibt: »Die Maas entspringt in den Vogesen[6], die im Lingonenlande liegen, ... und mündet in den Rhein[7], ungefähr 80 Meilen vom Ozean entfernt. Der Rhein aber kommt aus dem Lande der Lepontier, eines Alpenvolkes, und fließt in langem, schnellem Lauf durch die Gebiete der Nantuaten, Helveter, Sequaner, Mediomatriker, Triboker und Treverer. In der Nähe des Ozeans teilt er sich in mehrere Arme, wobei er viele große Inseln bildet. Sie werden zu einem großen Teil von wilden, barbarischen Völkern *(feri barbarique)* bewohnt, von denen sich einige, wie man annimmt, nur von Fischen und Vogeleiern nähren. Dann ergießt sich der Rhein mit vielen Mündungen in den Ozean.«

Zu den Ereignissen von 53 v. Chr. bemerkt der Eroberer Galliens:[8]

»Es gab früher eine Zeit, da die Gallier den Germanen an Tapferkeit überlegen waren; ja, sie fingen sogar mit ihnen Krieg an und schickten wegen Überbevölkerung und Landnot Scharen von Ansiedlern über den Rhein. So besetzten die tektosagischen Völker die fruchtbaren Landstriche Germaniens um den Herkynischen

Wald und siedelten daselbst. Von diesem Walde hatten, wie ich sehe, auch Eratosthenes und einige andere griechische Schriftsteller, die ihn den Orkynischen nennen, gerüchteweise gehört. Jenes Volk hat sich bis auf den heutigen Tag dort gehalten und steht im Rufe großer Tapferkeit und Gerechtigkeit. Die Germanen aber sind bei ihrer alten Armut, Bedürftigkeit und Genügsamkeit geblieben, ebenso bei ihrer Lebensweise und Körperpflege. Die Gallier dagegen sind durch die Nähe der römischen Provinzen und durch ihre Bekanntschaft mit überseeischen Erzeugnissen in vielen Beziehungen üppiger geworden. So haben sie sich allmählich daran gewöhnt, die Schwächeren zu sein, und, in vielen Kämpfen geschlagen, stellen sie nicht einmal selbst mehr die Überlegenheit der Germanen in Abrede.«

Solche Stellen erfordern eigentlich ausführliche Erläuterungen! Hier sollte nur gezeigt werden, wie das Rheinland, zuerst ein Land der Dunkelheit, wagnerianisch von dichten Nebeln, Legenden und Mythen umwoben, nach und nach geographisch präziser und greifbarer wird, bis es in den Werken der römischen Schriftsteller zu einem politisch und psychologisch sehr wirksamen Topos wird, der Gelegenheit bietet, je nach Bedarf Gallier oder Römer im Vergleich mit den Germanen als dekadent und ihres Führungsanspruchs unwürdig darzustellen. So benutzten die Historiker – nach dem Brauch der Zeit – unleugbare Realitäten, um ihre Leser in Italien zu beeindrucken: Hatten nicht die Gallier, einstmals sehr tapfer, einen Teil Germaniens[9] ›kolonisiert‹? Hatte sich dieses Volk nicht mit seiner Niederlage abgefunden? Wer also sollte Cäsar daran hindern, es zu unterwerfen? Die in ihren kriegerischen Tugenden so anmaßenden Germanen stellten eine Herausforderung für das römische Volk dar: war Rom nicht gezwungen, sie zu schlagen?

Sogar, wenn man von jeder propagandistischen Intention absieht, hat Cäsar wohl doch erkannt, daß die ›Stunde der Kelten‹ vorbei war. Er sieht sie anscheinend als unweigerliches Opfer des Luxus und ebenjener Verweichlichung, die die Moralisten immer gerne bei anderen enthüllen. Die Wahrheit aber sieht ganz anders aus: Die Gallier sollten Cäsar noch viel zu schaffen machen; die Herren im

Rheinland, die Germanen, waren etwas anderes als großmäulige Hungerleider, die man bei der ersten besten Gelegenheit beseitigen konnte!

Die stark ›engagierte‹ römische Geschichtsschreibung, die in das Getriebe der ideologischen Kämpfe geraten war, welche das 1. Jahrhundert der Kaiserzeit kennzeichnen, hat immer die Germanien betreffenden Informationen gesiebt; das nordische Land war eine ›heiße Zone‹ geworden, über die man im Bilderbuchstil zu referieren vorzog, ohne zu ahnen, daß diese klischeehaften, erbaulichen Darstellungen bis in unser 20. Jahrhundert hineinwirken würden.

Bereichert durch eine Neuinterpretation der Texte (obgleich diese zwar nicht immer die exakte Wirklichkeit überlieferten, aber dennoch deren Geist und deren psychologische Situation bewahrten), stand die Archäologie plötzlich vor einer gewaltigen Aufgabe. Eine Zeitlang gab sie sich Spekulationen hin, an deren unselige Folgen für den Fortschritt der Wissenschaft und an deren verheerende Auswirkungen für die zeitgenössische Menschheit ich erinnert habe. Einen wirklichen Aufschwung hat sie erst nach dem Zweiten Weltkrieg genommen. Gewiß war vorher Hervorragendes geleistet worden, was auch weiterhin von Nutzen blieb. Die alten Arbeiten wurden neu herausgegeben, teils reprographisch[10], teils[11] wurden sie auf den neuesten Stand gebracht. Einige große übernationale Werke warten auf ihre endgültige Abfassung: An der Spitze das »Corpus Inscriptionum Latinarum«, welches auf eine Initiative der Königlich-Preußischen Akademie[12] zurückgeht. Es wurde wiederholt vervollständigt durch einzelne Gegenden betreffende Zusammenfassungen; aber diese verschleiern nur den fehlgeschlagenen Versuch einer allgemeinen Neuauflage, die auch weiterhin dringend erwünscht ist. Die »Tabula Imperii Romani«, deren Blatt »Mainz« (im Maßstab 1 : 1 000 000) aus der Zeit vor dem Zweiten Weltkrieg stammt, würde eine Bearbeitung verdienen, die die neuen, seither gewonnenen wissenschaftlichen Erkenntnisse berücksichtigt; diese Neufassung des Kartenblattes »Mainz« würde dann das Blatt »Paris« nach Osten vervollständigen, welches 1975 unter der koordinierenden

Leitung von Professor R. Chevallier herausgegeben werden soll. Der »Recueil« von Espérandieu und R. Lantier soll durch die Faszikel des »Corpus Signorum Imperii Romani« unter dem Patronat der »Association Internationale d'Archéologie Classique« ersetzt werden: verschiedene österreichische Faszikel sind bereits erschienen.

Die Reihe »Epigraphische Studien« unter der Herausgeberschaft von Geza Alfoeldy hat einige wichtige Lücken geschlossen. Während wir E. Stein und E. Ritterling maßgebliche Studien[13] über die am Rhein stationierten Truppen verdanken, fehlen solche noch für die zahlreichen Hilfskohorten. Diese haben mehr als einmal mit der Verteidigung des Limes gleichzeitig die eigenen Interessen sowie die Roms verfolgt.[14] Bis in die jüngste Zeit hinein war die Armee des Spätrömischen Reiches nicht genauer erforscht worden. Ein umfangreiches Werk von D. Hoffmann[15] über das nachdiokletianische Heer führt eine von Mommsen 1889 begonnene, aber nicht beendete Studie fort.[16] Diese Arbeiten wirken außerordentlich überzeugend, weil sie das epigraphische Material als primäre Quelle ansprechen und durch eine detaillierte Interpretation wiederaufnehmen, korrigieren und neu edieren; Grundlage hierzu sind hervorragende Bibliographien, die mit einer unbedingt erforderlichen Vorsicht und Akribie erstellt werden.

Grundlage aller Literaturangaben über das römische Rheinland bleibt das Werk von Hermann Corsten, die »Rheinische Bibliographie«[17]. Sie wurde durch den Zweiten Weltkrieg[18] unterbrochen, aber von anderen[19] wiederaufgenommen; durch die großen rheinischen Zeitschriften unserer Tage wird sie (indirekt) fortgesetzt: die »Germania«[20], die »Bonner Jahrbücher«[21], die »Rheinischen Vierteljahresblätter«[22] und die »Trierer Zeitschrift«[23] sowie die seit 1972 vom Centre Alexandre-Wiltheim in Luxemburg edierte »Année Archéologique«. Die Bibliotheken rheinischer Museen erlauben gründliche Forschungen: die »Bibliothek der Römisch-Germanischen Kommission des Deutschen Archäologischen Instituts« in Frankfurt,[24] des Rheinischen Landesmuseums in Bonn,[25] des Römisch-Germanischen Zentralmuseums in Mainz,[26] des Römisch-Germanischen Museums in Köln,[27] des Landesmuseums Rheinland-Pfalz in

Trier[28] sowie natürlich auch die Bibliotheken der Universitäten des Rheinlands, der Städte und gewisser lokaler Vereinigungen, die eine sehr alte und fruchtbare Tradition aufzuweisen haben. Die zusammenfassende Darstellung, die gegenwärtig noch alle sich auf das gesamte Rheinland erstreckenden Untersuchungen bestimmt, ist das von Harald von Petrikovits im Jahre 1960 herausgegebene Werk, welches auch ich weitgehend benutzt habe.[29] Kurz vor dem Erscheinen der französischen Ausgabe dieses Buches (Februar 1972) erschien ein Sammelband »Neue Ausgrabungen in Deutschland«[30], welchem seither mehrere Bände »Beiträge zur Archäologie des römischen Rheinlandes«[31] gefolgt sind, darunter eine große Studie von L. H. Barfield über den *burgus* von Froitzheim[32] sowie der Grundbericht über die Ausgrabungen des Hilfslegionslagers von Gellep,[33] neue Berichte über Xanten, *Asciburgium* usw. Die Arbeiten von D. Baatz haben zu neuen Erkenntnissen über das Legionslager von Mainz beigetragen, auf Grund deren es möglich war, die Chronologien der frühen Zeit[34] zu verbessern. Die Veröffentlichungen von C. B. Rüger haben neue Informationen hinsichtlich der Verwaltung Untergermaniens[35] geliefert.

Der Ausstellungskatalog »Römer am Rhein«[36] bildet allein eine kompakte, manchmal unübersichtliche, aber sehr wertvolle Gesamtdarstellung, die alle Gruppen von Gegenständen, die 1967 in Köln zusammengetragen worden waren, erfaßt.[37] Der internationale Erfolg der rheinischen Ausstellung gab den Organisatoren die Idee einer ähnlichen, die Donauländer betreffenden Ausstellung. Auch sie fand in Köln statt (1969) und hat uns einen ähnlichen Katalog »Römer in Rumänien«[38] beschert. Die Wiedereröffnung des Römisch-Germanischen Museums der Stadt Köln (vgl. die besonders gut gelungene »Römer-Illustrierte«, die zugleich den Werdegang des Museums beschreibt und Führer durch die Ausstellungsräume ist), die Einrichtung neuer Säle (für die Neumagener Grabpfeiler und -altäre) im Trierer Landesmuseum, die in Aussicht gestellte neue Darbietung der Steindenkmäler im Mittelrheinischen Landesmuseum von Mainz, die eindrucksvollen Ausstellungssäle in den Museen von Saarbrücken, Luxemburg und Arbon geben zudem die Möglichkeit, unter weitgehend idealen Bedingungen die wichtigsten

Fundgegenstände zu sehen, zu begutachten, zu studieren. Soweit sie (wie jetzt in Köln) durch audio-visuelle Hilfsmittel Aufklärung, Kommentar und zusätzliche Anschauung bieten, fördern sie auch bei Nichtfachleuten ein vertieftes Verständnis der Vergangenheit und die gerade heute unerläßliche Bildung persönlicher Beziehungen zu ihr.

Die an das Rheinland angrenzenden Gebiete wurden ebenfalls in einigen Veröffentlichungen behandelt, die hier erwähnt werden sollten. Für die Schweiz bleibt das Werk von F. Staehelin, »Die Schweiz in römischer Zeit«,[39] neben dem von Ernst Howald und Eduard Meyer unentbehrlich.[40] Eduard Meyer hat die in der Schweiz zwischen 1948 und 1969 gewonnenen wissenschaftlichen Ergebnisse auf den neuesten Stand gebracht.[41] Die jährlichen Chroniken der Jahrbücher der Schweizerischen Gesellschaft für Ur- und Frühgeschichte geben über die im Lauf des betreffenden Jahres gemachten Forschungsergebnisse Auskunft. Die Schweizerische Gesellschaft für Vorgeschichte und Archäologie hat eine Reihe von kleinen Führern zu den großen archäologischen Plätzen der Schweizer Kantone begonnen. Die drei ersten Bändchen befassen sich mit der großartigen Villa von Seeb[42], dem *castellum* von Irgenhausen[43] sowie der Villa in Sargans. Die neue Veröffentlichung »Helvetia Archaeologica«[44] (dreisprachig) wendet sich an ein breites Publikum und behandelt auf der Grundlage einer wissenschaftlichen Bibliographie und mit Hilfe einer vorbildlichen Bilddokumentation alte und neue Ausgrabungen.

Soll man Britannien auch als ein an das Rheinland angrenzendes Gebiet betrachten? Das »Journal of Roman Studies«[45] veröffentlicht jährlich eine dem Roman Britain gewidmete Chronik sowie von Zeit zu Zeit umfangreiche archäologische Arbeiten.[46] Seit 1970 publiziert dieselbe Gesellschaft die »Revue Britannia«, die sich ausschließlich mit dieser Provinz während der römischen Zeit befaßt. Das »Archaeological Journal«, herausgegeben vom Königlich-Archäologischen Institut, ist ziemlich spezialisiert auf die Vorgeschichte, hat aber auch einige Artikel über Lincoln, Dorchester, Winchester, Cholchester und die Villa von Park Street in Hertfordshire veröffentlicht. Das »Antiquaries' Journal«[47] bringt grundsätz-

lich Zwischenberichte über die augenblicklichen Ausgrabungen sowie
in seiner Reihe »Archeologia« Gesamtstudien. »Current Archaeo-
logy« gibt kurze Übersichten über laufende Arbeiten; »Antiquity«
veröffentlicht mitunter Arbeiten zur römischen Epoche.
Das klassische Werk von Collingwood und Myres über Großbritannien in römischer Zeit und im Hochmittelalter[48] wurde 1967 durch
die »History of Roman Britain« von S. S. Frere[49] sowie einschlägige
Veröffentlichungen von A. und E. Birley, G. Webster und B. Cun-
liffe ersetzt.

Zum römischen »Alltag« gibt es einige Studien, denen dieses Buch
viel verdankt. Erwähnenswert besonders der »Marquardt«[50], die
»Bilder aus dem römisch-germanischen Kulturleben nach Funden
und Denkmälern«[51], durch ihre überaus reiche Illustration sehr nütz-
lich, und die ältere »Germania Romana« von Koepp und Drexel.[52]
»La Vie Quotidienne en Gaule« von P.-M. Duval[53] war ebenfalls überaus hilfreich. Es behandelt viele verschiedene, Gallien
und Germanien gemeinsam betreffende Themen, auf deren Erörterung ich hier verzichten konnte. Unsere beiden Bücher unterscheiden
sich sehr voneinander; denn obwohl die Themen in ihrer Besonderheit gewisse Zusammenhänge aufweisen, bestehen doch grundsätzliche Unterschiede zwischen ihnen.
Die römische Zeit ist für das Rheinland kein Goldenes Zeitalter
gewesen, und die rheinische Landschaft hat sich niemals den idyllischen Freuden einer heiteren Philosophie ergeben. Paradoxerweise
hat man in Germanien und in Gallien »niemals in so großer Zahl
und so solide Paläste und Häuser, Tempel und Kapellen, Zirkus-
anlagen, Theater, Bäder und Aquädukte wie in dieser Zeit erbaut...«,[54] und trotz der chronischen Unsicherheit der militärischen
Lage »haben sich Traditionen gebildet und konnte die Zeit reif
werden für die Hervorbringung ihrer schönsten Früchte«. Sicherlich
würde man kaum sagen, daß im Rheinland »zehn Menschengenera-
tionen an Fortschritt glauben konnten«: Fortschritt beinhaltet nicht
nur die Hebung des Lebensniveaus, die Intensivierung der technischen Verbesserungen, die Entwicklung des materiellen Luxus. Der
rheinische Geist schmiedet sich an der harten Realität vielfacher

Zwischenfälle, die der Rhein gleichsam in seinen Wassern mit sich zu führen scheint, seit man ihn zu einer Barriere zwischen Völkern gemacht hat, die nur die Zivilisation trennte! Hier aber ist das Paradox nur scheinbar: Das Rheinland hat so viele gegensätzliche Elemente nebeneinander existieren lassen, von denen allein die ältesten, schon ›einheimisch‹ vor der Ankunft der Römer, sich mit ihrer Hilfe bestätigen konnten. Kelten und Germanen waren nicht wesentlich verschieden voneinander, auch nicht die Römer; das rheinische Milieu nahm mit Vorsicht (und indem es eine strenge Auswahl traf, obwohl es sich zum größten Teil dessen gar nicht bewußt war) die römische Zivilisation auf, die sich selbst im Kontakt mit mediterranen Einflüssen gebildet hatte. Das rheinische Hinterland, besonders die Volksgemeinschaft der Treverer, war den Bewohnern der Rheinufer, wenn man so sagen kann, um eine Länge voraus. Hier war seit langem die Wahl getroffen worden, die Entscheidungsmöglichkeiten waren ausgeschöpft und die Standpunkte festgelegt. Im eigentlichen Rheinland produzierten die ethnischen Umwälzungen des ersten halben ›römischen‹ Jahrhunderts, die mit der noch sehr jungen Erinnerung an frühere Rückschläge zusammentrafen, eine bewegliche psychologische Situation, und durch diese uralten Vorurteile wurde Rom an einer Stabilisierung der Verhältnisse gehindert, die andernorts so glänzend gelungen war.

Soll ich hinzufügen, daß ich – am Ende dieses Buches angelangt – kaum die Illusion habe, meinen Gegenstand so behandelt zu haben, wie er es eigentlich verdient hätte? Soll ich sagen, daß ich befürchte, manchmal das Allgemeine und das Besondere verwechselt zu haben? Daß ich das wesentlich Bewegliche notgedrungen zu stark fixiert habe? Daß ich Fragmentarisches interpretiert und provisorische Forschungsmeinungen institutionalisiert habe? Ich möchte abschließend ganz einfach daran erinnern, daß ich vorhatte, eine übersichtliche und einstweilige Bilanz der durch die neuere deutsche Wissenschaft gewonnenen Kenntnisse vorzulegen; dieser deutschen Forschung kommt auch jedes Verdienst zu, das der freundlich gesinnte Leser den vorausgehenden Seiten zuerkennen mag.

Man sollte nicht daran Anstoß nehmen, daß in diesem Buch die Texte antiker Autoren oft zitiert werden, daß einige umfangreiche Auszüge wiedergegeben und kommentiert wurden. Sicher ist die Zeit vorbei, wo die schriftlichen Quellen allein das Bild bestimmten, das wir uns von Rom und seinem Einwirken auf Provinzen und Metropolen machten. Man hat erkannt, daß der Historiker von zahlreichen Fallen bedroht ist, wenn er versucht, das unentwirrbare Durcheinander persönlicher Beweggründe zu erforschen, die die von den großen Schriftstellern erlebten und interpretierten Tatsachen verschleiern.

Vor zehn Jahren schrieb Pierre Grimal: »Der Geist muß sich um jeden Preis von der fatalen Illusion befreien, die lange Zeit die erfahrensten Archäologen geblendet hat. Aus dem römischen Altertum kennen wir zunächst nur die Schriftsteller, die uns seit unserer Kindheit vertraut sind, und wir versuchen unbewußt, im Staub der Ruinen das wiederzufinden, was wir in den Texten erfahren haben. Aber Texte und Denkmäler (im weitesten Sinne: vom Kolosseum bis zur einfachsten Scherbe) sprechen nicht die gleiche Sprache. Jene lassen nur die großen Augenblicke und Gedanken erkennen und umgeben sie mit dem ganzen Prunk der Literatur. Der Zufall der Funde und der Ausgrabungen hingegen konfrontiert uns mit Gegenständen und Gebäuden, die so alltäglich sind, daß man sie niemals einer Erwähnung für würdig erachtet hat... Wir müssen uns damit abfinden: archäologische Erkenntnisse sind etwas anderes als die, die uns durch literarische Texte vermittelt werden.«[55]

Diese Worte gelten für Italien und außerhalb Italiens. Wenn ich dennoch auf die literarischen Texte zurückgegriffen habe, dann nicht deshalb, um daraus eine beschreibende Schilderung zu gewinnen. In keinem antiken Werk ist die Porta Nigra in Trier erwähnt, und ob sich diese oder jene Schlacht bei dem modernen Ort X oder Y abgespielt hat, ist schließlich nicht sehr wichtig. Wenn man dagegen im Rheinland das »Gewebe der Tage« fassen will, diese »Tausende von Minuten und Millionen von Wesen, aus denen sich Jahrhunderte und Generationen zusammensetzen«,[56] wird es immer notwendig sein, die Erzählung der großen Augenblicke zu würdigen, die die Reihe der Tage, an denen sich nichts ereignet hat, unterbrachen. Diese großen Augenblicke sind dem historischen Milieu, in dem sie auftreten, nicht fremd, im Gegenteil, sie leiten sich auf die eine oder andere Art davon ab. In einem Land, in dem Geschichte geschieht und sich wiederholt, das sich tagtäglich verändert, muß man durch diese Texte hindurch das Geschichtsbild erkennen, das man der Nachwelt übermitteln wollte.

Es ist Aufgabe der Archäologie, so weit wie möglich den Rahmen zu rekonstruieren, in dem diese Ereignisse stattgefunden haben; sie muß aber auch (und vielleicht vor allem) dem Paradox gerecht werden: »unabhängig von der traditionellen Geschichte, deren kapriziöse und zuweilen ungetreue Dienerin sie ist, unbekümmert um reine Schönheit, neigt sie sich über die verstreuten Stücke eines zeitlosen Geduldspiels. Einige der Stücke sind für immer abhanden gekommen, andere sind kaum zu entziffern. In dem endgültigen Bild, das man sich zusammenzusetzen bemüht, wird es leere Stellen geben, aber wir kommen schließlich nach jahrhundertelanger Anstrengung dazu, so gut wie möglich und trotz der Lücken und Ungewißheiten das Antlitz der Tage zu erkennen, an denen sich nichts ereignet hat und die nur deshalb bemerkenswert sind, weil es sie gegeben hat.«[57]

Abkürzungsverzeichnis

Periodica

AE	L'Année épigraphique.
B.A.L.	Bulletin d'Archéologie luxembourgeoise.
BJ	Bonner Jahrbücher.
RGK Ber.	Berichte der Römisch-Germanischen Kommission des Deutschen Archäologischen Instituts.
TZ	Trierer Zeitschrift für Kunst und Geschichte des Trierer Landes und seiner Umgebung.

Standardwerke

CIL	Corpus Inscriptionum Latinarum.
H. Dessau, ILS	H. Dessau, Inscriptiones Latinae Selectae.
Espérandieu	E. Espérandieu, Recueil général des statues et bas-reliefs de la Gaule.
PWRE	Pauly/Wissowa/Kroll, Realencyclopädie der klassischen Altertumswissenschaft.
H. von Petrikovits, RR	H. von Petrikovits, Das römische Rheinland. Archäologische Forschungen seit 1945. Köln 1960.

Anmerkungen

Einleitung

1 Caesar, *B. G. I*, 31, 5.
2 Vgl. A. Riese, *Das rheinische Germanien in der antiken Literatur*, Leipzig 1892, bes. 357 f.
3 Vgl. *B. G. I*, 2 f.
4 *B. G.* II, 4.
5 *B. G.* VI, 2 und 32.
6 *B. G.* II, 4.
7 Strabon; *Geogr.* IV, 194, und Tacitus, *Germ.*, Kap. 28.
8 *B. G.* VIII, 25.
9 R. Hachmann, G. Kossack, H. Kuhn, *Völker zwischen Germanen und Kelten*, Neumünster 1962.
10 Vgl. H. Aubin, J. Niessen, *Geschichtsatlas der Rheinprovinz*, Bonn u. Köln 1926.
11 Ch.-M. Ternes, *La Civitas Treverorum. Position du problème, état de la question*, in: Hémecht (Revue d'histoire nationale luxembourgeoise) 21, 1969, 2, 173 ff.; sowie jetzt ders., *Die römerzeitliche Civitas Treverorum im Bilde der Nachkriegsforschung I. Von der Gründung bis zum Ende des dritten Jahrhunderts*, in: *Aufstieg und Niedergang der römischen Welt* (Festschrift für J. Vogt), Berlin 1975, Bd. 2, 3.
12 Vgl. die Karten I und II in: W. Schleiermacher, *Der römische Limes in Deutschland*, Berlin ²1961.
13 Dieses große Landgut, das noch bis zur halben Höhe Mauern aus römischen Steinen *in situ* aufweist, befindet sich heute am rechten Rheinufer. In römischer Zeit lag es wohl auf dem linken Ufer. Wie an anderen Stellen, hat sich auch hier der Verlauf des Rheins erheblich geändert.

14 Vgl. die Karte ›Die Römerstraßen, Kastelle und Wasserleitungen der Rheinprovinz‹ im Atlas von H. Aubin und J. Niessen, a. a. O., Nr. 5.
15 Vgl. das grundlegende Werk von K. Tackenberg, *Fundkarten zur Vorgeschichte der Rheinprovinz*, Bonn 1954.
16 H. Aubin, J. Niessen, a. a. O., Nr. 4a.
17 K. Müllenhoff, *Deutsche Altertumskunde*, Berlin 1870–90, 5 Bde. Zweite Ausgabe von M. Roediger, Berlin 1890–1908, 5 Bde.
18 K. Schumacher, *Siedelungs- und Kulturgeschichte der Rheinlande*, 3 Bde., Mainz 1921, 1923, 1925.
19 J. Steinhausen, *Archäologische Siedlungskunde des Trierer Landes*, Trier 1936.
20 J. Meyer, *Studien zur Siedlungsgeschichte des Luxemburger Landes*, Berlin 1932.
21 P.-M. Duval, *La Vie quotidienne en Gaule pendant la paix romaine*, Paris 1952, und A. Birley, *Life in Roman Britain*, London ³1968.
22 Vgl. u. a. R. Cagnat, V. Chapot, *Manuel d'archéologie romaine* I, Paris 1917; II, 1920. A. Grenier, *Manuel d'archéologie, gallo-romaine*, 1931 ff., und: *Quatre villes romaines de Rhénanie, Trèves, Mayence, Bonn, Cologne*, Paris 1925; unersetzlich: J. Marquardt, *Das Privatleben der Römer*, Leipzig 1886, Neuaufl. Darmstadt 1964; ebenso das Werk von P.-M. Duval, a. a. O.

Erstes Kapitel

1 *B. G.* VI, 29 ff.
2 *B. G.* IV, 16.
3 C. B. Rüger, *Germania Inferior. Untersuchungen zur Territorial- und Verwaltungsgeschichte Niedergermaniens in der Prinzipatszeit*, Köln u. Graz 1968, 3 ff.
4 L. Weisgerber, *Die Namen der Ubier*, Köln 1968.
5 Vgl. B.A.L. I, 1969/70, 3, 13 ff.
6 *B. G.* V, 2, 4.
7 *B. G.* V, 31.
8 *B. G.* V, 3, 2 f.
9 *B. G.* V, 3, 6 f.
10 Vgl. J. Röder, *Zur sozialen Struktur der Vorzeit des Mittelrheingebietes*, in: TZ 18, 1949, 5 ff.
11 Vgl. W. Dehn, *Trier und das Trierer Land vor dem Erscheinen der Römer*, in: *Geschichte des Trierer Landes*, Bd. 1, Trier 1964, 39 ff.
12 XLVIII, 49, 2.
13 Dio Cassius LI, 20, 5; 21, 6.
14 Dio Cassius LIII, 24, 2.
15 C. B. Rüger, a. a. O., 9.
16 Florus II, 30, 26.
17 E. Kornemann, *Römische Geschichte*, Bd. 2, Stuttgart ³1954, 140.
18 Nicht im Osning, der erst durch Philipp Melanchthon den Namen ›Teutoburger Wald‹ erhalten hat,

sondern an einem noch nicht genau bestimmten Ort im Lippegebiet.
19 Tacitus, *Ann.* I, 3, 6.
20 Vgl. E. Norden, *Die germanische Urgeschichte in Tacitus' Germania*, Stuttgart ⁴1959.
21 J. Perret, *Introduction à ›La Germanie‹ de Tacite*, Paris 1949 (Collection Universités de France).
22 R. Chevallier, *Rome et la Germanie au Iᵉʳ siècle de notre ère*, Brüssel 1961 (Collection Latomus LIII).
23 J. Perret, a. a. O., 29 ff.
24 J. Perret, a. a. O., 7.
25 J. Perret, a. a. O., Anm. 2.
26 Zur Datierung vgl. C. Hosius, *Die Moselgedichte des Decimus Magnus Ausonius und des Venantius Fortunatus*, Marburg 1926.
27 Ch.-M. Ternes, *Paysage réel et coulisse idyllique dans la Mosella d'Ausone*, in: Revue des Études latines XLVIII, 1970, 376–397; sowie jetzt: ders., *Topographie trévire dans la »Mosella« d'Ausone*, in: *Littérature greco-romaine et géographie historique. Mélanges offerts à Roger Dion*, Paris 1974, 207–217.

Zweites Kapitel

1 Ovid, *Met.* II, 150 ff.
2 Ovid, *Met.* II, 364–366.
3 E. Sprockhoff, *Zur Handelsgeschichte der germanischen Bronzezeit*, Berlin 1930; ders., *Nordische Bronzezeit und frühes Griechentum*, in: *Jahrbuch des Römisch-Germanischen Zentralmuseums Mainz*, 1954.
4 Vgl. O. Maull, *Verkehrsgeographie des Rheingebietes*, in: *Der*

Rhein, Bd. 1, 2, 2, 1938, 58 ff.
5 Vgl. hierzu F. Drexel, in: *Germania Romana* II, ²1924, 24; F. Staehelin, *Die Schweiz in römischer Zeit*, Basel ²1931, 44; A. Grenier, *Les voies romaines en Gaule*, in: Revue des Cours et Conférences du 15 et 30 mars 1931, 593 ff.; sowie jetzt: G. Radke, *Viae Publicae Romanae*, Stuttgart 1971; R. Chevallier, *Les voies romaines*,

Paris 1972 (bes. S. 181–196, ill.);
H. E. Herzig, *Probleme des römischen Straßenwesens. Untersuchungen zu Geschichte und Recht*, in: *Aufstieg und Niedergang der römischen Welt*, Bd. 2, 1, Berlin 1974, 593–648.

6 Vgl. J. Hagen, *Die Römerstraßen der Rheinprovinz*, Bonn ²1931, XXVIII ff.

7 K. Schumacher, in: RGK Ber. 3, 1906/07; und Mainzer Zeitschrift 8/9, 1913/14, 107 ff.

8 Ulpianus, *Dig.* XLIII, 11, 1, 2.

9 Vgl. W. Piepers, in: *Beiträge zur Archäologie des römischen Rheinlandes*, Düsseldorf 1968, 317 ff.

10 Vgl. H. J. Niederehe, *Straße und Weg in der gallo-romanischen Toponomastik*, Genf 1967.

11 J. Hagen, a. a. O., XXX.

12 Caesar, *B. G.* IV, 17/18 (übers. von C. Woyte, Stuttgart: Reclam 1974).

13 Caesar, *B. G.* VI, 9, 1–5.

14 H. Cüppers, *Die Trierer Römerbrücken*, Mainz 1969, 173 ff.

15 F. Staehelin, a. a. O., *passim*.

16 R. Laur-Belart, *Führer durch Augusta Raurica*, 1959, 134.

17 O. Kraus, *Die römische Rheinbrücke bei Köln*, in: BJ 130, 1935, 232 f.

18 Tacitus, *Ann.* I, 69.

19 Tacitus, *Ann.* I, 49.

20 E. Hollstein, in: Germania 45, 1967, 80.

21 Vgl. *Lothringisches Jahrbuch 14*, 1902, 479.

22 Ch.-M. Ternes, *Les inscriptions antiques du Luxembourg*, Luxemburg 1965, 145, Nr. 128.

23 Ausonius, *Mos.*, V. 91 f.

24 *Geogr.* IV, 6, 11.

25 Florus, *Epit.* II, 30, 26.

26 Tacitus, *Ann.* I, 45.

27 Tacitus, *Hist.* IV, 60.

28 J. Hagen, a. a. O., IV.

29 Tacitus, *Hist.* IV, 71.

30 J. Hagen, a. a. O., IV.

31 Tacitus, *Hist.* I, 46.

32 K. Schumacher, *Siedelungs- und Kulturgeschichte der Rheinlande*, Bd. 2, Mainz 1923, 228.

33 K. Miller, *Die Peutingersche Tafel*, Stuttgart 1962, Neuaufl. der Ausgabe von 1888.

34 K. Miller, a. a. O., 2.

35 Ptolemaeus, *Geogr.* 2, 9, 8 ff., nach J. Hagen, a. a. O., IX.

36 *PWRE* IX, 2308.

37 Die modernen Namen entnehme ich dem Atlas von H. Aubin und J. Niessen sowie den Arbeiten von H. von Petrikovits.

38 Vgl. außerdem das *CIL* XIII; H. Dessau, *Inscriptiones Latinae Selectae (ILS)*, Bd. 2, 1, Berlin ³1962: Nr. 5830, 5832, 5839 und 5858; sowie A. Riese, *Das rheinische Germanien in den antiken Inschriften*, Leipzig u. Berlin 1914. Neudruck: Groningen 1968.

39 J. Hagen, a. a. O., X ff.; *CIL* XIII, 9185; A. Riese, 1967; H. Dessau, *ILS*, 5839.

40 Ch.-M. Ternes, *Inscriptions antiques du Luxembourg*, Luxemburg 1965, Nr. 83a.

41 Man wird weiterhin mit Erstaunen die sehr kühne Rekonstruktion zur Kenntnis nehmen, die Zangemeister in *CIL* XIII, 4085, gegeben hat und der auch Hagen gefolgt ist (a. a. O., XII).

42 J. Hagen, a. a. O., XVII.

43 Drei Veröffentlichungen – von denen keine den Anspruch auf Endgültigkeit oder Vollständigkeit erheben kann – bestimmen gegenwärtig noch unsere gesamte Kenntnis des antiken Wegenetzes der Rheinlande: K. Schumacher, *Erforschung des römischen und vorrömischen Straßennetzes in Westdeutschland*, in: RGK Ber., 1906, 11 ff.; J. Hagen, a. a. O; H. Aubin, J. Niessen, a. a. O., Nr. 5.

44 Auf der Karte von Schumacher, die wir in der Abb. 6 wiedergegeben haben, muß die rheinische Straße zwischen Bingen und Boppard selbstverständlich noch ein-

gefügt werden.
45 H. von Petrikovits, *RR*, 73.
46 Vgl. u. a. A. Grenier, *Manuel* I, 1931, 365 ff.

Drittes Kapitel

1 O. Doppelfeld, *Heer und Verwaltung in den Rheinlanden*, in: *Römer am Rhein*, Köln ³1967, 23 ff.
2 Vgl. A. Saxer, *Untersuchungen zu den Vexillationen des römischen Kaiserheeres von Augustus bis Diokletian*, Köln 1967 (Epigraphische Studien, Bd. 1).
3 *Ann.* I, 38, 1.
4 Tacitus, *Ann.* IV, 73, 1.
5 H. Dessau, *ILS* 9200.
6 *CIL* X, 5829.
7 H. Dessau, *ILS* 9116.
8 A. Saxer, a. a. O., 53.
9 A. Saxer, a. a. O., 77; *CIL* XIII, 7714.
10 E. Ritterling, E. Groag, E. Stein, *Fasti des römischen Deutschland unter dem Prinzipat*, Wien 1932; A. Grenier, *Manuel* I, 1931, 136 ff., 229 ff.
11 G. Alföldy, *Die Legionslegaten der römischen Rheinarmeen*, Köln u. Graz 1967 (Epigraphische Studien, Bd. 3).
12 Vgl. G. Alföldy, *Die Hilfstruppen der römischen Provinz Germania Inferior*, Düsseldorf 1968 (Epigraphische Studien, Bd. 6).
13 *B. G.* II, 24; V, 2.
14 Tacitus, *Ann.* III, 42, 1 (übers. von W. Sontheimer, Stuttgart: Reclam 1974).
15 a. a. O., 37.
16 G. Alföldy, a. a. O., 188, Nr. 69.
17 Ebenso wie eine andere *ala Vocontiorum*, die in Ägypten stationiert war. – Vgl. H. G. Pflaum, *Les carrières procuratoriennes équestres sous le Haut-Empire ro-*

main I, Paris 1960/61, 244, und Ch.-M. Ternes, *L'inscription d'un flamine, de Mersch*, in: Bulletin des Antiquités Luxembourgeoises 4, 1973, 160–170, ill.
18 *CIL* XIII, 3463.
19 Nach G. Alföldy, a. a. O., 41, im Jahr 89.
20 Vgl. Ch.-M. Ternes, a. a. O., Nr. 109.
21 *CIL* XIII, 4030, und Ch.-M. Ternes in: B. A. L. 4, 1973, 260–270, ill.
22 Alle diese Angaben beziehen sich offensichtlich auf die Zeit vor der diokletianischen Reform.
23 In Wirklichkeit gab es zweifellos mehr davon; es gab mehrere gallische, batavische und germanische Kohorten; aber es ist bisher nicht gelungen, sie voneinander zu unterscheiden.
24 G. Alföldy, a. a. O., 79, und 220 bis 223, Nr. 186 f.; *CIL* XIII, 8053 und 8825.
25 Vgl. E. Stein (E. Ritterling), *Die kaiserlichen Beamten und Truppenkörper im römischen Deutschland unter dem Prinzipat*, Wien 1932, 233 ff.
26 Nach Arrian, *Takt.* 44, nach E. Stein (E. Ritterling), a. a. O., 236.
27 In Zugmantel und Holzhausen.
28 Espérandieu, *Recueil général des bas-reliefs et bustes de la Gaule romaine*, 5852; *CIL* XIII, 7029.
29 Espérandieu 5861; *CIL* XIII, 7041.
30 Espérandieu 5854; *CIL* XIII, 7023.

31 Espérandieu 6014; *CIL* XIII, 6233.

32 Espérandieu 6292; *CIL* XIII, 8095.

33 Espérandieu 6575; G. Alfoeldy, a. a. O., 172, Nr. 20.

34 Espérandieu 6125; *CIL* XIII, 7505.

35 Von Bingen: Espérandieu 6136; *CIL* XIII, 7513.

36 Espérandieu 6137; *CIL* XIII, 7514.

37 Florus II, 30, 26. Zu *Gesoriacum* vgl. J. Heurgon, *Encore un problème de Boulogne: le port de Drusus*, in: Revue des Études anciennes 51, 1949, 324–326.

38 Nach E. Stein (E. Ritterling), a. a. O., 274 ff.

39 Vgl. *CIL* XIII, 7681, 8322, 8323, 8843 usw.

40 *CIL* XIII, 7723.

41 Vgl. *Ann.* I, 45.

42 Tacitus, *Germ.* 34; Sueton, *Claudius* 1, 2. Dio Cassius LIV, 32, 2.

43 Velleius Paterculus II, 106; Plinius, *N. H.* II, 167.

44 *Ann.* II, 23 ff. (übers. von W. Sontheimer, Stuttgart: Reclam 1974).

45 Tacitus, *Ann.* IV, 72 f.

46 L. Bonnard, *La navigation intérieure de la Gaule à l'époque gallo-romaine*, Paris 1913, 224 ff.

47 Tacitus, *Hist.* V, 22.

48 D. Hoffmann, *Das spätrömische Bewegungsheer und die Notitia Dignitatum*, Bd. 2, Düsseldorf 1969 (Epigraphische Studien, Bd. 7); Ausgabe der *Notitia dignitatum*: O. Seeck, Berlin 1876 (Neuaufl. Frankfurt 1962).

49 An anderen Stellen der *Notitia* sind die ein wenig abweichenden Unterabteilungen das Resultat von Fehlern in der Überlieferung des Textes. Andererseits werden die Schilde, die als die charakteristischen Zeichen verschiedener Ein-

heiten gelten, oft entstellt und bunt durcheinander wiedergegeben. Vgl. D. Hoffmann, a. a. O., 7 f.

50 E. Stein (E. Ritterling), a. a. O., 27 ff., die Velleius Paterculus II, 117, 1, und 120, 1 zitieren.

51 Nach *CIL* VI, 2725.

52 *CIL* XIII, 8648; Espérandieu 6581; *Germania Romana* II, Heidelberg 1965, 64 ff. (H. von Petrikovits).

53 Dio Cassius LVI, 23.

54 Tacitus, *Ann.* I, 55–71.

55 Tacitus, *Ann.* III, 45 ff.

56 Tacitus, *Hist.* I, 7–9; Sueton, *Galba* 11, 16; Vitellius 7 f.

57 O. Doppelfeld, *Die Legion und ihre Hilfstruppen im Lager*, in: *Römer am Rhein*, Köln ³1967, 26 ff.

58 O. Doppelfeld, a. a. O., 29 f.

59 Wir kennen nicht die genaue Bedeutung der verschiedenen *signa* und *vexilla*; es scheint, daß die *vexilla* der Kavallerie an einer Querstange angebracht waren, an welcher ein Stoffstück hing; die *vexilla* der Infanteristen trugen an dieser Fahnenstange manchmal aus Metall bestehende Bändchen.

60 O. Doppelfeld, a. a. O., 30.

61 O. Doppelfeld, a. a. O., 33; sowie B. Dobson, *The Significance of the Centurion and ›Primipilaris‹ in the Roman Army and Administration*, in ANRW II, 1, 1974, 392–434. Allgemein auch ebd. 263–298, 339–391, 435–451.

62 *CIL* XIII, 12057; R. Much, *Die Germania des Tacitus*, Heidelberg ²1959, 282; O. Doppelfeld, *Der Rhein und die Römer*, Köln 1970, Abb. 74.

63 Konstantin ändert dieses Beförderungssystem beträchtlich, vor allem durch die Errichtung der 13 Diözesen, eine jede unter dem Befehl eines *vicarius*, die 4 Präfekturen des Prätoriums (Orient,

Illyrien, Gallien, Italien), neben denen der Präfekten von Rom und von Konstantinopel, die von 360 an *illustrissimi* genannt werden.

64 O. Doppelfeld, *Der Rhein und die Römer*, a. a. O., 14.

65 Vgl. z. B. die oben erwähnte Stele des Caelius und u. a. Espérandieu 6164, 5792, 6014 usw.

66 H. Reinhardt, *Griechische und römische Kriegsaltertümer, für den Gebrauch in Gelehrtenschulen zusammengestellt*, Stuttgart 1859, Tafel IX.

67 Vom 3. Jh. an wurden diese *dona militaria* durch Schenkungen in barem Geld ersetzt.

68 Nach E. Stein (E. Ritterling), a. a. O.

69 Bis zum Anfang des 2. Jh.s unterstanden die römischen Bürger, die Senatoren, die Ritter, die Dekurionen, Zenturionen und *principales* nicht seiner Rechtsprechung in Kriminalfällen.

70 E. Stein (E. Ritterling), a. a. O., 36, weist darauf hin, daß der Legat jedoch zum alleinigen und persönlichen Amt Bestallungen für den Transport des *cursus publicus* bewilligen konnte.

71 Daher die Bezeichnung *quinquefascialis*.

72 E. Stein, a. a. O., 39, weist auf zwei *liberit* aus dem 1. und 2. Jh. hin.

73 *CIL* VIII, 11813.

74 *CIL* VI, 31, 871, und H. G. Pflaum, *Les carrières procuratoriennes équestres* I, Paris 1960 (1962), 535, Nr. 195; er verweist auf S. J. de Laet, *Portorium*, Brügge 1949, 400 ff.

75 Der *tabularius Augusti et Augustae*, der für Wasserbillig (Großherzogtum Luxemburg) belegt ist, war beauftragt mit der *res privata*, d. h. der Privatdomäne des Kaisers. Vgl. Ch.-M. Ternes,

a. a. O., Nr. 128; AE 1967 (1969), Nr. 320, sowie *CIL* XI, 2710a, und III, 3851.

76 AE 1968 (1970), Nr. 321. Ich danke H. G. Pflaum, mit bestätigt zu haben, daß der *praefectus ad ripam Rheni* eine ›militärische‹ und keine ›Zollfunktion‹ hatte.

77 *CIL* II, 4519.

78 Wegen der Feldzüge des Jahres 16 übertrug er die Verantwortung dem P. Vitellius und C. Antius.

79 Immer nach E. Stein (E. Ritterling), a. a. O., 63.

80 Vgl. z. B. *CIL* XIII, 8185 und 8223 in Köln, 7032 und vielleicht 7057 in Mainz.

81 Sie umfassen eine Sonderabteilung von *stratores*, die die Pferdeställe zu beaufsichtigen hatten.

82 Vgl. z. B. *CIL* XIII, 6803.

83 Die Epigraphie belegt *beneficiarii* am Vinxtbach, in Remagen, Netersheim, Aix, Zülpich, Rheder, Dottendorf, Köln, Deutz, Asberg, Xanten, Qualburg für Untergermanien; für Obergermanien: in Mainz, Nierstein, Altrip, Germersheim, Straßburg, in Soleure, vielleicht in Gex; am rechten Rheinufer: Bischofsheim, Heidelberg, Friedberg, Heddernheim, Stockstadt, Obernburg, Gundelsheim, Böckingen, Cannstatt, Köngen, Miltenberg, Osterburken und Jagsthausen. Nach E. Stein (E. Ritterling), a. a. O., 80–82, mit allen Nachweisen; vgl. ebenso das Kartogramm Nr. 23: ›Benefiziarierstationen im Rheinland‹, in: H. von Petrikovits, *RR*, 73.

84 Vgl. z. B. *CIL* XIII, 5797.

85 Vgl. C. B. Rüger, a. a. O., bes. 51 ff.

86 Nach M. Klinkenberg, in: Jahrbücher des kölnischen Geschichtsvereins 12, 1930, 165 ff.

87 H. von Petrikovits, in: BJ 152, 1952, 151.

88 C. B. Rüger, a. a. O., lehnt die alte Bezeichnung *territorium legionis* ab.

89 Die genaue Ausdehnung von diesem militärischen Nutzland ist nur annähernd bekannt.

90 *CIL* VIII, 8701.

91 J. Bradford, *Ancient Landscapes. Studies in Field Archeology*, London 1957, 145 ff.; sowie R. Chevallier, *Cadastres antiques et photographie aérienne. Essai de méthode*, in: RAE, 1957, 264–278; und: *La centuriation et les problèmes de la colonisation romaine*, in: Études rurales, Oktober–Dezember 1961, 54–78; sowie: *Cité et territoire. Solutions romaines aux problèmes de l'organisation de l'espace. Problematique 1948–73*, in: *Aufstieg und Niedergang der römischen Welt*, Bd. 2, 1, Berlin 1974, 649–788, ill. Zur Frage der Landvermessung O. A. W. Dilkes, *Archaeological and Epigraphic Evidence of Roman Land Surveys*, ebd., 564–592.

92 Velleius Paterculus II, 120.

93 Nach W. Schleiermacher, a. a. O., 14.

94 Viele Verwechslungen entstehen, weil die meisten Werke, die sich mit dem Limes beschäftigen, nur den obergermanischen behandeln. Schleiermachers Werk gehört zu diesen Werken.

95 Zusammenfassung bei H. von Petrikovits, *RR*, 17 ff.

96 *Histoire de Jules César*, Paris 1865, 2, 271 ff., zitiert nach H. von Petrikovits, *RR*, 19. Anm. 18.

97 Ähnliche Konstruktionen in Köln-Alteburg und Remagen.

98 A. Zippelius, in: BJ 152, 1952, 81 ff. und 105.

99 H. von Petrikovits, *RR*, 33, verweist auf Tacitus, *Ann.* I, 37, um die ›dauernde‹ und nicht nur ›jahreszeitbedingte‹ Existenz zu belegen.

100 Vgl. F. Fischer in: *Duisburger Forschungen* 2, 1959, 162 ff.

101 Das ist besonders der Fall von Titelberg im Großherzogtum Luxemburg, einem aus einem keltischen *oppidum* hervorgegangenen *vicus*, einem wichtigen regionalen Handelsknotenpunkt zwischen den *civitates* der Treverer und denen der Mediomatriker, Remer und Tungrer.

102 Vgl. ebenso A. Grenier, *Manuel* I, 1931, 258 ff.; III, 1958, 578 ff.

103 Vgl. BJ 111/112, 1904.

104 H. von Petrikovits, *RR*, 43.

105 Einige ergänzende Hinweise bei D. Wortmann, *Untersuchungen an der Südostecke des römischen Lagers in Bonn*, in: *Beiträge zur Archäologie des römischen Rheinlandes*, Düsseldorf 1968, 323–330.

106 Nach W. Piepers, D. Haupt, *Gelduba*, ebd., 213 ff. Ausführlicher Bericht auch in: *Beiträge zur Archäologie des römischen Rheinlandes*, Bd. 2, 1972, 242–339, ill. Dort auch Berichte über Lageranlagen in Bergheim Wiedenfeld (18–78) und Meckenheim (79–83).

107 Frontin I, III, 10.

108 W. Schleiermacher, a. a. O., 219 f.

109 Offizielle Veröffentlichung der Ergebnisse in den 14 Bänden von E. Fabricius, F. Hettner, O. von Sarwey, *Der obergermanisch-raetische Limes des Römerreiches*, 1894 bis 1937, sowie in der jüngeren Reihe der Limesforschungen.

110 Vgl. hauptsächlich: L. Jacobi, *Das Römerkastell Saalburg bei Homburg*, 1897; H. Jacobi, *Das Kastell Saalburg*, 1937; P. R. Franke, *Die römischen Fundmünzen aus dem Saalburgkastell*, in: Saalburgjahrbuch 15, 1956, 5 ff.; W. Schleiermacher, a. a. O., und: ›Der Limes im Hochtaunus‹ (archäologische Karte 1 : 50 000),

1969; D. Baatz, *Die Saalburg.
Ein Führer durch das römische
Kastell und seine Geschichte*, Ans-
pach ²1970.

111 A. Riese, *Das rheinische Germa-
nien in den antiken Inschriften*,
Leipzig u. Berlin 1914, Nr. 184 =
CIL XIII, 7465.

112 Ich entnehme diese Angaben dem
oben erwähnten ausgezeichneten
Führer von D. Baatz.

113 Seine Arbeiten – *Alte Verschan-
zungen und Grabhügel auf dem
Hunsrück*, Bonn 1852; und: *Ring-
wälle und ähnliche Anlagen im
Taunus und anderwärts*, Braunschweig 1861 – waren lange Zeit
ausschlaggebend.

114 *CIL* XIII, 7444, 7445, 7460, 7457,
7469, 7470.

115 *CIL* XIII, 7460, 7469. Auf einer
dritten Inschrift (*CIL* XIII, 7470)
ist der Name des Initiators nicht
erhalten.

Viertes Kapitel

1 Ausführliche Zusammenfassung
bei R. Étienne, *La Vie quotidienne à Pompéi*, Paris: Hachette
1966, 277 ff., »Maisons et jardins«
(In der deutschen Übers. von
I. Rauthe-Welsch, Stuttgart: Reclam 1974, 259–297). Sie zeigt,
daß der Grundriß pompeianischer
Häuser viel mehr voneinander abweicht, als bisher vermutet wurde.
Das Haus des Pansa stellt vielleicht den ›klassischen‹ Typus dar.
Vgl. dazu R. Cagnat, V. Chapot,
Manuel d'archéologie romaine I,
Paris 1917, 280, Abb. 146.

2 *The Plans of Roman Villas in
Britain*, in: A. L. F. Rivet, *The
Roman Villa in Britain*, London
1969, 49 ff. Posthume, unvoll-
ständige Veröffentlichung.

3 Ch.-M. Ternes, *Das römische
Luxemburg*, Zürich 1974, 66 ff.,
und R. Schindler, *Die Aleburg bei
Befort*, in: Hémecht 21, 1969, 1,
37 ff.

4 Vgl. F. Oelmann, in: BJ 135,
1928, 51 ff.

5 Vgl. F. Fremersdorf, *Der römische
Gutshof Köln-Müngersdorf*, Berlin 1933.

6 Vgl. W. C. Braat, *Die Besiedlung
des römischen Reichsgebietes in
den heutigen nördlichen Niederlanden*, in: *Germania Romana*
III, Heidelberg 1970, 43 ff.

7 Vgl. H. von Petrikovits, *RR*,
104, Abb. 35, und H. Hinz,
Xanten zur Römerzeit, Xanten
1967, 19, Abb. 9.

8 Entsprechende Überlegungen gelten für Großbritannien (vgl. das
oben genannte Werk von A. L. F.
Rivet, 1 ff.) und Gallien (vgl.
z. B. R. Agache, *Détection aérienne
de vestiges protohistoriques gallo-
romains et médiévaux dans le
bassin de la Somme et ses abords*,
Amiens 1970, [1971]).

9 Vgl. Ch.-M. Ternes, *Les villas romaines du Grand-Duché de Luxembourg. Etat de la question*, in:
Helinium VII, 1967, 2, 121–143.

10 Wertvolle Angaben bei R. Chevallier, *Mines et carrières dans le
monde romain*, in: Caesarodunum,
Suppl. 14, 1971.

11 Es ist kein Zufall, daß die Prachtvillen gerade im trevirischen Gebiet liegen, wo die Auswirkungen
römischen Friedens deutlicher
spürbar waren als an den Ufern
des Rheins.

12 I, 1, 1. Ausgabe: C. Fensterbusch,
Darmstadt 1964.

13 P. Thielscher, in: *PWRE* IX, A 1,
487 ff.

14 *N. H.* 36, 48.
15 Trotz Thielschers Scharfsinn kann die Identifizierung nicht als ganz sicher gelten.
16 Vitruv verwendet den Ausdruck chors, -tis, Hof der Farm, im Sinn von Columella, *Rust.* II, 14, 8.
17 *Habitations gauloises et villas latines dans la cité des Médiomatrices,* Paris 1906, 58 ff.
18 Cato, *Agr.* III ff.
19 Columella, *Rust.* I, 11 ff.
20 Varro, *Rust.* I, 4–6.
21 Palladius, *Agr.* I.
22 Die Skizze von A. Grenier, a. a. O., 61, Abb. 1, hat keinen Maßstab.
23 Hauptsächlich aus diesem Grund habe ich Vitruv *in extenso* zitiert.
24 A. Grenier, a. a. O., 64.
25 Nach: Westdeutsche Zeitschrift 1896, 1 ff. Vgl. Schumacher, a. a. O., 1923, 195.
26 W. C. Braat, in: Oudheidkundige Mededelingen Leiden 34, 1953, 48 ff.
27 H. Hinz, Zur römischen Besiedlung in der Kölner Bucht, in: *Germania Romana* III, 1970, 63.
28 Dieser Eindruck ist bedingt durch Fehlen aller Zeichen auf dem unnumerierten Plan, den ich eingesehen habe.
29 F. Oelmann, *Die Villa rustica bei Stahl und Verwandtes,* in: Germania V, 1921, 64–73, und in: BJ LXII, 1878, 1 ff.
30 Vgl. TZ 24–26, 1956–58, 2, 511 ff.
31 F. Fremersdorf, a. a. O.
32 F. Oelmann, *Ein gallo-römischer Bauernhof bei Mayen,* in: BJ 133, 1928, 51 ff.
33 J. Marquardt, *Das Privatleben der Römer* I, a. a. O., 228.
34 J. Marquardt, a. a. O., 232 ff.
35 Vgl. K. Parlasca, *Die römischen Mosaiken in Deutschland,* Berlin 1959.
36 Vgl. u. a. R. Louis, in: *Mémorial d'un voyage en Rhénanie de la Société nationale des Antiquaires de France,* 1953, 217 ff.
37 Lactantius, *Opif.* 8, 11, zit. bei Marquardt.
38 Vgl. F. Kretzschmer, *Der Betriebsversuch an einem Hypokaustum der Saalburg,* in: Germania 31, 1953, 64 ff.
39 Vgl. u. a. H. Koethe, *Die Bäder römischer Villen im Trierer Bezirk,* in: RGK Ber. 30, 1940, 43 bis 131.
40 J. H. Holwerda, *Romeinsche Sarcophag uit Simpelveld,* in: Oudheidkundige Mededelingen Leiden 12, 1931, 27 ff.
41 Es befindet sich im Rijksmuseum in Leiden; Abgüsse stehen im Bonenfantenmuseum in Maastricht sowie im Römisch-Germanischen Zentralmuseum in Mainz; Abbildung in: Ch.-M. Ternes, *Das römische Luxemburg,* Zürich 1974, 84/85, Tafeln 37–40.
43 Vgl. A. Kolling, *Schwarzenacker, eine römische Kleinstadt zwischen Metz und Mainz,* in: *Germania Romana* III, Heidelberg 1970, 70 ff.
43 J. D. Schoepflinius, *Alsatia illustrata, celtica, romana, francisca,* 1751, I, 539 ff.
44 Vollständige Bibliographie bei Ch.-M. Ternes, *Index des travaux concernant l'archéologie, contenus dans les volumes 1–80 des Publications de la Section Historique de l'Institut grand-ducal de Luxembourg,* Bd. 85, 1969 (1970), 111.
45 Vgl. *Bericht über die Forschungsgrabungen im römischen Pachten,* in: *Beiträge zur saarländischen Archäologie* 11, 1964, 5 ff.
46 H. Klumbach, *Bingen zur Römerzeit,* in: *Führer zu vor- und frühgeschichtlichen Denkmälern,* Bd. 12, Mainz 1969, 127 ff.

320 *Anmerkungen*

47 Schumacher, a. a. O., Bd. 2, 112 f., und Klumbach, a. a. O., 143.
48 *CIL* XIII, 7550–55.
49 Vgl. B. Stümpel, in: *Führer . . .*, Bd. 12, a. a. O., 162 ff.
50 *CIL* XIII, 6265.
51 Nach H. von Petrikovits, *RR*, 85 ff., sowie jetzt: P. La Baume, *Das römische Köln*, in: BJ 172, 1972, 270 ff., und O. Doppelfeld, *Rom am Dom. Ausgrabungen des Römisch-Germanischen Museums Köln*, Köln o. J.
52 Germania 34, 1956, 83 ff.
53 Nach H. Klumbach, in: Mainz, *Führer zu vor- und frühgeschichtlichen Denkmälern*, Bd. 11, Mainz 1969, sowie jetzt: K. H. Esser, *Mogontiacum*, in: Bf. 172, 1972, 212 ff.
54 Vgl. D. Baatz, *Mogontiacum. Neue Untersuchungen am römischen Legionslager in Mainz*, Berlin 1962.
55 *CIL* XIII, 6820.
56 F. Quilling, *Die Juppitersäule des Samus und Severus, das Denkmal in Mainz und seine Nachbildung auf der Saalburg*, 1918.
57 Vgl. auch die Deutung von K. Körber, *Die große Juppitersäule im Altertumsmuseum der Stadt*, Mainz 1915, die von der Quillings abweicht.

58 H. Kähler s. v. ›Triumphbogen‹, in: PWRE VII, A 418, 35 ff., und G. Behrens, in: Mainzer Zeitschrift 48/49, 1953/54, 84 f.
59 *CIL* XIII, 6705.
60 *Oden* IV, 4, 18–20.
61 *Führer . . .*, Bd. 11, a. a. O., 130.
62 Klumbach, a. a. O., 117.
63 Klumbach, a. a. O., 118, entscheidet sich für das 2. Jh., jedoch nicht vorbehaltlos.
64 Im ›Cabinet des Médailles de la Bibliothèque nationale‹ in Paris.
65 Schweizer Münzblätter 8, 1958, 63 ff.
66 D. Baatz, a. a. O., 63.
67 H. Hinz, *Xanten zur Römerzeit*, a. a. O.
68 *CIL* XIII, 6244.
69 *CIL* XIII, 6243.
70 Nach G. Illert, in: *Führer . . .*, Bd. 13, a. a. O., Mainz 1969, 1 ff.
71 H. Aubin, Th. Frings, J. Müller, *Kulturströmungen und Kulturprovinzen in den Rheinlanden. Geschichte, Sprache, Volkskunde*, Bonn 1926, neue, unveränd. Aufl. 1966.
72 Natürlich ist dies für uns nur insofern wichtig, als die alte Geschichte der Germanen zur Antwort auf die Frage beiträgt. Andere Betrachtungen gehen über den Rahmen dieses Buches hinaus.

Fünftes Kapitel

1 Tacitus, *Germ.*, Kap. 9.
2 *B. G.* VI, 16–18.
3 F. Le Roux, *Introduction générale à l'étude de la tradition celtique*, Bd. 1, Rennes 1967, und Ch.-M. Ternes, *Les divinités gallo-romaines attestées par nos inscriptions antiques*, in: Hémecht 21, 1969, 4, 425 ff.
4 Nach O. Doppelfeld, Römer am Rhein, Köln ³1967, 64 ff.

5 Tacitus, *Germ.* 43, 3.
6 Ihr Name fehlt in dem Katalog von Ristow; vgl. O. Doppelfeld, a. a. O., 64 ff.
7 Vgl. u. a. G. Dumézil, *Les dieux des Indo-Européens*, Paris 1952, und: *La religion romaine archaïque*, Paris 1966.
8 Besser sollte man vom ›nahen‹ Himmel sprechen, damit man sich die Götter nicht, wie in den helle-

nistischen Philosophien, in für die Menschen nebelhafte Ferne entrückt vorstellt.

9 J. Bayet, *Histoire politique et psychologique de la religion romaine*, Paris 1957.

10 Vgl. dazu S. Gutenbrunner, *Die germanischen Götternamen der antiken Inschriften*, Halle 1936.

11 Die älteste lateinische Göttertrias umfaßte Juppiter, Mars und Quirinus; die beiden letzteren wurden zugunsten von Juno und Minerva verdrängt.

12 Vgl. z. B. H. Schoppa, *Römische Götterdenkmäler in Köln*, Köln 1959, Tafel 79b und 87, Nr. 95, sowie den illustrierten Führer des Musée d'Histoire et d'Art à Luxembourg, Tafel 18.

13 Diese Interpretation ist irrig, vgl. Ch.-M. Ternes, *Les divinités gallo-romaines attestées dans nos inscriptions*, in: Hémecht 21, 1969, 4, 450.

14 E. Norden, *Die germanische Urgeschichte in Tacitus' Germania*, Stuttgart ⁴1959, 171 ff.

15 Tacitus, *Germ.*, Kap. 3.

16 Vgl. besonders die Stadtgründungen Alexander des Großen in: Strabon, *Geogr.* III, 171.

17 A. Riese, a. a. O., 304 ff.

18 E. Norden, a. a. O., 174.

19 Vgl. F. Le Roux, *Notes sur le Mercure celtique*, in: Ogam 4, 1952, 289 ff.

20 E. Tonnelat, *La religion des Germains*, in: *Les religions de l'Europe ancienne*, Bd. 3, Paris 1948, 321 ff.

21 G. Dumézil, a. a. O., 24 ff.

22 Tacitus, *Germ.*, Kap. 43.

23 Tacitus, *Germ.*, Kap. 9.

24 Tacitus, *Germ.*, Kap 43

25 G. Dumézil, a. a. O., 26.

26 A. Housesteads; vgl. Dessau, *ILS* 4760.

27 Ich möchte hier auf weitere Aus-

führungen über römische, keltische und gallische Götter verzichten. Außer den schon erwähnten Werken empfehlen sich als Nachschlagewerke: P.-M. Duval, *Les dieux de la Gaule*, Paris 1957; W. Schleiermacher, *Studien an Göttertypen der römischen Rheinprovinzen*, in: RGK Ber. 23, 1933, 109 ff.; F. Drexel, *Die Götterverehrung im römischen Germanien*, in: RGK Ber. 14, 1923, 1 ff.

28 F. Cumont, *Les religions orientales dans le paganisme romain*, hrsg. nach der 4. frz. Ausgabe, mit einem Kommentar von A. Burckhardt-Brandenberg, Stuttgart 1959.

29 F. Cumont, a. a. O., 26 ff.

30 Vgl. M. J. Vermaseren, *Mithras. Geschichte eines Kultes*, Stuttgart 1965.

31 Porphyrios, *Antr.* 24.

32 J.-J. Hatt, *Strasbourg. Musée archéologique. Sculptures antiques régionales*, Paris 1964, Abb. 24 ff.

33 Nach R. Forrer, *L'Alsace romaine*, Paris 1935, 179.

34 E. Will, *Le relief mithriaque de Strasbourg-Königshoffen*, in: Revue archéologique 1950, 67–85 ff.

35 Tertullianus, *Apol.* 8 und *Nat.* V, 7.

36 Erläutert bei M. J. Vermaseren, a. a. O., 113 ff.

37 M. J. Vermaseren, a. a. O., 154.

38 Ausführlich behandelt bei W. Neuss, *Die Anfänge des Christentums im Rheinlande*, Bonn ²1933.

39 Irenaeus, *Adv. haer.* I, 10.

40 H. von Petrikovits, *RR*, 137, und: Ch.-M. Ternes, *L'etablissement du christianisme en Rhénanie romaine*, in: Bulletin des Antiquités Luxembourgeoises 5, 1974, 209 bis 218.

41 Tertullianus, *Adv. Iud.* 7.

42 I, 6.

43 II, 6, zitiert bei W. Neuss, a. a. O., 8.
44 Sozomenos, *Hist. eccl.* X, 5.
45 Ammianus Marcellinus XXVII, 10.
46 Hieronymus, *Epist.* 123, 16.
47 *Carmen* IX, 10.
48 Auch die Notiz des Alman von Hautvillers aus der Zeit zwischen 845 und 882 erweist sich als glaubwürdig. Er bestätigt, daß die Kaiserin Helena mit dem Gebäude der von Agritius geleiteten Gemeinde ein Geschenk machte. Vgl. E. Ewig, *Trier im Merowingerreich*, in: TZ 21, 1952, 28 ff.
49 Katalog: *Frühchristliche Zeugnisse im Einzugsgebiet von Rhein und Mosel*, Trier 1965; vgl. bes. 222, die Rekonstruktion der Doppelkirche der konstantinischen Zeit.
50 Vgl. E. Gose, *Katalog der frühchristlichen Inschriften in Trier*, Berlin 1958, und E. Gose, *Neue frühchristliche Grabinschriften aus St. Matthias zu Trier*, in: TZ 28, 1965, 69–75, ebenso wie der oben bereits erwähnte Katalog, Tafel 6 ff.
51 Vgl. De Vesly, *Les fana ou petits temples gallo-romains de la région normande*, 1908.
52 Vgl. u. a. M. J. T. Lewis, *Temples in Roman Britain*, Cambridge 1966, 174, Abb. 45.
53 M. J. T. Lewis, a. a. O., 174, Abb. 46.
54 W. Binsfeld, *Das Quellheiligtum Wallenborn bei Heckenmünster, Kr. Wittlich*, in: TZ 32, 1969, 239 ff., sowie Ch.-M. Ternes, *Les sanctuaires des Trévires*, in: Caesarodunum 8, 1973, 6–16, 56 ill.
55 Andere Beispiele von hexagonalen, oktogonalen und monopterischen Heiligtümern in: RGK Ber. 23, 1933, 73 ff., Nr. 21, 23 und 24a.
56 Vgl. A. Grenier, *Manuel IV*, Paris 1960, 730 ff.
57 Ch. W. Schmidt, *Die Jagdvilla zu Fließem*, Trier 1843.
58 E. Gose, *Der Tempelbezirk von Otrang bei Fließem*, in: TZ 7, 1932, 123 ff.
59 Vgl. R. Forrer, a. a. O., 170.
60 Es befand sich an der Stelle der protestantischen Kirche.
61 R. Schindler, *Die Mithrashöhle von Saarbrücken*, Saarbrücken 1964.

Sechstes Kapitel

1 Vgl. besonders RAE 8, 1957, 264 ff., 368 ff.; Bulletin d'Archéologie marocaine (Suppl.); Études rurales, 1961, 54 ff., und: *La photographie aérienne*, Paris 1971.
2 Vgl. M. Müller-Wille, *Die landwirtschaftliche Grundlage der Villae Rusticae*, in: Germania Romana III, 1970, 26 ff.
3 Bei der Katastrierung gab es auch andere Parzelleneinteilungen: *laciniae, strigae, scamnae*, langgezogene Streifen, vor allem bei der Einteilung der Weinberge.
4 Vgl. H. Hinz, *Zur römischen Besiedlung in der Kölner Bucht*, in: Germania Romana III, 1970, 62 ff.
5 Ich danke Herrn Professor L. Reichling, daß er mir bei der Definition, Übersetzung und Identifizierung dieser Pflanzen geholfen hat.
6 W. Haberey in: BJ 149, 1949, 94 ff., sowie K. D. White, *Agricultural Implements of the Roman World*, Cambridge 1967.
7 M. Renard, *Technique et agriculture en pays rémois et trévire*, Brüssel 1959 (Collection Latomus

XXXVIII); H. Cüppers, *Gallo-römische Mähmaschine auf einem Relief in Trier*, in: TZ 27, 1964, 151–153, und K. D. White, a. a. O., 157–173.

8 Palladius VII, 2; Plinius, *N. H.* XVIII, 26.

9 Vgl. L. Moritz, *Grain Mills and Flour in Classical Antiquity*, London 1958.

10 H. von Petrikovits, *RR*, 120.

11 Vgl. vor allem F. Bassermann-Jordan, *Geschichte des Weinbaus*, 3 Bde., Frankfurt 1923 (100 Seiten Bibliographie!); vgl. auch R. Billiard, *La vigne dans l'antiquité*, Lyon 1913; S. Loeschcke, *Römische Denkmäler vom Weinbau an Mosel, Saar und Ruwer*, in: TZ 7, 1932, 1 ff.

12 *CIL* XIII, 1911.

13 W. von Massow, *Die Grabmäler von Neumagen*, 2 Bde., Berlin 1932, 217, Abb. 134 und Tafel 60.

14 Abbildung in Ch.-M. Ternes, *Das römische Luxemburg*, Zürich 1974, 34, Abb. 3.

15 Espérandieu 4161; und A. Wiltheim, *Luxemburgum Romanum*, Bd. 2: *Delineamenta*, 50 ff. und 139.

16 Noch nicht gedrucktes Manuskript in den Archiven der ›Section historique de l'Institut grand-ducal de Luxembourg‹ – Übersetzung mit Kommentar von Ch.-M. Ternes, erscheint in B. A. L. I, 1969/70 ff. Die von A. Neyen im Jahr 1842 herausgegebene Ausgabe (nach verschiedenen Kopien des Originalmanuskripts) ist sehr mangelhaft.

17 Espérandieu 4072 und 4081.

18 Espérandieu 7591; S. Loeschcke, a. a. O., 20, Abb. 16.

19 W. von Massow, a. a. O., 209 ff., Abb. 129 und Tafel 57.

20 W. von Massow, a. a. O., 203 ff., Abb. 128, Tafel 54 f.; Espéran-

dieu 5184, 5193, 5198.

21 Es kann übrigens auch sein, daß es sich um den Bedarf der rheinischen Armeen handelte, die dem Vertragshändler *(negotiator)* Schiffe zur Verfügung gestellt haben.

22 W. von Massow, a. a. O., 127 ff., Tafel 25 f.; zu ergänzen durch A. Wiltheim, *Luxemburgum Romanum*, hrsg. von Neyen, 170 und Abb. 107; und ebenso: *Miscellanea*, Bd. 145; Espérandieu 5222.

23 S. Loeschcke, a. a. O., 8. Abb. 5.

24 Espérandieu 4212.

25 S. Loeschcke, Abb. 5.

26 Espérandieu 5033; W. von Massow, a. a. O., 74 f., Abb. 37 und Tafel 6.

27 Espérandieu 4203.

28 A. Wiltheim, *Luxemburgum Romanum*, a. a. O., 224, Abb. 208; Ch.-M. Ternes, *Répertoire archéologique du grand-duché de Luxembourg*, Bd. 2, Brüssel 1970, 81, Abb. 121 f.

29 H. Cüppers, *Spätantike Chorschranken in der St. Matthias-Kirche in Trier*, in: TZ 31, 1968, 177 ff.

30 S. Loeschcke, a. a. O., 19, Abb. 14, nach: *Inventaire des mosaïques de la Gaule et de l'Afrique*, Paris 1911, Nr. 246.

31 Nach H. Cüppers, *Wein und Weinbau zur Römerzeit im Rheinland*, in: *Germania Romana* III, 1970, 138 ff.

32 Espérandieu 3608; vgl. ebenso 3469.

33 S. Loeschcke, a. a. O., 38 ff.

34 Im Gegensatz zu Bohn (im *CIL* XIII, in der Rubrik *Vasa potatoria cum titulis pictis*, 532), der aufgrund der Statistik entsprechender Entdeckungen Köln als Herstellungsort dieser Krüge auswies. Es ist sehr wahrscheinlich,

daß sie aus Trier stammen. Vgl.
S. Loeschcke, a. a. O., 51 ff.

35 Vgl. z. B. C. Blümlein, *Bilder aus dem römisch-germanischen Kulturleben*, München u. Berlin 1918, Abb. 208.

36 Vgl. R. Chevallier, *Mines et carrières dans le monde romain*, Suppl. 14 zu Caesarodunum, Tours 1971.

37 F. Behn, *Steinindustrie des Altertums*, Mainz 1926, 33 ff.; und J. Röder, *Die Sandsteinindustrie um Miltenberg*, in: *Führer . . .*, a. a. O., Bd. 8, Mainz 1967, 55 ff.

38 R. Schindler, *Kupfervorkommen im mittleren Saartal und ihre vermutliche Bedeutung für das Siedlungs- und Befestigungswesen*, in: *Studien zum vorgeschichtlichen Siedlungs- und Befestigungswesen des Saarlandes*, Trier 1968, 24 ff.

39 *Corpus Inscriptionum Rhenanarum* 758.

40 *CIL* XIII, 4238.

41 R. Schindler, a. a. O., 37.

42 H. von Petrikovits, *RR*, 119.

43 Vgl. P. La Baume, *Römisches Kunstgewerbe zwischen Christi Geburt und 400*, Braunschweig 1964.

44 W. Schleiermacher, *Zum Fortleben von Latènetraditionen im Kunsthandwerk der römischen Kaiserzeit*, in: *Germania Romana* II, 1965, 43 ff.

45 W. Krämer, *Manching, ein vindelikisches Oppidum an der Donau*, in: *Neue Ausgrabungen in Deutschland*, Berlin 1958, 175–204.

46 Nach P. La Baume, a. a. O.; und: O. Doppelfeld, *Römisches Kunsthandwerk in den Rheinlanden*, in: *Römer am Rhein*, Köln ³1967, 49 ff.

47 Vgl. M. Lutz, *L'atelier de Saturninus et de Satto à Mittelbronn (Mosel)*, Suppl. 22 zu Gallia, Paris 1970.

48 M. Lutz, a. a. O., 225 ff.

49 E. Gose, *Gefäßtypen der römischen Keramik im Rheinland*, Kevelaer 1950.

50 *PWRE* VI, 1945 ff. und IV, 1460; 13, 2, 1566 ff.

51 Nach H. Menzel, *Antike Lampen im römisch-germanischen Zentralmuseum zu Mainz*, Mainz ²1969.

52 W. Groenman-van Waateringe, *Romeins Lederwerk uit Valkenburg. Z. H.*, Groningen 1967.

53 W. Groenman-van Waateringe, a. a. O., 194 f., Abb. 75a und 75b.

54 E. Sprockhoff, a. a. O.

55 M. Wheeler, *Der Fernhandel des römischen Reiches in Europa, Afrika, Asien*, München u. Wien 1965, 73, Abb. 6.

56 Tacitus, *Germ.*, Kap. 5.

57 P. La Baume, a. a. O., 4 ff.; M. Wheeler, a. a. O., Tafel 13, 14, 17.

58 E. Pernice, F. Winter, *Der Hildesheimer Silberfund*, Berlin 1901.

59 Vgl. ebenso H. J. Eggers, *Der römische Import im freien Germanien*, Hamburg 1951.

60 *CIL* XIII, 2029.

61 *CIL* XIII, 8164a.

62 *CIL* XIII, 634.

63 *CIL* XIII, 8793.

64 *CIL* III, 13542.

65 *CIL* XIII, 1906.

66 *CIL* XIII, 7228.

67 *CIL* XIII, 6366.

68 *CIL* XIII, 6524.

69 *CIL* XIII, 7588.

70 *CIL* XIII, 8350.

71 *CIL* XIII, 2033.

72 Ch.-M. Ternes, *Les Inscriptions antiques du Luxembourg*, Luxemburg 1965, 398 f., Nr. 113; Cagnat, Robert, *Epigraphie de la Moselle* II, 106; M. Toussaint, *Metz à l'époque gallo-romaine*, Nancy 1948, Nr. 653.

73 *CIL* XIII, 7836.

74 *CIL* XIII, 6677.

75 *CIL* XIII, 8351.
76 *CIL* XIII, 8390.
77 *CIL* XIII, 2018.
78 *CIL* XIII, 8352.
79 *CIL* XIII, 6797.
80 *CIL* XIII, 8353.
81 *CIL* XIII, 8338.
82 *CIL* XIII, 5221.
83 *CIL* V, 5929.
84 *CIL* XIII, 8354.
85 *CIL* XIII, 8568.
86 *CIL* XIII, 8105.
87 *CIL* XIII, 2033.
88 *CIL* XIII, 3701.
89 *CIL* XIII, 623.
90 A. Riese, a. a. O., Nr. 2471.
91 *CIL* XIII, 6303.
92 *CIL* XIII, 5154.
93 *CIL* XIII, 7065.
94 *CIL* XIII, 7371.
95 *CIL* XIII, 8344.
96 *CIL* XIII, 8183.
97 *CIL* XIII, 7067.
98 *CIL* XIII, 4335 (Umgebung von Metz).
99 *CIL* XIII, 8815.
100 J. P. Vigneron, *Le cheval dans l'Antiquité*, 2 Bde., Nancy 1968; Bd. 1, 141 ff. Auf einem Fresko von Augst tragen zwei Männer eine große Amphore, die an einer

dicken Stange aufgehängt ist: K. Schumacher, *Siedelungs- und Kulturgeschichte der Rheinlande*, Bd. 2, a. a. O., 21, Abb. 6.
101 J. Le Gall, *Le Tibre, fleuve de Rome dans l'Antiquité*, Paris 1953, 55 f.
102 L. Bonnard, *La navigation intérieure de la Gaule à l'époque gallo-romaine*, Paris 1913, 120, zitiert nach C. Jullian, *Histoire de la Gaule* I, 55.
103 Tacitus, *Ann.* XIII, 53, 2.
104 Vgl. ebenso Varro I, 16.
105 Ausonius, *Ordo Urbium* 33 f.
106 J. P. Vigneron, a. a. O., 146 ff. gegen J. Le Gall, a. a. O., 257 und 325.
107 Horaz, *Sat.* I, 5, 9–26.
108 Ch.-M. Ternes, *Das römische Luxemburg*, Zürich 1974.
109 Ausonius, *Mos.* 41 f., nicht erwähnt bei J. P. Vigneron.
110 *Vie d'Apollonios de Tyane*, VII, 16, zitiert bei J. P. Vigneron.
111 J. P. Vigneron II, a. a. O., Tafel 56.
112 J. P. Vigneron II, a. a. O., Tafel 60.
113 J. P. Vigneron, a. a. O., 153.

Siebtes Kapitel

1 Vergil, *Aen.* VI, 637–659.
2 Ebd., 673–676.
3 Man wird im übrigen feststellen, daß Vergil den Aufenthalt der Schatten an den Ufern des Eridanus als eine nur vorläufige Daseinsform zu betrachten scheint. Die Schatten, die Anchises betrachtet (V. 680–681), »werden eines Tages zum Licht des Lebens emporsteigen«.
4 Vgl. P.-M. Duval, *La Gaule jusqu'au milieu du Ve siècle*, Bd. 1, Paris 1971, 176.

5 H. Dragendorff, E. Krüger, *Das Grabmal von Igel*, Trier 1924, und: H. Cüppers, *Arbeiten und Beobachtungen an der Igeler Säule*, in: TZ 31, 1968, 222–226, sowie: E. Zahn, *Die neue Rekonstruktionszeichnung der Igeler Säule*, in: TZ 31, 1968.
6 Die älteste Erwähnung befindet sich in einem lateinischen Manuskript des 14. Jahrhunderts, geschrieben von Fridericus Schavard, Propst von Saint-Paulin.
7 Verbesserte Version in: *Pirckheimi*

Opera, Frankfurt 1610, 93.

8 Nach Sueton, *Caligula,* Kap. 8.

9 H. Dragendorff, E. Krüger, a. a. O., 9, Abb. 4.

10 *Itinerarium per nonnullas Galliae Belgicae partes,* Anvers 1584.

11 *General-Städtebuch. Civitates orbis terrarum,* 4 Bde., Köln 1572 bis 1594.

12 *Novum ac magnum theatrum urbium Belgicae regiae* (1649).

13 Vgl. J. Grob, in: Ons Hémecht 10, 1904, 104.

14 Das Originalmanuskript wird in der Stadtbibliothek von Trier aufbewahrt.

15 *Luxemburgum Romanum,* Liber VI: De monimentis romanis provinciae, Kap. I–IV.

16 H. Dragendorff, E. Krüger, a. a. O., 27 f.

17 Vgl. jetzt R. Schindler, *Landesmuseum Trier. Führer durch die vorgeschichtliche und römische Abteilung,* Trier 1970.

18 H. Cüppers, a. a. O.

19 H. Dragendorff, E. Krüger, a. a. O., Abb. 20, *in fine.*

20 H. Cüppers, a. a. O., weist besonders darauf hin, wie sehr diese Reliefs im Lauf der letzten 50 Jahre gelitten haben. Die Witterungseinflüsse, der durch die beiden Weltkriege angerichtete Schaden und, in noch neuerer Zeit, die durch Chemikalien verschmutzte Luft haben dazu geführt, daß viele Reliefs, die im Jahre 1908 noch vollkommen lesbar waren, 1972 nahezu unkenntlich sind.

21 M. Renard, *Griffons de Buzenol et d'ailleurs,* Auszug aus: Le Pays Gaumais, 1963.

22 Man hat eine Zeitlang geglaubt, daß die Hauptperson römischer Legionsveteran gewesen ist!

23 Vgl. A. Büttner, *Eine Bronzeprora aus der Mosel bei Trier,* in:

TZ 27, 1964, 139–147.

24 Vgl. Espérandieu 4043.

25 Vgl. M. Renard, *Scènes de comptes à Buzenol,* in: Le Pays Gaumais 20, 1959, und: Ch.-M. Ternes, *Das römische Luxemburg,* Zürich 1974, 134 f., Tafeln 69–73.

26 J. P. Vigneron, a. a. O., Bd. 1, 129, und Bd. 2, Abb. 54.

27 Material über diese Inschrift – die Gegenstand eines heftigen Streites wurde – bei H. Dragendorff, E. Krüger, a. a. O., 63 ff.

28 Der untere Teil dieses Reliefs ist zu beschädigt, als daß wir eine Interpretationsmöglichkeit vorschlagen könnten.

29 Ähnliche Darstellung in Echternach. Vgl. Ch.-M. Ternes, *Répertoire archéologique du grandduché de Luxembourg,* Bd. 2, a. a. O., Abb. 29.

30 Parallele: Ch.-M. Ternes, a. a. O., Bd. 2, Abb. 126 f.

31 Vgl. Espérandieu 4030 und 4321.

32 Vgl. Espérandieu 3746, 3789, 3839, 4090, 4466.

33 W. von Massow, a. a. O., passim.

34 Vgl. H. Rolland, *Le mausolée de Glanum,* Paris 1970, Suppl. 21 zu Gallia, 71 ff., und H. Dragendorff, E. Krüger, a. a. O., 93 ff.

35 Espérandieu 6581.

36 Espérandieu 7758/59.

37 Ausgezeichnete Fotografien bei O. Doppelfeld, *Der Rhein und die Römer,* Köln 1970, 89 f., und bei H. von Petrikovits, *Ausgewählte römische Steindenkmäler im Landesmuseum Bonn,* in: *Germania romana* II, Heidelberg 1965, 61 ff., Tafel XXIX.

38 *CIL* XIII, 8311; Espérandieu 6463; H. von Petrikovits, a. a. O., 74 f., Tafel XXXIV.

39 Espérandieu 4161.

40 Thematisch sehr ähnlich sind gewisse Monumente von Neumagen. Vgl. W. von Massow, a. a. O.,

209 f., Abb. 129 und Tafel 57;
217, Abb. 134 und Tafel 60.

41 Vgl. u. a. Espérandieu 4167, 4168,
4169, 4170, 4176, 4178, 4180,
4186, 4194, 4222 usw.

42 Ausführlich zitiert bei J.-J. Hatt,
La tombe gallo-romaine, Paris
1951, 66 ff.; *CIL* XIII, 5708.

43 A. van Doorselaer, *Les nécropoles
d'époque romaine en Gaule sep-
tentrionale*, Brügge 1967, 29 ff.

44 *Das römische Brand- und Körper-
gräberfeld ›auf der Steig‹ in
Stuttgart-Bad Cannstatt*, Stuttgart 1959.

45 A. van Doorselaer, a. a. O., 48.

46 J.-J. Hatt, a. a. O., auf der
Grundlage von Weynand, *Form
und Ornamentik der römischen
Grabsteine der Rheinlande im er-
sten Jahrhundert*, in: *Schumacher-
Festschrift*, 1930, 185 ff., und:
F. Koepp in: *Germania Romana*
III, 1932, Die Grabdenkmäler.

47 J.-J. Hatt, a. a. O., er zitiert: *Die

stadtrömische Haartracht an den
Bildnissen italischer und provin-
zialer Grabsteine*, in: *Schumacher-
Festschrift*, 1930, 238 ff.

48 In Gallien ist diese Mode weitgehend belegt, nach Germanien
war sie kaum gedrungen.

49 Espérandieu 5788.

50 Espérandieu 5789, 5784, 6292,
6289 und 6282.

51 Espérandieu 6131, 6137 und 6125.

52 Espérandieu 6253, 6255.

53 Espérandieu 5852, 5785, 5786.

54 Espérandieu 5798, 5799, 5850,
5792.

55 Espérandieu 5800; J.-J. Hatt,
a. a. O., 151.

56 Espérandieu 6463.

57 Espérandieu 7758.

58 Espérandieu 5815.

59 Fotografien bei O. Doppelfeld,
a. a. O., Tafel 93. Studie in: *Römer am Rhein*, [3]1967, 175 f.

60 *CIL* XIII, 7067.

61 Espérandieu 7581.

Achtes Kapitel

1 Cicero, *Corr.*, Brief CLXIII (*Ad
fam.* VII, 13, 2).

2 Lucanus, *Phars.* I, 441.

3 Dio Cassius, LI, 20, 5.

4 Tacitus, *Ann.* I, 41.

5 *Caligula*, Kap. 8.

6 *Ann.* III, 40 ff.

7 IV, 3, 4 f.

8 3, 20.

9 *N. H.* IV, 98 und 106.

10 *Germ.*, Kap. 28.

11 *Geogr.* II, 9, 7.

12 *Germ.* 28, 4 (übers. von M. Fuhr-
mann, Stuttgart: Reclam 1972).

13 Zu den gegenwärtigen Forschungs-
ergebnissen vgl. Ch.-M. Ternes,
*La Civitas Treverorum. État de
la question. Position du problème*,
in: *Hémecht* 21, 1969, 2, 173–182;
sowie ders., *Die römerzeitliche Ci-

vitas Treverorum im Bilde der
Nachkriegsforschung. Teil I. Von
der Gründung bis zum Ende des
dritten Jahrhunderts*. In: *Aufstieg
und Niedergang der römischen
Welt*, Bd. II, 3. Für das Großherzogtum Luxemburg: ders., *Re-
cherches récentes concernant le
Grand-Duché de Luxemburg à
l'époque romaine*, in: *Apulum* 12,
1974, 193–239, ill.

14 Vgl. R. Hachmann, G. Kossack,
H. Kuhn, a. a. O.

15 *Geogr.* IV, 194.

16 A. Riese, a. a. O., 271 ff.

17 RGK Ber. 17, Nr. 320.

18 Ebd. 40, Nr. 82.

19 G. Alfoeldy, *Die Hilfstruppen
der römischen Provinz Germania
inferior*, a. a. O., 188, Nr. 69.

20 A. Riese, a. a. O., 119 f.

21 Ebd. 2456, 2467.

22 Ebd. 2491, 2512, 201, 285 und *CIL* XIII, 12089.

23 *Hist. eccl.* 2, 28.

24 2, 1.

25 *Kirchengeschichte* 1, 35 und 2, 36.

26 *CIL* XIII, 3671. Der Text lautete: »Für das Heil des Lucius Caesar, Sohn des Augustus, Enkel des göttlichen Caesar, Augur, bezeichneter Konsul, Anführer der römischen Jugend ...« Da es sich um eine sehr gepflegte Inschrift handelt, nahm man an, daß sie das Bestehen bedeutender öffentlicher Bauwerke zur Genüge bewies.

27 J. Steinhausen, *Das Trierer Land unter der römischen Herrschaft*, in: *Geschichte des Trierer Landes*, Bd. 1, Trier 1964, 98 ff. Dagegen R. Schindler in: TZ 34, 1971, 43 bis 82, und (bedeutend nuancierter) in: Landeskundliche Vierteljahresblätter 19, 1973, 3, 87–89. – Vgl. zum ganzen Fragenkomplex: Ch.-M. Ternes, *Die römerzeitliche Civitas Treverorum im Bilde der Nachkriegsforschung*. Teil I, in: *Aufstieg und Fall der römischen Welt*, Bd. II, 3 (hrsg. von H. Temporini), Berlin 1975.

28 *Hist.* IV, 76 f., zitiert bei H. Cüppers, *Die Trierer Römerbrücken*, Mainz 1969, 8.

29 Tacitus, *Hist.* IV, 77, 2 f.

30 H. Cüppers, a. a. O., 145 ff. Die Dendrochronologie wurde zwischen 1965 und 1969 durch E. Hollstein in Trier vorgenommen.

31 E. Gose, *Neue Beobachtungen an der Römerbrücke*, in: TZ 27, 1964, 153 ff.

32 Hierzu vgl. die angegebene Literatur bei U. Kahrstedt, *Die »Gründung« der Colonia Augusta Treverorum*, in: TZ 20, 1951, 68 ff.

33 Germania 20, 1936, 28 ff.

34 TZ 13, 1938, 135 ff.

35 Nicht so J. Steinhausen, a. a. O., 120 f.

36 a. a. O., 119.

37 Nach A. Neyses, veröffentlicht von H. Cüppers in: TZ 28, 1965.

38 Tacitus, *Hist.* IV, 72, 2–5.

39 Tacitus, *Hist.* IV, 72, 9.

40 Tacitus, *Hist.* IV, 73 f.

41 Tacitus, *Hist.* V, 19.

42 Nach dem Namen eines mittelalterlichen Stadtteils.

43 Vgl. u. a. H. Kähler, *Die Südfassade der Barbarathermen*, in: TZ 18, 1949, 20 ff.

44 E. Gose, L. Hussong, W. Jovy, S. Loeschcke, *Der Tempelbezirk im Altbachtal zu Trier*, 2 Bde., Berlin 1942, 154 ff. jetzt: E. Gose, *Der gallo-römische Tempelbezirk im Altbachtal zu Trier*, hrsg. von R. Schindler, 2 Bde., Mainz 1972 (Trierer Grabungen und Forschungen 7).

45 Vgl. E. Ewig, a. a. O., Anm. 1.

46 Vgl. u. a. A. Grenier, *Manuel* I, 441 ff.; III, 997 ff., 257 ff., 420 ff., 541 ff.

47 Ausonius, *Mos.* 1–24 und 421 ff.

48 *CIL* XIII, 3672.

49 *Incerti Panegyricus Constantino Augusto dictus*, Kap. 22, 5, hrsg. von Baehrens, Bd. 6 (7), Leipzig 1911, 219; zit. von W. von Massow, *Der Circus des römischen Trier*, in: TZ 18, 1949, 149 ff.

50 VIII, 14 f.

51 *De Gubernatione Dei* VI, 85–89.

52 Vgl. W. Reusch, L. Dahm, R. Wihr, *Wandmalereien und Mosaikboden eines Peristylhauses im Bereich der Trierer Kaiserthermen*, in: TZ 29, 1966, 187 ff., bes. 216 ff.

53 W. von Massow, *Die Grabmäler von Neumagen*, Bd. 1, 142 f., Abb. 93.

54 *Panégyriques latins* VII, 10 ff., hrsg. und übers. von E. Galletier,

Paris 1952 (Collection Universités de France).

55 J. Steinhausen, a. a. O., 165 f., und 218, Anm. 70.

56 E. Gose, *Die Porta Nigra in Trier*, 2 Bde., Berlin 1969.

57 Vgl. TZ 19, 1950, 45 ff., und: *Trierer Domgrabungen*, in: *Neue Ausgrabungen in Deutschland*, Berlin 1958, 368–379, und: *Untersuchungen und Beobachtungen am Trierer Dom*, 1961–63, in: Germania 42, 1964, 126–141.

58 Ammianus Marcellinus XXVII, 10, 5.

59 Ammianus Marcellinus XXVIII, 2, 1 ff.

60 Ammianus Marcellinus XXVIII, 5, 8 ff.

61 Ammianus Marcellinus XXVII, 7, 4 ff.

62 J. Steinhausen, a. a. O., 183.

63 H. Eiden, *Untersuchungen an den spätrömischen Horrea von St. Irminen in Trier*, in: TZ 18, 1949, 73 ff.

64 H. Koethe, in: *Jahrbuch des Deutschen Archäologischen Instituts* 50, 1935, 198 ff., und Espérandieu XIV, 1955, 95 f. (R. Lantier).

65 J. Steinhausen, *Palatiolum (Pfalzel bei Trier) und Venantius Fortunatus*, in: *Aus Mittelalter und Neuzeit. Festschrift zum 70. Geburtstag von Gerhard Kallen*, 1957, 303 ff.

66 Text in: *D. Magni Ausonii Opuscula*, hrsg. von C. Schenkl, Berlin 1961, 19 ff. (Monumenta Germaniae Historica. Auctorum Antiquissimorum tomi V, pars posterior).

67 *Codex Theodosianus*, XIII, 3, 11 und J. Steinhausen, *Die Hochschulen im römischen Trier*, in: Jahresheft Trier des rheinischen Vereins für Denkmalpflege und Heimatschutz, 1952, 27 ff.

68 Ausonius, *Symm. Epist.* XVIII.

69 Vgl. J. Steinhausen, *Geschichte des Trierer Landes*, Bd. 1, a. a. O., 201 ff.

70 *CIL* XIII, 3682; derselbe Name (Hariulfus) wahrscheinlich bei: E. Gose, *Katalog der frühchristlichen Inschriften in Trier*, Berlin 1958, Nr. 481 A.

71 E. Gose, a. a. O., 57 f. Nr. 430.

72 J. Steinhausen, a. a. O., 202.

73 De Gubernatione Dei, zitiert von E. Stein, *Geschichte des spätrömischen Reiches*, Bd. 1, 1928, 511.

74 Nach R. Forrer, *L'Alsace romaine*, a. a. O.; zu ergänzen durch die in Gallia erschienenen Berichte, sowie J.-J. Hatt, *Strasbourg au temps des Romains*, Straßburg 1953; ders., *Si Strasbourg gallo-romain vous était conté* ... in: Archéologia 75, 1974, 36–47, ill.; ebd. 25 ff., F. Petry, E. Kern, *Brocomagus, Brumath. Découverte d'une capitale provinciale gallo-romaine*. Zum *vicus* Ehl vgl. J.-J. Hatt, *Ergebnisse der letzten Ausgrabungen im vicus Ehl*, in: BJ 172, 1972 (1973), 185–194, ill.

75 Caesar, *B. G.* I, 31 (übers. von C. Woyte, Stuttgart: Reclam 1974).

76 M. Rambaud, *L'Art de la déformation historique dans les Commentaires de César*, Paris ²1966, 115 ff.

77 Caesar, *B. G.* I, 34 (übers. von C. Woyte, Stuttgart: Reclam 1974).

78 Caesar, *B. G.* I, 35 (übers. von C. Woyte, Stuttgart: Reclam 1974).

79 Die Angabe ist falsch; damals, als die Sueben noch durch eine Intervention auf dem linken Ufer dem Ariovist zum Sieg hätten verhelfen können, warteten sie den Ausgang der Schlacht ab, und als diese dem Ariovist zum Verhängnis wurde, kehrten sie nach Hause zurück! Caesar, *B. G.* I, 54.

80 *B. G.* IV, 10.

81 R. Forrer, a. a. O., Tafel II, *in fine.*

82 Espérandieu 5495; *CIL* XIII, 5978: J.-J. Hatt, *Strasbourg, Musée archéologique,* Nr. 1.

83 Espérandieu 7296; *CIL* XIII, 5977; J.-J. Hatt, a. a. O., Nr. 3.

84 *CIL* XIII, 5976; Abb. 2 in R. Forrer, a. a. O.

85 Zwei andere Legionen sind im Elsaß belegt: die *XXI Rapax* durch Stempel auf Ziegeln von Seltz, Kembs, Oedenburg und Straßburg, die *XIV Gemina* kurz vor 70 und im Jahr 74, als Straßburg Ausgangspunkt für den Einfall in das Dekumatenland wurde *(Decumates agri).*

86 *CIL* XIII, 9082.

87 *CIL* XIII, 5989.

88 R. Forrer, a. a. O., 53, verweist auf 130 verschiedene Stempel der VIII. Legion.

89 Das Argument ist nicht überzeugend; keine Ziegelbrennerei hat jemals alle ihre Produkte gestempelt.

90 Vgl. das Kapitel »Officinae und Fabricae« in: CH-M. Ternes, *Das römische Luxemburg,* Zürich 1974, 114 ff.

91 A. Riese, a. a. O., Nr. 751; *CIL* XIII, 6721, 6738, 6882.

92 *CIL* XIII, 10027, 70.

93 *CIL* XIII, 6582.

94 *CIL* XIII, 7338.

95 *CIL* XIII, 6649a.

96 *CIL* XIII, 6557.

97 *CIL* XIII, 6440.

98 *CIL* XIII, 6397.

99 *CIL* XIII, 7731.

100 *CIL* XIII, 3645.

101 *CIL* XIII, 7613 und 7613a.

102 *CIL* XIII, 7733.

103 *CIL* XIII, 6469 und 6477.

104 R. Forrer, a. a. O., 67.

105 Tafel IX, in: R. Forrer, a. a. O., *in fine.*

106 *CIL* XIII, 5315.

107 *CIL* XIII, 5317.

108 Ammianus Marcellinus XVI, 12 7 ff.

109 Ammianus Marcellinus XVI, 11.

110 Ammianus Marcellinus XVI, 12, 13 f.

111 Ammianus Marcellinus XVI, 12, 51 f.

112 J.-J. Hatt, a. a. O., *Introduction* (ohne Seitenzahlen).

113 Ebd., Nr. 9.

114 Ebd., Nr. 6.

115 J.-J. Hatt, a. a. O. *Introduction* und Nr. 76 f.

116 J.-J. Hatt, *Histoire de la Gaule romaine,* Paris 1959, 215.

117 R. Forrer, a. a. O., 113. Wichtiges Vergleichsmaterial bei M. Lutz, a. a. O.

118 M. Lutz, a. a. O., 313 ff.

119 Espérandieu 5499; *CIL* XIII, 11630.

120 A. Riese, a. a. O., 2089–2103.

121 Vgl. *CIL* XIII, 5967.

122 Nach der Abb. 41 in R. Forrer, a. a. O.

123 J.-J. Hatt, *Strasbourg. Musée archéologique,* a. a. O., 150–185, 187, Nr. 19 f. und 22.

124 *CIL* XIII, 6045.

125 *CIL* XIII, 6054 und 6055.

126 Ammianus Marcellinus XXXI, 10.

127 Ammianus Marcellinus XXXI, 10, 6.

128 Zit. nach R. Forrer, a. a. O., 196.

Nachwort

1 *Meteorologica* I, 13,19 bei Riese *Das rheinische Germanien in der antiken Literatur,* Leipzig 1892, 357.

2 IV, 626 ff.

3 P.-M. Duval, *La Gaule jusqu'au milieu du V*ᵉ *siècle,* Paris 1971, 210.

4 *Periegesis orbis terrarum,* 283 ff., bei A. Riese, a. a. O., 358.

5 *B. G.* IV, 10 (Übers. von C. Woyte, Stuttgart: Reclam 1974).

6 Eigentlich müßte man übersetzen »am Mons Vosegus«; nun entspringt aber die Maas nicht in den Vogesen, sondern auf dem Plateau de Langres. Caesars Informanten verwechseln *Mosa* (die Maas) und *Mosella* (die Mosel); letztere entspringt am Berge Dumond in den Vogesen.

7 Zum lateinischen Text vgl. M. Rambaud, *César, La Guerre des Gaules,* Buch IV, Paris 1967, 66, Kritischer Apparat zu X, 1, und entsprechende Anm. S. 66/67.

8 *B. G.* VI, 24 ff.

9 In Wirklichkeit geht dieses Ereignis auf die Zeit des Tarquinius Priscus zurück. Ambigatus soll Segovesus in jenseits des Rheins liegende Gebiete geschickt haben. Vgl. Livius V, 34, 4. –

10 Das ist der Fall bei A. Riese, *Das rheinische Germanien in den antiken Inschriften,* Leipzig u. Berlin 1914; Neudruck Groningen 1968.

11 A. von Domszewsky, *Die Rangordnung des römischen Heeres,* 2. durchgesehene und erweiterte Aufl. von B. Dobson, Köln 1967.

12 Zum Beispiel; H. Finke, *Neue Inschriften,* in: RGK Ber. 17, 1927, 1–108, H. Nesselhauf, *Neue Inschriften aus dem römischen Germanien und den angrenzenden Gebieten;* in: RGK Ber. 27, 1937, 51–134, H. Nesselhauf, *Dritter Nachtrag zum*

CIL XIII. Inschriften aus den germanischen Provinzen und dem Treverergebiet, in: RGK Ber. 40, 1959, 120–231; Ch.-M. Ternes, *Inscriptiones Latinae Luciliburgenses nuper in lucem editae,* in: Latomus XXVIII, 1969, 1, 141 ff. sowie Ch.-M. Ternes, *Supplementa Epigraphica I–V,* in: Bulletin des Antiquités Luxembourgeoises 1 (1969/70) bis 5 (1974).

13 E. Ritterling, E. Stein, *Kaiserliche Beamte,* a. a. O., E. Ritterling, E. Groag, E. Stein, *Fasti,* a. a. O.

14 Vgl. G. Alfoeldy, *Hilfstruppen,* a. a. O.

15 D. Hoffmann, *Das spätrömische Bewegungsheer,* a. a. O.

16 Th. Mommsen, *Das römische Militärwesen seit Diokletian,* in: Hermes 24, 1889, 195–279.

17 Untertitel: *Eine Zusammenstellung des Schrifttums über die Rheinprovinz bis zum Jahre 1933 einschließlich.*

18 Ergänzungen durch H. Corsten in: Jahrbücher der Arbeitsgemeinschaft rheinischer Geschichtsvereine 1, 1934/35, 1938. Das Werk von Corsten blieb auf den 1. Band beschränkt. Viele Angaben können nicht vorbehaltlos übernommen werden. Die angrenzenden Gebiete sind sehr oberflächlich behandelt.

19 *Rheinische Heimatpflege. Neue Folge. Bibliographie der wichtigeren Neuerscheinungen zur rheinischen Geschichte* von 1945 bis 1953 (1964/65.) Laufende Jahresbibliographie (ab 1970) in: »L'Année Archéologique«. Die Faszikel I, 1970–72; II, 1973 und III, 1974 sind erschienen und können im »Centre Alexandre-Wiltheim«, 162 A, av. de la Faiencerie, in Luxemburg angefordert werden.

20 Korrespondenzblatt der römisch-

germanischen Kommission, seit 1915; vorher: Monatsschrift für rheinisch-westfälische Geschichtsforschung und Altertumskunde (= Picks Monatsschrift, 1875–81), dann: Westdeutsche Zeitschrift für Geschichte und Kunst (1882 – 1908–13) und: Römisch-germanisches Korrespondenzblatt. Nachrichten für die römisch-germanische Altertumsforschung (1908–15).

21 Bonner Jahrbücher des rheinischen Landesmuseums in Bonn und des Vereines von Altertumsfreunden im Rheinland. In der Nachfolge der Jahrbücher des Vereins von Altertumsfreunden im Rheinlande. Fortgesetzte Bandfolge. Bd. 173 ist 1974 erschienen.

22 Mitteilungen des Institutes für geschichtliche Landeskunde der Rheinlande an der Universität Bonn.

23 Trierer Zeitschrift für Geschichte und Kunst des Trierer Landes und seiner Nachbargebiete.

24 Palmengartenstraße 10–12.

25 Colmantstraße 14–16.

26 Ernst-Ludwig-Platz 2.

27 Roncalliplatz 2.

28 Ostallee 44.

29 *Das römische Rheinland. Archäologische Forschung seit 1945*, Köln 1960.

30 Berlin 1958.

31 Sammelband, Düsseldorf 1968.

32 a. a. O., 9–120.

33 W. Piepers und D. Haupt, a. a. O., 213–319.

34 D. Baatz, *Mogontiacum. Neue Untersuchungen am römischen Legionslager in Mainz*, Berlin 1962.

35 Germania Inferior, a. a. O.

36 Köln ³1967.

37 Vgl. hierzu die 3. durchges. und erw. Aufl.

38 Ausstellung des Römisch-Germanischen Museums Köln und des Historischen Museums Cluj.

39 Basel ³1948.

40 *Die römische Schweiz*, Zürich 1940.

41 E. Meyer, *Neue Forschungsergebnisse zur Geschichte der Schweiz in römischer Zeit*, in: *Jahrbuch der schweizerischen Gesellschaft für Ur- und Frühgeschichte.*

42 W. Drack, *Der römische Gutshof bei Seeb*, Zürich 1969.

43 E. Meyer, *Das römische Kastell Irgenhausen*, Zürich 1970.

44 I, 1970, 1–4.

45 Hrsg. von der Society for the Promotion of Roman Studies.

46 J. K. S. Joseph, *Air Reconnoissance of Britain*, in: JRS LI, 1961; LV, 1965; LIX, 1969; I. Richmond, *Roman Britain, 1910–60*, in: JRS LI, 1960; K. A. Steer, *The Antonine Wall 1934–1959*, in: JRS LI, 1960.

47 Veröffentlicht durch die Society of Antiquaries in London.

48 *Roman Britain and the English Settlements*, 6. Aufl. der 2. Ausg. (1937) von Oxford 1963.

49 *Britannia. History of Roman Britain*, London 1967.

50. J. Marquardt, *Das Privatleben der Römer*, a. a. O.

51 München u. Berlin 1918 (Carl Blümlein).

52 *Germania Romana, ein Bilderatlas*, 2. Ausg. 1924 ff.

53 Paris 1952.

54 Duval, a. a. O., 7.

55 P. Grimal, *A la recherche de l'Italie antique*, Paris 1961, 17 f.

56 P. Grimal, a. a. O., 19.

57 P. Grimal, a. a. O., 21.

Orts-, Personen- und Sachregister

Die lateinischen Begriffe sind kursiv, Ortsnamen in Großbuchstaben und Personennamen gesperrt gesetzt.

Tafelnachweis

1 Stein der Matronae Aufaniae aus Bonn-Münster
(Foto Rheinisches Landesmuseum Bonn)

2 Detail aus dem Hauptrelief des Mithräums von Königshoffen
(Foto Musées de la Ville de Strasbourg)

3 Grabstein des Annaius Daverzus aus Bad Kreuznach
(Foto Karl-Geib-Museum Bad Kreuznach)

4 Grabstein des Marcus Caelius aus Xanten
(Foto Michael Jeiter)

5 Fanum-Aedicula vom Titelberg
(Staatsmuseum Luxemburg, Foto A. Biwer)

6 Villa-Aedicula vom Titelberg
(Staatsmuseum Luxemburg, Foto A. Biwer)

7 Dioskur vom Sockel der Juppiter-Säule aus Mainz
(Foto Mittelrheinisches Landesmuseum Mainz)

8 Dioskur vom Sockel der Juppiter-Säule aus Mainz
(Foto Mittelrheinisches Landesmuseum Mainz)

9 Germanen in Ketten, Sockelrelief aus Mainz-Kästrich
(Foto Mittelrheinisches Landesmuseum Mainz)

10 Legionäre im Kampf, Sockelrelief aus Mainz-Kästrich
(Foto Mittelrheinisches Landesmuseum Mainz)

11 Römische Wandmalerei mit Schirmkandelaber vom Dom-Südplatz in Köln
(Foto Michael Jeiter)

12 Parfümfläschchen in Tierformen aus Köln
(Foto Michael Jeiter)

13 Tönernes Kinderspielzeug aus Köln
(Foto Michael Jeiter)

14 Das Diatretglas aus Köln-Braunsfeld
(Foto Rheinisches Bildarchiv)

15 Gläsernes Pantoffelpaar aus der Kölner ›Schlangenfaden-Werkstatt‹
(Foto Michael Jeiter)

16 Frisierszene, Relief auf einem Pfeilergrabmal aus Neumagen
(Foto Rheinisches Landesmuseum Trier)

17 Küche mit Vorbereitungen eines Mahles, Relief von der Ostseite der Igeler Säule
(Foto Rheinisches Landesmuseum Trier)

18 Bronzestatuette der Victoria mit Weltkugel (?) und Kranz
   (Foto Michael Jeiter)

19 Tanzende Mänade mit Satyr, Detail aus dem Kölner Dionysosmosaik
   (Foto Rheinisches Bildarchiv)

20 Mosaik mit Darstellung des siegreichen Rennfahrers Polydus und einer Quadriga. Villa des 3. Jahrhunderts unter den Kaiserthermen in Trier
   (Foto Rheinisches Landesmuseum Trier)

21 Rekonstruktion eines römischen Reisewagens im Römisch-Germanischen Museum Köln
   (Foto Rheinisches Bildarchiv)

22 Torbogen mit ausfahrendem Wagen und Meilenstein. Attikarelief von der Westseite der Igeler Säule
   (Foto Rheinisches Landesmuseum Trier)

23 Trierer Kaiserthermen
   (Foto Rheinisches Landesmuseum Trier)

24 Luftbild des Saalburg-Kastells
   (Foto Saalburgmuseum)

25 Rekonstruktionsansicht der Villa rustica von Bollendorf
   (Foto Rheinisches Landesmuseum Trier)

26 Grabmal der Secundinii in Igel bei Trier, Gesamtansicht von Süden
   (Foto Rheinisches Landesmuseum Trier)

Folgenden Personen, Institutionen und Verlagen sei für Abdrucksgenehmigungen von Textabbildungen gedankt:
Professor Dr. Otto Doppelfeld (Nr. 7, 9, 22, 23); May Steckner (Nr. 46, 47, 48); Rheinisches Landesmuseum Bonn (Nr. 2, 8, 12, 15, 21, 24, 41); Rheinisches Landesmuseum Trier (Nr. 28, 35, 36, 37, 38, 39, 40, 42); Saalburgmuseum Bad Homburg v. d. H. (Nr. 1, 13, 14); Verlage Rupert Hart-Davis London (Nr. 44); Walter de Gruyter & Co. Berlin (Nr. 19); Philipp von Zabern Mainz (Nr. 24, 45); Carl Winter Heidelberg (Nr. 16, 27, 29).

Inhalt